수능특강
Light

영어독해연습

이 책의 차례

Part **II** Mini Test

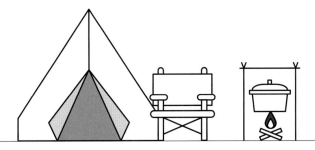

이 책의 특징, 활용법 및 구성

이 책의 특징

〈EBS 수능특강 Light 영어독해연습〉은 대학수학능력시험을 준비하는 고1, 2 예비 수험생들이 〈EBS 수능특강〉을 학습하기 전 도약 단계로서 수능 영어시험의 출제 경향과 유형에 미리 대비할 수 있도록 다양한 소재와 적절한 수준의 지문으로 독해 유형 중 틀리기 쉬운 유형에 대한 집중적인 학습이 가능하도록 하였다. 본 교재는 〈수능특강〉의 체제를 따르되 학생들이 보다 가볍고 부담 없는 분량으로 학습할 수 있도록 구성하였다.

이 책의 효과적인 활용법 (www.ebs*i*.co.kr)

본 교재를 효과적으로 활용하여 독해 능력을 향상하고 수능 영어 읽기 영역에 완벽하게 대비하기 위해서 학업 성취 기간을 정하여 '이 책의 차례'에 제시된 학습 내용을 차근차근 공부하되 다음과 같은 사항에 유의하도록 하자.

적극적이고 능동적인 강의 참여

수동적이고 소극적으로 강의를 듣기만 할 것이 아니라 강의하는 선생님과 토론하고 대화한다는 자세로 임하는 것이 중요하다. 이와 같은 자세는 핵심적인 부분의 이해와 학습 내용의 기억에 도움이 된다. 또한 중요한 사항을 교재 여백에 메모하여 강의를 듣는 것이 좋다. 이것은 학습 내용의 심층적인 이해와 효율적인 복습을 위해 꼭 필요하다.

예 · 복습과 정리를 통한 내재화

영어 학습은 유의미한 내재화가 중요하다. 따라서 학습 내용을 미리 예습하고 여러 번 복습하면서 주요 어휘와 문장 구조를 파악하고 글의 내용을 자신이 이미 알고 있는 지식과 연관하여 문제 풀이에 접목할 수 있어야 한다.

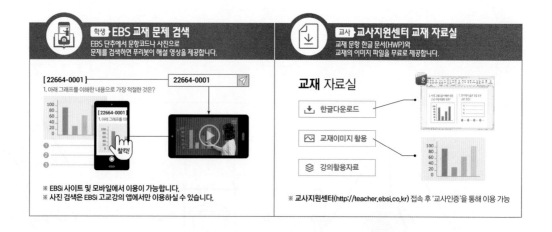

이 책의 구성

① 틀리기 쉬운 유형편 및 Mini Test

- **Week 1 ~ Week 6**

  01~12강: 수능 읽기 영역에서 학습자들이 틀리기 쉬운 10가지 유형을 집중 학습할 수 있도록 강과 문항을 유형별로 구성하였다. 다양하고 참신한 소재와 주제의 지문을 통해 어려운 유형을 집중적으로 학습하여 해당 유형에 대한 문제 해결력을 높일 수 있도록 하였다.

- **Week 7, 8**

  Mini Test 1~2회: Mini Test 2회분으로 구성되어 있으며, 1강에서 12강까지를 모두 학습한 후 자신의 실력을 최종적으로 간단히 점검할 수 있다.

② Sentence Structure

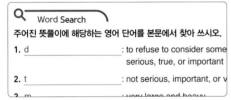

각 지문 중에서, 어법상 중요하거나 글의 내용 파악에 핵심이 되는 문장을 발췌하여 철저한 분석과 구문 설명을 제시함으로써 지문에 대한 정확한 이해를 돕고자 했다.

③ Word Search

지문에서 알아두어야 할 어휘의 영영사전 뜻풀이를 제시하고 주어진 뜻풀이에 해당하는 영어 단어를 지문에서 찾아 빈칸에 직접 써보게 함으로써 어휘의 뜻을 정확히 파악할 수 있도록 하였다.

④ 정답과 해설

[정답] – [소재] – [해석] – [문제해설] – [구조분석] – [어휘 및 어구] – [Tips]의 순서로 구성되어 있다. 먼저 각 문항의 소재를 제시하여 글의 전반적인 내용에 대한 이해를 유도하고자 하였고, 이어서 정확한 해석과 함께, 정답에 이르는 과정을 상세하게 해설하여 자기주도 학습이 가능하도록 하였다. 그리고 구조분석과 어휘 및 어구를 통해 정확하고 핵심적인 구문 이해에 도움이 되도록 구성하였으며, Tips에서는 지문 내용에 대한 배경 지식과 부가적 정보를 제공하였다.

PART

I

수능특강 Light 영어독해연습

틀리기 쉬운 유형편

Exercise 1   빈칸 추론

다음 빈칸에 들어갈 말로 가장 적절한 것은?   ▶ 22664-0001

   Jokes, by definition, are not to be taken seriously. We brush off their effects by saying, "It's just a joke," or "I'm only joking." We dismiss individuals we don't respect in the same way: "He's a total joke." When telling jokes, we agree that they are best delivered lightly, off-the-cuff — however much effort may go into this appearance of levity. And that's the extraordinary thing about jokes, really: trivial as we insist they are, still we _____ them. We commit them carefully to memory and share them with people we love or people we want to love us. We support a massive and increasingly global joke-manufacturing industry of stand-up comedians and all sorts of backroom gag-smiths: sitcom writers, radio DJs, journalists. A sense of humor is one of our most valued social assets; have you met a single person who will cheerfully admit that they don't have one?

*off-the-cuff: 즉흥적으로   **levity: 경박, 경솔

① censor
② analyze
③ treasure
④ transform
⑤ exaggerate

Sentence Structure

We **commit** them carefully to memory and **share** them with people [we love] or people [we want to love us].

주어 다음에 술어 동사 commit과 share가 병렬 구조를 이루고 있다. 두 개의 [ ]는 각각 바로 앞의 people을 수식하는 관계절이며, 목적격 관계사가 생략된 형태이다.

Word Search

주어진 뜻풀이에 해당하는 영어 단어를 본문에서 찾아 쓰시오.

1. d_____ : to refuse to consider someone's idea, opinion etc., because you think it is not serious, true, or important

2. t_____ : not serious, important, or valuable

3. m_____ : very large and heavy

Exercise 2 빈칸 추론

다음 빈칸에 들어갈 말로 가장 적절한 것은?

▶ 22664-0002

   The concept of sequels originated in the movie context. In the 1920s and 1930s, Hollywood studios had "B units" which produced what was then called "series" — loosely connected episodes of a popular character's adventures, such as Charlie Chan, Mr. Moto, or Cisco Kid. These serials were manufactured for a low budget and with limited artistic ambitions. *Beneath the Planet of the Apes*, made in 1970 by 20th Century Fox, is often considered the first "modern" sequel — the continuation of the studio's previous box office hit *Planet of the Apes*, itself the screen adaption of Pierre Boulle's classic novel. Rather than being the result of strategic managerial thinking, it was the studio's then-troubled financial state that made its managers look for ways to _____. At a time when sequels were basically considered as both artistically inferior and commercially unattractive, Fox made what has developed over the following decades into a family brand with numerous products attached to it.

*sequel: (영화의) 속편

① exploit its existing properties
② faithfully mirror social trends
③ enhance the artistic value of its works
④ innovate with the emerging technology
⑤ take the audience to an imaginary world

Sentence Structure

In the 1920s and 1930s, Hollywood studios had "B units" [which produced {what was then called "series"} — {loosely connected episodes of a popular character's adventures, such as Charlie Chan, Mr. Moto, or Cisco Kid}].

[ ]는 "B units"를 수식하는 관계절이다. 그 안의 첫 번째 { }는 produced의 목적어인 명사절이고, 두 번째 { }는 "series"를 부가적으로 설명하는 명사구이다.

Q Word Search

주어진 뜻풀이에 해당하는 영어 단어를 본문에서 찾아 쓰시오.

1. b_____ : an amount of money available for spending that is based on a plan for how it will be spent

2. a_____ : a strong desire to achieve something

3. f_____ : relating to money or the management of money

Exercise 3 빈칸 추론

다음 빈칸에 들어갈 말로 가장 적절한 것은?

▶ 22664-0003

You have an old house and everything is a bit outdated, but you're satisfied. You add a room air conditioner during one particularly hot summer. A few years later, when you have more money, you decide to add a central air-conditioning system. But you don't remove that room unit in the bedroom — why would you? It might come in handy and it's already there, bolted to the wall. Then a few years later, you have a catastrophic plumbing problem — pipes burst in the walls. The plumbers need to break open the walls and run new pipes, but your central air-conditioning system is now in the way, where some of their pipes would ideally go. So they run the pipes through the attic, the long way around. This works fine until one particularly cold winter when your uninsulated attic causes your pipes to freeze. These pipes wouldn't have frozen if you had run them through the walls, which you couldn't do because of the central air-conditioning. If you had _____, you would have done things differently, but you didn't — you added things one thing at a time, as and when you needed them.

*uninsulated: 단열이 안 된

① checked the changing climate
② planned all this from the start
③ considered your limited budget
④ purchased more durable material
⑤ employed a more reliable technician

Sentence Structure

[These pipes **wouldn't have frozen** if you **had run** them through the walls], [which you couldn't do because of the central air-conditioning].

첫 번째 [ ]에는 「주어+조동사의 과거형+have p.p. ~ if+주어+had p.p. ....」으로 가정법 과거완료가 쓰였으며, 두 번째 [ ]는 첫 번째 [ ] 속에 나온 내용(to run them through the walls)을 부가적으로 설명하는 관계절이다.

Word Search

주어진 뜻풀이에 해당하는 영어 단어를 본문에서 찾아 쓰시오.

1. h_____ : very useful or helpful

2. p_____ : someone whose job is to repair water pipes, baths, toilets, etc.

3. a_____ : a space or room just below the roof of a house, often used for storing things

Exercise 4   빈칸 추론

다음 빈칸에 들어갈 말로 가장 적절한 것은?

▶ 22664-0004

    In the short run — the cyclical relationship — GDP and happiness go up and down together. During the Great Recession, for example, happiness in the United States collapsed as the economy contracted and then recovered as GDP turned upward. But over the long run — the trend relationship — countries with more rapid economic growth do not experience a greater increase in happiness. Indeed, in the United States, the trend in happiness has been flat for over seven decades, a period in which real GDP per capita more than tripled. Even more spectacular, China's life satisfaction was no higher in 2010 than in 1990, despite an unprecedented fourfold multiplication of real GDP per capita in only two decades. There are some scholars who claim to find that happiness trends upward along with GDP, but they are confusing the positive short-term relationship with the nil long-term relationship. The absence of a long-term relationship suggests that it is time to reconsider the long-held belief that _____.

*nil: 아무것도 없는, 무(無)

① global competition contributes to innovations
② economic growth increases human well-being
③ production and consumption go hand in hand
④ a temporary economic solution is not sufficient
⑤ the wealth of the world will ultimately be redistributed

Sentence Structure

[There are some scholars {who claim to find <that happiness trends upward along with GDP>}], but [they are **confusing** the positive short-term relationship **with** the nil long-term relationship].

but을 중심으로 두 개의 [ ]가 연결되었다. 첫 번째 [ ]에서 { }는 some scholars를 수식하는 관계절이고, < >는 find의 목적어인 명사절이다. 두 번째 [ ]에는 '~과 …을 혼동하다'를 뜻하는 「confuse ~ with ....」 표현이 쓰였다.

Word Search

주어진 뜻풀이에 해당하는 영어 단어를 본문에서 찾아 쓰시오.

1. c_____ : to become smaller

2. m_____ : an increase in the number or amount of something

3. c_____ : to think wrongly that a person or thing is someone or something else

Exercise 5 함축 의미 추론

밑줄 친 run with your mind가 다음 글에서 의미하는 바로 가장 적절한 것은?   ▶ 22664-0005

Just the other day, a dear friend of mine — a retired brigadier — was narrating the story of how a line he heard many, many years ago impacted him deeply and shaped his life. It was his first week in the army. It was a Sunday morning. The task ahead was rather simple. They had to run ten miles. My friend recalls having started enthusiastically, and then quickly tiring out. After running half the distance, he felt he couldn't continue any longer. He felt his legs would fold up and he'd collapse. And just as he was about to give up and stop, he heard his commanding officer say to him, 'Come on, young man. Until now you've been running with your legs. Now run with your mind!' Those words seemed to work like magic. While my friend doesn't quite recall what happened thereafter, all he remembers is that he kept running. He finished the entire ten-mile run. And to this day, he often hears the officer's words echoing in his mind.

*brigadier: 육군 준장

① you have to set goals that match your willpower
② you have to save energy to complete your mission
③ you need to perform your task with mental strength
④ you will be able to finish your task after taking a break
⑤ you should forget past failures to reach your future goal

Sentence Structure

Just the other day, a dear friend of mine — a retired brigadier — was narrating the story of [how a line {he heard many, many years ago} **impacted** him deeply and **shaped** his life].

[ ]는 전치사 of의 목적어인 명사절이며, 그 안의 { }는 a line을 수식하는 관계절이다. [ ]에서 주어(a line ~ ago)의 술어 동사로 impacted와 shaped가 병렬 구조를 이룬다.

Q Word Search

주어진 뜻풀이에 해당하는 영어 단어를 본문에서 찾아 쓰시오.

1. r_____ : having stopped working, usually because of your age

2. i_____ : to have a strong and often bad effect on (something or someone)

3. m_____ : a power that allows people (such as witches and wizards) to do impossible things by saying special words

Exercise 6 빈칸 추론

다음 빈칸에 들어갈 말로 가장 적절한 것은?

▶ 22664-0006

   In *Thinking, Fast and Slow*, Nobel Prize-winning psychologist Daniel Kahneman points out an emotional benefit of motivated reasoning: resilience. It's easier to bounce back from a failure if you can blame it on anyone but yourself. He uses the example of a door-to-door salesperson, a job that involves long strings of rejection: "When one has just had a door slammed in one's face by an angry homemaker, the thought that 'she was an awful woman' is clearly superior to 'I am an inept salesperson.'" But are those really our only two options? We could instead tell ourselves, "Yes, I screwed up that sale. But everyone makes mistakes." Or "Yes, I screwed up that sale. Still, I'm improving — I used to get doors slammed in my face every day, and now it only happens every week!" Surely we can find a way to bounce back from our setbacks that doesn't require us to blame them on other people — _____.

*resilience: 회복력 **inept: 서투른

① a novel selecting method
② an honest coping strategy
③ an efficient tool for evaluation
④ a show of concern for strangers
⑤ a product differentiation example

Sentence **Structure**

He uses the example of a door-to-door salesperson, [a job {that involves long strings of rejection}]: "[When one has just **had** a door **slammed** in one's face by an angry homemaker], the thought [that 'she was an awful woman'] is clearly superior to 'I am an inept salesperson.'"

첫 번째 [ ]는 a door-to-door salesperson을 부가적으로 설명하는 명사구이며, 그 안의 { }는 a job을 수식하는 관계절이다. 두 번째 [ ]는 When이 이끄는 부사절이며, 「사역동사(had)+명사(a door)+과거분사(slammed)」의 구조가 쓰였다. 세 번째 [ ]는 the thought 를 구체적으로 설명하는 동격절이다.

Word Search

주어진 뜻풀이에 해당하는 영어 단어를 본문에서 찾아 쓰시오.

1. r_____ : the act of not accepting, believing in, or agreeing with something

2. s_____ : greater in amount, number, or degree

3. s_____ : a problem that makes progress more difficult or success less likely

Exercise 7 빈칸 추론

다음 빈칸에 들어갈 말로 가장 적절한 것은? ▶ 22664-0007

　　If you visit a physician's office, your behavior is part of a large context that has to do with the specific goals of the visit, your overall plan for the day, and the wider plans and intentions of your life, at varied time scales, relative to which your visit may be of some significance or not. Everything you do in the "scene" at that office is informed by these multiple contents, even if you do not need to hold them all in mind in order to behave coherently. The same happens with the physician, relative to his role in the scene. In a state of diminished consciousness, however, all that background influence _____. The behavior is controlled by immediate cues, devoid of any insertion in the wider context. For example, picking up a glass and drinking from it makes sense if you are thirsty, and that action does not need to connect with the broader context.

*devoid of: ~이 전혀 없는

① is reduced to little or nothing
② is related to your overall plan
③ is enhanced by proper service
④ is crucial to interpreting intentions
⑤ is not exerted without a procedure

Sentence Structure

[Everything {you do in the "scene" at that office} is informed by these multiple contents], [even if you do not need to hold **them** all in mind in order to behave coherently].

첫 번째 [ ]가 주절이며, 두 번째 [ ]는 '~이더라도'를 뜻하는 even if가 이끄는 양보의 부사절이다. 첫 번째 [ ] 안의 { }는 Everything을 수식하는 관계절이고, 두 번째 [ ] 안의 them은 these multiple contents를 가리킨다.

Word Search

주어진 뜻풀이에 해당하는 영어 단어를 본문에서 찾아 쓰시오.

1. i_____ : a plan or desire to do something

2. c_____ : the things that are in something

3. i_____ : the act of putting something inside something else

Exercise 8 빈칸 추론

다음 빈칸에 들어갈 말로 가장 적절한 것은?

▶ 22664-0008

Joseph Schumpeter once said that an invention that is not widely used is irrelevant to human affairs. There are thousands of ingenious and admirable inventions that were neither carried out in large scale nor used by millions of people to change the world. Hero of Alexandria in the first century produced a steam engine by jet action, but it was treated as a curiosity and did not lead to benefits for society. Leonardo da Vinci invented a number of flying machines, but there is no record that they were ever built to change transportation or warfare. Crawford Long of Georgia actually used ether for anesthesia in surgery a few years before William Morton in Massachusetts, but Long did not publish his results and had no influence in subsequent medical history. Out of the many thousands of inventions in history, only a few were able to travel the long and difficult path from discovery to development, to be manufactured on a large scale, and to be sold widely in the marketplace, and _____.

*anesthesia: 마취

① effect significant change in the world
② inspire numerous would-be inventors
③ give hints to the importance of marketing
④ contribute to the discovery of energy sources
⑤ narrow the gap between developed and developing nations

Sentence Structure

There are thousands of ingenious and admirable inventions [that were **neither** carried out in large scale **nor** used by millions of people {to change the world}].

[ ]는 thousands of ingenious and admirable inventions를 수식하는 관계절이며, '~도 아니고, …도 아닌'을 의미하는 「neither ~ nor ….」의 구조가 쓰였으며, [ ] 안의 { }는 결과를 나타내는 부사적 용법의 to부정사구이다.

Word Search

주어진 뜻풀이에 해당하는 영어 단어를 본문에서 찾아 쓰시오.

1. i_____ : not relating to what is being discussed right now

2. c_____ : something that is interesting because it is unusual

3. s_____ : happening or coming after something else

Exercise 9 | 빈칸 추론

다음 빈칸에 들어갈 말로 가장 적절한 것은?

▶ 22664-0009

   Try to abide by the rule that when _____, you should make sure you understand why it is the way it is in the first place. This rule is known as Chesterton's fence, after G. K. Chesterton, the British writer who proposed it in an essay in 1929. Imagine you discover a road that has a fence built across it for no particular reason you can see. You say to yourself, "Why would someone build a fence here? This seems unnecessary and stupid, let's tear it down." But if you don't understand why the fence is there, Chesterton argued, you can't be confident that it's okay to tear it down. Long-standing customs or institutions are like those fences, he said. Naive reformers look at them and say, "I don't see the use of this; let's clear it away." But more thoughtful reformers reply, "If you don't see the use of it, I certainly won't let you clear it away. Go away and think. Then, when you can come back and tell me that you do see the use of it, I may allow you to destroy it."

*abide by: (규칙 등을) 지키다

① you advocate changing something
② you maintain an outdated practice
③ you make an additional suggestion
④ you encourage people to take a risk
⑤ you invite someone into a discussion

Sentence Structure

Imagine [you discover a road {that has a fence built across it for no particular reason <you can see>}].
[ ]는 Imagine의 목적어인 명사절이고, { }는 a road를 수식하는 관계절이며, < >는 particular reason을 수식하는 관계절이다.

Word Search

주어진 뜻풀이에 해당하는 영어 단어를 본문에서 찾아 쓰시오.

1. c_____ : sure that something is true

2. i_____ : an important system of organization in society that has existed for a long time

3. n_____ : having or showing a lack of experience or knowledge

Exercise 10 함축 의미 추론

밑줄 친 Greg's answer was short: "3.5."가 다음 글에서 의미하는 바로 가장 적절한 것은?

▶ 22664-0010

My friend Mary Pat has a smart and capable 16-year-old grandson. He was not doing his best in school, much to his parents' dismay. One day he asked his mother if he could dye his light brown hair. "What color?" she asked. "Bright blue!" he said with enthusiasm. Sensing an opportunity here, Mom replied only with a number. "3.8." Shorthand for, "If you want blue hair you must earn a 3.8 grade point average in school. Otherwise I will say NO to this crazy color!" Mary Pat saw her grandson a few months later sporting bright yellow hair. "I thought you were going to dye your hair blue," she said quizzically. Greg's answer was short: "3.5." When Greg and his mom realized a 3.8 grade point average wasn't going to happen they adjusted his goal to one more attainable, and everyone was happy. Goals motivate only when they are attainable. Sometimes they need to change to fit the individual and the circumstances.

*quizzically: 약간 놀란 듯이

① Greg expected his grandma to tell his mom to alter the goal.
② Greg's hair color was adjusted to match his academic ability.
③ Greg didn't keep his word, so he had to keep his natural hair color.
④ Greg rejected his mom's suggestion and gave up on dyeing his hair.
⑤ Greg did not satisfy his mom's expectations, but he achieved his goal.

Sentence Structure

Mary Pat **saw** her grandson a few months later **sporting** bright yellow hair.

지각동사 saw의 목적격 보어로 현재분사 sporting이 쓰였다.

Word Search

주어진 뜻풀이에 해당하는 영어 단어를 본문에서 찾아 쓰시오.

1. e_____ : strong excitement about something

2. a_____ : to change in order to work or do better in a new situation

3. m_____ : to give someone a reason for doing something

Exercise 1 | 빈칸 추론

다음 빈칸에 들어갈 말로 가장 적절한 것은?   ▶ 22664-0011

In peer-reviewed publications, scholars who are at arm's length from one another evaluate a new experiment, report, theory, or claim. They must be expert in the domain they're evaluating. The method is far from foolproof, and peer-reviewed findings are sometimes overturned, or papers retracted. Peer review is not the only system to rely on, but it provides a good foundation in helping us to draw our own conclusions, and like democracy, it's the best such system we have. If something appears in *Nature*, *The Lancet*, or *Cell*, for example, you can be sure it went through rigorous peer review. As when trying to decide whether to trust a tabloid or a serious news organization, the odds are better that a paper published in a peer-reviewed journal is _____.

*retract: 철회하다

① rare
② correct
③ useless
④ subjective
⑤ impressive

Sentence Structure

In peer-reviewed publications, scholars [who are at arm's length from one another] evaluate a new experiment, report, theory, or claim.

[ ]는 scholars를 수식하는 관계절이다.

🔍 Word Search

주어진 뜻풀이에 해당하는 영어 단어를 본문에서 찾아 쓰시오.

1. c_____ : a statement that something is true, even though you have no definite proof

2. o_____ : to say officially that something such as a decision or law is wrong and change it

3. r_____ : demanding strict attention to rules and procedures

Exercise 2 　빈칸 추론

다음 빈칸에 들어갈 말로 가장 적절한 것은?

▶ 22664-0012

In a low-income society, when people have many children they tend to spend whatever money they have on keeping those children fed, so there is little left over to invest in future economic productivity (including education for children). This is a situation that tends to lead to continuing poverty. If there is no surplus income, there is nothing for the government to tax, so governments don't expand infrastructure: they don't build roads to rural areas so farmers can get their product to market — or water treatment facilities, or electricity grids, or schools. If farmers can't get their products to market, they may eventually give up and move to the cities where they strain whatever support infrastructure does exist. One of the best hopes for a society in this kind of bind is to _____.

*infrastructure: 사회 기반 시설

① raise taxes
② reduce fertility
③ build a new city
④ encourage farming
⑤ emphasize education

Sentence Structure

In a low-income society, when people have many children they tend to spend [whatever money they have] on keeping those children fed, so there is little [left over] [to invest in future economic productivity (including education for children)].

첫 번째 [ ]는 spend의 목적어 역할을 하는 명사절로 any money that they have의 의미를 가진다. 두 번째 [ ]는 little을 수식하는 분사구이며, 세 번째 [ ]는 little left over를 수식하는 to부정사구이다.

Word Search

주어진 뜻풀이에 해당하는 영어 단어를 본문에서 찾아 쓰시오.

1. i_____ : money that someone gets from working or from investing money

2. e_____ : to make something become larger in size and fill more space

3. f_____ : a building or place that provides a particular service or is used for a particular industry

Exercise 3 빈칸 추론

다음 빈칸에 들어갈 말로 가장 적절한 것은? ▶ 22664-0013

The idea that the effect of technology on work might depend upon the interaction between these two rival forces — a harmful substituting force and a helpful complementing force — is not new. However, these forces _____. Books, articles, and reports on automation can be confusing, hinting at these two effects but often using wildly different terms. Technology, they say, displaces and augments, replaces and enhances, devalues and empowers, disrupts and sustains, destroys and creates. The challenge is to compete with computers and to cooperate with them, to race against the machines and to run alongside them. There is talk of the rise of machines and the advance of humans, of threatening robots and comforting co-bots, of the artificial intelligence of machines and the augmented intelligence of human beings. The future, they say, holds both obsolescence and ever-greater relevance; technology is a threat and an opportunity, a rival and a partner, a foe and a friend.

*augment: 증대하다 **obsolescence: 노후화

① never contribute to driving human evolution
② cannot be completely controlled by institutions
③ tend not to be explained in a particularly clear way
④ operate in a manner irrelevant to how humans think
⑤ combine to facilitate the development of technology

Sentence **Structure**

Books, articles, and reports on automation can be confusing, [hinting at these two effects] but [often using wildly different terms].

두 개의 [ ]는 but으로 연결되어 주어 Books, articles, and reports on automation의 부가적 상황을 나타내는 분사구문이다.

Word Search

주어진 뜻풀이에 해당하는 영어 단어를 본문에서 찾아 쓰시오.

1. c_____ : to complete something else or make it better

2. e_____ : to give someone more control over their life or more power to do something

3. d_____ : to interrupt something and prevent it from continuing by creating a problem

Exercise 4) 빈칸 추론

다음 빈칸에 들어갈 말로 가장 적절한 것은?

▶ 22664-0014

Motivational psychologists explain human behavior in terms of deep-seated psychological fears, desires, and needs. These needs include self-esteem, social approval, and a sense of efficacy. Motivational psychology helps us understand, for example, why almost all German diplomats before World War I gave false or misleading reports on the likely reactions of European countries to Austrian and German military moves. The reason is that they were simply frightened of the consequences of not telling the notoriously intolerant German foreign ministry what it wanted to hear. The one German diplomat who accurately reported the likely response of Britain to a German violation of Belgian neutrality, Ambassador Prince Karl Lichnowsky in London, was dismissed in Berlin as having "gone native," a judgmental error that itself can be explained in terms of a well-documented motivational-psychological tendency: namely, the desire to _____. Because Germany's entire strategy for swift victory in 1914 depended on Britain staying out of the war, Lichnowsky's accurate reports would have been extremely unsettling if they had been accepted.

*efficacy: 효능

① transfer responsibility for what one says to others
② measure the unmeasurable for an accurate prediction
③ stay neutral in order to avoid conflict from happening
④ avoid the psychological pain of admitting one's own error
⑤ learn from mistakes and reduce the chances of repeating them

Sentence **Structure**

The one German diplomat [who accurately reported the likely response of Britain to a German violation of Belgian neutrality], [Ambassador Prince Karl Lichnowsky in London], was dismissed in Berlin as having "gone native," a judgmental error [that itself can be explained in terms of a well-documented motivational-psychological tendency]: ~.

첫 번째 [ ]는 The one German diplomat을 수식하는 관계절이고 두 번째 [ ]는 The one German diplomat ~ Belgian neutrality와 동격 관계를 이룬다. 세 번째 [ ]는 a judgmental error를 수식하는 관계절이다.

Word **Search**

주어진 뜻풀이에 해당하는 영어 단어를 본문에서 찾아 쓰시오.

1. a _____ : a positive feeling that you have toward someone or something that you think is good or suitable

2. i _____ : not willing to accept behavior, beliefs, or opinions that are different from your own

3. n _____ : the state of not supporting either side in a war, disagreement, etc.

Exercise 5 | 함축 의미 추론

밑줄 친 Scarcity is always just around the corner.가 다음 글에서 의미하는 바로 가장 적절한 것은?　▶ 22664-0015

　Capitalism as an economic system thrives on the essential role played by failure in the subject's satisfaction. Without our enjoyment of failure and our constitutive allergy to success, capitalism would never have developed. Although champions of the capitalist system preach success and the system's most fervent defenders are the successful rather than the downtrodden, their professions of success mask the key role that failure has in the system. Just on a psychic level, a sense of failure or dissatisfaction drives the capitalist to create new products or find new markets for existing products, and it prompts the consumer to purchase new commodities. The system itself expands because failure functions as an economic engine for individual capitalists and consumers. Even those who are successful find motivation in the fear of future failure. Scarcity is always just around the corner.

*constitutive: 구조적인　**fervent: 열렬한　***downtrodden: 억압받은

① Capitalism works only if success is properly rewarded.
② People easily get frustrated by the fear of future failure.
③ Failure acts as a driving force for the success of capitalism.
④ Capitalism as an economic system rarely encounters barriers.
⑤ The scarcity of a commodity is only in relation to its demand.

Sentence Structure

Capitalism as an economic system thrives on the essential role [played by failure in the subject's satisfaction].

[　]는 the essential role을 수식하는 분사구이다.

Word Search

주어진 뜻풀이에 해당하는 영어 단어를 본문에서 찾아 쓰시오.

1. t_____ : to become very successful, happy, or healthy

2. c_____ : something that can be bought and sold, especially a basic food product or fuel

3. s_____ : a situation in which the supply of something is not enough for the people who want it or need it

Exercise 6 빈칸 추론

다음 빈칸에 들어갈 말로 가장 적절한 것은?

▶ 22664-0016

   Leslie doesn't realize it, but she stalled out from her fear of failure. She imagined hundreds of reasons why her ideas might not work, and then used these reasons as "legitimate" excuses for not taking action. Leslie needed to face up to the fact that she concocted her own reasons for failing to act, and that the development of those reasons, if not grasped and eliminated, could lead to her being stymied further. Leslie functions like many of those who never go forward with their ideas — the professor who never finishes writing his book, the artist who never paints the picture she dreams about and mentions to others, the business person who has a wonderful money-making scheme but never implements it. The fear of failure in these people extends beyond an inability to reach a level of success or a level of perfection. To these people — and Leslie might well be one of them — if their project isn't flawless, if it isn't of Nobel Prize quality, then, in their minds, it's a failure, and they will delay taking action because they cannot tolerate being _____.

*stall out: 멈추어 서다 **concoct: 지어내다 ***stymie: 좌절시키다

① imperfect
② powerless
③ dependent
④ modifiable
⑤ aggressive

Sentence Structure

Leslie needed to face up to the fact [that she concocted her own reasons for failing to act], and [that the development of those reasons, {if not grasped and eliminated}, could lead to her being stymied further].

두 개의 [ ]는 and로 연결되어 the fact의 구체적 내용을 설명하는 동격절이고, 두 번째 [ ] 안의 { }는 if와 not 사이에 those reasons 를 받는 대명사 they와 were가 생략된 것으로 이해할 수 있다.

Word Search

주어진 뜻풀이에 해당하는 영어 단어를 본문에서 찾아 쓰시오.

1. l_____ : fair and reasonable

2. e_____ : a reason that you give to explain why you have not done something that you should have done

3. t_____ : to accept something unpleasant without becoming impatient or angry

Exercise 7   빈칸 추론

다음 빈칸에 들어갈 말로 가장 적절한 것은?   ▶ 22664-0017

Automation is what most professionals have in mind when they think of the relevance of technology for their disciplines. They think of how they work today, they identify some inefficient activities, and then they imagine computerizing them. Their focus is often on streamlining manual or administrative work. Old ways of operating are not discarded. Instead, a drive for efficiencies and cost-savings leads to an optimization of traditional professional work. Although adjustment in this spirit could be undertaken by introducing better manual systems, most current streamlining across the professions involves the deployment of technology. This automation therefore complements but does not fundamentally change the central way in which services are delivered. Automation is the comfort zone of technological change for most professionals. They recognize great scope for technology _____.

*streamline: 효율화[간소화]하다   **deployment: 배치

① with the help of input from other fields
② keeping in mind its possible side effects
③ within the range of certainty and accuracy
④ in support of their current ways of working
⑤ regardless of how it works and what it can do

Sentence **Structure**

Automation is [what most professionals have in mind when they think of the relevance of technology for their disciplines].

[ ]는 명사절로 is의 주격 보어 역할을 한다.

Q   Word **Search**

주어진 뜻풀이에 해당하는 영어 단어를 본문에서 찾아 쓰시오.

1. i_____ : not working in the best possible way

2. d_____ : to get rid of something that you no longer want or need

3. a_____ : a change in something that makes it better, more accurate, or more effective

Exercise 8 빈칸 추론

다음 빈칸에 들어갈 말로 가장 적절한 것은?

22664-0018

Interdependence is where the condition of one depends on another and vice versa. Simply put, interdependence means mutual dependence. Such a situation is neither good nor bad in itself, and there can be more or less of it. Marriages are a good example of highly interdependent relationships. The traditional Christian marriage vow commits both partners to stick with it "for richer, for poorer, for better, or for worse." Interdependence among countries sometimes means richer, sometimes poorer, sometimes for better, sometimes for worse. In the eighteenth century, Jean-Jacques Rousseau pointed out that along with interdependence comes friction and conflict. His "solution" was isolation and separation, but that is seldom possible in a globalized world. When countries try isolation, as with the cases of North Korea today and Myanmar (formerly Burma) until quite recently, it comes at enormous economic cost. _____.

*friction: 마찰

① Mutual dependence brings each party joint gains
② Highly interdependent relationships are easily broken
③ Independence is necessary even in the globalized world
④ Countries in the world always fight against one another
⑤ It is not easy for countries to divorce the rest of the world

Sentence Structure

In the eighteenth century, Jean-Jacques Rousseau pointed out [that along with interdependence **comes friction and conflict**].

[ ]는 pointed out의 목적어 역할을 하는 명사절이고, 그 안에는 부사구 along with interdependence가 앞에 위치하면서 동사 (comes)와 주어(friction and conflict)가 도치되었다.

Word Search

주어진 뜻풀이에 해당하는 영어 단어를 본문에서 찾아 쓰시오.

1. c_____ : strong disagreement between people, groups, etc. that often results in angry arguments

2. i_____ : the state of being separated from other people

3. e_____ : very large in size or quantity

Exercise 9 빈칸 추론

다음 빈칸에 들어갈 말로 가장 적절한 것은? ▶ 22664-0019

When the information patterns of human mentality are successfully instantiated in a digital form, the potential arises to make a large (theoretically unlimited) number of copies of the autonomous agent. Each replica or simulated self will then be able to perform functions that previously required the direct control of the embodied consciousness, thus creating a group or army of selves to multiply the impact and functionality of the authoring consciousness. In contemporary culture, the benefits and drawbacks of multitasking, that is, dividing consciousness into more than one activity at the same time, are often discussed and debated. In an immersive world filled with AI-equipped avatars, the self will have the unprecedented ability to simultaneously execute multiple tasks with each of its intelligent agents being able to fully focus on its assigned activity. Thus, the development of autonomous agents will _____.

*instantiate: 예를 들어 설명하다 **replica: 복제품 ***unprecedented: 전대미문의

① allow one's true self and individuality to blossom
② reveal how the self falls apart when consciousness is divided
③ make multitasking or task-switching challenging for older adults
④ help achieve the coexistence of multitasking and undivided attention
⑤ be incompatible with human mentality which is based upon intuition

---

Sentence Structure

Each replica or simulated self will then be able to perform functions [that previously required the direct control of the embodied consciousness], [thus creating a group or army of selves to multiply the impact and functionality of the authoring consciousness].

첫 번째 [ ]는 functions를 수식하는 관계절이고, 두 번째 [ ]는 앞선 절의 결과를 나타내는 분사구문이다.

Q Word Search

주어진 뜻풀이에 해당하는 영어 단어를 본문에서 찾아 쓰시오.

1. a_____ : having the ability to work and make decisions by yourself without any help from anyone else

2. d_____ : a feature of something that makes it less useful than it could be

3. s_____ : at the same instant

Exercise 10) 함축 의미 추론

밑줄 친 put up with it from your dog가 다음 글에서 의미하는 바로 가장 적절한 것은? ▶ 22664-0020

   If your dog pesters you for petting when you need to be doing something else, break off visual contact with him. You can use your torso to push him away with a body block (remember not to use your hands) or turn your head away (chin raised) in a benevolent but royal dismissal. It's amazing how fast dogs will go away if you break off visual contact with them. It's equally notable how hard it is for us humans to do that when we're trying to get our dogs to do something. All of our instincts seem to have us look at our dog, just as primates do when they are trying to communicate directly with another individual in the troop. But the look that works best, that we use ourselves when we're not thinking about it, is that slightly snobby, hard-to-get look when we turn our head away in dismissal. It works with dogs as well as with humans. Honest. Dogs can take you for granted just as anyone else in your social group can, and most of us hate being taken for granted. You might be stuck with it from some of the people you know, but you don't have to put up with it from your dog.

*pester: 성가시게 하다 **snobby: 고상한 체하는

① respect the natural pack instinct of your dog
② stop making your dog look visually attractive
③ maintain verbal contact with your dog at all times
④ benefit psychologically from the presence of your dog
⑤ give in to your dog's demand for petting through eye contact

Sentence Structure

It's equally notable [how hard **it** is {for us humans to do that when we're trying to get our dogs to do something}].

첫 번째 It은 형식상의 주어이고 [ ]는 내용상의 주어이다. [ ] 안의 it은 형식상의 주어이고, { }는 내용상의 주어 역할을 하는 to부정사구이다. for us humans는 to do의 의미상의 주어를 나타낸다.

Word Search

주어진 뜻풀이에 해당하는 영어 단어를 본문에서 찾아 쓰시오.

1. b_____ : intending or showing kindness

2. d_____ : the act of treating something as unworthy of serious consideration

3. i_____ : a natural desire or tendency that makes you want to act in a particular way

week2

Exercise 1 빈칸 추론

다음 빈칸에 들어갈 말로 가장 적절한 것은? ▶ 22664-0021

   Many animals live a life that I would just as soon forgo, not because it ends in tragedy, but because their approach to living is one of endless conflict. Imagine being a seagull and spending your entire life fighting other seagulls for scraps. What makes us so lucky is the pure happenstance that we evolved to be (mostly) good to one another. Our _____ nature also set the stage for the evolution of our amazing brain. Our sociality made us smarter individually, but, far more important, it connected our minds to others' minds in a manner that massively increased our knowledge and computing power. As a result, we long ago surpassed the predators that hunted us on the savannah, and are now holding most of the pathogens at bay that are a much greater threat than predators ever were. For the first time in history, we no longer bury almost half our children before they reach adulthood. Evolution is brutal, but those of us with the good fortune to live in established democracies have used the tools that evolution gave us to create unprecedentedly safe and satisfying lives.

*happenstance: 우연 **pathogen: 병원균

① curious
② competitive
③ cooperative
④ dissatisfied
⑤ unpredictable

Sentence **Structure**

Many animals live a life [that I would just as soon forgo, {**not** because it ends in tragedy, **but** because their approach to living is one of endless conflict}].

[ ]는 a life를 수식하는 관계절이고 { }에서는 '~이 아니라 …'이라는 의미를 나타내는 「not ~ but ....」 표현이 사용되었다.

Word Search

주어진 뜻풀이에 해당하는 영어 단어를 본문에서 찾아 쓰시오.

1. s _____ : to be or do better than someone or something else

2. t _____ : someone or something that is likely to cause harm or damage

3. d _____ : a system of government in which people elect their leaders, or a country with this system

Exercise 2 〉 빈칸 추론

다음 빈칸에 들어갈 말로 가장 적절한 것은?

▶ 22664-0022

Experts agree that Jackson Pollock had little native talent for art, and when you look at his early products, it showed. They also agree that he became one of the greatest American painters of the twentieth century and that he revolutionized modern art. How did he go from point A to point B? It's the result of _____. Pollock was wildly in love with the idea of being an artist. He thought about art all the time, and he did it all the time. Because he was so enthusiastic, he got others to take him seriously and mentor him until he mastered all there was to master and began to produce startlingly original works. His "poured" paintings, each completely unique, allowed him to draw from his unconscious mind and convey a huge range of feeling. Several years ago, I was privileged to see a show of these paintings at the Museum of Modern Art in New York. I was stunned by the power and beauty of each work.

① modesty and sociability
② hard work and dedication
③ creativity and artistic sense
④ natural gifts and good education
⑤ unconditional support from friends

Sentence Structure

They also agree [that he became one of the greatest American painters of the twentieth century] and [that he revolutionized modern art].

두 개의 [ ]는 agree의 목적어 역할을 하는 명사절로 and에 의해 대등하게 연결되어 있다.

Word Search

주어진 뜻풀이에 해당하는 영어 단어를 본문에서 찾아 쓰시오.

1. r _____ : to completely change the way that something is done

2. c _____ : to make ideas, feelings, etc. known to somebody

3. p _____ : to give somebody or something special rights or advantages that others do not have

Exercise 3 | 빈칸 추론

다음 빈칸에 들어갈 말로 가장 적절한 것은? ▶ 22664-0023

    Evolution has taught the animal kingdom plenty of labor-saving shortcuts. One of these is to _____. The most alert and insecure of woodland creatures form part of a network of alarms; the birds, squirrels and deer are all tuned into each other's transmissions. This codependency will be found all over the world. In the African savannah, wildebeest mix with zebras to share their awareness. The wildebeest have poor vision and a strong sense of smell, but the zebras have good vision and a weaker sense of smell. Together they notice more and alert each other to danger. We may think we are being very stealthy by creeping up on a deer from downwind, but if we behave in a way that worries the songbirds overhead, we will not get anywhere near the deer. Equally, a deer downwind of us may pick up our scent long before a wren in a low bush sees us, and his warning cough-like call will work perfectly well for the bird.

*wildebeest: 영양 **wren: 굴뚝새

① migrate in groups to more agreeable environments
② remain sensitive to the alarm calls of other species
③ develop a variety of communication skills to find mates
④ avoid attracting a predator's attention by remaining silent
⑤ distinguish the level of threats by responding only when necessary

Sentence Structure ↴

We may think [we are being very stealthy by creeping up on a deer from downwind], but [if we behave in a way {that worries the songbirds overhead}], we will not get anywhere near the deer.

첫 번째 [ ]는 think의 목적어 역할을 하는 명사절이며, 두 번째 [ ]는 조건을 나타내는 부사절이다. { }는 a way를 수식하는 관계절이다.

🔍 Word Search ↴

주어진 뜻풀이에 해당하는 영어 단어를 본문에서 찾아 쓰시오.

1. a_____ : a loud noise or a signal that warns people of danger or of a problem

2. i_____ : not safe or protected

3. s_____ : behaving in a secret, quiet way

Exercise 4   빈칸 추론

다음 빈칸에 들어갈 말로 가장 적절한 것은?   ▶ 22664-0024

The idea that _____ goes back to ancient times and is beginning to be applied to the brain in contemporary science. It is, of course, replacing one metaphor with another but we cannot think in any sophisticated way without metaphors. Furthermore, this one is more accurate. The cells that create our neural networks grow in the form of tree-like branching structures and were originally named *dendrites* after the Latin word for tree because of their visual similarity to one. This resemblance, it has recently been discovered, reflects the fact that neuronal arbours and plants grow according to the operation of the same three mathematical laws. A deeper similarity can be found in the active process of pruning and weeding that maintains the health of our neural networks and is carried out by a group of cells which function as the brain's resident gardeners.

*arbour: 나무, 수목

① brain cells can work like mini-computers
② humans are an integral part of mother nature
③ we can cultivate the soul or the self like a garden
④ the mind is the central controller of the human body
⑤ gardening can improve many aspects of mental health

Sentence Structure

The cells [that create our neural networks] [grow in the form of tree-like branching structures] and [were originally named *dendrites* after the Latin word for tree {because of their visual similarity to **one**}].

첫 번째 [ ]는 The cells를 수식하는 관계절이고, 두 번째와 세 번째 [ ]는 and로 대등하게 연결되어 주어인 The cells ~ neural networks에 이어진다. { }는 이유를 나타내는 전치사구이며, one은 a tree를 대신한다.

Word Search

주어진 뜻풀이에 해당하는 영어 단어를 본문에서 찾아 쓰시오.

1. m _____ : a way of describing something by comparing it with something else that has some of the same qualities

2. n _____ : relating to the nerves in your body

3. p _____ : the activity of cutting off some of the branches from a tree, bush, etc. so that it will grow better and stronger

Exercise 5 함축 의미 추론

밑줄 친 make himself increasingly useless in his students' lives가 다음 글에서 의미하는 바로 가장 적절한 것은?

▶ 22664-0025

A director of a play has a peculiar job. For weeks, she orchestrates every move made by various people in a variety of roles, from actors to support personnel. Little happens without her intervention in one way or another. When the play opens, however, the director is essentially useless. If the cast and crew still need her, she is a failure. Teaching is, or at least ought to be, like that. Every day, the teacher should make himself increasingly useless in his students' lives. These kinds of teachers do not provide solutions when students can figure things out for themselves. They provide directions and guidelines for quality, but they leave some ambiguity, choice, and flexibility so that students have to make leaps of transfer and apply common sense. They take careful measure of how much responsibility children can manage, making sure to give them that much — and coaching for a bit more as well.

① let students gradually work more independently
② allow students to learn from anyone they choose
③ make students increasingly focused on their future
④ have more students apply their experiences to learning
⑤ invite more and more students to be part of the teaching

Sentence Structure

They provide directions and guidelines for quality, but they leave some ambiguity, choice, and flexibility [so that students have to {make leaps of transfer} and {apply common sense}].

[ ]는 목적을 나타내는 부사절이고, 두 개의 { }는 and로 연결되어 have to에 이어진다.

Q Word Search

주어진 뜻풀이에 해당하는 영어 단어를 본문에서 찾아 쓰시오.

1. d＿＿＿＿＿＿＿＿＿＿ : a person in charge of a film or play who tells the actors and staff what to do

2. a＿＿＿＿＿＿＿＿＿＿ : the state of having more than one possible meaning

3. f＿＿＿＿＿＿＿＿＿＿ : the ability to change to suit new conditions or situations

Exercise 6 빈칸 추론

다음 빈칸에 들어갈 말로 가장 적절한 것은? ▶ 22664-0026

　Strengths are _____. Any personal quality can be either an aptitude or a handicap, depending on the situation. Let's say you have difficulty reading printed text. This might understandably seem like a shortcoming, especially if you want to be a literary critic, a profession heavily dependent on the parsing of texts. But if you want to be an astronomer, the same apparent shortcoming could turn into an unexpected strength. The brains of many people who have trouble reading are better at detecting black holes and other celestial anomalies in astronomical images than the brains of individuals without reading difficulties. A facility for empathy is an asset for a nurse, but a shortcoming for a military drone pilot. Being tall is an advantage for an NBA player, but a disadvantage for a coal miner.

*parsing: (문장의) 분석 **celestial: 천체의, 하늘의

① static
② inherited
③ merciless
④ contextual
⑤ undetectable

Sentence Structure

Any personal quality can be **either** an aptitude **or** a handicap, [depending on the situation].

'~이거나 …인'이라는 의미의 「either ~ or ....」의 구조가 사용되었다. [ ]는 주절에 대한 부연 설명을 하는 분사구이다.

⌕ Word Search

주어진 뜻풀이에 해당하는 영어 단어를 본문에서 찾아 쓰시오.

1. s_____ : a fault or failure to meet a certain standard, typically in a person's character, a plan, or a system

2. d_____ : to discover or notice something, especially something that is not easy to see, hear, etc.

3. e_____ : the ability to understand another person's feelings, experience, etc.

Exercise 7 | 빈칸 추론

다음 빈칸에 들어갈 말로 가장 적절한 것은?   ▶ 22664-0027

　　Convictions feel certain. But not everything we feel certain about is a conviction. I don't *need* conviction for anything I'm absolutely or *logically* certain about. When René Descartes declared he was certain that he thinks and exists (popularly, but erroneously, understood as the inference "I think, therefore I am"), he meant he couldn't actively doubt he was thinking at that moment — because doubting is thinking. But it would be odd to say this was Descartes's *conviction*. Indeed, the interesting thing about convictions is that they are often formed _____. Unlike logical certainties like 2 and 2 make 4, or philosophical certainties like Descartes's belief in his own existence, we generally know that others may oppose our convictions. We are aware that our convictions can be doubted and challenged, even if we ourselves just cannot imagine that they are false.

① on rational reasoning
② with doubt and anxiety
③ through philosophical reflection
④ in the face of opposite convictions
⑤ around a strong desire to stand out

Sentence **Structure**

But **not everything** [we feel certain about] is a conviction.

「not + everything」의 표현이 사용되어서 부분 부정을 나타냈으며, [ ]는 everything을 수식하는 관계절이다.

Word **Search**

주어진 뜻풀이에 해당하는 영어 단어를 본문에서 찾아 쓰시오.

1. d_____ : to say something officially or publicly

2. i_____ : something that you can find out indirectly from what you already know

3. o_____ : to disapprove of and attempt to prevent, especially by argument

Exercise 8 — 빈칸 추론

다음 빈칸에 들어갈 말로 가장 적절한 것은?

▶ 22664-0028

In daylight, we only perceive full colour and fine detail in the central region of our visual field, with less-defined vision and reduced colour perception from the outer region. Our brain then takes the relatively small amount of detailed colour imagery it is presented with and uses it combined with the less-colourful, less-defined peripheral imagery to interpret the image by _____. If we see a Y-shaped image on a page, for example, we can interpret it as a three-dimensional representation of a corner, which can in turn be perceived either protruding from the page or depressed within it. Most people see it as a projecting corner, perhaps recalling an early memory that a corner is hard and sharp, discovered when exploring on all fours as an infant. What is important to understand here is that our memory plays a critical role in the interpretation of the visual signals we receive from our photoreceptors. If we wish to become good at spotting things, we need to have built up a substantial store of imagery for comparison.

*peripheral: 주변의 **protrude: 돌출되다, 튀어나오다 ***photoreceptor: 광수용체

① adoption of various perspectives
② visualization of different movements
③ application of other sensory information
④ exploration of unfamiliar shapes and colours
⑤ comparison to memories stored throughout life

Sentence Structure

[What is important to understand here] is [that our memory plays a critical role in the interpretation of the visual signals {we receive from our photoreceptors}].

첫 번째 [ ]는 문장의 주어 역할을 하는 명사절이며, 두 번째 [ ]는 주격 보어 역할을 하는 명사절이다. { }는 the visual signals를 수식하는 관계절이다.

Word Search

주어진 뜻풀이에 해당하는 영어 단어를 본문에서 찾아 쓰시오.

1. r_____ : the extended spatial location of something

2. c_____ : to join two or more things or groups together to form a single one

3. s_____ : large in size, value, or importance

Exercise 9 빈칸 추론

다음 빈칸에 들어갈 말로 가장 적절한 것은?

▶ 22664-0029

One of the most universal characteristics of the passage of time is that it's *not* universal: everybody experiences it a little bit differently. There's a physics sense in which that's quantifiably true, but most of the differences between our experiences of time are subjective. A full day of work can seem to fly by or drag on endlessly, depending on how you feel about the tasks at hand, and what seems to a parent like a perfectly reasonable wait for an amusement park ride will feel like HOURS to their young children. This difference in subjective experience is exacerbated by the fact that, particularly in the adult world, _____. The person at the supermarket checkout fumbling to find the exact change for their purchases might see this as a good use of time because they have no pressing responsibilities at the moment, while the troubled person behind them is steaming because they're running late for a meeting. Everybody's doing their own thing, at their own pace, and when schedules bump up against each other it can create tension.

*quantifiably: 정량화할 수 있게   **exacerbate: 악화시키다   ***fumble: (무엇을 하거나 찾느라고 손으로) 더듬다

① there's no accurate timekeeper
② everybody keeps their own schedule
③ cultural differences in time can be vast
④ the world is divided into 24 time zones
⑤ people's attitudes towards time are universal

Sentence Structure

A full day of work can seem to [fly by] or [drag on endlessly], depending on [how you feel about the tasks at hand], and [what seems to a parent like a perfectly reasonable wait for an amusement park ride] will feel like HOURS to their young children.

첫 번째와 두 번째 [ ]는 or로 대등하게 연결되어 to에 이어진다. 세 번째 [ ]는 전치사 on의 목적어 역할을 하는 명사절이며, 네 번째 [ ]는 will feel의 주어 역할을 하는 명사절이다.

🔍 Word Search

주어진 뜻풀이에 해당하는 영어 단어를 본문에서 찾아 쓰시오.

1. s_____ : influenced by someone's beliefs or feelings, instead of facts

2. p_____ : urgent or needing to be dealt with immediately

3. t_____ : a state in which people, groups, countries, etc., disagree with and feel anger toward each other

Exercise 10 · 함축 의미 추론

밑줄 친 put it out there가 다음 글에서 의미하는 바로 가장 적절한 것은? ▶ 22664-0030

I think intuitively my colleagues and I have gravitated toward the kinds of questions that knock down barriers by challenging past assumptions and create new energy for pursuing solutions along some new pathway. And if we have, it is probably in part because asking a question is a very effective way of introducing a novel way of thinking about something without exposing oneself to judgment. A question, after all, is not a declaration of opinion aggressive enough to draw fire. It is an invitation to think further within a different framing or along a divergent line. If that line of thinking isn't taken up, or fails to lead somewhere valuable, there is no reputational damage to the person who suggested it. And, therefore, a person is more likely to put it out there.

*divergent: (서로) 다른, 분기하는

① give a logical answer to a question
② risk exposing themselves to judgment
③ avoid engaging in new ways of thinking
④ propose an idea in the form of a question
⑤ question the value of starting a discussion

Sentence Structure

[If that line of thinking {isn't taken up}, or {fails to lead somewhere valuable}], there is no reputational damage to the person [who suggested it].

첫 번째 [ ]는 양보의 의미를 나타내는 부사절이며, 두 개의 { }가 or로 대등하게 연결되어 주어인 that line of thinking에 이어진다. 두 번째 [ ]는 the person을 수식하는 관계절이다.

Word Search

주어진 뜻풀이에 해당하는 영어 단어를 본문에서 찾아 쓰시오.

1. i_____ : in a way that is based on feelings rather than facts or proof

2. a_____ : something that is believed to be true or probably true but that is not known to be true

3. a_____ : behaving in an angry and violent way towards another person

Exercise 1 | 빈칸 추론

다음 빈칸에 들어갈 말로 가장 적절한 것은? ▶ 22664-0031

Our ideas can liberate or imprison us. In a literal sense we create the worlds in which we live; and there is always the possibility of _____. As psychologist George A. Kelly put it: "to make sense out of events we thread them through with ideas and to make sense of the ideas we must test them against events." He describes this process as one of successive approximations. The great generative ideas in human history have transformed the world view of their times and helped to reshape their cultures. We make the world we live in and we can remake it. This process of cultural evolution is probably what the comedian George Carlin had in mind when he said, "Just when I found out the meaning of life, they changed it." What is true of the long cycles of creative change in a social culture is also true of the shorter cycles of creative work by individuals and groups.

*approximation: 접근

① hardship
② separation
③ re-creation
④ competition
⑤ self-control

Sentence **Structure**

This process of cultural evolution is probably [what the comedian George Carlin had in mind {when he said, "Just when I found out the meaning of life, they changed it."}]

[ ]는 주격 보어로 쓰인 명사절이고, 그 안의 { }는 시간의 부사절이다.

Word **Search**

주어진 뜻풀이에 해당하는 영어 단어를 본문에서 찾아 쓰시오.

1. l_____ : to give someone the freedom to do what they want

2. p_____ : a series of actions that have a particular result

3. s_____ : coming or happening one after another in a series

Exercise 2) 빈칸 추론

다음 빈칸에 들어갈 말로 가장 적절한 것은?

▶ 22664-0032

    Wood was such an essential component of everyday life that one might expect a limit to wood production was responsible for the lack of progress. Almost all the possessions of everyday folk were wooden, while those that were not actually made of wood needed large quantities of wood to produce. In the Middle Ages, around thirty pounds of wood were needed to smelt one pound of iron, for instance. People burned wood in even greater quantities to cook food and heat their houses, and wood was a vital energy source for the major industrial processes of the age: salt-making, brewing, tanning, and dyeing. In the language of chess, wood was _____. And as the human population grew, and land was cleared for agriculture, forests would have been destroyed, reducing the wood supply still further. You might well think that this would eventually have led to a shortage of wood, hindering further material progress. Popular histories, after all, are full of stories of how using wood led to deforestation and disaster.

*smelt: 제련하다 **tan: (가죽을) 무두질하다

① a support force
② a well-trained player
③ an overworked piece
④ an old-fashioned board
⑤ an everlasting companion

Sentence Structure

Wood was [**such** an essential component of everyday life **that** one might expect {a limit to wood production was responsible for the lack of progress}].

[ ] 안에서 「such ~ that ....」은 '매우 ~해서 …하다'의 의미이고, 그 안의 { }는 expect의 목적어로 쓰인 명사절이다.

Word Search

주어진 뜻풀이에 해당하는 영어 단어를 본문에서 찾아 쓰시오.

1. c _____ : a part or element of a larger whole

2. p _____ : an item of property or something belonging to one

3. v _____ : absolutely necessary or important; essential

Exercise 3 빈칸 추론

다음 빈칸에 들어갈 말로 가장 적절한 것은?

▶ 22664-0033

   Beyond demographics, increased living standards had a significant consequence for economic growth, which worked through _____. In 1940 you might have spent your money installing plumbing for running water or a toilet, if you didn't already have those things. The same went for air-conditioning, a TV, or a computer at other points in time during the twentieth century. But once we had those goods, then what did we spend our money on? Did people install an extra toilet in their bathroom? Probably not. Instead, as goods became cheaper and we filled up our houses with them, our spending turned toward services. We took advantage of the falling prices and availability of basic goods to take longer and better vacations, to take classes, to see medical specialists, to get some physical therapy, or to put more data on our phone plans. We took advantage of our success in providing goods to buy more and more services.

*demographics: 인구 통계

① firms and industries with a lot of market power
② our choices about the kinds of products we purchase
③ a rough measure of material living standards per person
④ the value of all goods and services produced in the economy
⑤ real changes in the quantities of goods and services we produce

Sentence Structure

We took advantage of [the falling prices and availability of basic goods] [to take longer and better vacations, to take classes, to see medical specialists, to get some physical therapy, or to put more data on our phone plans].

첫 번째 [ ]는 took advantage of의 목적어로 쓰인 명사구이고, 두 번째 [ ]에서 목적의 의미를 나타내는 부사적 용법으로 쓰인 다섯 개의 to부정사구가 or에 의해 병렬로 연결되어 있다.

Word Search

주어진 뜻풀이에 해당하는 영어 단어를 본문에서 찾아 쓰시오.

1. s_____ : important in effect or meaning

2. i_____ : to put a piece of equipment somewhere and make it ready for use

3. t_____ : a form of treatment for an illness or medical condition

Exercise 4 　빈칸 추론

다음 빈칸에 들어갈 말로 가장 적절한 것은?　　　　　　　　　　　▶ 22664-0034

　Technology allows research scientists to leverage tiny budgets in astonishing ways. And each of us can now easily contribute to science as an amateur, through the growing prevalence of citizen science, in which the general public helps — often in a small, incremental way — in such tasks as data collection. From categorizing galaxies or plankton to figuring out how proteins fold, everyone can now be a part of the scientific process. And although mathematics might still be the domain of the singular genius, it, too, has a place for the hobbyist or amateur: In the mid-1990s, two high school students discovered a novel additional solution to a problem that Euclid posed and solved thousands of years ago and for which no other method had been found since. There's even an entire domain known as recreational mathematics. What these examples demonstrate is that creative experiments and the right questions are as important as ample funding and infrastructure — and that technology is making this work easier than ever. _____.

*incremental: 증가하는　**ample: 충분한

① Little science can still prosper
② Science develops logical thinking
③ Science often precedes technology
④ Scientists do stand up for the truth
⑤ A genius alone can make science possible

Sentence Structure

In the mid-1990s, two high school students discovered a novel additional solution to a problem [that Euclid posed and solved thousands of years ago] and [for which no other method had been found since].

두 개의 [ ]는 모두 a problem을 수식하는 관계절이다.

🔍 Word Search

주어진 뜻풀이에 해당하는 영어 단어를 본문에서 찾아 쓰시오.

1. t_____ : any piece of work that is undertaken or attempted

2. c_____ : to put people or things into groups according to their qualities

3. f_____ : the act of providing financial resources to make some project possible

Exercise 5 함축 의미 추론

밑줄 친 we experience a "wrinkle in time."이 다음 글에서 의미하는 바로 가장 적절한 것은? ▶ 22664-0035

    In a study of more than one thousand people in the Netherlands, vacationers exhibited a bigger happiness boost in the weeks before their trip, rather than in the weeks afterward. And people generate even more emotional images of Christmas and New Year's when they imagine these events in November than when they look back in January on their actual experiences. Researchers have suggested that <u>we experience a "wrinkle in time."</u> This is worth keeping in mind if you're moving soon. People feel more negative emotion when thinking about helping friends move in the future compared to remembering helping in the past. And they demand nicer thank-you gifts. If you plan to "reward" your friends for helping you move with nothing more than cheap beer and pizza, they're more likely to be satisfied with the cheap gifts if you have them over the day after the move rather than the day before.

① Our thoughts are more positive in pleasant situations.
② Future events provoke more emotion in us than past ones.
③ Distorted thoughts happen quite often during our depressive episodes.
④ We get more pleasure from special occasions than from ordinary days.
⑤ We have more vivid memories of unpleasant events than of pleasant ones.

Sentence Structure

People feel more negative emotion **when thinking** about helping friends move in the future compared to [remembering {helping in the past}].

when thinking은 when they think의 의미이다. [ ]는 전치사 to의 목적어로 쓰인 동명사구이고, 그 안의 { }는 remembering의 목적어로 쓰인 동명사구이다.

Word Search

주어진 뜻풀이에 해당하는 영어 단어를 본문에서 찾아 쓰시오.

1. e_____ : to show a particular feeling, quality, ability, or form of behavior

2. b_____ : an increase in the amount of something

3. r_____ : to make a gift of something to (someone) in recognition of their services, efforts, or achievements

Exercise 6   빈칸 추론

다음 빈칸에 들어갈 말로 가장 적절한 것은?   ▶ 22664-0036

The secrets of human curiosity have been explored by psychologists, perhaps most famously by Professor George Loewenstein. He writes of a test in which participants were confronted by a grid of squares on a computer screen. They were asked to click five of them. Some participants found that, with each click, another picture of an animal appeared. But a second group saw small component parts of a single animal. With each square they clicked, another part of a greater picture was revealed. This second group were much more likely to keep on clicking squares after the required five, and then keep going until enough of them had been turned that the mystery of the animal's identity had been solved. Brains, concluded the researchers, seem to become spontaneously curious when presented with an 'information set' that they realise is _____. 'There is a natural inclination to resolve information gaps,' wrote Loewenstein, 'even for questions of no importance.'

*grid: 격자

① chaotic
② abstract
③ fictional
④ incomplete
⑤ unexpected

⌐ Sentence **Structure** ↴

This second group were much more likely to [keep on clicking squares after the required five], and then [keep going {until enough of them had been turned that the mystery of the animal's identity had been solved}].

두 개의 [ ]는 and에 의해 병렬로 연결되어 to에 이어지며, 두 번째 [ ] 안의 { }는 시간의 부사절이다.

🔍   Word **Search**

주어진 뜻풀이에 해당하는 영어 단어를 본문에서 찾아 쓰시오.

1. e_____ : to examine or discuss a subject, idea, etc., thoroughly

2. c_____ : to come face to face with

3. i_____ : the set of characteristics by which a person or thing is definitively recognizable or known

Exercise 7 — 빈칸 추론

다음 빈칸에 들어갈 말로 가장 적절한 것은?

▶ 22664-0037

From a certain perspective, the political and ideological force of "social justice" may be seen — by critics as well as some calculating proponents — as useful in its functional vagueness. Sometimes a term is helpful in politics precisely because it is vague. For example, "maximum feasible participation" became an important part of the War on Poverty because it was unclear and no one could agree on what it actually meant. Social justice is a term that can be used as an all-purpose justification for any progressive-sounding government program or newly discovered or invented right. The term survives because it benefits its champions. It brands opponents as supporters of social injustice, and so as enemies of humankind, without the trouble of making an argument or considering their views. As an ideological marker, "social justice" works best when it is _____.

*feasible: 실현 가능한

① not too sharply defined
② the only thing that matters
③ regarded as a national priority
④ an unintended positive outcome
⑤ not a demand for individual rights

Sentence Structure

Social justice is a term [that can be used as an all-purpose justification for {any progressive-sounding government program} or {newly discovered or invented right}].

[ ]는 a term을 수식하는 관계절이고, 그 안의 두 개의 { }는 전치사 for의 목적어로 쓰인 명사구이다.

Word Search

주어진 뜻풀이에 해당하는 영어 단어를 본문에서 찾아 쓰시오.

1. c_____ : someone who criticizes a person, organization, or idea

2. v_____ : not precisely limited, determined, or distinguished

3. o_____ : someone who is arguing or fighting with you

Exercise 8 빈칸 추론

다음 빈칸에 들어갈 말로 가장 적절한 것은?

▶ 22664-0038

Nearly all of us live in a political community, usually a state, and abide by its rules. Whether our current nation is open or authoritarian, if we leave we are likely to find ourselves in another country with its own, possibly different rules. Even if we did find a corner of the world where states and laws did not exist, chances are it would not be a place worth living in. We come together for the sake of community and live under laws for good reason, and our lives are shaped by the politically organized unit in which we live. Aristotle believed that the state was a "creation of nature" that came before the individual. After all, people when isolated are not self-sufficient and will seek to become part of a larger whole. To him, individuals who decided to stay on their own would remain "either a beast or a god." The state was in every sense greater than the individual, and being part of it was a privilege. Humans _____.

① had a dominant place in the community
② existed for the glory of the state, not vice versa
③ longed for a more sophisticated political system
④ doubted the correctness of all political judgments
⑤ needed to make decisions about where they stayed

Sentence **Structure**

Even if we did find a corner of the world [where states and laws did not exist], [chances are it would not be a place {worth living in}].

첫 번째 [ ]는 a corner of the world를 수식하는 관계절이고, 두 번째 [ ]는 '아마 ~일 것이다'의 의미의 「chances are (that) ~」 구문이다. 두 번째 [ ] 안의 { }는 a place를 수식하는 형용사구이다.

Q **Word Search**

주어진 뜻풀이에 해당하는 영어 단어를 본문에서 찾아 쓰시오.

1. i _____ : to keep someone in a place away from other people

2. b _____ : an animal, especially a dangerous or strange one

3. p _____ : a special benefit that is available only to a particular person or group

Exercise 9 빈칸 추론

다음 빈칸에 들어갈 말로 가장 적절한 것은? ▶ 22664-0039

Compared to other scientists, Nobel laureates are at least twenty-two times more likely to partake as an amateur actor, dancer, magician, or other type of performer. Nationally recognized scientists are much more likely than other scientists to be musicians, sculptors, painters, printmakers, woodworkers, mechanics, poets, or writers, of both fiction and nonfiction. And Nobel laureates are far more likely still. The most successful experts also belong to the wider world. "To him who observes them from afar," said Spanish Nobel laureate Santiago Ramón y Cajal, the father of modern neuroscience, "it appears as though they are scattering and dissipating their energies, while in reality they are channeling and strengthening them." The main conclusion of work that took years of studying scientists and engineers, all of whom were regarded by peers as true technical experts, was that those who did not make a creative contribution to their field _____.

*laureate: (뛰어난 업적으로 훈장·상을 받은) 수상자   **dissipate: 낭비하다, 흩어지게 하다

① lacked aesthetic interests outside their narrow area
② switched jobs many times over their entire careers
③ didn't seek to work at the cutting edge of their area
④ valued the practical application of their research results
⑤ wanted to expand the scope of their research to the fullest

Sentence **Structure**

The main conclusion of work [that took years of studying scientists and engineers, {all of whom were regarded by peers as true technical experts}], was [that those {who did not make a creative contribution to their field} ~].

첫 번째 [ ]는 work를 수식하는 관계절이고, 그 안의 { }는 scientists and engineers를 부연 설명하는 관계절이다. 두 번째 [ ]는 보어로 쓰인 명사절이고, 그 안의 { }는 those를 수식하는 관계절이다.

Q Word **Search**

주어진 뜻풀이에 해당하는 영어 단어를 본문에서 찾아 쓰시오.

1. p_____ : to take or have a part or share; participate

2. e_____ : a person with special knowledge or ability who performs skillfully

3. s_____ : to cause to separate and go in different directions

Exercise 10   함축 의미 추론

밑줄 친 a spin doctor, not the commander-in-chief가 다음 글에서 의미하는 바로 가장 적절한 것은?   ▶ 22664-0040

    The experience of conscious decisions preceding events may be an illusion. If I ask you to move your finger whenever you feel like it, you can sit there and then eventually decide to raise your digit. That's what conscious free will feels like. But we know from measuring your brain activity while you're sitting there waiting to decide that the point when you thought you had reached a decision to move your finger actually occurred after your brain had already begun to take action. In other words, the point in time when we think we have made a choice occurs after the event. It's like putting the action cart before the conscious horse. The mental experience of conscious free will may simply justify what our brains have already decided to implement. In describing this, Steven Pinker says, 'The conscious mind — the self or soul — is <u>a spin doctor, not the commander-in-chief</u>.'

*digit: 손가락

① the system that helps to effectively implement decisions
② the guidelines that partly restrict the free will to take action
③ the criticism of the idea that one can take action at any time
④ the obstacle that delays the execution of what has been decided
⑤ the indicator of the fact that an action precedes our conscious decision

Sentence Structure

But we know [from measuring your brain activity {while you're sitting there waiting to decide}] [that the point {when you thought you had reached a decision to move your finger} actually occurred {after your brain had already begun to take action}].

첫 번째 [ ]는 삽입구이고, 그 안의 { }는 시간의 부사절이다. 두 번째 [ ]는 know의 목적어로 쓰인 명사절이고, 그 안의 첫 번째 { }는 the point를 수식하는 관계절이며, 두 번째 { }는 시간의 부사절이다.

🔍 Word Search

주어진 뜻풀이에 해당하는 영어 단어를 본문에서 찾아 쓰시오.

1. p_____ : to happen or exist before another person or thing

2. i_____ : something that is false or not real but that seems to be true or real

3. m_____ : relating to the mind

Exercise 1 어법

다음 글의 밑줄 친 부분 중, 어법상 틀린 것은?

▶ 22664-0041

Meaning matching is the process of recognizing elements (referents) in the message and ①accessing our memory to find the meanings we have memorized for those elements. This is a relatively automatic task. It may require a good deal of effort to learn to recognize symbols in media messages and to memorize their standard meanings, but once ②learned this process becomes routine. To illustrate, think back to when you first learned to read. You had to learn ③how to recognize words printed on a page. Then you had to memorize the meaning of each word. The first time you saw the sentence "Dick threw the ball to Jane," ④which required a good deal of work to divide the sentence into words, to recall the meaning of each word, and to put it all together. With practice, you were able to perform this process more quickly and more easily. Learning to read in elementary school is essentially the process of being able to recognize a longer list of referents and to memorize ⑤their denoted meanings.

*denote: 표시하다

Sentence **Structure**

[Learning to read in elementary school] **is** essentially the process of [being able {to recognize a longer list of referents} and {to memorize ~ denoted meanings}].

동명사 Learning이 이끄는 첫 번째 [ ]가 주어이며 단수 취급하여 술어 동사 is가 쓰였다. 두 번째 [ ]는 전치사 of의 목적어인 동명사구이다. 두 번째 [ ]에서 두 개의 { }는 able에 병렬 구조로 연결되었다.

Word **Search**

주어진 뜻풀이에 해당하는 영어 단어를 본문에서 찾아 쓰시오.

1. e＿＿＿＿＿＿＿＿＿ : one part or feature of a whole system, plan, piece of work, etc., especially one that is basic or important

2. r＿＿＿＿＿＿＿＿＿ : a regular way of doing things in a particular order

3. r＿＿＿＿＿＿＿＿＿ : to remember a particular fact, event, or situation from the past

Exercise 2 어법

(A), (B), (C)의 각 네모 안에서 어법에 맞는 표현으로 가장 적절한 것은?

▶ 22664-0042

The idea of the machinelike brain has inspired and guided neuroscience since it was first proposed in the seventeenth century, replacing more mystical notions about the soul and the body. Scientists, impressed by the discoveries of Galileo, who showed (A) that / what the planets could be understood as inanimate bodies moved by mechanical forces, came to believe that all nature functioned as a large cosmic clock, subject to the laws of physics. And they began to explain individual living things, including our bodily organs, (B) mechanistical / mechanistically , as though they too were machines. This idea that all nature was like a vast mechanism, and that our organs were machinelike, (C) replaced / to replace the two-thousand-year-old Greek idea that viewed all nature as a vast living organism, and our bodily organs as anything but inanimate mechanisms. But the first great accomplishment of this new "mechanistic biology" was a brilliant and original achievement.

	(A)		(B)		(C)
①	that	······	mechanistically	······	replaced
②	that	······	mechanistically	······	to replace
③	that	······	mechanistical	······	replaced
④	what	······	mechanistically	······	to replace
⑤	what	······	mechanistical	······	to replace

Sentence Structure

[Scientists, {impressed by the discoveries of Galileo}, {who showed ~ the planets could be understood as inanimate bodies <moved by mechanical forces>}], **came** to believe [that all nature functioned as a large cosmic clock, {subject to the laws of physics}].

첫 번째 [ ]가 주어이며, 그 안의 첫 번째 { }는 Scientists를 부가적으로 설명하는 분사구문이다. 두 번째 { }는 Galileo에 관한 부가적인 정보를 제공하는 관계절이며, 그 안의 〈 〉는 inanimate bodies를 수식하는 분사구이다. 문장의 술어 동사는 came이며, 두 번째 [ ]는 believe의 목적어인 명사절이다. 두 번째 [ ] 속의 { }는 바로 앞 절의 내용을 부가적으로 설명하는 분사구문으로 앞에 being이 생략된 것으로 볼 수 있다.

Word Search

주어진 뜻풀이에 해당하는 영어 단어를 본문에서 찾아 쓰시오.

1. i_____ : to give someone an idea about what to do or create

2. p_____ : a science that deals with matter and energy and the way they act on each other in heat, light, electricity, and sound

3. o_____ : a part of the body, such as the heart or lungs, that has a particular purpose

Exercise 3   무관한 문장

다음 글에서 전체 흐름과 관계 <u>없는</u> 문장은?   ▶ 22664-0043

There is little doubt that climate change will make it harder to produce enough food for the world's growing population and will alter the seasonal timing, availability, and quality of water resources. ①To avoid extending agriculture into already environmentally threatened areas, the current rate of agricultural productivity growth will have to be doubled, according to the World Bank, while minimizing the associated environmental damage. ②In the extreme event of a 5°C warming, agricultural productivity would be likely to decline throughout the world, particularly in the tropics, even with changes in farming practices. ③This could mean that more than 3 million additional people could die from malnutrition each year. ④Switching energy systems from fossil fuels to renewables like solar or wind will reduce the emissions driving climate change. ⑤Even the more likely 2°C warming would produce new weather patterns challenging conventional agricultural practices, and between 100 million and 400 million more people could be at risk of hunger.

Sentence **Structure**

There is little doubt that climate change will make **it** harder [to produce enough food for the world's growing population] and will alter the seasonal timing, availability, and quality of water resources.

「there is little doubt that ~」은 '~은 의심의 여지가 거의 없다'를 뜻한다. it은 형식상의 목적어이고 [ ]가 내용상의 목적어이다.

Word **Search**

주어진 뜻풀이에 해당하는 영어 단어를 본문에서 찾아 쓰시오.

1. d_____ : to become lower in amount or less in number

2. m_____ : the unhealthy condition that results from not eating enough food or not eating enough healthy food

3. e_____ : a gas or other substance that is sent into the air

Exercise 4 — 글의 순서

주어진 글 다음에 이어질 글의 순서로 가장 적절한 것은?

▶ 22664-0044

Guilt must be distinguished from shame. The difference lies in how widely the bad feeling is generalized.

(A) This may be worth keeping in mind when you deal with your assistants and workers, or your children, or your students (or even your romantic partners). How do you criticize them when they do something wrong?

(B) Calling their attention to what they did wrong may seem necessary, but phrasing your criticism in terms of being a bad person (e.g., "you liar") is not nearly as constructive as allowing them to be a person who did a bad thing (e.g., "you shouldn't have lied").

(C) Guilt focuses narrowly on the action, whereas shame spreads to the whole person. Guilt says, "I did a bad thing." Shame says, "I am a bad person." Research based on that distinction has repeatedly shown that shame is usually destructive, whereas guilt is usually constructive.

① (A)−(C)−(B)　　　② (B)−(A)−(C)　　　③ (B)−(C)−(A)
④ (C)−(A)−(B)　　　⑤ (C)−(B)−(A)

Sentence Structure

[Calling their attention to {what they did wrong}] may seem necessary, but [phrasing your criticism in terms of being a bad person (e.g., "you liar")] is not nearly **as** constructive **as** [allowing them to be a person who did a bad thing (e.g., "you shouldn't have lied")].

첫 번째 [ ]는 문장의 주어 역할을 하는 동명사구이며, 그 안의 { }는 전치사 to의 목적어인 명사절이다. 두 번째와 세 번째 [ ]는 둘 다 동명사구로 「as+형용사의 원급+as」 구문으로 비교되었다.

Word Search

주어진 뜻풀이에 해당하는 영어 단어를 본문에서 찾아 쓰시오.

1. g_____ : a bad feeling caused by knowing or thinking that you have done something bad or wrong

2. c_____ : the act of noting the problems or faults of a person or thing

3. d_____ : causing damage to people or things

Exercise 5 어법

다음 글의 밑줄 친 부분 중, 어법상 틀린 것은?

▶ 22664-0045

Success at innovation will have a major impact on the quality of life in the years ahead as ①<u>will</u> failure. Perhaps a vaccine can be found to prevent cancer. Perhaps an effective means will be found of providing clean, inexhaustible, affordable energy for the entire planet. Perhaps there is a large asteroid hiding somewhere and intent upon destroying the Earth — a catastrophe ②<u>that</u>, through innovation, can perhaps be prevented. The quality of life in developed countries today heavily ③<u>depends</u> upon advancements in science and technology — and this is increasingly becoming the case for all the world's nations. But the benefits of scientific advancements often accrue, not simply to the individual investor but to society at large, thus making it ④<u>essential</u> that the general public support both education and research in science and technology. Only in this manner can our children and grandchildren hope to enjoy a standard of living higher than that of the generations that have preceded ⑤<u>themselves</u>.

*asteroid: 소행성   **accrue to: ~에 생기다

Sentence Structure

[Only in this manner] **can our children and grandchildren** hope to enjoy a standard of living higher than **that** of the generations [that have preceded ~].

첫 번째 [ ]는 Only를 포함한 부사구인데, 이것이 문두에 나오면서 주어(our children and grandchildren)와 조동사(can)가 도치되었다. that은 the standard of living을 대신하는 대명사이며, 두 번째 [ ]는 the generations를 수식하는 관계절이다.

Q Word Search

주어진 뜻풀이에 해당하는 영어 단어를 본문에서 찾아 쓰시오.

1. i_____ : impossible to use up completely

2. c_____ : a terrible disaster

3. e_____ : extremely important and necessary

Exercise 6 　어법

(A), (B), (C)의 각 네모 안에서 어법에 맞는 표현으로 가장 적절한 것은?　　　▶ 22664-0046

　　Attempting to quantify human behaviour and reducing this behaviour to a set of statistics is difficult and likely meaningless. Instead, anthropologists rely on qualitative research, (A) it / which involves long-term observation of, and participation in, the daily lives and activities of the people they are studying. This is known as participant observation, and its value cannot be overstated, even in contemporary research. Living in close proximity to the study group, learning their language, and participating in their daily lives (B) allow / allowing anthropologists to develop a much deeper understanding of the range of human behaviour. The adage "See me as I do, not as I say" is remarkably accurate when studying human behaviour. For both anthropologists and the general public, trying to understand other people by listening, observing, and even participating goes a long way toward dispelling some of the stereotypes and intolerance we (C) hold / are held for other ways of living.

*proximity: 근접　**adage: 격언

	(A)		(B)		(C)
①	it	......	allow	......	are held
②	it	......	allowing	......	hold
③	which	......	allow	......	hold
④	which	......	allowing	......	hold
⑤	which	......	allow	......	are held

Sentence Structure

For both anthropologists and the general public, [trying to understand other people by listening, observing, and even participating] **goes** a long way toward dispelling [some of the stereotypes and intolerance {we ~ for other ways of living}].

첫 번째 [ ]는 trying이 이끄는 동명사구로 주어로 쓰였으며, 단수 취급하여 술어 동사 goes가 사용되었다. 두 번째 [ ]는 dispelling의 목적어이고, 그 안의 { }는 the stereotypes and intolerance를 수식하는 관계절이다.

Word Search

주어진 뜻풀이에 해당하는 영어 단어를 본문에서 찾아 쓰시오.

1. q_____ : to calculate the value of something and express it as a number or an amount

2. c_____ : happening or beginning now or in recent times

3. s_____ : a belief or idea of what a particular type of person or thing is like

Exercise 7 무관한 문장

다음 글에서 전체 흐름과 관계 <u>없는</u> 문장은?   ▶ 22664-0047

Exclusive technology can be used only by the elites who have access to required resources, and have the aptitude and means to benefit from special training. ① Agriculture requires warmth, rainfall, and soil, which are not available for people living on high mountains and dry deserts. ② The invention of writing led to the formation of a class of scribes and elites, who had the necessary time and means to learn writing, and had access to books that were hand copied and kept in libraries away from the general population. ③ The sharp increase in literacy after the invention of the modern printing press broke the monopoly of the literate elite on education and learning and helped the growth of the middle class. ④ This led to a division of the population into the literate lords and priests with knowledge and power, who ruled over the illiterate common people. ⑤ When a technology is new, it tends to be used only by the elite to increase inequality; as the years go by and the cost keeps falling, it becomes more affordable for everyone and thereby more egalitarian.

*scribe: 필경사   **egalitarian: 평등한, 평등주의의

Sentence Structure

The invention of writing led to the formation of a class of scribes and elites, [who {had the necessary time and means to learn writing}, and {had access to books <that were hand copied and kept in libraries away from the general population>}].

[ ]는 a class of scribes and elites를 부가적으로 설명하는 관계절이며, 그 속에 두 개의 { }가 who에 연결되는 술부로서 병렬 구조를 이룬다. ⟨ ⟩는 books를 수식하는 관계절이다.

Q Word Search

주어진 뜻풀이에 해당하는 영어 단어를 본문에서 찾아 쓰시오.

1. a _____ : a natural ability to do something or to learn something

2. l _____ : the state of being able to read and write

3. p _____ : a person who has the authority to lead or perform ceremonies in some religions

Exercise 8) 글의 순서

주어진 글 다음에 이어질 글의 순서로 가장 적절한 것은?

▶ 22664-0048

Oftentimes people talk about their "ideal day." Perhaps they like sleeping in, only to be woken up by the calming sounds of the ocean's rising tide. Breakfast mimosas replace brunch, and they lie on the beach with a good book and a year-round tan.

(A) Think of it like buying your dream car vs. renting it for a week. If you buy the dream car, eventually you have to change its oil, replace its tires, be concerned about parking it and getting scratches — your dream becomes tainted with problems.

(B) This is often defined as your *ultimate day*. And while it sounds fun in theory, the reality is you will likely not be living your ultimate day every day. It is not practical, and to be honest, it would not be as special if you did it every day.

(C) But if you occasionally rent the car, you get all the joys and fun of it without having to worry about the problems. That's what an ultimate day is more like, which is why making an ultimate day your every day is problematic.

*mimosa: 미모사(치즈, 달걀, 생선 통조림 등이 들어간 샐러드) **tainted: 얼룩진, 오염된

① (A)－(C)－(B)   ② (B)－(A)－(C)   ③ (B)－(C)－(A)
④ (C)－(A)－(B)   ⑤ (C)－(B)－(A)

Sentence Structure

If you buy the dream car, eventually you have to [**change** its oil, **replace** its tires, **be** concerned about {**parking** it and **getting** scratches}] — your dream becomes tainted with problems.

[ ] 안의 change, replace, be는 병렬 구조를 이루면서 have to에 연결되고 있다. 그 안의 { }는 about의 목적어인 동명사구로 parking과 getting이 병렬 구조를 이룬다.

🔍 Word Search

주어진 뜻풀이에 해당하는 영어 단어를 본문에서 찾아 쓰시오.

1. t_____ : the regular rising and falling of the level of the sea

2. s_____ : a thin mark or cut on the surface of something

3. t_____ : an idea or set of ideas that is intended to explain something about life or the world

Exercise 9~10 1지문 2문항

[9~10] 다음 글을 읽고, 물음에 답하시오.

Change is a common trait of living things. Each living thing changes as it grows older, but more important forms of change occur from one generation to the next: Children are (a)different from their parents. Nature cannot plan ahead and design a certain kind of change. Instead, nature produces changes that are essentially random. That is, the complicated processes that mix the genes of two parents to produce a (b)unique set of genes in the baby sometimes produce novel outcomes in the form of new traits. However, powerful forces react to these random changes. As a result, some random changes will disappear, whereas others will endure. The process of natural selection decides which traits will disappear and which will continue.

For example, imagine that one baby was born with no ears, another with one leg longer than the other, and the third with eyes that could see farther than the average eye. Having no ears or having legs of unequal length would probably be disadvantages, and natural selection would not (c)remove these traits for future generations. A significant improvement in vision might, however, be selected to remain because the baby who grew up seeing better than other people would be able to find more food and spot (d)danger from a safer distance. The genes for better vision would therefore remain in the gene pool (assuming that this baby would grow up and have babies), and so in future generations more and more people would (e)enjoy this improvement.

9 윗글의 제목으로 가장 적절한 것은?   ▶ 22664-0049

① No Two Human Beings Are Alike
② Nature Selects Good Genetic Traits
③ All Random Changes Will Disappear
④ What Are the Obstacles to Evolution?
⑤ What Decides Physical Characteristics?

10 밑줄 친 (a)~(e) 중에서 문맥상 낱말의 쓰임이 적절하지 <u>않은</u> 것은?   ▶ 22664-0050

① (a)   ② (b)   ③ (c)   ④ (d)   ⑤ (e)

Sentence Structure

For example, imagine [that **one** baby was born with no ears, **another** with one leg longer than the other, and **the third** with eyes {that could see farther than the average eye}].

[ ]는 imagine의 목적어인 명사절이며, 세 가지를 나열할 때의 표현인 「one ~, another ~, the third ~」가 쓰였다. { }는 eyes를 수식하는 관계절이다.

Q Word Search

주어진 뜻풀이에 해당하는 영어 단어를 본문에서 찾아 쓰시오.

1. r_____ : happening or chosen without any definite plan, aim, or pattern

2. e_____ : to remain alive or continue to exist for a long time

3. s_____ : to notice someone or something, especially when they are difficult to see or recognize

Exercise 1   어법

다음 글의 밑줄 친 부분 중, 어법상 틀린 것은?

▶ 22664-0051

One aspect in which virtual relationships are different from other more tangible forms ①is that, because the interaction is mediated and abstracted away from the physical person, people may experiment with different aspects of their personas in a manner not easily executed in face-to-face interaction. For example, there are instances of gender inversion, whereby a man may use a female avatar ②to participate in an online community and vice versa. Also, depending on the application or game, age, weight, skin color, and other phenotypes can ③be altered so that the player may try out a different look and see how he or she is accepted by the community. Although there is evidence that many people will adapt their virtual selves to look a lot like themselves offline, there is an understanding among those in the virtual community ④which it is acceptable practice to experiment. Thus, virtual communities provide spaces for some networked individuals to connect, interact, play, and experiment, and for their participants ⑤they are a source of meaningful interaction and purposeful relationships.

*phenotype: 표현형(유전자와 환경의 영향에 의해 형성된 생물의 형질)

Sentence **Structure**

One aspect [in which virtual relationships are different from other more tangible forms] ~ that, because the interaction is mediated and abstracted away from the physical person, people may experiment with different aspects of their personas in a manner [not easily executed in face-to-face interaction].

첫 번째 [ ]는 One aspect를 수식하는 관계절이다. 두 번째 [ ]는 a manner를 수식하는 분사구이다.

Word **Search**

주어진 뜻풀이에 해당하는 영어 단어를 본문에서 찾아 쓰시오.

1. t_____ : having substance or material existence

2. e_____ : to try something in order to discover what it is like or find out more about it

3. i_____ : a situation in which something is changed so that it is the opposite of what it was before

Exercise 2 어법

(A), (B), (C)의 각 네모 안에서 어법에 맞는 표현으로 가장 적절한 것은?

▶ 22664-0052

Information technology has great potential for influencing markets. It bridges time and distance in a completely new way, and (A) opens / opening markets that were previously unattainable because they were geographically too remote. Until recently, a small town would have no more than three banks competing with each other for the business of the town's residents. Today, we have a situation (B) which / in which literally thousands of national and international banks compete with each other for customers in that same small town. Financial institutions, such as banks, no longer have to maintain a physical presence to be able to do business. Financial transactions, such as buying and selling shares, are being executed electronically and the customer can monitor the progress of such transactions on his or her personal Internet page. In 2000, more than half of all stock orders placed by individuals in the United States (C) were / to be initiated via the Internet.

	(A)		(B)		(C)
①	opens	......	which	......	were
②	opens	......	in which	......	were
③	opens	......	in which	......	to be
④	opening	......	in which	......	to be
⑤	opening	......	which	......	to be

Sentence Structure

Financial institutions, such as banks, no longer have to maintain a physical presence [to be able to do business].

[ ]는 목적의 의미를 나타내는 to부정사구이다.

🔍 Word Search

주어진 뜻풀이에 해당하는 영어 단어를 본문에서 찾아 쓰시오.

1. r_____ : a person who lives or has their home in a place

2. t_____ : the action or process of buying or selling something

3. i_____ : to make something start

Exercise 3 무관한 문장

다음 글에서 전체 흐름과 관계 없는 문장은?   ▶ 22664-0053

　Emotions play a gatekeeper role in cognition. The allocation of attention and working memory does not happen by miracle. We attempt to solve problems that are only emotionally important to us. ①Think of emotions as a biological thermostat that activates attention, which then activates a rich set of problem solving and response systems. ②When danger or opportunity arises, information from our senses triggers an emotional reaction that informs the rest of the brain that something requires further attention and maybe even some problem solving. ③Usually, the positive emotions such as joy, love or affection do not interfere with communication, but the negative emotions act as strong barriers to effective communication. ④Emotions operate unconsciously constantly evaluating sensory information from our total environment, even while we're asleep or attending to other things. ⑤When our emotions enter awareness, we call it a feeling, and then we can begin to consciously deal with the challenge using our reasoning abilities.

*thermostat: 온도 조절 장치

Sentence **Structure**

We attempt to solve problems [that are only emotionally important to us].

[ ]는 problems를 수식하는 관계절이다.

 Word **Search**

주어진 뜻풀이에 해당하는 영어 단어를 본문에서 찾아 쓰시오.

1. a_____ : to make a piece of equipment or a process start working

2. b_____ : something that prevents people from communicating, working together, etc.

3. r_____ : the process of thinking about something in an intelligent, sensible way in order to make a decision or form an opinion

Exercise 4 — 글의 순서

주어진 글 다음에 이어질 글의 순서로 가장 적절한 것은?

▶ 22664-0054

One day I walked out of the washroom to find my wife and children laughing heartily on the couch. My wife had just told our daughters to listen at the door, promising that I would whistle shortly before I departed.

(A) Several days later, lost in deep thought in the washroom, I reached for the toilet paper. I heard myself whistle. Shocked, I started to laugh. What was going on? Upon reflection I determined the origin of such odd behavior.

(B) Apparently I had. I say apparently, because I certainly wasn't aware of it. Having no recollection of whistling, I concluded that they were just having fun with me.

(C) During my toilet-training, my mother would often leave me seated on the toilet while she went about her housework. I was to alert her when I finished. I would signal my readiness with a whistle — a behavior that became unconsciously ingrained.

*ingrained: 깊이 몸에 밴

① (A)－(C)－(B)　　② (B)－(A)－(C)　　③ (B)－(C)－(A)
④ (C)－(A)－(B)　　⑤ (C)－(B)－(A)

Sentence Structure

[Having no recollection of whistling], I concluded [that they were just having fun with me].

첫 번째 [ ]는 이유를 나타내는 분사구문으로 As I had no recollection of whistling으로 이해할 수 있다. 두 번째 [ ]는 concluded의 목적어 역할을 하는 명사절이다.

Word Search

주어진 뜻풀이에 해당하는 영어 단어를 본문에서 찾아 쓰시오.

1. h_____ : in a loud or enthusiastic way
2. o_____ : unusual or unexpected in a way that attracts your interest or attention
3. r_____ : the action or power of recalling to mind

Exercise 5 | 어법

다음 글의 밑줄 친 부분 중, 어법상 틀린 것은?

▶ 22664-0055

　The rights to freedom of speech and access to certain information apply as equally to journalists as they ①do to private citizens. Journalists have always resisted attempts to make them different, partly because if the media were to have special privileges it might also ②be expected to have special obligations. However, this is not the case throughout the world, and in some European countries journalists have special rights and special rights of access to information ③unavailable to the general public. In Belgium, for instance, journalists have special travel rights and cut-price telephone calls. In Portugal, journalists have special rights of access to government sources of information and a legal right not to be coerced into acting against their consciences, while in both Portugal and Italy, journalists cannot work for the media without being registered and ④obtained a press card. France, Britain, Luxembourg and the Netherlands all have national identity card schemes in cooperation with the police. These are voluntary and you can operate as a journalist without them, but they do make ⑤working in dramatic situations such as demonstrations, riots and disasters much easier.

*coerce: 강요[강압]하다　**riot: 폭동

Sentence Structure

Journalists have always resisted attempts [to make them different], partly because [if the media **were to** have special privileges it **might** also ~ to have special obligations].

첫 번째 [ ]는 attempts를 수식하는 to부정사구이다. 두 번째 [ ]에는 가정법(if+주어+were to부정사 ~, 주어+과거형 조동사(might)+동사원형 ...)이 쓰였다.

🔍 Word Search

주어진 뜻풀이에 해당하는 영어 단어를 본문에서 찾아 쓰시오.

1. o＿＿＿＿＿＿＿＿ : something that you must do because of a law, rule, promise, etc.

2. c＿＿＿＿＿＿＿＿ : the ideas and feelings you have that tell you whether something you are doing is right or wrong

3. d＿＿＿＿＿＿＿＿ : something very bad that happens and causes a lot of damage or kills a lot of people

Exercise 6 　어법

(A), (B), (C)의 각 네모 안에서 어법에 맞는 표현으로 가장 적절한 것은?

▶ 22664-0056

　One of the most important developments in sports journalism in recent years has been the growth of online publishing, or websites on the Internet. Websites have provided thousands of new outlets for sports journalists, created many new jobs and offered new ways of (A) | satisfying / satisfaction | the growing thirst for sporting information. Because websites are easy to set up and relatively cheap to service and (B) | maintain / maintenance |, the growth has been rapid. Almost every sports club and governing body now has its own site, many of them employing professional journalists. The web now supports sites operated by everyone from commercial and public service media organisations, through sporting organisations and individual athletes, to fans. Not surprisingly, the quality of sporting websites (C) | is / are | equally variable.

	(A)		(B)		(C)
①	satisfying	······	maintain	······	is
②	satisfying	······	maintenance	······	is
③	satisfying	······	maintenance	······	are
④	satisfaction	······	maintenance	······	are
⑤	satisfaction	······	maintain	······	is

Sentence Structure

[One of the most important developments in sports journalism in recent years] **has been** the growth of online publishing, or websites on the Internet.

[ ]는 문장의 주어이고, 주어의 핵이 One이므로 술어 동사로는 has been이 쓰였다.

Word Search

주어진 뜻풀이에 해당하는 영어 단어를 본문에서 찾아 쓰시오.

1. t＿＿＿＿＿＿＿＿＿＿ : a strong feeling of wanting to have or do something

2. e＿＿＿＿＿＿＿＿＿＿ : to pay someone regularly to do a job for you or to work as a member of your organization

3. v＿＿＿＿＿＿＿＿＿＿ : capable of being changed

Exercise 7 무관한 문장

다음 글에서 전체 흐름과 관계 없는 문장은? ▶ 22664-0057

Until far into the nineteenth century, history was seen as being essentially the result of the actions of kings, statesmen, generals, and other dignitaries. Readers expected the historian to explain the actions of such people; this was the measure of the historian's success. ①Furthermore, it was generally believed that common sense was all that is needed for the historian to be able to give such a plausible and convincing account of the actions of kings and statesmen. ②And since common sense is, in Descartes's well-known view, the most justly distributed good, since nobody complains about having too little of it, there was no need for the historian to have any specific abilities as a historian. ③The only talent that was needed, beyond mere common sense, was the historian's ability to write a sufficiently coherent and convincing narrative. ④As a result, common sense and the capacity to empathize with the actions of statesmen and generals could now no longer be considered sufficient qualifications for writing history. ⑤Rhetoric was the discipline that taught the historian how to be such a successful storyteller — hence, history was conceived as a branch of (applied) rhetoric rather than as a discipline in its own right.

*dignitary: (정부) 고위 관리   **rhetoric: 수사학

Sentence Structure

The only talent [that was needed], beyond mere common sense, was the historian's ability [to write a sufficiently coherent and convincing narrative].

첫 번째 [ ]는 The only talent를 수식하는 관계절이고, 두 번째 [ ]는 the historian's ability를 수식하는 to부정사구이다.

Word Search
주어진 뜻풀이에 해당하는 영어 단어를 본문에서 찾아 쓰시오.

1. p_____ : likely to be true

2. a_____ : a detailed description of how or why something happens

3. q_____ : an attribute that must be met or complied with and that fits a person for something

Exercise 8 | 글의 순서

주어진 글 다음에 이어질 글의 순서로 가장 적절한 것은?   ▶ 22664-0058

Sometimes we refer to practicing as a process of acquiring experience, implying that we can collect and store our practice experiences. This metaphor is helpful.

(A) With a normally functioning brain, however, we can benefit from memories of our experiences and gradually reshape our motor responses in ways that allow us to attain skill goals more accurately and with greater efficiency.

(B) Because such people can't store information about their previous response in memory, successive repetitions of a skill usually do not bring about learning. They may have played the piano 100 times, but each attempt is an entirely new experience.

(C) If we were unable to store memories of past physical activity experiences, each trial would be like our first. We would be in the same situation as people who have lost their short-term memory because of damage to an area of the brain known as the basal ganglia.

*basal ganglia: 기저핵(基底核)

① (A)-(C)-(B)   ② (B)-(A)-(C)   ③ (B)-(C)-(A)
④ (C)-(A)-(B)   ⑤ (C)-(B)-(A)

Sentence Structure

With a normally functioning brain, however, we can [benefit from memories of our experiences] and [gradually reshape our motor responses in ways {that allow us to attain skill goals more accurately and with greater efficiency}].

두 개의 [ ]는 and로 연결되어 can에 이어진다. 두 번째 [ ] 안의 { }는 ways를 수식하는 관계절이다.

Word Search

주어진 뜻풀이에 해당하는 영어 단어를 본문에서 찾아 쓰시오.

1. m _____ : a word or phrase for one thing that is used to refer to another thing in order to show or suggest that they are similar

2. p _____ : going before in time or order

3. s _____ : coming or happening one after another in a series

Exercise 9~10   1지문 2문항

[9~10] 다음 글을 읽고, 물음에 답하시오.

In 1958, a group of social scientists tested different techniques of brainstorming. They posed a (a) thought-provoking question: If humans had an extra thumb on each hand, what benefits and problems would emerge? Then they had two different types of groups brainstorm answers. In one group, the members worked face to face; in the other group, the members each worked independently, then pooled their answers at the end. You might expect the people working face to face to be more (b) productive, but that wasn't the case. The team with independently working members produced almost twice as many ideas. Other studies (c) confirmed these results. Traditional brainstorming simply doesn't work as well as thinking alone, then pooling results.

That's because, the scientists found, groups that have direct contact suffer from two problems. The big one is (d) blocking — a great idea pops into your head, but by the time the group calls on you, you've forgotten it. The other is social dampening: outspoken, extroverted members wind up dominating, and their ideas get adopted by others, even if they're not very good ones. Introverted members don't speak up. In contrast, when group members work physically separately from one another — in what researchers call "virtual groups" — it (e) causes this problem because everyone can generate ideas without being cognitively overshadowed or blocked.

*overshadow: 무색하게 하다, 그늘지게 하다

9 윗글의 제목으로 가장 적절한 것은?

▶ 22664-0059

① Brainstorming in Virtual Space: Is It Possible?
② Work Together Face to Face for Clear Communication
③ Group Members Working Remotely Produces More Ideas
④ Why Brainstorming Is Important in Today's Business World
⑤ Conflicts Among Group Members That Take Several Forms

10 밑줄 친 (a)~(e) 중에서 문맥상 낱말의 쓰임이 적절하지 <u>않은</u> 것은?

▶ 22664-0060

① (a)   ② (b)   ③ (c)   ④ (d)   ⑤ (e)

Sentence **Structure**

That's because, the scientists found, groups [that have direct contact] suffer from two problems.

[ ]는 groups를 수식하는 관계절이다.

Word **Search**

주어진 뜻풀이에 해당하는 영어 단어를 본문에서 찾아 쓰시오.

1. p_____ : working hard and producing or achieving a lot

2. o_____ : direct and open in speech or expression

3. v_____ : existing or occurring on computers or on the Internet

Exercise 1 어법

다음 글의 밑줄 친 부분 중, 어법상 틀린 것은?

▶ 22664-0061

You'll remember that Odysseus asked his crew to tie him to the mast of his sailing ship to avoid the lure of the Sirens. But if you think about it, he could simply have put beeswax in his ears ①like he commanded the rest of his crew to do and saved himself a lot of grief. Odysseus wasn't a glutton for punishment. The Sirens could be killed only if ②whoever heard them could live to tell the story afterward. Odysseus vanquished the Sirens by narrating his near-death voyage after the fact. The slaying was in the telling. The Odysseus myth highlights a key feature of behavior change: Recounting our experiences ③gives us mastery over them. Whether in the context of psychotherapy, talking to an Alcoholics Anonymous (AA) sponsor, confessing to a priest, confiding in a friend, or writing in a journal, our honest disclosure ④bringing our behavior into relief, allowing us in some cases to see it for the first time. This is especially true for behaviors ⑤that involve a level of automaticity outside of conscious awareness.

*glutton for punishment: 남이 하기 싫어하는 일을 하기 좋아하는 사람

**vanquish: (전쟁 등에서) 완파하다   ***automaticity: 자동성

Sentence **Structure**

You'll remember [that Odysseus asked his crew to tie him to the mast of his sailing ship {to avoid the lure of the Sirens}].

[ ]는 remember의 목적어 역할을 하는 명사절이다. { }는 목적을 나타내는 to부정사구이다.

Word **Search**

주어진 뜻풀이에 해당하는 영어 단어를 본문에서 찾아 쓰시오.

1. c＿＿＿＿＿＿＿＿＿ : to control someone or something and tell them what to do

2. p＿＿＿＿＿＿＿＿＿ : the treatment of mental illness by discussing someone's problems with them, instead of using drugs or operations

3. d＿＿＿＿＿＿＿＿＿ : the process of giving information to people, especially information that was secret

Exercise 2 어법

(A), (B), (C)의 각 네모 안에서 어법에 맞는 표현으로 가장 적절한 것은?

▶ 22664-0062

If it is important to hold on to a certain self-image, then it also makes sense to burnish it. We do this actively by filtering out negative information. Another option is to simply avoid taking actions that have at least some chance of rebounding badly on us. If I cross the road to avoid passing by a beggar, I won't have to reveal to myself (A) that / what I lack generosity. A would-be migrant who stays home can always maintain the fiction that he would have succeeded had he gone. It takes an ability to dream, or a substantial dose of overconfidence, (B) to overcome / overcoming this tendency to persist with the status quo. This is perhaps why migrants, at least those not pushed out by desperation, (C) tend / tends to be not the richest or the most educated, but those who have some special drive, which is why we find so many successful entrepreneurs among them.

*burnish: 윤[광]을 내다   **status quo: 현재의 상황

(A)	(B)	(C)
① that	······ to overcome	······ tend
② what	······ to overcome	······ tend
③ that	······ overcoming	······ tends
④ what	······ overcoming	······ tends
⑤ that	······ overcoming	······ tend

Sentence Structure

Another option is [to simply avoid {taking actions <that have at least some chance of rebounding badly on us>}].

[ ]는 is의 주격 보어 역할을 하는 to부정사구이고, { }는 avoid의 목적어 역할을 하는 동명사구이다. < >는 actions를 수식하는 관계절이다.

Word Search

주어진 뜻풀이에 해당하는 영어 단어를 본문에서 찾아 쓰시오.

1. g_____ : the quality of being kind, understanding, and not selfish

2. m_____ : a person who goes from one place to another especially to find work

3. e_____ : a person who starts a business and is willing to risk loss in order to make money

Exercise 3) 무관한 문장

다음 글에서 전체 흐름과 관계 없는 문장은?   ▶ 22664-0063

The idea that education should increase intellectual independence is a very narrow view of learning. It ignores the fact that knowledge depends on others. ①To fix cars, a mechanic needs to know who can provide parts and who can deliver them, how to find out which cars have been recalled, and how to learn about the latest design innovations. ②Cars these days depend on technology that comes from all around the world, so a decent car mechanic will have access to knowledge distributed throughout the community of knowledge within the automobile industry. ③It is expected to undergo major changes due to the impact of globalization, increased regulations because of environmental concerns, and rising fossil fuel prices. ④Learning, therefore, isn't just about developing new knowledge and skills. ⑤It's also about learning to collaborate with others, recognizing what knowledge we have to offer and what gaps we must rely on others to help us fill.

Sentence Structure

Cars these days depend on technology [that comes from all around the world], so a decent car mechanic will have access to knowledge [distributed throughout the community of knowledge within the automobile industry].

첫 번째 [ ]는 technology를 수식하는 관계절이며, 두 번째 [ ]는 knowledge를 수식하는 분사구이다.

Q Word Search

주어진 뜻풀이에 해당하는 영어 단어를 본문에서 찾아 쓰시오.

1. i_____ : relating to your ability to think and understand things, especially complicated ideas

2. m_____ : a person who repairs machines (such as car engines) and keeps them running properly

3. r_____ : control of an activity, process, or industry by official rules

Exercise 4 · 글의 순서

주어진 글 다음에 이어질 글의 순서로 가장 적절한 것은?　　　　▶ 22664-0064

Euclid, who lived in Alexandria between 350 and 275 B.C., authored *The Elements*, the most influential geometry book of ancient times. Ptolemy, the king of Egypt at that time, asked for his advice on an easy way to read the book. "There is no royal road to mathematics," replied Euclid.

(A) Noticing them requires perceptive observation. They are easy to miss and skip. Elementary school mathematics is not sophisticated, but it contains wisdom. It is not complex, but it is profound.

(B) This is one of the reasons it is appropriate for children. In another sense, though, it is harder. Some of its layers are hidden and difficult to discern, as if they were built underwater and thus difficult to view.

(C) The same is true of elementary mathematics. However, since it deals with the bottom of the tower, the number of layers it establishes is smaller. There are no long chains of arguments as in higher mathematics.

① (A)-(C)-(B)　　② (B)-(A)-(C)　　③ (B)-(C)-(A)
④ (C)-(A)-(B)　　⑤ (C)-(B)-(A)

Sentence Structure

However, [since it deals with the bottom of the tower], the number of layers [it establishes] is smaller.
첫 번째 [ ]는 이유를 나타내는 부사절이며, 두 번째 [ ]는 layers를 수식하는 관계절이다.

Word Search

주어진 뜻풀이에 해당하는 영어 단어를 본문에서 찾아 쓰시오.

1. g_____ : a branch of mathematics that deals with points, lines, angles, surfaces, and solids
2. p_____ : showing a clear and deep understanding of serious matters
3. d_____ : to see, recognize, or understand something that is not clear

Exercise 5 | 어법

다음 글의 밑줄 친 부분 중, 어법상 틀린 것은? ▶ 22664-0065

Fungi make up one of life's kingdoms — as broad and busy a category as "animals" or "plants." Microscopic yeasts are fungi, as ①are the sprawling networks of honey fungi, or *Armillaria*, which are among the largest organisms in the world. The current record holder, in Oregon, weighs hundreds of tons, ②spills across ten square kilometers, and is somewhere between two thousand and eight thousand years old. There are probably many larger, older specimens that remain undiscovered. Many of the most dramatic events on Earth have been — and continue to be — a result of fungal activity. Plants only made it out of the water around five hundred million years ago ③because their collaboration with fungi, which served as their root systems for tens of million years until plants could evolve their own. Today, more than ninety percent of plants depend on mycorrhizal fungi which can link trees in shared networks sometimes ④referred to as the "wood wide web." This ancient association gave rise to all recognizable life on land, the future of ⑤which depends on the continued ability of plants and fungi to form healthy relationships.

*microscopic: 현미경으로 봐야만 보이는   **mycorrhizal fungi: 균근균

Sentence Structure

There are probably many larger, older specimens [that remain **undiscovered**].

[ ]는 many larger, older specimens를 수식하는 관계절이다. undiscovered는 remain의 주격 보어 역할을 한다.

🔍 **Word Search**

주어진 뜻풀이에 해당하는 영어 단어를 본문에서 찾아 쓰시오.

1. s _____ : something (such as an animal or plant) collected as an example of a particular kind of thing

2. c _____ : the action of working with someone to produce something

3. a _____ : a connection or relationship between things or people

Exercise 6 · 어법

(A), (B), (C)의 각 네모 안에서 어법에 맞는 표현으로 가장 적절한 것은?   ▶ 22664-0066

Telling ourselves everything other people could possibly use against us doesn't numb us to it. It only makes us believe we are worth those words and that those accusations would be valid. Besides, there are (A) as / so many variables to whether or not someone will grace you with their approval and praise that it's nearly impossible to blanket over everyone and everything completely and universally. And that's what's (B) required / requiring if validation is to be sought: certainty, the kind we can't find in ourselves. But people's opinions, especially negative ones, largely stem from what they know they don't have and can't do. You eventually have to stop basing your self-worth on the insecurities of others and start basing it on your own genuine convictions, no matter how long it takes for you to find them. I always knew that my belief that I wasn't worth it wasn't the reason I played my own antagonist. My fear of being hurt by other people (C) was / did .

*validation: 확인, 비준   **antagonist: 적(敵), 적대자

	(A)		(B)		(C)
①	as	……	required	……	was
②	so	……	required	……	was
③	as	……	required	……	did
④	so	……	requiring	……	did
⑤	as	……	requiring	……	was

Sentence Structure

It only makes us believe [we are worth those words] and [that those accusations would be valid].

두 개의 [ ]는 believe의 목적어인데, 첫 번째 [ ] 앞에는 that이 생략되었다.

Word Search

주어진 뜻풀이에 해당하는 영어 단어를 본문에서 찾아 쓰시오.

1. n_____ : to make (someone) unable to think, feel, or react normally

2. a_____ : a claim that someone has done something wrong or illegal

3. a_____ : the belief that something or someone is good or acceptable

Exercise 7 　무관한 문장

다음 글에서 전체 흐름과 관계 없는 문장은? ▶ 22664-0067

　　When we behave toward others with care and concern, sensitivity and tact, honesty and integrity, generosity and grace, forbearance and forgiveness, we start to become a different person. ① And such is the nature of reciprocity — itself one of the deeply engraved instincts that is the basis of morality — that we begin to change the way others relate to us; not always, to be sure, but often. ② Slowly but surely, a new atmosphere begins to be felt, at least in the more intimate environments in which we function. ③ Bad behavior can easily become contagious, but so can good behavior, and it usually wins out in the long run. ④ But like everything in life, even good behaviors can have negative consequences when taken to the extreme. ⑤ We feel uplifted by people who care about other people.

*reciprocity: 상호주의

Sentence Structure

Slowly but surely, a new atmosphere begins to be felt, at least in the more intimate environments [in which we function].

[ ]는 the more intimate environments를 수식하는 관계절이다.

Word Search

주어진 뜻풀이에 해당하는 영어 단어를 본문에서 찾아 쓰시오.

1. i＿＿＿＿＿＿＿＿＿＿ : the quality of being honest and having strong moral principles

2. i＿＿＿＿＿＿＿＿＿＿ : having a very close relationship

3. c＿＿＿＿＿＿＿＿＿＿ : likely to spread to and affect others

Exercise 8) 글의 순서

주어진 글 다음에 이어질 글의 순서로 가장 적절한 것은?   ▶ 22664-0068

When you are learning from experience and moving boldly outside your comfort zone, emotions are likely to be the biggest derailer of your personal learning.

(A) Emotions aren't just "problems" to be dealt with or suppressed. They also signal that "there is something to be learned here." Understanding why you are feeling the way you are feeling can be an important stimulus for making change if you can prepare yourself to read the signs.

(B) There will be times when your body tenses, your head pounds, your mouth goes dry, your hands sweat, your breathing accelerates, and you feel flushed with adrenaline — all signs that a disruptive emotion is at work. Other times you may feel "down," "blah," disconnected, despondent, or "just not into it" as you drag yourself through the day.

(C) Though less dramatic, these reactions can also be signs of a disruptive emotion as well. When this happens, it can be very hard to stay focused on learning from your experiments. However, these kinds of emotions are also informative and worth investigating.

*derailer: 탈선기   **blah: (기분이) 꿀꿀한

① (A)-(C)-(B)
② (B)-(A)-(C)
③ (B)-(C)-(A)
④ (C)-(A)-(B)
⑤ (C)-(B)-(A)

Sentence Structure

There will be times [when your body tenses, your head pounds, your mouth goes dry, your hands sweat, your breathing accelerates, and you feel flushed with adrenaline] — all signs [that a disruptive emotion is at work].

첫 번째 [ ]는 times를 수식하는 관계절이며, 두 번째 [ ]는 all signs의 구체적 내용을 설명하는 동격절이다.

Word Search

주어진 뜻풀이에 해당하는 영어 단어를 본문에서 찾아 쓰시오.

1. s _____ : to prevent something from being seen or expressed or from operating

2. s _____ : something that causes growth or activity

3. d _____ : causing or tending to cause disruption

[9~10] 다음 글을 읽고, 물음에 답하시오.

A friend of mine, David, used to be the house magician at a restaurant in Massachusetts. Every night he passed around the tables; coins walked through his fingers, reappeared exactly where they shouldn't, disappeared again, divided in two, vanished into nothing. One evening, two customers returned to the restaurant shortly after leaving and pulled David aside, looking (a)troubled. When they left the restaurant, they said, the sky had appeared shockingly blue and the clouds large and vivid. Had he put something in their drinks? As the weeks went by, it continued to happen — customers returned to say the traffic had seemed louder than it was before, the streetlights brighter, the patterns on the sidewalk more fascinating, the rain more refreshing. The magic tricks were (b)changing the way people experienced the world.

David explained to me why he thought this happened. Our perceptions work in large part by expectation. It takes (c)less cognitive effort to make sense of the world using preconceived images updated with a small amount of new sensory information than to constantly form entirely new perceptions from scratch. It is our preconceptions that (d)create the blind spots in which magicians do their work. By attrition, coin tricks loosen the grip of our expectations about the way hands and coins work. Eventually, they loosen the grip of our expectations on our perceptions more generally. On leaving the restaurant, the sky looked different because the diners saw the sky as it was there and then, rather than as they expected it to be. Tricked out of our expectations, we fall back on our senses. What's astonishing is the (e)resemblance between what we expect to find and what we find when we actually look.

*from scratch: 처음부터   **attrition: 점진적인 약화, 소모

9 윗글의 제목으로 가장 적절한 것은? ▶ 22664-0069

① How Magicians Use Your Emotions
② Expecting Less Enhances Your Perception
③ Secrets to Efficient Information Processing
④ Key to Magic Tricks: Use Your Sixth Sense
⑤ Do Not Believe What You Hear from Others

10 밑줄 친 (a)~(e) 중에서 문맥상 낱말의 쓰임이 적절하지 <u>않은</u> 것은? ▶ 22664-0070

① (a)　　② (b)　　③ (c)　　④ (d)　　⑤ (e)

Sentence Structure

It is [our preconceptions] **that** ~ the blind spots [in which magicians do their work].

「It is ~ that ....」 강조 구문으로 It is와 that 사이에서 첫 번째 [ ]가 강조되고 있다. 두 번째 [ ]는 the blind spots를 수식하는 관계절이다.

Word Search

주어진 뜻풀이에 해당하는 영어 단어를 본문에서 찾아 쓰시오.

1. v_____ : to disappear or stop being present or existing, especially in a sudden, surprising way

2. p_____ : an awareness of things through the physical senses, especially sight

3. s_____ : relating to sensation or the physical senses; transmitted or perceived by the senses

Exercise 1 　어법

다음 글의 밑줄 친 부분 중, 어법상 틀린 것은?　　　　　　　　　　　　▶ 22664-0071

　　The body of modern humans has adaptations that allow us to be more mobile than other large animals. Even though we aren't fast runners compared to horses, lions, and chimpanzees, we can walk for miles without tiring, and we can, with training, ①become better at running long distances than any other mammal. Some of our muscle fibers are actually built differently than ②those of the animals we are most closely related to; our muscles are built for efficiency and endurance rather than speed and strength. We can run marathons in the blazing heat, ③as long as we keep drinking water. The skeleton found at Lake Turkana ④suggesting that our ancestors that lived 1.5 million years ago already had uniquely human adaptations for endurance. Their longer legs would have allowed them to stride along faster at a walk than australopithecines, and the dimensions of the muscles and tendons ⑤attached to the leg bones would have given their legs the same spring and strength that makes modern humans such efficient runners.

*tendon: 힘줄

Sentence Structure

The body of modern humans has adaptations [that **allow** us **to be** more mobile than other large animals].

[　]는 adaptations를 수식하는 관계절이고, 그 안에 '~을 …하게 해 주다'의 의미를 나타내는 「allow+목적어+to부정사구」 구문이 사용되었다.

Word Search

주어진 뜻풀이에 해당하는 영어 단어를 본문에서 찾아 쓰시오.

1. m＿＿＿＿＿＿＿＿＿＿ : moving or capable of moving readily

2. f＿＿＿＿＿＿＿＿＿＿ : a long thin piece of a natural or artificial substance, similar to a thread or hair in shape

3. a＿＿＿＿＿＿＿＿＿＿ : to fasten or join one thing to another

Exercise 2   어법

(A), (B), (C)의 각 네모 안에서 어법에 맞는 표현으로 가장 적절한 것은?

▶ 22664-0072

While we, like our ancestors, do battle in and with the dark hours, we also calculate and recalculate their value, often cutting sleep time in favour of other obligations. And we tend to be surprised when sleep researchers reveal the variety and extent of the lives we are (A) unknowing / unknowingly living while we sleep. Our ancestors would not have been surprised by this. To them, sleep was an active part of life (B) which / whose only distinction from waking activity was that it usually took place in darkness. The gods might visit a sleeper with prophetic dreams, or an enemy might take advantage of a hasty slumber, but for early humans the rewards of oblivion were in active relation to everything else worth living for. We are far more likely to see sleep as the necessary evil (C) is required / required for a productive and happy life.

*slumber: 잠, 수면 **oblivion: 망각

	(A)		(B)		(C)
①	unknowing	·····	which	·····	is required
②	unknowing	·····	whose	·····	required
③	unknowingly	·····	whose	·····	is required
④	unknowingly	·····	whose	·····	required
⑤	unknowingly	·····	which	·····	is required

Sentence Structure

[While we, like our ancestors, **do** battle in and with the dark hours], we also calculate and recalculate their value, [often cutting sleep time in favour of other obligations].

첫 번째 [ ]는 접속사 while이 이끄는 부사절이고, do는 동사 battle을 강조한다. 두 번째 [ ]는 주절의 주어 we에 대해 부연 설명하는 분사구문이다.

Word Search

주어진 뜻풀이에 해당하는 영어 단어를 본문에서 찾아 쓰시오.

1. r_____ : to make previously unknown or secret information known to others

2. e_____ : the range, distance, or space that is covered or affected by something

3. d_____ : a difference between two things

Exercise 3 무관한 문장

다음 글에서 전체 흐름과 관계 없는 문장은? ▶ 22664-0073

　Today's healthcare settings could not operate without computers and computerized equipment. Computers are used for business operations, medical records, and collection of clinical data. ①Computers may be voice activated for charting at the bedside, for use with nursing care plans, for communication from the physicians' office to nursing stations, for regulating the administration of medications, and for many other facets of operation and patient care. ②Most of the equipment used in today's modern hospital is computerized. ③New graduates move into a highly technical world when they seek their first nursing positions. ④For those with physical health problems, it may not be possible to move at the consistent speed required in many direct care nursing positions. ⑤The education they receive to prepare them for these positions also must include the skills necessary to work in this highly computerized environment.

Sentence Structure

For those with physical health problems, **it** may not be possible [to move at the consistent speed {required in many direct care nursing positions}].

it은 형식상의 주어이고 [ ]가 내용상의 주어이며, 그 안의 { }는 the consistent speed를 수식하는 분사구이다.

🔍 Word Search

주어진 뜻풀이에 해당하는 영어 단어를 본문에서 찾아 쓰시오.

1. a＿＿＿＿＿＿＿＿＿ : to make a piece of equipment or a process start working

2. r＿＿＿＿＿＿＿＿＿ : to set or adjust the amount, degree, or rate of something; control

3. s＿＿＿＿＿＿＿＿＿ : to try to find something or someone that you need in your life

Exercise 4 | 글의 순서

주어진 글 다음에 이어질 글의 순서로 가장 적절한 것은?

▶ 22664-0074

People tend to wear the mask that shows them off in the best possible light — humble, confident, diligent. They say the right things, smile, and seem interested in our ideas. They learn to conceal their insecurities and envy.

(A) Armed with this knowledge, you can take the proper defensive measures. On the other hand, since appearances are what people judge you by, you must learn how to present the best front and play your role to maximum effect.

(B) If we take this appearance for reality, we never really know their true feelings, and on occasion we are blindsided by their sudden resistance, hostility, and manipulative actions. Fortunately, the mask has cracks in it.

(C) People continually leak out their true feelings and unconscious desires in the nonverbal cues they cannot completely control — facial expressions, vocal inflections, tension in the body, and nervous gestures. You must master this language by transforming yourself into a superior reader of men and women.

*blindside: 기습하다 **inflection: (소리의) 변화

① (A)-(C)-(B)   ② (B)-(A)-(C)   ③ (B)-(C)-(A)
④ (C)-(A)-(B)   ⑤ (C)-(B)-(A)

Sentence Structure

People continually leak out their true feelings and unconscious desires in [the nonverbal cues {they cannot completely control}] — [facial expressions, vocal inflections, tension in the body, and nervous gestures].

첫 번째와 두 번째 [ ]는 동격을 이루고, 첫 번째 [ ] 안의 { }는 the nonverbal cues를 수식하는 관계절로서, they 앞에 목적격 관계대명사 that이나 which가 생략되어 있다.

Word Search

주어진 뜻풀이에 해당하는 영어 단어를 본문에서 찾아 쓰시오.

1. h _____ : not proud and not thinking that you are better than other people

2. c _____ : to prevent someone from seeing or knowing your feelings

3. c _____ : a narrow opening between two things or parts of things

Exercise 5   어법

다음 글의 밑줄 친 부분 중, 어법상 <u>틀린</u> 것은?   ▶ 22664-0075

   Absolute poverty (being below a certain threshold of basic needs) has received most attention in the context of developing countries. Absolute poverty is commonly understood to be morally unacceptable and unjust in ①<u>that</u> it reflects a situation where severe deprivation perseveres in a world otherwise characterized by abundance. It is also possible to demonstrate that absolute poverty is ②<u>economically</u> inefficient and costly. People who are poor may have economically viable projects and ③<u>be</u> highly rational decision-makers. However, if the resources they command are insufficient ④<u>translate</u> these projects into sustainable activities, economic opportunities can be wasted and their resources degraded. An asset-based poverty line is thus conceivable, and attempts to estimate this ⑤<u>suggest</u> that such a line is also above most of the international poverty lines.

*viable: 실행 가능한   **conceivable: 생각할 수 있는

Sentence **Structure**

It is also possible [to demonstrate {that absolute poverty is ~ inefficient and costly}].

It은 형식상의 주어이고 [ ]가 내용상의 주어이며, 그 안의 { }는 demonstrate의 목적어로 쓰인 명사절이다.

Q   Word **Search**

주어진 뜻풀이에 해당하는 영어 단어를 본문에서 찾아 쓰시오.

1. a_____ : plentifulness of the good things of life

2. d_____ : to lower in quality or value; make inferior or less valuable

3. e_____ : to calculate approximately (the amount, extent, magnitude, or value of something)

Exercise 6 · 어법

(A), (B), (C)의 각 네모 안에서 어법에 맞는 표현으로 가장 적절한 것은?

▶ 22664-0076

Global health is a social concept (A) which / about which there is a great deal of misunderstanding, even among those who are part of it. Global health work, like other productive activities (for example the state, the family, sport), is a social institution completely integrated into and influenced by the structure of all our other social institutions. Those who work on global health view the topic through a lens that has been moulded by their social experience. Global health work is a human productive activity that takes time and money, and so (B) are / is guided by and directed by those forces that have control over money and time. People earn their living by "doing global health" and as a consequence the dominant social and economic forces in society (C) determine / determining to a large extent what global health is about and how it is pursued.

*mould: 형성하다, 성형하다

	(A)		(B)		(C)
①	which	······	are	······	determine
②	which	······	is	······	determining
③	about which	······	is	······	determine
④	about which	······	is	······	determining
⑤	about which	······	are	······	determine

Sentence Structure

Global health work, like other productive activities (for example the state, the family, sport), is a social institution [completely integrated into and influenced by {the structure of all our other social institutions}].

[ ]는 a social institution을 수식하는 분사구이고, 그 안의 { }는 전치사 into와 by의 공통 목적어이다.

🔍 Word Search

주어진 뜻풀이에 해당하는 영어 단어를 본문에서 찾아 쓰시오.

1. i_____ : a custom, practice, or law that is accepted and used by many people

2. i_____ : to combine two or more things in order to form a single unit or system

3. d_____ : more important, powerful, or successful than the other people or things of the same type

Exercise 7 　무관한 문장

다음 글에서 전체 흐름과 관계 <u>없는</u> 문장은?　　　　　　　　　　　　　　▶ 22664-0077

　　Job insecurity is obviously felt in France by workers with fixed-term contracts, whose jobs are by definition precarious. ①More surprisingly, workers with permanent contracts also feel insecure, even though they benefit from what are in practice the world's most protective labor laws. ②This observation is not as paradoxical as it seems, insofar as a worker with a "permanent" contract knows that if he is fired or his firm goes bankrupt and he becomes unemployed, his chances of finding an equivalent job are limited. ③Conversely, workers may wish to take on new professional challenges and acquire knowledge while exploring new fields. ④This leads to a feeling of pessimism that pervades the whole of French society and paralyzes it, handicapping its ability to adapt and innovate. ⑤While the French example is extreme, it illustrates the degree to which employment laws may have unintended consequences.

*precarious: 불안정한　**pervade: 널리 퍼지다

Sentence **Structure**

This observation is not as paradoxical as it seems, [**insofar as** a worker with a "permanent" contract knows {that <if he is fired or his firm goes bankrupt and he becomes unemployed>, his chances of finding an equivalent job are limited}].

[ ]는 insofar as(~하는 한에서는)가 이끄는 부사절이고, 그 안의 { }는 knows의 목적어로 쓰인 명사절이다. { } 안의 < >는 조건 부사절이다.

Q　Word **Search**

주어진 뜻풀이에 해당하는 영어 단어를 본문에서 찾아 쓰시오.

1. p_____ : happening or existing for a long time or for all time in the future

2. b_____ : declared in law unable to pay outstanding debts

3. i_____ : to show what something is like, or to show that something is true

Exercise 8 글의 순서

주어진 글 다음에 이어질 글의 순서로 가장 적절한 것은? ▶ 22664-0078

> In nature as a whole, orders of growth and decay are inseparably interwoven, as two sides of one overall generative process. For example, with plants such growth and decay give rise to the ground out of which other plants can grow.

(A) Furthermore the decay of one society could provide a kind of fertile ground for the growth of a new one. Thus it can be plausibly argued that this whole cycle is in some sense conducive to creativity.

(B) In early times, such as the Stone Age, this cycle was, in a certain sense, a viable possibility for humanity as a whole. Decay could take place in some part of the world, while growth and flowering occurred in other parts.

(C) Indeed, without the death of the individual organism, life would not go on. It is also a rather common feeling that perhaps it is natural for societies to take part in this cycle, so that the ultimate decay of each society is therefore inevitable.

*plausibly: 그럴듯하게 **conducive: 도움이 되는

① (A)−(C)−(B) ② (B)−(A)−(C) ③ (B)−(C)−(A)
④ (C)−(A)−(B) ⑤ (C)−(B)−(A)

Sentence **Structure**

It is also a rather common feeling [that perhaps **it** is natural **for societies** {to take part in this cycle}, {**so that** the ultimate decay of each society is therefore inevitable}].

It은 형식상의 주어이고 [ ]가 내용상의 주어이다. [ ] 안의 it은 형식상의 주어이고 첫 번째 { }가 내용상의 주어이며, for societies는 의미상의 주어를 나타낸다. [ ] 안의 두 번째 { }는 결과 부사절로서, 「so that ~」은 '그래서 ~'의 의미이다.

🔍 Word **Search**

주어진 뜻풀이에 해당하는 영어 단어를 본문에서 찾아 쓰시오.

1. d_____ : the process of becoming gradually worse in quality

2. f_____ : rich in material needed to sustain plant growth

3. o_____ : a living thing that has the ability to act or function independently

Exercise 9~10 1지문 2문항

[9~10] 다음 글을 읽고, 물음에 답하시오.

Humans are natural people watchers, and most of the time we look at faces and eyes. The focus of another person's gaze is a very powerful signal for us to look in the (a)same direction. Magic Johnson was a great basketball player because he used the "no look" pass: he could pass the ball to a teammate without taking his eye off his opponent. He could (b)control his gaze to hold the other player's attention and not betray with his eyes where he was about to pass. More impressive was his ability to look toward one teammate and then pass to a completely different person.

Our difficulty in (c)ignoring the gaze of another person shows what an important component of human social interaction it is. They say that the eyes are a window to the soul. I don't know about souls, but eyes are a pretty good (d)indicator of what someone may be thinking. You can observe this yourself the next time you are standing in line at the supermarket checkout. Just watch the rich exchange of glances between people. It's remarkable that we are often so unaware of how important the language of the eyes is. This is one reason why it is so (e)comfortable to have a conversation with someone who is wearing sunglasses. We cannot monitor where they are looking. Police officers wear mirrored sunglasses to intimidate suspects for this very reason.

9 윗글의 제목으로 가장 적절한 것은? ▷ 22664-0079

① Gazing: A Significant Part of Social Interaction
② Two Ways of Gazing for Desire: Direct and Indirect
③ Ways of Seeing: The Male Gaze and the Female Gaze
④ Analysis of Gazing Points in Face-to-Face Conversations
⑤ Effects of Gazing on Athletic Performance and Development

10 밑줄 친 (a)~(e) 중에서 문맥상 낱말의 쓰임이 적절하지 <u>않은</u> 것은? ▷ 22664-0080

① (a) ② (b) ③ (c) ④ (d) ⑤ (e)

Sentence **Structure**

It's remarkable [that we are often so unaware of {how important the language of the eyes is}].

It은 형식상의 주어이고, [ ]가 내용상의 주어이며, 그 안의 { }는 전치사 of의 목적어로 쓰인 명사절이다.

Word Search

주어진 뜻풀이에 해당하는 영어 단어를 본문에서 찾아 쓰시오.

1. o＿＿＿＿＿＿ : someone who is competing against you

2. r＿＿＿＿＿＿ : unusual in a way that surprises or impresses you

3. s＿＿＿＿＿＿ : someone who the police believe may have committed a crime

week5
09

Exercise 1   어휘

다음 글의 밑줄 친 부분 중, 문맥상 낱말의 쓰임이 적절하지 <u>않은</u> 것은?   ▶ 22664-0081

It's very helpful to teach the concept that if something can't be changed presently, there's not much point getting upset about it. Most children learn this concept most easily with animals. Start with really ①obvious things, such as pointing out that a rabbit, for example, cannot open the door to its cage and come over to eat the carrot you are holding, no matter how much you might want it to. The rabbit is simply ②incapable of opening the lock on the cage door. Ever. So there is no point thinking it is a stupid rabbit if you are sitting across the room with a carrot in your hand. It isn't being stupid. It's doing the best it can, and we need to ③accept it for where it is at in its reasoning abilities. Most children can see this easily. Move on to more complex areas, such as how the rabbit scratches and struggles to get away when someone picks it up and holds it ④incorrectly. It doesn't know our thoughts and isn't able to think like a human, so it can't understand why it is being held that way and becomes ⑤amused.

Sentence **Structure**

Start with really ~ things, such as pointing out [that a rabbit, for example, cannot open the door to its cage and come over to eat the carrot {you are holding}, {no matter how much you might want it **to**}].

[ ]는 pointing out의 목적어인 명사절이며, 그 안의 첫 번째 { }는 the carrot을 수식하는 관계절이다. 두 번째 { }는 '아무리 ~할지라도 (no matter how ~)'로 시작하는 양보를 나타내는 부사절이며, 마지막의 to 다음에는 반복을 피하기 위해 open ~ holding이 생략된 것으로 볼 수 있다.

Word **Search**

주어진 뜻풀이에 해당하는 영어 단어를 본문에서 찾아 쓰시오.

1. o _____ : easy for the mind to understand or recognize

2. c _____ : a box made of wire or metal bars in which people keep animals or birds

3. r _____ : a process of thinking carefully about something in order to make a judgment

Exercise 2 어휘

(A), (B), (C)의 각 네모 안에서 문맥에 맞는 낱말로 가장 적절한 것은?

▶ 22664-0082

Adapting our skills for success in a less-than-perfect world means not only (A) ignoring / managing the gray, subjective areas around and within us, but it also means doing the very best we can with what we have. In situations with shocking shortfalls — in information, time, materials, manpower, money — leaders cannot shut down or walk away. In a crisis we don't get to fill out an acquisition report or complain to our boss. We throw someone over our shoulder and do what needs to be done without the (B) loss / luxury of all of the information, and in a stressful time crunch. Nobody has enough money. No one has enough time or manpower. But that doesn't have to be a bad thing. As necessity is the mother of invention, so can constraints bring out the best in us. (C) Improved / Tightened circumstances force us to rethink, reframe, and do things differently, instead of conducting business as usual.

	(A)		(B)		(C)
①	ignoring	······	loss	······	Improved
②	ignoring	······	loss	······	Tightened
③	ignoring	······	luxury	······	Improved
④	managing	······	luxury	······	Improved
⑤	managing	······	luxury	······	Tightened

Sentence Structure

[Adapting our skills for success in a less-than-perfect world] means not only ~ the gray, subjective areas around and within us, but **it** also means [doing the very best {we can with <what we have>}].

첫 번째 [ ]는 주어로 쓰인 동명사구이며, it은 첫 번째 [ ]를 대신하는 대명사이다. 두 번째 [ ]는 means의 목적어인 동명사구이고, 그 안의 { }는 the very best를 수식하는 관계절이고, 〈 〉는 with의 목적어인 명사절이다.

Word Search

주어진 뜻풀이에 해당하는 영어 단어를 본문에서 찾아 쓰시오.

1. s＿＿＿＿＿＿ : relating to the way a person experiences things in his or her own mind

2. m＿＿＿＿＿＿ : the number of people who are available to work

3. c＿＿＿＿＿＿ : something that limits or restricts someone or something

Exercise 3 | 문장 삽입

글의 흐름으로 보아, 주어진 문장이 들어가기에 가장 적절한 곳은?

▶ 22664-0083

There were no poisons, and nothing was allowed to influence the children's food choices except their own appetites.

Some have argued that people have an innate "body wisdom" that guides them to select healthful foods naturally, thus implying that nutrition education is not needed. Much of this line of thought grew out of the work of Clara Davis, who studied the spontaneous food choices of infants. (①) The infants, ages 6 to 11 months, were weaned by allowing them to self-select their entire diets from a total of 34 foods, without added salt or sugar, which were rotated — a few at a time — at each meal. (②) Davis reported that after several months of such "spontaneous" food selection, the children's nutritional status and health were excellent. (③) However, one should note that the 34 foods were all simply prepared, minimally processed, and nutritious whole foods, such as steamed vegetables, fruit juice, milk, meat, and oatmeal. (④) In other words, the food items were offered by caretakers who were trained to provide no encouragements or discouragements while the children ate. (⑤) It comes as no surprise that the infants' health was superb.

*wean: 젖을 떼다

Sentence Structure

Some have argued [that people have an innate "body wisdom" {that guides them to select healthful foods naturally}], thus [implying {that nutrition education is not needed}].

첫 번째 [ ]는 argued의 목적어인 명사절이며, 그 안의 { }는 an innate "body wisdom"을 수식하는 관계절이다. 두 번째 [ ]는 앞 절 (Some ~ naturally)의 내용을 부가적으로 설명하는 분사구문이며, 그 안의 { }는 implying의 목적어인 명사절이다.

Word Search

주어진 뜻풀이에 해당하는 영어 단어를 본문에서 찾아 쓰시오.

1. i _____ : existing from the time a person or animal is born

2. s _____ : done or said in a natural and often sudden way and without a lot of thought or planning

3. a _____ : a physical desire for food

Exercise 4 요약문 완성

다음 글의 내용을 한 문장으로 요약하고자 한다. 빈칸 (A), (B)에 들어갈 말로 가장 적절한 것은?   ▶ 22664-0084

Sports teams are often cohesive groups, not simply because they wear uniforms of the same color, but because they frequently have to work together for the common good against a common opponent. A team that merely practiced, without ever playing against an opponent, would probably not feel so unified. It is quite possible that the deeply rooted human impulse to form social groups was partly stimulated by competition among groups. If a lone person wanted something — the fruit on a particular tree, for example — and a group also wanted it, the group would almost always win. Over evolutionary history, loners would therefore be losers, whereas the people who passed on their genes toward future generations would be the ones who formed groups. Groups promote safety, they find and share food, and they can do tasks that no one individual can do alone.

*cohesive: 응집력이 있는

_____(A)_____ among groups partly contribute to the impulse to form social groups, and groups may provide the advantage for their success in _____(B)_____ compared to loners.

	(A)		(B)		(A)		(B)
①	Differences	······	exploration	②	Differences	······	unification
③	Collaborations	······	reproduction	④	Rivalries	······	unification
⑤	Rivalries	······	reproduction				

Sentence Structure

It is quite possible [that {the deeply rooted human impulse <to form social groups>} **was** partly **stimulated** by competition among groups].

It은 형식상의 주어이고 [ ]가 내용상의 주어이다. [ ] 속에서 { }가 주어이며, 술어 동사는 was stimulated이다. 〈 〉는 the deeply rooted human impulse를 구체적으로 설명해 주는 to부정사구이다.

Word Search

주어진 뜻풀이에 해당하는 영어 단어를 본문에서 찾아 쓰시오.

1. o_____ : someone who you try to defeat in a competition, game, fight, or argument

2. i_____ : a sudden strong desire to do something

3. p_____ : to help something to develop or increase

Exercise 5 어휘

다음 글의 밑줄 친 부분 중, 문맥상 낱말의 쓰임이 적절하지 <u>않은</u> 것은?   ▶ 22664-0085

One way to ensure that our observations remain ①<u>objective</u> is to quantify them by counting, estimating, or using measuring tools. "Small" might mean different things to different people: a ladybug is small compared with a dog, but a dog is small compared with an elephant. Adding numbers will help ②<u>generate</u> interpretation and doubt. "Small" is subjective; "one inch across" is not. Measure whenever you can, estimate when you can't, but always use ③<u>numerical</u> values. Instead of saying there are "many" lights on the ceiling above the woman in Edward Hopper's *Automat*, note that there are "two rows of seven lights." Rather than stating that "there are a few chairs" in the scene, be ④<u>specific</u>: "there are three dark, wooden, armless chairs visible." Even phenomena that can't be counted or measured can be quantified. Instead of saying that the dog is "smelly," ⑤<u>quantify</u> it: "On a scale of one to five, five being the worst, the smell emanating from the dog was a four."

*emanate from: ~에서 나오다

Sentence Structure

[One way to ensure {that our observations remain ~}] is [to quantify them by {counting, estimating, or using measuring tools}].

첫 번째 [ ]가 주어이고, 두 번째 [ ]는 보어로 쓰인 to부정사구이다. 첫 번째 { }는 ensure의 목적어로 쓰인 명사절이고, 두 번째 { }는 전치사 by의 목적어로 동명사(구)가 병렬 구조로 연결되었다.

Q Word Search

주어진 뜻풀이에 해당하는 영어 단어를 본문에서 찾아 쓰시오.

1. e＿＿＿＿＿＿＿＿＿ : to make something sure, certain, or safe

2. e＿＿＿＿＿＿＿＿＿ : to give or form a general idea about the value, size, or cost of something

3. c＿＿＿＿＿＿＿＿＿ : the inside surface at the top of a room

Exercise 6 | 어휘

(A), (B), (C)의 각 네모 안에서 문맥에 맞는 낱말로 가장 적절한 것은? ▶ 22664-0086

Each animal in nature is usually best adapted to one habitat or biome, where their bodies have the nature-provided tools to obtain resources and to avoid hazards. A Bengal tiger would not trade places with a Gobi camel, as neither one has the tools to cope with the (A) natural / swapped habitats. When the season changes, some animals migrate a great distance each year to favored habitats, such as the annual arctic tern flight from the Arctic to the Antarctic and back. The fable of the Hedgehog and the Fox describes two animals with different (B) handicaps / strategies . The single-minded hedgehog has one big idea to cope with any problem, by rolling up into a ball, but the versatile fox has many small ideas, by studying each situation and arriving at a (C) fixed / tailored solution. Humans are the most versatile in adaptations, as the clever fox that can live anywhere.

*biome: 생물군계 **tern: 제비갈매기

	(A)		(B)		(C)
①	natural	······	handicaps	······	fixed
②	natural	······	handicaps	······	tailored
③	swapped	······	strategies	······	fixed
④	swapped	······	strategies	······	tailored
⑤	swapped	······	handicaps	······	tailored

Sentence Structure

Each animal in nature is usually best adapted to one habitat or biome, [where their bodies have the nature-provided tools {to obtain resources and to avoid hazards}].

[ ]는 one habitat or biome를 부가적으로 설명하는 관계절이며, 그 안의 { }는 the nature-provided tools를 수식하는 to부정사구이다.

Word Search

주어진 뜻풀이에 해당하는 영어 단어를 본문에서 찾아 쓰시오.

1. h_____ : something that may be dangerous, or cause accidents or problems

2. m_____ : to move from one area to another at different times of the year

3. v_____ : good at doing a lot of different things and able to learn new skills quickly and easily

Exercise 7 문장 삽입

글의 흐름으로 보아, 주어진 문장이 들어가기에 가장 적절한 곳은? ▶ 22664-0087

> When you blow on your coffee, you are pushing these high-kinetic-energy molecules away from the cup, preventing them from returning to the liquid and redepositing their energy into the liquid.

A refrigerator lowers its internal temperature using the same physics you rely on to cool off a hot cup of coffee by blowing on it — evaporation cooling. (①) Say your morning cup of coffee is too hot to drink. (②) Temperature is a measure of the average kinetic energy of the molecules in the coffee. (③) That is, some molecules will have a kinetic energy below the average, and some will be much more energetic. (④) Those more energetic, eager-beaver molecules form the cloud of steam over your coffee cup and have enough kinetic energy to initiate a phase transition, moving from the liquid state into the vapor phase. (⑤) With those high-energy molecules no longer part of the coffee liquid-vapor system, the new average kinetic energy of all the molecules is lower than it was before, reflected in a lower temperature for your coffee.

*kinetic: 운동의   **eager-beaver: 더 열심히 일하는   ***phase transition: 위상 전이

Sentence Structure

When you blow on your coffee, you are pushing these high-kinetic-energy molecules away from the cup, [**preventing** them **from returning** to the liquid and **redepositing** their energy into the liquid].

[ ]는 앞 절(When ~ cup)에 대한 결과를 나타내는 분사구문으로 '~이 …하지 못하도록 하다'를 뜻하는 「prevent ~ from -ing」의 구조가 쓰였으며, returning과 redepositing은 병렬 구조를 이룬다.

Word Search

주어진 뜻풀이에 해당하는 영어 단어를 본문에서 찾아 쓰시오.

1. m_____ : the smallest possible amount of a particular substance that has all the characteristics of that substance

2. i_____ : to start or begin

3. v_____ : a mass of very small drops of a liquid which float in the air, for example because the liquid has been heated

Exercise 8 요약문 완성

다음 글의 내용을 한 문장으로 요약하고자 한다. 빈칸 (A), (B)에 들어갈 말로 가장 적절한 것은? ▶ 22664-0088

We read an article in the newspaper about a famine that is starving three million children in sub-Saharan Africa. We shake our heads and turn the page. Then we see a TV documentary that explores the life of one such child and his family. Our check is in the mail. Why is it that a matter-of-fact account of the suffering of many stimulates little while a vivid account of the suffering of one immediately gets us to do something? Psychologist Paul Slovic suggests that we are driven in situations like this by our emotional reactions to suffering. An explicitly identified single individual, with a face, a name, and a life story, elicits far more empathy and compassion than a number, no matter how big the number. And it is our empathy and compassion — our emotions — that compel us to act. In many studies, Slovic and his collaborators have shown that people are more willing to volunteer time, or contribute money, when they read, for example, a detailed account of a single flood victim than when they read a less vivid account of hundreds or thousands who have lost their homes.

⬇

A vivid and detailed narrative of a person's misery _____(A)_____ emotions that lead people to _____(B)_____ actions, rather than a matter-of-fact account of numerous victims.

	(A)		(B)
①	arouses	⋯⋯	reckless
②	arouses	⋯⋯	charitable
③	weakens	⋯⋯	selfish
④	weakens	⋯⋯	charitable
⑤	regulates	⋯⋯	reckless

Sentence Structure

[An explicitly identified single individual, with a face, a name, and a life story], [elicits **far more** empathy and compassion **than** a number], [no matter how big the number].

첫 번째 [ ]가 주어이고 두 번째 [ ]는 술부이다. 두 번째 [ ]에서 비교급(far more ~ than ...)이 쓰였다. 세 번째 [ ]는 '아무리 ~하더라도'라는 의미를 갖는 no matter how가 이끄는 부사절로 마지막에 is가 생략된 것으로 볼 수 있다.

Word Search

주어진 뜻풀이에 해당하는 영어 단어를 본문에서 찾아 쓰시오.

1. f _____ : a situation in which many people do not have enough food to eat

2. a _____ : a story or report about something

3. v _____ : someone who suffers because of something bad that happens

Exercise 9~11   1지문 3문항

[9~11] 다음 글을 읽고, 물음에 답하시오.

(A)

"Hey, wanna join me on a radio show after lunch?" Alyssa froze, her eyes growing round as she stared at Molly. Molly is extravagantly generous and completely random like that. (a)She is the executive director of a small nonprofit in town and had been given the opportunity to share on the local talk-radio station about how assistive technology could keep senior citizens in their homes longer.

*extravagantly: 지나칠 정도로

(B)

While they don't often have the chance to work together, Molly is a consistent cheerleader in Alyssa's life. (b)She is a strong leader, and she is always looking for ways that everyone can win. There is no competition with this friend; she is wholeheartedly collaborative in everything she does. Molly is a beautiful example of a woman who embodies the giving spirit. (c)Her generosity with her time, her talents, and her resources has impacted thousands of lives, and Alyssa strives to be more like her.

(C)

Molly's invitation was sincere, and later that day Alyssa found herself being introduced to the radio host and settling herself into a corner of the on-air studio, assuming that (d)her role would be small and that of a supporting character in the interview. As it turned out, the host introduced Alyssa and her law firm each time they broke for sponsors and again as they returned to the air — which was easily hundreds of dollars in free radio advertising.

(D)

Though Alyssa was initially hesitant because she'd had no time to prepare and she felt nervous about being on live radio, it all went fine, and she and Molly shared one last chuckle in the parking lot afterward before they slipped into their cars and went back to their respective offices. As Alyssa recounted the unexpected adventure to her husband that evening, her thoughts turned again to Molly and the value of the radio time (e)she suggested.

9 주어진 글 (A)에 이어질 내용을 순서에 맞게 배열한 것으로 가장 적절한 것은? ▶ 22664-0089

① (B)-(D)-(C) ② (C)-(B)-(D) ③ (C)-(D)-(B)
④ (D)-(B)-(C) ⑤ (D)-(C)-(B)

10 밑줄 친 (a)~(e) 중에서 가리키는 대상이 나머지 넷과 <u>다른</u> 것은? ▶ 22664-0090

① (a) ② (b) ③ (c) ④ (d) ⑤ (e)

11 윗글에 관한 내용으로 적절하지 <u>않은</u> 것은? ▶ 22664-0091

① Molly는 Alyssa에게 라디오 방송에 나가자고 제안하였다.
② Molly와 Alyssa는 함께 일을 할 기회가 자주 없었다.
③ Molly는 자신이 하는 모든 일에 성심성의껏 협력한다.
④ Alyssa의 법률 사무소는 라디오 방송에서 소개되지 않았다.
⑤ Alyssa는 남편에게 자신이 라디오 방송에 나간 것을 말했다.

Sentence Structure

Molly's invitation was sincere, and later that day Alyssa found herself [being introduced to the radio host] and [settling herself into a corner of the on-air studio, {assuming that her role would be small and that of a supporting character in the interview}].

두 개의 [ ]는 「found+목적어(herself)+목적격 보어」의 구조에서 목적격 보어로 쓰였으며, 두 번째 [ ] 속의 { }는 settling ~ studio를 부가적으로 설명하는 분사구문이다.

Word Search

주어진 뜻풀이에 해당하는 영어 단어를 본문에서 찾아 쓰시오.

1. c_____ : always acting or behaving in the same way

2. e_____ : to be a very good example of an idea or quality

3. h_____ : uncertain about what to do or say because you are nervous or unwilling

Exercise 1 | 어휘

다음 글의 밑줄 친 부분 중, 문맥상 낱말의 쓰임이 적절하지 않은 것은?

▶ 22664-0092

   Discussions of corporate governance still pay much attention to the structure, role, and responsibilities of the board of directors. Most boards contain a ① mixture of insiders and outsiders. Insiders are people who are employed or have been employed by the corporation or its subsidiaries. The CEO of a corporation, for example, is often a member of its board of directors. Outsiders are more ② independent of the corporation. The insiders provide specific insight into the relevant corporation. They have specialized information and experience of the corporation precisely because of their ③ close links to it. The outsiders provide a more objective perspective and a more neutral oversight. They can ④ prevent group-think and collusion among the insiders, thereby protecting the interests of the shareholders. Indeed, most accounts of corporate governance ⑤ overlook the importance of the board having a majority of outsiders. Studies suggest that having a majority of outsiders on the board generally improves the performance of a corporation.

*subsidiary: 자회사   **collusion: 공모, 결탁

Sentence Structure

They can ~ group-think and collusion among the insiders, [thereby protecting the interests of the shareholders].

[　]는 앞 절의 내용으로 인한 결과를 나타내는 분사구문이다.

Word Search

주어진 뜻풀이에 해당하는 영어 단어를 본문에서 찾아 쓰시오.

1. n＿＿＿＿＿＿＿＿＿ : not supporting or favoring either side in a war, dispute, or contest

2. o＿＿＿＿＿＿＿＿＿ : the job of checking that a process or system is working well

3. s＿＿＿＿＿＿＿＿＿ : someone who holds shares of stock in a corporation

Exercise 2 어휘

(A), (B), (C)의 각 네모 안에서 문맥에 맞는 낱말로 가장 적절한 것은?

▶ 22664-0093

Although all human populations represent a single evolutionary lineage, there are some genetic differences between human populations. These differences are (A) minor / significant compared to the interpopulation differences observed in most other species. We are not subdivided into discrete groups and clusters, as most of our diversity displays gradual changes, including such traditional "racial" traits such as skin color. The few genetic changes that show a more discrete distribution have distributions that (B) exclude / reflect local selective agents and not races. For example, sickle cell is found in high frequency in malarial regions and is not a disease of "blacks," as it is in high frequency in many non-African populations that live in malarial regions. The vast majority of genetic diversity in humans exists between us as individuals, not members of a population, making each of us genetically (C) unique / uniform .

*lineage: 혈통   **sickle cell: 낫 모양의[겸상] 적혈구

	(A)		(B)		(C)
①	minor	……	exclude	……	unique
②	minor	……	reflect	……	uniform
③	minor	……	reflect	……	unique
④	significant	……	reflect	……	uniform
⑤	significant	……	exclude	……	uniform

Sentence Structure

The few genetic changes [that show a more discrete distribution] have distributions [that ~ local selective agents and not races].

첫 번째 [ ]는 The few genetic changes를 수식하는 관계절이고, 두 번째 [ ]는 distributions를 수식하는 관계절이다.

Word Search

주어진 뜻풀이에 해당하는 영어 단어를 본문에서 찾아 쓰시오.

1. d_____ : separate and different from each other

2. d_____ : the process of spreading something over an area or the way in which it is spread

3. f_____ : the number of instances of something

Exercise 3 │ 문장 삽입

글의 흐름으로 보아, 주어진 문장이 들어가기에 가장 적절한 곳은?

▶ 22664-0094

Sadly, however, Turkmenistan's irrigation systems are poorly designed and inefficient, resulting in large tracts of cropland facing problems of salinization and/or waterlogging.

Very huge expansions in irrigated cropland were achieved in parts of Central Asia during the 20th century during the period of the Soviet Union. (①) The Karakum Canal, which diverts water from the Amudarya westwards across southern Turkmenistan, was completed in 1986 after more than 30 years in construction. (②) The canal is no less than 1,400 kilometres long and the water it delivers has enabled crops to be grown on more than 7,000 square kilometres of land that would otherwise be too dry for cultivation. (③) The loss of water from irrigation canals is also considerable. (④) Most are not lined, so water seeps away, and evaporation rates in the arid climate are high. (⑤) Consequently, more than one-third of the water diverted from the Amudarya never reaches the fields.

*tract: 지역, 지대   **salinization: 염류화   ***seep: 새다

Sentence Structure

Sadly, however, Turkmenistan's irrigation systems are poorly designed and inefficient, [resulting in {large tracts of cropland facing problems of salinization and/or waterlogging}].

[ ]는 앞 절의 내용에 대한 결과를 나타내는 분사구문이다. 그 안의 { }는 전치사 in의 목적어 역할을 하는 동명사구이고, large tracts of cropland는 facing 이하의 의미상의 주어 역할을 한다.

Word Search

주어진 뜻풀이에 해당하는 영어 단어를 본문에서 찾아 쓰시오.

1. i_____ : not producing desired results

2. e_____ : the process of increasing in size and filling more space

3. e_____ : change from a liquid to a vapor

Exercise 4 요약문 완성

다음 글의 내용을 한 문장으로 요약하고자 한다. 빈칸 (A), (B)에 들어갈 말로 가장 적절한 것은? ▶ 22664-0095

No one likes the feeling that other people are waiting — impatiently — for a response. At the beginning of the day, faced with an overflowing inbox, an array of voice mail messages, and the list of next steps from your last meeting, it's tempting to "clear the decks" before starting your own work. When you're up-to-date, you tell yourself, it will be easier to focus. The trouble with this approach is it means spending the best part of the day on other people's priorities. By the time you settle down to your own work, it could be mid-afternoon, when your energy dips and your brain slows. "Oh well, maybe tomorrow will be better," you tell yourself. But tomorrow brings another pile of e-mails, phone messages, and to-do list items. If you carry on like this, you will spend most of your time responding to incoming demands and answering questions framed by other people. And you will never create anything truly worthwhile.

⬇

Focusing on _____(A)_____ work to deal with other people's priorities before starting your own work will make you _____(B)_____ .

	(A)		(B)		(A)		(B)
①	reactive	……	charitable	②	reactive	……	unproductive
③	creative	……	impatient	④	creative	……	exhausted
⑤	repetitive	……	social				

Sentence **Structure**

The trouble with this approach is [it means {spending the best part of the day on other people's priorities}].

[ ]는 is의 주격 보어로, it 앞에 명사절을 이끄는 접속사 that이 생략된 것으로 이해할 수 있다. { }는 means의 목적어 역할을 하는 동명사구이다.

Q Word **Search**

주어진 뜻풀이에 해당하는 영어 단어를 본문에서 찾아 쓰시오.

1. i_____ : a place on a computer where e-mails that are sent to you are kept

2. p_____ : something important that must be done first or needs more attention than anything else

3. w_____ : sufficiently valuable to justify the investment of time or interest

Exercise 5 · 어휘

다음 글의 밑줄 친 부분 중, 문맥상 낱말의 쓰임이 적절하지 <u>않은</u> 것은?

▶ 22664-0096

Every comic moment is traumatic. The enjoyment that comedy offers is inseparable from the trauma associated with making conscious an unconscious connection. Comedy ① <u>forces</u> us to confront, for instance, the failings of those whom we suppose to embody flawless authority. This authority ② <u>secures</u> the ground of our existence. Though we can laugh at this ground trembling, it nonetheless also ③ <u>delivers</u> a traumatic shock. Or comedy makes explicit the connection between the act of eating and the act of defecating, a connection that might make it harder to enjoy a hamburger. Those who hate all forms of comedy and retreat from every joker they see coming are in some sense ④ <u>wrong</u>. They recognize the inseparability of the enjoyment that comedy provides from its traumatic impact. There is no comedy without a jolt that potentially ⑤ <u>shatters</u> the ground of our everyday lives.

*defecate: 배변하다 **jolt: 정신적 충격

Sentence Structure

The enjoyment [that comedy offers] is inseparable from the trauma [associated with {making conscious an unconscious connection}].

첫 번째 [ ]는 The enjoyment를 수식하는 관계절이고, 두 번째 [ ]는 the trauma를 수식하는 분사구이다. 두 번째 [ ] 안의 { }는 with 의 목적어 역할을 하는 동명사구로 an unconscious connection이 making의 목적어, conscious가 목적격 보어이다.

Word Search

주어진 뜻풀이에 해당하는 영어 단어를 본문에서 찾아 쓰시오.

1. t_____ : causing physical or especially psychological injury

2. e_____ : to represent or express something abstract in tangible form

3. e_____ : precisely and clearly expressed or readily observable

Exercise 6 어휘

(A), (B), (C)의 각 네모 안에서 문맥에 맞는 낱말로 가장 적절한 것은?   ▶ 22664-0097

　The response you make to someone's message does not have to be (A) | accurate / immediate |. You can respond minutes, days, or even years later. For example, your second-grade teacher may have asked you to stop throwing rocks at a group of birds that were on the playground. Perhaps the teacher added that the birds were part of a family and were gathering food for their babies. She might also have indicated that birds feel (B) | joy / pain | just like people. Perhaps twenty years later, as you think about eating an animal, you remember those words from your teacher and decide to become a vegetarian. It is important to remember the power of your messages and to consider the (C) | ethical / economic | consequences of your communication actions, for, whether or not you want to grant those consequences, you are changing people each time you exchange messages with them.

	(A)		(B)		(C)
①	accurate	······	joy	······	ethical
②	accurate	······	pain	······	economic
③	immediate	······	pain	······	ethical
④	immediate	······	joy	······	economic
⑤	immediate	······	pain	······	economic

Sentence Structure

For example, your second-grade teacher may have asked you [to stop throwing rocks at a group of birds {that were on the playground}].

[ ]는 asked의 목적격 보어 역할을 하는 to부정사구이고, 그 안의 { }는 a group of birds를 수식하는 관계절이다.

Word Search

주어진 뜻풀이에 해당하는 영어 단어를 본문에서 찾아 쓰시오.

1. v_____ : someone who chooses not to eat meat or fish

2. g_____ : to admit that something is true

3. c_____ : a result or effect of something

Exercise 7 | 문장 삽입

글의 흐름으로 보아, 주어진 문장이 들어가기에 가장 적절한 곳은?

▶ 22664-0098

However, there are also a lot of downsides to hierarchy, and over the last decade my collaborators and I have documented the many ways in which it can go wrong.

Hierarchy is probably the most common form of organizing the workplace. There aren't a lot of good alternatives to it, and companies need some say in managing workers, particularly as they scale. (①) Team members squabble over resources, engage in power struggles, and battle over rank. (②) All of this harms performance. (③) One of the burning questions in management research right now is, what are the best alternatives to hierarchy? (④) But it's a complex picture — hierarchy isn't always bad or harmful, and its effectiveness may depend on where and how it's implemented, and how the person at the top manages the hierarchy. (⑤) For example, there is growing interest in remote work and virtual teams, and in that context, hierarchy works quite well.

*downside: 단점 **hierarchy: (사회나 조직 내의) 위계질서 ***squabble: 티격태격 다투다

Sentence Structure ↴

But it's a complex picture — hierarchy isn't always bad or harmful, and its effectiveness may depend on [where and how it's implemented], and [how the person at the top manages the hierarchy].

두 개의 [ ]는 and로 연결되어 전치사 on의 목적어 역할을 하는 명사절이다.

🔍 Word Search

주어진 뜻풀이에 해당하는 영어 단어를 본문에서 찾아 쓰시오.

1. a_____ : something that you can choose instead of something else

2. d_____ : a period of ten years

3. r_____ : something such as money, workers, or equipment that can be used to help an institution or a business

Exercise 8   요약문 완성

다음 글의 내용을 한 문장으로 요약하고자 한다. 빈칸 (A), (B)에 들어갈 말로 가장 적절한 것은?   ▶ 22664-0099

When we look around at our dwellings at the end of our lives and survey all the commodities that we have accumulated, we often come to the insight that they amount to nothing but a heap of worthless junk. Like most insights that come as one approaches the end, this one is entirely misleading. The fact that the commodities were worthless junk from the beginning is what gave them their sublimity and what gave us enjoyment in accumulating them. No one values accumulating useful things. The collector, who is a derivation of the capitalist bent on total accumulation, always collects items with no use value — old stamps, empty beer cans, baseball trading cards, and so on. One doesn't collect useful items because there is no enjoyment attached to their accumulation. Though capitalism preaches self-interest, the enjoyment that it offers — the enjoyment of the sublime commodity — is an enjoyment that depends on the absence of self-interest.

*sublimity: 숭고함   **derivation: 파생(한 것)

The idea that what we as collectors have accumulated is _____(A)_____ at the end of our lives is completely false, since we get _____(B)_____ from the act of collecting it.

(A)		(B)		(A)		(B)
① valueless	⋯⋯	pleasure		② valueless	⋯⋯	frustration
③ profitable	⋯⋯	tension		④ profitable	⋯⋯	frustration
⑤ interesting	⋯⋯	pleasure				

Sentence Structure

When we [look around at our dwellings at the end of our lives] and [survey all the commodities {that we have accumulated}], we often come to the insight [that they amount to nothing but a heap of worthless junk].

첫 번째와 두 번째 [ ]는 and로 연결되어 주어 we의 술어 역할을 하며, 두 번째 [ ] 안의 { }는 all the commodities를 수식하는 관계절이다. 세 번째 [ ]는 the insight의 구체적 내용을 설명하는 동격절이다.

Word Search

주어진 뜻풀이에 해당하는 영어 단어를 본문에서 찾아 쓰시오.

1. a _____ : to get more and more of something over a period of time

2. m _____ : intended or likely to make someone believe something that is incorrect or not true

3. s _____ : interest in yourself and how to gain advantages for yourself

Exercise 9~11 | 1지문 3문항

[9~11] 다음 글을 읽고, 물음에 답하시오.

(A)

Gifts build fans and result in people sharing on social media and in person to their friends. A gift is often so unexpected that people can't help but feel compelled to talk about it. When Paul needed to go from (a)his hotel at Sydney Olympic Park to the international airport for a flight to Los Angeles, he asked a hotel staffer to call a cab. About halfway through the forty-five-minute ride to the airport, Paul's driver turned to him and handed him a pen with the words "HI CHARLIE" (in all capital letters) and his telephone number on it. Paul smiled and said "Hi, Charlie!"

(B)

Five months later Paul was in Sydney again. This time, he didn't ask the hotel to call him a cab. And (b)he didn't use a ride-sharing company. This time when he was ready to go to the airport, he knew what to do. And when he got into his cab for the second time, he greeted his driver with "Hi, Charlie!" Just as the free pen had prompted Paul to do.

(C)

At first, Paul thought he didn't really need a pen, and was about to give it back. And then (c)he started to think about that gift. The hotel called Charlie's cab over the other cabs in the area, so he was doing something right to get that work. But with ride-sharing companies, the traditional cab business was getting squeezed. How could an independent cab driver compete? The pen was an interesting way to stand out and be remembered. And then Charlie gave Paul another unexpected gift.

(D)

When they were about a mile from the airport, Charlie did something Paul has never experienced before in hundreds of cab rides in cities all over the world. He turned the meter off at exactly one hundred dollars. Paul and Charlie didn't set that as a fixed price, and Paul was willing to pay the full fare. (d)He just turned off the meter! At the end of the ride, Paul tried to give Charlie a tip, but he refused. Paul had such a great experience and shared it on (e)his blog.

9 주어진 글 (A)에 이어질 내용을 순서에 맞게 배열한 것으로 가장 적절한 것은? ▶ 22664-0100

① (B)-(D)-(C)   ② (C)-(B)-(D)   ③ (C)-(D)-(B)
④ (D)-(B)-(C)   ⑤ (D)-(C)-(B)

10 밑줄 친 (a)~(e) 중에서 가리키는 대상이 나머지 넷과 <u>다른</u> 것은? ▶ 22664-0101

① (a)   ② (b)   ③ (c)   ④ (d)   ⑤ (e)

11 윗글에 관한 내용으로 적절하지 <u>않은</u> 것은? ▶ 22664-0102

① Paul은 호텔 직원에게 택시를 불러 달라고 요청했다.
② 다섯 달 뒤에 Paul은 다시 Sydney에 갔다.
③ 처음에 Paul은 Charlie가 준 펜이 꼭 필요한 것이라 생각했다.
④ Charlie는 정확히 100달러에서 택시 미터기를 껐다.
⑤ Charlie는 Paul이 준 팁을 거절했다.

Sentence **Structure**

Gifts [build fans] and [result in {people sharing on social media and in person to their friends}].

두 개의 [ ]는 and로 연결되어 주어 Gifts의 술어 역할을 한다. 두 번째 [ ] 안의 { }는 in의 목적어 역할을 하는 동명사구이고 people은 동명사구의 의미상의 주어이다.

Q Word **Search**

주어진 뜻풀이에 해당하는 영어 단어를 본문에서 찾아 쓰시오.

1. u_____ : not anticipated

2. g_____ : to welcome someone with particular words or a particular action

3. f_____ : the money that you pay for a journey in a vehicle such as a bus or train

Exercise 1 어휘

다음 글의 밑줄 친 부분 중, 문맥상 낱말의 쓰임이 적절하지 <u>않은</u> 것은?

▶ 22664-0103

The problem is not that using social media directly makes us unhappy. Indeed, as the positive studies found, certain social media activities, when isolated in an experiment, modestly ①<u>boost</u> well-being. The key issue is that using social media tends to take people away from the real-world socializing that's massively ②<u>less</u> valuable. As the negative studies imply, the more you use social media, the less time you tend to devote to offline interaction, and therefore the ③<u>worse</u> this value deficit becomes — leaving the heaviest social media users much more likely to be lonely and miserable. The small boosts you receive from posting on a friend's wall or liking their latest Instagram photo can't come close to compensating for the large loss experienced by no longer spending ④<u>real-world</u> time with that same friend. As Shakya summarizes: "Where we want to be cautious ... is when the sound of a voice or a cup of coffee with a friend is ⑤<u>replaced</u> with 'likes' on a post."

Sentence **Structure**

Indeed, as the positive studies found, certain social media activities, [when isolated in an experiment], modestly ~ well-being.

[ ]는 주어 certain social media activities의 부수적 상황을 나타내는 분사구문으로 주어 뒤에 삽입되었다.

🔍 Word **Search**

주어진 뜻풀이에 해당하는 영어 단어를 본문에서 찾아 쓰시오.

1. i_____ : to separate a part of a situation, problem, idea, etc. so that you can see what it is and deal with it separately

2. d_____ : an amount (such as an amount of money) that is less than the amount that is needed

3. c_____ : to provide something good to balance or reduce the bad effects of damage, loss, etc.

Exercise 2 어휘

(A), (B), (C)의 각 네모 안에서 문맥에 맞는 낱말로 가장 적절한 것은?   ▶ 22664-0104

It turns out that we tend to have more doubt about the truth of the facts described by speakers with a foreign accent compared to native speakers. For example, if we are asked to judge whether we believe the content is real in the phrase *Ants do not sleep*, we believe it to be more (A) doubtful / true when someone with a native accent says it rather than someone with a foreign accent. In addition, it seems that when we interact with a person who has a foreign accent, we tend to process language somewhat differently than with native people. In some ways, and maybe due to certain problems with understanding, we pay less attention to the details of speech and look more at the communicative (B) format / intent . It's a bit like we do not care what the person *says*, but what they really *mean*. And that is why our memory of the exact words that people use in a conversation is much more accurate when people speak with a (C) native / foreign accent. So when you speak in a foreign language, don't expect people to remember exactly what you said or the details of your message.

	(A)		(B)		(C)
①	doubtful	⋯⋯	format	⋯⋯	native
②	doubtful	⋯⋯	intent	⋯⋯	foreign
③	true	⋯⋯	format	⋯⋯	foreign
④	true	⋯⋯	intent	⋯⋯	native
⑤	doubtful	⋯⋯	format	⋯⋯	foreign

Sentence Structure

It's a bit like [we do **not** care {what the person *says*}, **but** {what they really *mean*}].

[ ]는 like의 목적어 역할을 하는 명사절로, 그 내부에서 '~이 아니라 …이다'라는 의미의 「not ~ but ….」의 구조가 사용되었으며, { }는 둘 다 care의 목적어 역할을 하는 명사절이다.

Word Search

주어진 뜻풀이에 해당하는 영어 단어를 본문에서 찾아 쓰시오.

1. j＿＿＿＿＿＿＿＿＿ : to form an opinion about somebody or something, based on the information you have

2. c＿＿＿＿＿＿＿＿＿ : the things that are contained in something

3. e＿＿＿＿＿＿＿＿＿ : fully and completely correct or accurate

Exercise 3 문장 삽입

글의 흐름으로 보아, 주어진 문장이 들어가기에 가장 적절한 곳은?

▶ 22664-0105

Nevertheless, even purely scientific voyages were intended to enhance the image of the sponsoring nation in an eighteenth-and-nineteenth-century equivalent of the Cold War space race.

Driven by enlightenment ideals, exploration gradually evolved from the wholesale plunder of foreign lands in search of gold to more virtuous scientific purposes. Instead of conquerors, explorers were now botanists, physicists, astronomers, and anthropologists. (①) It was no longer enough to merely find the world — exploration now meant truly discovering it. (②) Curiosity had always been an exploratory motive, but an international competition for prestige based on scientific discovery was something new. (③) Even the ships were intended to reflect the new ideals under which they sailed, with names such as *Discovery*, *Resolution*, *Endeavour*, *Adventure*, *Géographie*, *Naturaliste*, and *Astrolabe*. (④) Some ventures, such as the French 1735 mission to Ecuador to measure the shape of Earth, were virtually devoid of nonscientific purpose. (⑤) In this exploratory contest, a new figure emerged: the scientist-hero, conquering ignorance on behalf of the nation.

*plunder: 약탈 **devoid of: ~이 없는

Sentence Structure

[Driven by enlightenment ideals], exploration gradually evolved **from** [the wholesale plunder of foreign lands in search of gold] **to** [more virtuous scientific purposes].

첫 번째 [ ]는 exploration을 의미상의 주어로 하는 분사구문으로, 주절의 내용을 보충하고 있다. 두 번째와 세 번째 [ ]는 「from ~ to ....」 표현으로 연결된 명사구이다.

Q Word Search

주어진 뜻풀이에 해당하는 영어 단어를 본문에서 찾아 쓰시오.

1. s_____ : to pay for someone to do something or for something to happen

2. b_____ : someone who studies plants

3. p_____ : the respect and admiration that someone or something gets for being successful or important

Exercise 4) 요약문 완성

다음 글의 내용을 한 문장으로 요약하고자 한다. 빈칸 (A), (B)에 들어갈 말로 가장 적절한 것은?   ▶ 22664-0106

John Barth discusses an Egyptian papyrus complaining that all the stories have been told and that therefore nothing remains for the contemporary writer but to retell them. That papyrus describing the postmodern condition is forty-five hundred years old. This is not a terrible thing, though. Writers notice all the time that their characters resemble somebody — Persephone, Pip, Long John Silver, La Belle Dame sans Merci — and they go with it. What happens, if the writer is good, is usually not that the work seems derivative or trivial but just the opposite: the work actually acquires depth and resonance from the echoes and chimes it sets up with prior texts, weight from the accumulated use of certain basic patterns and tendencies. Moreover, works are actually more comforting because we recognize elements in them from our prior reading. I suspect that a wholly original work, one that owed nothing to previous writing, would so lack familiarity as to be quite discouraging to readers.

*derivative: 독창적이지 않은

⬇

The ____(A)____ between literary works can give them added depth and make them more ____(B)____ for readers to read.

(A)	(B)	(A)	(B)
① similarity	comfortable	② difference	exciting
③ connection	demanding	④ difference	convenient
⑤ similarity	boring		

Sentence Structure ↘

John Barth discusses an Egyptian papyrus [complaining {that all the stories have been told} and {that therefore nothing remains for the contemporary writer but to retell them}].

[ ]는 an Egyptian papyrus를 수식하는 분사구이다. 두 개의 { }는 complaining의 목적어 역할을 하는 명사절로 and로 연결되어 병렬 구조를 이루고 있다.

🔍 Word Search ↘

주어진 뜻풀이에 해당하는 영어 단어를 본문에서 찾아 쓰시오.

1. c_____ : belonging to the same time

2. a_____ : to gradually get more and more of something over a period of time

3. d_____ : causing loss of hope or confidence

Exercise 5   어휘

다음 글의 밑줄 친 부분 중, 문맥상 낱말의 쓰임이 적절하지 <u>않은</u> 것은?   ▶ 22664-0107

In the period after the Second World War, fat and oil were in short supply, so people collected beechnuts in the woods. These are rare enough most years even without human ① <u>intervention</u>, and the animals urgently need these calorie bombs for the winter. But during the war, the rural population were ② <u>ruthless</u> in their desperation. Unwilling to wait for the beechnuts to fall from the trees by themselves, they went around the forest bashing the trunks with mallets. The serious damage to the trees was seen as a necessary ③ <u>consequence</u>. Gathering firewood, especially brushwood which isn't useful for much else, was also ④ <u>common</u> until after the war and caused widespread harm to the forest. Twigs are mostly made up of bark, which means they are particularly nutritious for their size. ⑤ <u>Full</u> of this groundcover of twigs, the forest was starved, leaving nothing for the smallest woodland inhabitants to eat.

*beechnut: 너도밤나무 열매   **mallet: 나무망치

Sentence Structure

Twigs are mostly made up of bark, [which means {they are particularly nutritious for their size}].

[ ]는 앞 절 전체 내용을 부연 설명하는 관계절이며, { }는 means의 목적어 역할을 하는 명사절이다.

🔍 Word Search

주어진 뜻풀이에 해당하는 영어 단어를 본문에서 찾아 쓰시오.

1. d_____ : a state of hopelessness leading to rashness

2. n_____ : containing many of the substances which help the body to grow

3. i_____ : a person or animal that lives in a particular place

Exercise 6 　어휘

(A), (B), (C)의 각 네모 안에서 문맥에 맞는 낱말로 가장 적절한 것은?　　▶ 22664-0108

　All animals have coping mechanisms, including insects. Contrary to popular opinion, a harsh winter has little effect on their population size. Otherwise, most insect species would have long since become (A) | extinct / prosperous |. A particularly cold winter is therefore no guarantee that there will be fewer mosquitoes, ticks, or other pests in spring. What is much harder for animals to bear is the cold, wet weather. At temperatures slightly above freezing, rain or mist causes the body temperature to fall quickly. Even for us humans — who can easily wrap up with extra layers of clothing — (B) | dry / damp | and cold together make for the worst combination. Water conducts heat better than dry air, so the body cools faster. For animals, this means that they (C) | conserve / consume | more energy to maintain the required minimum temperature. And if their fat reserves are depleted too early, before the end of the winter — they're done for.

*tick: 진드기　**deplete: 고갈시키다

	(A)		(B)		(C)
①	extinct	······	dry	······	conserve
②	extinct	······	damp	······	consume
③	extinct	······	damp	······	conserve
④	prosperous	······	damp	······	conserve
⑤	prosperous	······	dry	······	consume

Sentence Structure

A particularly cold winter is therefore no guarantee [that there will be fewer mosquitoes, ticks, or other pests in spring].

[ ]는 guarantee의 구체적 내용을 설명하는 동격절이다.

🔍 Word Search

주어진 뜻풀이에 해당하는 영어 단어를 본문에서 찾아 쓰시오.

1. h_____ : very cold, dangerous, or unpleasant and difficult to live in

2. c_____ : a mixture of different people or things

3. r_____ : a supply of something that you keep until it is needed

Exercise 7 문장 삽입

글의 흐름으로 보아, 주어진 문장이 들어가기에 가장 적절한 곳은?

▶ 22664-0109

> If they cannot do this to your satisfaction, it may be fair to suspect that they themselves do not fully understand what they are trying to say.

Examples can be useful, but only to illustrate what you are saying, never to prove it. They should be well chosen for the purpose of making a general statement of your point more intelligible. (①) Many persons have difficulty in dealing with generalizations, especially when these are stated at a high level of abstraction. (②) A concrete example offered to illustrate something stated abstractly helps them to understand what is being said. (③) If you don't understand what others are saying, it is not only proper but also prudent for you to ask them to give you an example of the point. (④) Examples should be treated like assumptions. (⑤) Just as assumptions should be allowed to exert whatever force they have only with everyone's explicit acknowledgment and consent, so examples should stand only if everyone sees their relevance and is aware that they are being used to illustrate a point, not to prove it.

Sentence Structure

A concrete example [offered {to illustrate something <stated abstractly>}] helps them [to understand {what is being said}].

첫 번째 [ ]는 A concrete example을 수식하는 분사구이며, 그 안에 있는 { }는 목적을 나타내는 to부정사구이다. < >는 something을 수식하는 분사구이다. 두 번째 [ ]는 helps의 목적격 보어 역할을 하는 to부정사구이며 그 안에 있는 { }는 understand의 목적어 역할을 하는 명사절이다.

Word Search

주어진 뜻풀이에 해당하는 영어 단어를 본문에서 찾아 쓰시오.

1. g_____ : a statement about all the members of a group that may be true in some or many situations but is not true in every case

2. a_____ : a general idea or quality rather than an actual person, object, or event

3. c_____ : permission for something to happen or be done

다음 글의 내용을 한 문장으로 요약하고자 한다. 빈칸 (A), (B)에 들어갈 말로 가장 적절한 것은? ▶ 22664-0110

Living below a noisy neighbor can be trying, but what generally is the cause of the noise? Most of the irritating noise is described as "thuds" or "thumps" and, perhaps surprisingly, is not due to something like high heels clicking on the floor. Rather it is due to low-frequency noise generated by someone walking across the floor. The repeated footfalls cause the floor to oscillate like a drumhead, typically at a frequency between 15 and 35 hertz, which is at the low-frequency end of the audible range for most people. Such noise can be heard, and even felt, by the downstairs neighbor. The high-frequency sound of heels clicking on a floor might be heard, but far more energy is transferred to the drum-like, low-frequency floor oscillations. Installing a carpet might actually worsen the situation because, with its softer surface, the footfalls can then transfer even more energy into the floor oscillations. *footfall: 발소리 **oscillate: 진동하다

Generally the frequency of the most annoying noises from upstairs neighbors is _____(A)_____, and laying a carpet on the floor might _____(B)_____ noises since the footfalls can then transfer more energy into the floor oscillations.

	(A)		(B)		(A)		(B)
①	low	.....	increase	②	high	.....	worsen
③	steady	.....	absorb	④	high	.....	reduce
⑤	low	.....	relieve				

Sentence Structure

The repeated footfalls cause the floor to oscillate like a drumhead, typically at a frequency between 15 and 35 hertz, [which is at the low-frequency end of the audible range for most people].

[ ]는 a frequency ~ 35 hertz를 부연 설명하는 관계절이다.

Word Search

주어진 뜻풀이에 해당하는 영어 단어를 본문에서 찾아 쓰시오.

1. f_____ : the number of times that something (such as a sound wave or radio wave) is repeated in a period of time (such as a second)

2. g_____ : to cause something to exist

3. t_____ : to move something or someone to another place

Exercise 9~11 **1지문 3문항**

[9~11] 다음 글을 읽고, 물음에 답하시오.

(A)

  We lived in farmland and my dad ran a sawmill. My dad got his leg cut off in a farming accident just before I was born. At that time, artificial legs were made out of paper with varnish; they were put around a mold, and there were cables in the ankles that connected the leg to the foot. (a)He was learning to walk again about the same time I was learning to walk. So I grew up with my dad's artificial leg, and things would happen.

*sawmill: 제재소 **varnish: 니스*

(B)

  It let out a pretty loud pop, and (b)he said, "Oh, darn, I think I broke my foot!" My dad came walking across the truck, and the foot was turned at right angles to what it should be. And he caught that foot in his two hands, and he straightened it up. It cracked and popped something awful. And that timber checker turned white as cotton. We didn't think anything about it.

(C)

  One time we were delivering mining materials, and there was a timber checker that had to look at every support beam that we were unloading. And these headers weighed anywhere between 200 and 240 pounds apiece. My dad had to pick every one of those up on the truck and turn it over so the man could see all four edges of it. My dad pulled one of the headers out and got his artificial leg caught, and as he turned, (c)he snapped one of the cables.

(D)

  Several years later, Uncle Lon, my dad's brother, had run into the guy. He asked Uncle Lon, "Lon, are you any kin to Tom Granger that used to deliver mining materials?" Uncle Lon said, "Sure, that's my little brother." The timber checker said, "I'll tell you one thing. That's the toughest man I've ever seen. When (d)he broke his foot, he just set that thing and finished unloading that truck." Well, Uncle Lon was laughing so hard, he said tears were rolling down his cheeks. (e)He never told the guy that it was an artificial leg that my dad was working with.

9 주어진 글 (A)에 이어질 내용을 순서에 맞게 배열한 것으로 가장 적절한 것은? ▶ 22664-0111

① (B)-(D)-(C) ② (C)-(B)-(D) ③ (C)-(D)-(B)
④ (D)-(B)-(C) ⑤ (D)-(C)-(B)

10 밑줄 친 (a)~(e) 중에서 가리키는 대상이 나머지 넷과 <u>다른</u> 것은? ▶ 22664-0112

① (a) ② (b) ③ (c) ④ (d) ⑤ (e)

11 윗글에 관한 내용으로 적절하지 <u>않은</u> 것은? ▶ 22664-0113

① 필자의 아버지는 사고로 한쪽 다리를 잃었다.
② 필자의 아버지는 꺾인 발을 두 손으로 돌려 바로잡았다.
③ 목재 검사원은 직접 헤더를 뒤집었다.
④ 목재 검사원은 Lon에게 Tom Granger의 친척인지 물었다.
⑤ Lon은 목재 검사원의 얘기를 듣고 심하게 웃었다.

Sentence Structure ↓

Well, Uncle Lon was laughing **so** hard, [he said] tears were rolling down his cheeks.

'매우 ~해서 …하다'라는 뜻의 「so ~ that ....」 구문이 쓰였는데, 구어적으로 he 앞에 that 대신 쉼표를 사용하였다. [ ]는 삽입된 어구이다.

🔍 Word Search

주어진 뜻풀이에 해당하는 영어 단어를 본문에서 찾아 쓰시오.

1. c＿＿＿＿＿＿＿＿＿ : to join or be joined with something else

2. u＿＿＿＿＿＿＿＿＿ : to remove something (such as cargo) from a truck, ship, etc.

3. s＿＿＿＿＿＿＿＿＿ : to break quickly with a short, sharp cracking sound or movement

Exercise 1 어휘

다음 글의 밑줄 친 부분 중, 문맥상 낱말의 쓰임이 적절하지 <u>않은</u> 것은?

▶ 22664-0114

   Some of animal communication techniques are instinctive and require no learning. The honeybee, for example, needs no ①<u>lessons</u> to execute or understand its dance. This particular language is obviously carried from one generation of bees to another in the genes. In other cases, animal language seems to arise from both genetically ②<u>transmitted</u> information and environmental learning. One way to test this statement with songbirds is to raise the birds in an environment in which they do not hear the songs ③<u>characteristic</u> of their species. Some species, such as flycatchers, can produce their songs even when raised in acoustic ④<u>abundance</u>. Others, such as wrens, must have a model from which to learn. In an experiment with cowbirds, for example, chicks from North Carolina were raised around Texas adults. The result: The chicks grew up singing with a ⑤<u>strong</u> Texas accent!

*flycatcher: 딱새 **wren: 굴뚝새 ***cowbird: 찌르레기

Sentence Structure

[One way {to test this statement with songbirds}] is [to raise the birds in an environment {in which they do not hear the songs ~ of their species}].

첫 번째 [ ]는 문장의 주어이고, 그 안의 { }는 One way를 수식하는 형용사적 용법의 to부정사구이다. 두 번째 [ ]는 보어로 쓰인 명사적 용법의 to부정사구이고, 그 안의 { }는 an environment를 수식하는 관계절이다.

Word Search

주어진 뜻풀이에 해당하는 영어 단어를 본문에서 찾아 쓰시오.

1. e_____ : to perform a difficult action or movement

2. t_____ : to pass information, beliefs, or attitudes to others

3. a_____ : relating to sound and the way people hear things

Exercise 2 어휘

(A), (B), (C)의 각 네모 안에서 문맥에 맞는 낱말로 가장 적절한 것은?   ▶ 22664-0115

To the extent that the units in a social system are not all identical in their behavior, structure exists within the system. We define *structure* as the patterned arrangements of the units in a system. This structure (A) denies / gives regularity and stability to human behavior in a social system; it allows one to predict behavior with some degree of accuracy. Thus, structure represents one type of information in that it (B) decreases / increases uncertainty. Perhaps we see an illustration of this predictability that is provided by structure in a bureaucratic organization like a government agency. The well-developed social structure in such a system consists of hierarchical positions, giving individuals in higher-ranked positions the right to issue orders to individuals of (C) lower / upper rank. Their orders are expected to be carried out.

*hierarchical: 계층의

	(A)		(B)		(C)
①	denies	······	decreases	······	lower
②	gives	······	increases	······	lower
③	gives	······	decreases	······	lower
④	gives	······	increases	······	upper
⑤	denies	······	decreases	······	upper

Sentence Structure

Perhaps we see an illustration of this predictability [that is provided by structure in a bureaucratic organization like a government agency].

[ ]는 an illustration of this predictability를 수식하는 관계절이다.

🔍 Word Search

주어진 뜻풀이에 해당하는 영어 단어를 본문에서 찾아 쓰시오.

1. i_____ : being the exact same one; not any other

2. p_____ : to say what you think will happen in the future

3. i_____ : to put forth or distribute for sale or official purposes

Exercise 3 문장 삽입

글의 흐름으로 보아, 주어진 문장이 들어가기에 가장 적절한 곳은?

▶ 22664-0116

Many of us have experienced that feeling on occasion; and some of us become addicted to it as means of "self-medication."

While economic theory is not the driving force behind hyperconsumerism, it has certainly provided a convenient rationalization. (①) Hyperconsumerism is the result of a combination of factors, psychological and sociological, as well as economic. (②) Purchasing a new thing is a simpler, more easily controllable source of pleasure than building a new connection with another human being. (③) To the extent that material possessions are a source of status in any particular society, it can also be an easier, more manageable source of social standing and self-esteem. (④) And there can be a kind of mild narcotic rush, a fleeting sense of relief from the blues, connected to acquiring a new thing. (⑤) They seem to live by the slogan, "When the going gets tough, the tough go shopping."

*narcotic: 최면성의 **fleeting: 잠깐 동안의, 순간적인

Sentence Structure

And there can be [a kind of mild narcotic rush], [a fleeting sense of relief from the blues], [connected to acquiring a new thing].

첫 번째와 두 번째 [ ]는 동격을 이루고, 세 번째 [ ]가 첫 번째 [ ]를 수식한다.

Word Search

주어진 뜻풀이에 해당하는 영어 단어를 본문에서 찾아 쓰시오.

1. a_____ : compulsively or physiologically dependent on something habit-forming

2. t_____ : one or more ideas that explain how or why something happens

3. s_____ : a position relative to that of others

Exercise 4 요약문 완성

다음 글의 내용을 한 문장으로 요약하고자 한다. 빈칸 (A), (B)에 들어갈 말로 가장 적절한 것은?　▶ 22664-0117

In 1985 the typical American reported having three people he could confide in about important matters. By 2004 his network had shrunk to two, and it hasn't bounced back since. Almost half the population say they have no one, or just one person, in whom they can confide. Considering that this included close family members, it reflects a stunning decline in social connection. Other surveys show that people are losing ties with their neighborhoods and their communities. They are less likely to say they trust other people and institutions. They don't invite friends over for dinner or participate in social or volunteer groups as they did decades ago. Most Americans simply don't know their neighbors anymore. Even family bonds are being strained. By 2004 less than 30 percent of American families ate together every night.

⬇

People are becoming _____(A)_____ because their social network has been _____(B)_____.

(A)	(B)	(A)	(B)
① active	······ expanding	② selfish	······ blocked
③ private	······ complicated	④ solitary	······ shrinking
⑤ cautious	······ strengthened		

Sentence Structure

In 1985 the typical American reported [having three people {he could confide in about important matters}].

[ ]는 reported의 목적어로 쓰인 동명사구이고, 그 안의 { }는 three people을 수식하는 관계절로서, he 앞에 목적격 관계대명사 that이나 whom이 생략되었다.

🔍 Word Search

주어진 뜻풀이에 해당하는 영어 단어를 본문에서 찾아 쓰시오.

1. r_____ : to show something; to make something known

2. d_____ : a reduction in the amount or quality of something

3. s_____ : a general examination of a subject or situation

Exercise 5 어휘

다음 글의 밑줄 친 부분 중, 문맥상 낱말의 쓰임이 적절하지 않은 것은?   ▶ 22664-0118

Provenance in collecting is the proof of originality. Collectors seek ①authentic originals with provenance because they are more valuable. But why are originals more valuable than an identical copy? One could argue that forgeries or identical copies reduce the value of originals because they ②compromise the market forces of supply and demand. In the same way that a prolific artist who floods the market with work ③enhances the value attributed to each piece, rarity means limited supply. For many collectors, however, possessing an original object ④fulfills a deeper need to connect with the previous owner or the person who made the item. I think that an art forgery is ⑤unacceptable because it does not generate the psychological essentialist view that something of the artist is literally in the work.

*provenance: 출처 **prolific: 다작의

Sentence Structure

I think that an art forgery is ~ [because it does not generate the psychological essentialist view {that something of the artist is literally in the work}].

[ ]는 이유 부사절이고, 그 안의 { }는 the psychological essentialist view의 내용을 설명하는 동격절이다.

Word Search

주어진 뜻풀이에 해당하는 영어 단어를 본문에서 찾아 쓰시오.

1. a_____ : real or genuine, not false or copied

2. c_____ : to damage or weaken something

3. f_____ : to supply with an excess of something

Exercise 6 ｜ 어휘

(A), (B), (C)의 각 네모 안에서 문맥에 맞는 낱말로 가장 적절한 것은?

▶ 22664-0119

The need to belong is so innately human that no one can deny its importance. On some level we all want to be accepted by others — so much so that social (A) ⎡exclusion / inclusion⎤ causes the same areas of your brain to light up that physical pain does. Think of a time when you felt that you did not belong — when you were unwelcomed, unloved, treated with suspicion, or even ignored. How did it feel? If not painful, it was most likely not a situation you would want to find yourself in again. This is part of the reason we try to (B) ⎡fire / hire⎤ people who are "culture fits" with our organizations. We want to avoid having people who are unhappy or quit because they don't fit in. But only hiring people who fit in (C) ⎡limits / maintains⎤ the diversity of perspective needed to drive innovation. The alternative is to create an inclusive space where people — all of whom are different from one another — can fit together.

	(A)		(B)		(C)
①	exclusion	······	fire	······	limits
②	exclusion	······	hire	······	maintains
③	exclusion	······	hire	······	limits
④	inclusion	······	hire	······	maintains
⑤	inclusion	······	fire	······	limits

Sentence Structure

Think of a time [when you felt {that you did not belong}] — [when you were unwelcomed, unloved, treated with suspicion, or even ignored].

두 개의 [ ]가 동격을 이루어 a time을 수식하는 관계절이고, 첫 번째 [ ] 안의 { }는 felt의 목적어로 쓰인 명사절이다.

Word Search

주어진 뜻풀이에 해당하는 영어 단어를 본문에서 찾아 쓰시오.

1. d_____ : to say that something is not true

2. s_____ : a feeling that someone has done something wrong

3. i_____ : to not consider something, or to not let it influence you

Exercise 7 문장 삽입

글의 흐름으로 보아, 주어진 문장이 들어가기에 가장 적절한 곳은?

▶ 22664-0120

In a desire for more uniformity and to reduce confusion, the railroads adopted a standardized time based on Greenwich Mean Time from England.

Before the creation of standardized time, regions of the United States were isolated pockets each with its own time zone. (①) Many cities had their own local time based on the position of the sun at high noon. (②) A traveler would find that Michigan had twenty-seven time zones; Indiana, twenty-three; Wisconsin, thirty-nine; and Illinois, twenty-seven. (③) Some train stations had multiple clocks hung on their walls. (④) The eight thousand rail stations associated with nearly six hundred independent railroad lines and their fifty-three time schemes were arranged into one system of four time zones. (⑤) But the train systems, like those in Bern, Switzerland, had the new challenge of determining the time on the train and keeping it in sync with the clocks at the station, which kept Einstein busy in the patent office.

*scheme: 운영 계획

Sentence Structure

But the train systems, like those in Bern, Switzerland, had the new challenge of [determining the time on the train] and [keeping it in sync with the clocks at the station], [which kept Einstein busy in the patent office].

첫 번째 [ ]와 두 번째 [ ]는 모두 전치사 of의 목적어로 쓰인 동명사구로 and에 의해 병렬로 연결되어 있다. 세 번째 [ ]는 앞에 나온 내용에 대해 부연 설명하는 관계절이다.

Q Word Search

주어진 뜻풀이에 해당하는 영어 단어를 본문에서 찾아 쓰시오.

1. a _____ : to choose to take up, follow, or use

2. m _____ : involving or consisting of many people, things, or parts

3. a _____ : to put things in a neat, attractive, or useful order

Exercise 8 요약문 완성

다음 글의 내용을 한 문장으로 요약하고자 한다. 빈칸 (A), (B)에 들어갈 말로 가장 적절한 것은?　　▶ 22664-0121

Long-term elephant groups are composed exclusively of adult females and juvenile males and females. Elephant leaders are typically chosen from among the oldest females in the group, and this matriarch is relied on to coordinate group movements, migration, and responses to threats, such as lions. The leader's role in these situations is to call the other elephants to action and direct them toward threats or opportunities. She doesn't dash out in front to provide protection (when threatened by lions, all the adults position themselves in front to protect their young); nor does she suffer hardships on behalf of her group. The leadership she provides is in the form of guidance. Because leadership does not give her preferential access to food sources or mating opportunities, elephant leaders do not gain unique benefits from their position.

*matriarch: (집단의) 암컷 우두머리

⬇

The elephant leader, who is typically chosen from among the oldest females in the group, neither makes any special _____(A)_____ for the group nor is given any _____(B)_____ in the group.

	(A)		(B)		(A)		(B)
①	plans	······	respect	②	sacrifices	······	priority
③	plans	······	freedom	④	decisions	······	attention
⑤	sacrifices	······	protection				

Sentence Structure

She doesn't dash out in front [to provide protection] (**when threatened** by lions, all the adults position themselves in front [to protect their young]); [nor does she suffer hardships on behalf of her group].

첫 번째와 두 번째 [ ]는 모두 목적의 의미를 나타내는 to부정사구이고, when threatened는 when they are threatened에서 they are가 생략된 것으로 볼 수 있다. 세 번째 [ ]는 「nor+조동사+주어」 구문으로 '주어도 역시 ~ 않다'의 의미이다.

🔍 Word Search

주어진 뜻풀이에 해당하는 영어 단어를 본문에서 찾아 쓰시오.

1. c_____ : to constitute or make up (a whole)

2. t_____ : a situation or an activity that could cause harm or danger

3. a_____ : the act of approaching or entering

Exercise 9~11 1지문 3문항

[9~11] 다음 글을 읽고, 물음에 답하시오.

(A)

My friend, Jenny, had recently moved into a small apartment as a result of a divorce. She was unable to keep her pedigree dog in such cramped accommodation. But she was able to find a good home for the dog with a kind elderly woman who had another dog of the same breed. One day, the elderly woman called Jenny at work to ask if she would be able to drive her from (a)her suburban home to the doctor in the city for an appointment.

*pedigree: 혈통 있는

(B)

There, in front of her lawyer, to her astonishment, she made her the sole beneficiary of (b)her estate, which was substantial. The elderly woman was to die soon after. Jenny was amazed at her good fortune. She was only being kind and, anyway, she enjoyed looking after her. The last thing that she expected was to inherit such wealth.

*beneficiary: 수혜자, 수익자

(C)

One morning the elderly woman called to ask if Jenny were free to take her to an important appointment with (c)her lawyer. Jenny obliged, as usual, and dropped the elderly woman outside her lawyer's office in town. She asked politely if Jenny could spare a few more moments to accompany her inside, which Jenny happily did.

(D)

The elderly woman was desperate and could not find any other means of transport. Jenny was running a small advertising business at the time that was just getting by. Being (d)her own boss, she was able to take the time off to drive the woman to her appointment. That began a regular private taxi service for the dear old woman. Jenny didn't mind taking her to the dentist or wherever, because she got joy out of helping (e)her and it was a welcome break from the grind of her work.

9 주어진 글 (A)에 이어질 내용을 순서에 맞게 배열한 것으로 가장 적절한 것은?   ▶ 22664-0122

① (B)−(D)−(C)　　　　② (C)−(B)−(D)　　　　③ (C)−(D)−(B)
④ (D)−(B)−(C)　　　　⑤ (D)−(C)−(B)

10 밑줄 친 (a)~(e) 중에서 가리키는 대상이 나머지 넷과 <u>다른</u> 것은?   ▶ 22664-0123

① (a)　　　　② (b)　　　　③ (c)　　　　④ (d)　　　　⑤ (e)

11 윗글의 Jenny에 관한 내용으로 적절하지 <u>않은</u> 것은?   ▶ 22664-0124

① 작은 아파트에서 개를 기를 수 없었다.
② 많은 재산을 물려받을 것을 예상하지 못했다.
③ 할머니와 함께 변호사 사무실에 들어가지 않았다.
④ 친절했고 할머니를 돕는 것을 즐겼다.
⑤ 작은 광고 회사를 운영하고 있었다.

Sentence Structure

There, in front of her lawyer, **to her astonishment**, she made her the sole beneficiary of her estate, [which was substantial].

to one's astonishment는 '~에게 놀랍게도'의 의미이고, [ ]는 her estate를 부연 설명하는 관계절이다.

Word Search

주어진 뜻풀이에 해당하는 영어 단어를 본문에서 찾아 쓰시오.

1. a _____ : a place where people can live, stay, or work

2. s _____ : fairly large in amount or degree

3. i _____ : to receive property or money from someone who has died

PART

II

수능특강 Light 영어독해연습

Mini Test

01 다음 글의 목적으로 가장 적절한 것은? ▶ 22664-0125

Dear Councilmember Reid,

 I am pleased to see you are living up to your campaign promises on the issue of traffic improvements. There are far too many individual traffic situations needing attention to enumerate them all, but I would like to draw your attention to a particular intersection. The intersection of Main and Center Streets in Springfield is filled with danger for the dozens of elementary school children who cross these streets every day. Without a traffic light or crosswalk there, it is only a matter of time until tragedy strikes. Please pay special attention to this situation before the new school year starts. Your constituents will thank you; their children will thank you.

Yours faithfully,
Brandon Hardesty

*enumerate: 열거하다   **constituent: 선거구민

① 교통 개선을 위한 공약을 제안하려고
② 학생 대상 교통안전 교육을 의뢰하려고
③ 학교 앞 주행 속도 제한 조치에 감사하려고
④ 연중 교통안전 캠페인의 중요성을 강조하려고
⑤ 교차로에 신호등과 횡단보도 설치를 요청하려고

02 다음 글에 나타난 'I'의 심경 변화로 가장 적절한 것은? ▶ 22664-0126

Outside the airport doors, I confronted the usual collection of cab drivers waiting to prey on arriving visitors. The cab was like a toaster on wheels and I was the bread — white bread — processed and enriched! My old taxi moved slowly into downtown Dar with its passenger bothered by heat. What I saw was neither pretty nor inviting, but I praised God when we finally arrived at my hotel of choice — until I saw that it was no longer there. Minutes later, we arrived at my second choice. I was by that time thoroughly cooked from the toaster taxi and ready to be buttered. At the first hotel I was able to recognize as being a hotel, I asked my driver to stop and quickly jumped out of the cab. Welcome to the Hotel Continental: TV, toilet and shower, across from the railroad station, two blocks from the ocean, six or seven blocks from downtown, breakfast included. Perfect! I was home at last!

① bored → upset
② nervous → envious
③ frustrated → pleased
④ confident → doubtful
⑤ excited → disappointed

03

다음 글에서 필자가 주장하는 바로 가장 적절한 것은?

▶ 22664-0127

There is an inspiring thing that ambitious and successful people normally do. You will have been doing this if you are ambitious. They dream and fantasise. In line with Mark Victor Hansen's prescription, they make up a dream list comprising at least one hundred prioritised goals that they want to accomplish in their lifetime. Then they imagine that they have all the money, time, friends, and other resources needed to achieve these goals. Amazingly, after doing this, they soon experience tremendous progress as extraordinary things begin to happen in their lives. It is recommended that you do the same. This will give you leverage to set out on the adventure of moving from success to greatness. Thomas Edison said, 'We shall have no better conditions in the future if we are satisfied with all those which we have at present.'

*leverage: 지렛대, 수단

① 목표를 성취하려면 한정된 자원을 효율적으로 배분하라.
② 이루고자 하는 목표를 눈에 보이게 시각화하여 구체화하라.
③ 목표를 향해 매진한다는 이유로 현재의 행복을 포기하지 말라.
④ 우선순위에 따라 당장 해야 할 일을 선택하고 그 일에 집중하라.
⑤ 목표를 세우고 목표 달성에 필요한 모든 자원이 있다고 상상하라.

04 밑줄 친 change from doing *to* and doing *for*, to doing *with* our children이 다음 글에서 의미하는 바로 가장
적절한 것은?

▶ 22664-0128

We love our children and do not want to see them struggle, so we do things for them. The story of the man who was walking in the forest and saw a butterfly struggling to get out of its cocoon illustrates this point. The man went over to the butterfly and very carefully took out his knife and slit open the side of the cocoon so that the butterfly could get out more easily. The beautiful butterfly flew away for about ten yards, then fell to the ground, and died of exhaustion. You see, the butterfly needed to build up his strength and stamina by struggling to get out of the cocoon. When the man made it easier for the butterfly to fly away without developing fully, the butterfly could not live in the world on his own. When we do things for our children instead of letting them learn how to do things for themselves, we deprive them of the strengths they need to survive in the real world when we are not there. One change we can make as parents is to change from doing *to* and doing *for*, to doing *with* our children.

*cocoon: 고치 **slit: 길게 베다

① prepare our children for any emergency situation
② offer our children the best education we can afford
③ be there for our children but let them work things out
④ make life easier for our children by providing guidance
⑤ provide our children with the chance to learn from their peers

05 다음 글의 요지로 가장 적절한 것은?

▶ 22664-0129

Species inhabiting unstable environments are opportunists. They must seize resources while they are there and to achieve this they must be able to reproduce rapidly. Producing large numbers of progeny, they can afford only the minimum investment in each. In plants, small seeds containing few nutrients are released in huge numbers. Among animals, large numbers of eggs are laid and abandoned to their fate or, if they are mammals, large litters are produced several times a year. Survival rates for the progeny are low, but the resource is overwhelmed and competitors are excluded by sheer weight of numbers. As a reproductive strategy it is highly successful and is known as r-selection ('selection' because it results not from some deliberate scheme devised by the organisms or their ancestors, but by natural selection, which favours it). It is a typical adaptation to unstable environments, shared by primary colonizers of newly cleared sites.

*progeny: 자손 **litter: (동물의) 한 배 새끼

① 자원 부족이 극심해지면 생물종들은 자원 활용도를 높인다.
② 생물종 간의 경쟁이 심해지면 환경의 불안정성이 더 심화된다.
③ 한 생물종의 생존율은 다른 생물종의 생존율에 영향을 미친다.
④ 자원이 제한적일 때 생물종 간의 경쟁보다 협력이 더 강조된다.
⑤ 불안정한 환경에서 생물종은 자손을 많이 생산하도록 적응한다.

06 다음 글의 주제로 가장 적절한 것은? [3점]

▶ 22664-0130

Domestication had long-range consequences for the animals themselves; the very nature of the animals changed throughout the process — typically not in the animals' favor. Through domestication, once-wild animals become increasingly more dependent on humans, physically and emotionally. Because a handful of traits (such as curiosity, lack of fear, willingness to try new things, food begging, submissiveness, etc.) found among the juveniles of a species are those selected in domestication, the physical traits of the young (shorter faces, excess fat, smaller brains, smaller teeth, etc.) will also be selected. This leads to modern domesticates that are physically and behaviorally unable to live independently and that are, in fact, perpetual juveniles. Once humans began selectively breeding their animal charges to emphasize or discourage certain physical or behavioral traits, the animals changed even further. Today, domesticates are, for the most part, smaller (yet fleshier), more brightly colored, with shorter faces, and rounder skulls. In addition, domestication has resulted in a permanent loss of genetic diversity within the species.

*submissiveness: 유순함 **juvenile: 새끼

① effects of domestication on animal traits
② social causes of the domestication of animals
③ reasons for the diversity of physical traits in animals
④ differences between the traits of young and old animals
⑤ characteristics of animal traits which humans identify with

07 다음 글의 제목으로 가장 적절한 것은? ▶ 22664-0131

If we are going to decrease the number of cases of food poisoning, then everyone who interacts with the food in any way from the farm to the table must take responsibility for the safety of his or her food. Food scientists believe that one of the least controlled steps from farm to table is in the home or wherever consumers handle and prepare the food after they buy it. This belief goes back to the idea that foods are inherently unsafe in their natural state and that a scientific understanding of what causes safety problems leads to development of technology that provides safer foods. Food companies that produce the packaged foods we buy and restaurants that prepare the meals we eat have access to this knowledge, but many consumers do not. When food inspectors went into homes using the same forms they use in restaurants, they found that more than 99% of homes failed!

① Fresh Food Can Be More Harmful to Us
② Is Mere Knowledge Enough for Food Safety?
③ Does Food Science Really Make Food Safer?
④ Packaged Foods: A Solution to Food Poisoning
⑤ Food Poisoning More Than Likely Happens at Home

08 다음 도표의 내용과 일치하지 <u>않는</u> 것은? ▶ 22664-0132

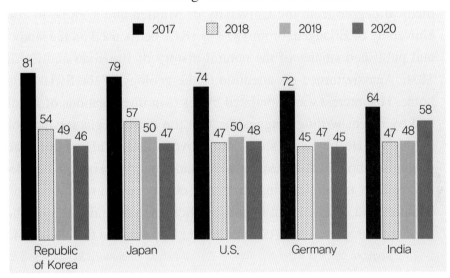

Percentages of Consumers Distrustful
of Self-Driving Cars from 2017 to 2020

The above graph shows the percentages of consumers from five selected countries who distrusted the safety of self-driving cars, from 2017 to 2020. ①In all five countries, the percentages of consumers distrustful of self-driving cars in 2020 were lower than those in 2017. ②In 2017, the smallest percentage of distrustful consumers among the five countries was found in India, whereas in 2020 it was found in Germany. ③In each year from 2017 to 2020, the Republic of Korea, Japan, and India experienced a steady decrease in the percentage of distrustful consumers, but in the U.S. and Germany, the percentages of distrustful consumers fluctuated. ④In all the countries except India, the percentages of distrustful consumers were below 50% in 2020. ⑤The biggest gap in the percentages of distrustful consumers between 2017 and 2020 was found in the Republic of Korea, and the smallest gap was found in India.

09 Louis Agassiz에 관한 다음 글의 내용과 일치하지 <u>않는</u> 것은?   ▶ 22664-0133

Louis Agassiz was born on May 28, 1807, in Motier, Switzerland. He earned a medical degree from the University of Munich and a Ph.D. in zoology from the University of Erlangen. From 1829 to 1842, he focused on the study of fossil fishes and published studies of the natural history of Brazilian and European fishes. In 1836, Agassiz turned his attention to the geology of the Swiss Alps, his boyhood home. His interest was stimulated by his own investigations of fossils in the region and by recent writings suggesting that the existing glaciers had once been more extensive. He began to study the movement and effects of glaciers. Leading geologists thought that glaciers were static, but Agassiz noted evidence suggesting that glaciers moved, causing striations, or grooves, in rock and depositing massive boulders and debris. From his observations he concluded that in the past much of northern Europe had been covered in ice; he published this theory in 1840.

*striation: 찰흔(암석 표면에 생긴 가느다란 홈 모양의 자국) **boulder: (물이나 비바람에 씻겨 반들반들해진) 바위

***debris: 암석 부스러기

① University of Munich에서 의학 학위를 취득했다.
② 1829년부터 1842년까지 화석 어류 연구에 집중했다.
③ 1836년에 스위스 알프스의 지질에 관심을 돌렸다.
④ 빙하가 움직이지 않는다는 지질학자들의 의견에 동의했다.
⑤ 과거에 북유럽의 많은 지역이 얼음으로 덮여 있었다고 결론지었다.

10 Woodland Logo Design Contest에 관한 다음 안내문의 내용과 일치하지 <u>않는</u> 것은?　▶ 22664-0134

Woodland Logo Design Contest

We are looking for a logo that well represents Woodland High School.

Rules:
- Participants must be Woodland High School students. This contest excludes staff members and teachers.
- Only one entry is allowed per participant.
- Submissions can be digital, hand-drawn, painted, or photographed.

Prize:
- The winner will receive a gift certificate for $20.
- The winner will see his/her design come to life by developing his/her entry into a computer design with Mrs. Lloyd.
- The runner-up will receive a gift certificate for $10.

Submission Deadline: Tuesday, May 31st, 2022

① Woodland 고등학교 로고를 공모한다.
② 직원과 교사는 참가할 수 없다.
③ 손으로 그린 것은 출품할 수 없다.
④ 1등은 20달러짜리 상품권을 받는다.
⑤ 제출 마감일은 2022년 5월 31일이다.

11 Summer Camp at Camp Baker에 관한 다음 안내문의 내용과 일치하는 것은? ▶ 22664-0135

Summer Camp at Camp Baker

Join us for a summer of FUN at Camp Baker! Each week we will explore a different fun theme. The camp is open to kids ages 10 – 12.

SCHEDULE: Mondays – Thursdays, 9:00 AM – 11:50 AM

WEEK 1, August 1 – 4: History
WEEK 2, August 8 – 11: Science
WEEK 3, August 15 – 18: Arts and Crafts
WEEK 4, August 22 – 25: Adventure Playground

TO SIGN UP: First come, first served. Group sizes will be limited, so please be sure to sign up early!

COST: FREE but we ask for a $50 deposit, which will be refunded at the end of your last week of participation.

All participants must bring their own water and snacks.

For more information, contact our coordinator at christina@campbaker.com.

---

① 10세 미만도 참가할 수 있다.
② 월요일부터 금요일까지 진행된다.
③ 제3주의 주제는 과학이다.
④ 보증금은 참가 마지막 주가 끝날 때 돌려받는다.
⑤ 참가자에게 물과 간식이 제공된다.

12 다음 글의 밑줄 친 부분 중, 어법상 틀린 것은? [3점]

▶ 22664-0136

There are many reasons why diets are unsuccessful. Diet plans, particularly ①those that result in major losses, involve voluntary starvation. Low-fat diets eliminate the component in our food that carries flavor and enhances the eating experience during chewing, ②termed mouthfeel by food scientists. Since fat stays in the stomach longer than other food components, the time between feeling full and feeling hungry again for low-fat dieters ③are shorter. People on these diets tend to be hungry most of the time. High-protein, low-carb diets are more desirable and filling but tend to be high in fat unless whole foods are abandoned for protein powders, shakes, and bars. Diets ④high in water and fiber are filling and low in calories, but a lack of variety can become monotonous fairly quickly. All of these diets tend to eliminate favorite foods. It is possible to tell ourselves that we can forgo these temptations until we reach our target weight, but it is harder to be true to a diet if it means forever abstaining from ⑤what gives us pleasure.

*low-carb: 저탄수화물의   **forgo: 포기하다

13 다음 글의 밑줄 친 부분 중, 문맥상 낱말의 쓰임이 적절하지 <u>않은</u> 것은?　　　　▶ 22664-0137

When do we share? What are the politics of equality? Horizontal herding patterns emerge when our times are safe and our resources plenty, such as those we find in ① democracies. Leadership in these situations is temporary, weak, and sometimes hardly existent. The security of the home spills over into the streets and ② promotes this mindset; everyone must be provided for and the weakest shall get the most attention. This social outlook ③ creates the circumstances conducive to republics, democracies, and communes. These forms of government emerge in times of wealth and commercial exchange where socially we are surrounded by security and plenty. In such social situations, decisiveness is not likely ④ trivial. Threats are few; expanding wealth and sharing it receives our attention. We are tolerant. Risk and change are okay. The richer and safer society becomes, the more we bring "family style" morality into the ⑤ public square.

*herd: 무리 짓게 하다　**conducive: 도움이 되는　***commune: 공동 생활체

[14~17] 다음 빈칸에 들어갈 말로 가장 적절한 것을 고르시오.

▶ 22664-0138

14

Young children are sensitive to inequality, expect it from others but not of themselves and are reluctant to share. There is, however, one set of circumstances which seems to trigger spontaneous sharing in children: those situations where they have to work together in order to gain a mutual benefit. Michael Tomasello and his colleagues in Leipzig set about testing his idea about the importance of _____ in the evolution of human pro-sociality. Pairs of three-year-olds had to work together to pull on two ropes simultaneously in order to dislodge four marbles. The apparatus was designed so that it delivered three marbles to one child but only one to the other. In this situation, the 'lucky' child gave one of his three marbles to the 'unlucky' child. However, when there was no need for a collective effort, such as a windfall, they did not share.

*mutual: 공동의   **apparatus: 장치, 기구   ***windfall: 뜻밖의 횡재

① creativity
② tolerance
③ leadership
④ cooperation
⑤ independence

15

   In view of the many valuations we assign time, and in view of the fact that time is our most valuable commodity, it is striking to note _____.
If a slightly annoying acquaintance asked you to invest money in her new business, you would probably consider the potential costs and benefits of the proposed transaction. If you judged her project a bad investment, you would have no problem saying no, even at the risk of offending her. After all, who rationally throws money out the window? But suppose the same acquaintance asked you to dinner. Chances are you would not engage in a similar cost-benefit analysis. No matter how little you wanted to go, you would probably take an hour out of your packed schedule to meet for dinner — all the while perhaps feeling resentment because of the time you sacrificed on something you did not want to do.

*cost-benefit analysis: 비용 편익 분석

① how willingly we invest it for good causes
② why we hardly want to spend it with others
③ what results in our cost-benefit analysis of it
④ how little thought we give to how we spend it
⑤ why we sometimes overemphasize its emotional value

▶ 22664-0140

16

Daniel Kahneman, an Israeli-American psychologist and economist, believes that in most situations, _____. In many areas, such as the evaluation of credit risk, the chance of sudden infant death, the prospects of success for new businesses, or the suitability of foster parents, algorithms make more accurate predictions than "expert" practitioners. Humans are horribly inconsistent in their valuations; algorithms are not. Experts want to take account of a whole range of complex information, but usually only two or three parameters are enough to make a good judgment. For instance, there is an algorithm for predicting the future value of Bordeaux wines using only three variables of weather, and it is much more accurate than the evaluations of professional wine tasters. Intuition or global judgment can be useful, but only after getting the facts — it is not a replacement. Expert intuition can be trusted only when the environment is stable and regular (e.g., in chess), not open-ended and complex. **[3점]**

*parameter: 매개 변수

① intuition is based on past experiences
② simple formulas trump human intuition
③ more data produce more accurate results
④ information can come from indirect evidence
⑤ experts focus on the known facts within their fields

17

The introduction of magnetic tape into music production in the late 1940s brought with it important changes in the situation for the profession of the popular music composer, as it enabled musical parameters that were difficult to notate, such as timbre (the quality of sound itself) and melodic and rhythmic inflection, to be more easily handled on a trial-and-error basis during the recording and mixing process. With this, the function of the composer became integrated into the recording process, which was carried out much more as teamwork. Although for legal reasons there was always someone named as composer, in practice it became more and more difficult to _____ during the recording process. This was particularly the case since the sound of the music was normally finalized after initial recording through the 'mixing down' of a multitrack recording and the editing of this mixdown in a postproduction process. Frequently, in the rock genre, songs were co-credited to the performer and the record producer — for example, Bryan Adams and Robert John 'Mutt' Lange. [3점]

*parameter: 요소 **inflection: 변화

***mixdown: 믹스 다운(따로 녹음한 소리를 하나 또는 그 이상의 채널에서 결합하는 과정)

① mix several recorded sounds into music
② distinguish who exactly contributed what
③ make some changes to the original song
④ include the composer as a team member
⑤ create a great harmony between performers

18 다음 글에서 전체 흐름과 관계 <u>없는</u> 문장은?　　　　　　　　▶ 22664-0142

Science fiction does not set out to predict the future — instead it's about asking, "What if?" for all kinds of scenarios. ① It doesn't matter if those possible futures are likely to happen or not, as long as they are interesting. ② The aim is to portray the human reaction to new and interesting circumstances. ③ If the writer happens to be lucky enough to hit on a match with what really takes place in the future, that's great — but it certainly isn't the point of the stories. ④ Clearly science fiction can be a source of inspiration for new technology. ⑤ In the two words "science fiction," the "fiction" part has to dominate, because unless the book is a good tale, it doesn't matter how interesting or surprising the science it contains is.

Mini Test   1

[19~20] 주어진 글 다음에 이어질 글의 순서로 가장 적절한 것을 고르시오.   ▶ 22664-0143

19

A patient of mine who is more of an outwardly focused perfectionist feels angry when other people make errors, forget things, misplace objects that he needs, respond too slowly, or give him incorrect information.

(A) In most cases, these situations are not that simple. They do not involve just the perpetrator (the one who made the mistake) trying to do harm to the victim (the perfectionist). There are usually many other circumstances that influence the situation.

(B) These kinds of things would probably bother most people, but for some perfectionists these errors feel personal. It can seem as if others are intentionally doing these things just to irritate you.

(C) For example, the person giving misinformation may be new on the job, may have been misinformed by her boss, may be correct under different circumstances, or may have misunderstood the question. When you oversimplify, none of these "excuses" matter because you are focused only on the wrong-doing and your upset feelings.

① (A)−(C)−(B)
② (B)−(A)−(C)
③ (B)−(C)−(A)
④ (C)−(A)−(B)
⑤ (C)−(B)−(A)

▶ 22664-0144

20

In 1920 two scientists discovered that plants, and especially their flowers, are peculiarly responsive to the length of the day.

(A) Florists, by darkening the greenhouses for retardation of bloom, or by electric illumination to speed it up, can now deliver flowers with far greater precision than before. This process was given its rather repulsive name of photoperiodism by its authors. It was a major discovery in the plant world.

(B) This varies from about twelve hours at the equator (a short-day region) to almost twenty-four hours at the Arctic Circle during their brief summer (a long-day region). Such astronomical data has, of course, been known for centuries, but Doctors Garner and Allard were the first to point out its significance to plants and their flowers.

(C) For instance, a short-day plant brought into a long-day region increased tremendously in vigor. Sometimes it changed its flower color, and most of all it changed its time of blooming. And this striking effect of the length of the day on flowers has already been commercially recognized. [3점]

*repulsive: 거부감을 주는   **photoperiodism: 광주기(光週期)성

① (A)−(C)−(B)
② (B)−(A)−(C)
③ (B)−(C)−(A)
④ (C)−(A)−(B)
⑤ (C)−(B)−(A)

[21~22] 글의 흐름으로 보아, 주어진 문장이 들어가기에 가장 적절한 곳을 고르시오. ▶ 22664-0145

21

> The other possibility is that distastefulness came first.

Clearly, bright colours are advantageous for prey defences. But how did they evolve? One possibility is that conspicuous colours evolved first, followed by distastefulness. (①) For example, some brightly coloured birds like kingfishers are distasteful. (②) Their colours may have been favoured for better mate attraction or territory defence and then, because they also increased conspicuousness to predators, this then favoured the evolution of distastefulness. (③) This may apply to those insects, such as caterpillars of the monarch butterfly, *Danaus plexippus*, which feed on plants containing toxins and incorporate the toxins in their bodies as a defence against predation. (④) It is plausible that here distastefulness evolved first followed by conspicuousness. (⑤) In this case, then, bright colouration evolves specifically as a warning device.

*conspicuous: (눈에) 두드러진 **caterpillar: 애벌레 ***plausible: (이유·구실 따위가) 타당한 것 같은

▶ 22664-0146

22

However, it is highly implausible that science has ever been done in such a way because it is not an automatic process at all.

It is sometimes said that the job of science is to discover facts. (①) This has to be qualified, however. (②) The empiricist Francis Bacon (1561–1626) thought that collecting facts like a bee gathers honey is the right method of doing science: doing research is systematically collecting observations and compiling lists of data, and if the scientist does that carefully the scientific laws will be discovered automatically. (③) One always starts from preconceived ideas when gathering data. (④) You cannot do science without some power of imagination, without some idea of what to look for. (⑤) For Bacon, however, imagination and fantasy constitute dangers for science, which should eschew prejudices ('idols'), and he put all his money on 'pure' empirical facts. [3점]

*implausible: 믿기 힘든 **empiricist: 경험론자 ***eschew: 삼가다

23 다음 글의 내용을 한 문장으로 요약하고자 한다. 빈칸 (A), (B)에 들어갈 말로 가장 적절한 것은? ▶ 22664-0147

It is a marvelous evolutionary story that some sports arrived at their superfast-but-not-too-fast timing. Tennis and baseball could have been structured to demand faster reactions, which would have tested pure reflexes. Or they could have allowed for slower reactions, which would have tested conscious responses. But if the service line or pitching mound had been just thirty feet away — or two hundred feet away — the games would have been less compelling. At closer distances, the players would have had just enough time to react and hit, but not enough time to show off their preconscious preparatory skills. And at longer distances, players could have planned too much; incoming serves and pitches would have been lobs. Our fascination with the professional tennis serve and the major league fast ball comes not at a response time of two hundred milliseconds or at one full second, but somewhere in between. Four to five hundred milliseconds is a kind of sporting sweet spot.

*lob: 높고 느린 공

Some ball sports such as tennis and baseball fascinate us because they test the players' reflexes and preconscious preparatory skills in a _____ (A) _____ way because of the ideal _____ (B) _____ the sports have adopted.

	(A)		(B)
①	fair	......	rules
②	competitive	......	equipment
③	competitive	......	distance
④	balanced	......	equipment
⑤	balanced	......	distance

[24~25] 다음 글을 읽고, 물음에 답하시오.

On a very cold day in winter normally shy birds become quite tame at the garden bird table, presumably because their (a) increased need for food overrides the danger of coming into the open. Manfred Milinski and Rolf Heller studied a similar problem with sticklebacks (*Gasterosteus aculeatus*). They placed hungry fish in a small tank and offered them a simultaneous choice of different densities of water fleas, a favourite food. When the fish were very hungry they went for the highest density of prey where the potential feeding rate was (b) high, but when they were less hungry the fish preferred lower densities of prey. Milinski and Heller hypothesised that when the fish feeds in a high density area, it has to (c) concentrate hard to pick out water fleas from the swarm darting around in its field of vision, so it is less able to keep watch for predators. A very hungry fish runs a relatively high chance of dying from starvation and so is (d) willing to sacrifice vigilance in order to reduce its food deficit quickly. When the stickleback is not so hungry it places a higher premium on vigilance than on feeding quickly, so it (e) avoids the low density of prey. The balance of costs and benefits shifts from feeding to vigilance as the stickleback becomes less hungry.

*stickleback: 큰가시고기 **swarm: 떼, 무리 ***vigilance: 경계

24 윗글의 제목으로 가장 적절한 것은? ▷ 22664-0148

① A Clever Way to Keep Predators Away
② For Whom Is the High Feeding Rate Good?
③ The Higher Prey Density, the Safer for the Prey
④ Does an Open Area Always Favour the Predator?
⑤ Hunger Decides an Animal's Focus: Food or Safety

25 밑줄 친 (a)~(e) 중에서 문맥상 낱말의 쓰임이 적절하지 않은 것은? [3점] ▷ 22664-0149

① (a)   ② (b)   ③ (c)   ④ (d)   ⑤ (e)

[26~28] 다음 글을 읽고, 물음에 답하시오.

(A)

Two monks were traveling together, a senior and a junior. They stopped to spend the night in the home of a wealthy family. The family was rude and refused to let them stay in the mansion's guest room. Instead they were given a small space in the cold basement. As they made their bed on the hard floor, the older monk saw a hole in the wall and repaired it. When the younger monk asked him why, (a)he replied, "Things aren't always what they seem."

(B)

"Then last night as we slept in the farmer's bed, the Death God came for his wife. I gave him the cow instead. Things aren't always what they seem." (b)He continued, "Sometimes there is a time when things don't turn out the way they should. If you have faith, you just need to trust that every outcome has a reason. You just might not know it until sometime later."

(C)

The younger monk was infuriated and asked the older monk, "How could you have let this happen?" And he continued, "The first man had everything, yet (c)you helped him. The second family had little but was willing to share everything, and you let the cow die." "Things aren't always what they seem," the older monk replied. "When we stayed in the basement of the mansion, I noticed there was gold stored in that hole in the wall. Since the owner was so obsessed with greed and unwilling to share his good fortune, (d)I sealed the wall so he wouldn't find it."

*infuriated: 격분한

(D)

The next night the pair came to rest at the house of a very poor, but very hospitable farmer and his wife. After sharing all the food they had, the couple let the monks sleep in their bed, where the monks could have a good night's rest. When the sun came up the next morning, the monks found the farmer in tears. His only cow, whose milk had been his sole income, lay dead in the field. It looked like (e)he couldn't understand why this had happened to him.

26 주어진 글 (A)에 이어질 내용을 순서에 맞게 배열한 것으로 가장 적절한 것은? ▶ 22664-0150

① (B)−(D)−(C)   ② (C)−(B)−(D)
③ (C)−(D)−(B)   ④ (D)−(B)−(C)
⑤ (D)−(C)−(B)

27 밑줄 친 (a)~(e) 중에서 가리키는 대상이 나머지 넷과 다른 것은? ▶ 22664-0151

① (a)   ② (b)   ③ (c)   ④ (d)   ⑤ (e)

28 윗글에 관한 내용으로 적절하지 않은 것은? ▶ 22664-0152

① 부잣집 가족은 수도승들을 지하실에 머물게 했다.
② 죽음의 신이 가난한 집의 남편을 데리러 왔다.
③ 더 나이 든 수도승은 부잣집 저택의 지하실 벽 구멍에서 금을 발견했다.
④ 가난한 부부는 자신들의 음식을 수도승들과 나누었다.
⑤ 수도승들은 가난한 집의 농부가 눈물을 흘리는 것을 발견했다.

01 다음 글의 목적으로 가장 적절한 것은?

▶ 22664-0153

Dear Ron Smith,

  Often, in our industry (and I guess in yours as well), when a challenging plan or project is successfully brought to completion, we tend to remember the problems and the disputes rather than the pleasures of accomplishment. Happily, this is decidedly not the case with the completion of our office move thanks to you and your dedicated team. Paul McGill, our corporate facilities manager, joins me in extending our particular appreciation to the on-site estimator, Jack Vaknin and the project manager, Yaron Golan. Both were always ready to come up with a straightforward solution for any occurring problem. We are happy to say that everything arrived in superb condition at the correct destination. Thank you again for all your help. We are looking forward to working with you again in the future.

All the best,
Andrea Berg
Office Manager

---

① 사무실 이전 일정을 연기해 줄 것을 건의하려고
② 사무실 이전 과정에 있었던 문제점을 지적하려고
③ 사무실 이전 작업을 완료한 것에 대해 감사하려고
④ 사무실 이전 계획을 변경한 것에 대해 사과하려고
⑤ 사무실 이전 작업에 있어서 유의할 점을 알리려고

02 다음 글에 드러난 Daniel의 심경 변화로 가장 적절한 것은?

▶ 22664-0154

After two hours of trekking through the valley, Daniel returned to the starting point. Now he began to take another trail through the dark forest. The sun was beginning to set and it was even darker. Soon he found himself lost and wandering in circles. He mumbled to himself, "I must have gone the wrong way or something." His phone battery was almost running out. Now Daniel was about to call 911 and ask for emergency help. At that moment, he saw a tour guide with her group walk past him and decided to follow them. She ended up leading him straight out of the woods. Daniel didn't say a word to the tour guide and her group. As they disappeared from sight, he sighed deeply, thinking he was now out of danger.

*mumble: 중얼거리다

① bored → excited
② nervous → relieved
③ relaxed → annoyed
④ regretful → confused
⑤ satisfied → disappointed

03 다음 글에서 필자가 주장하는 바로 가장 적절한 것은?　　　　　　▶ 22664-0155

Nothing destroys a sense of gratitude faster than being told we "should" feel grateful. Some "should"s are necessary in teaching manners to children. But when we try to experience gratitude as a living force in our lives, guilt, whether imposed by others or by ourselves, is deadly. We've probably all had someone in our lives tell us we should be grateful for something, or perhaps we say it to ourselves. Either way, this is the least likely way to promote an attitude of gratitude. As far as I can tell, gratitude is generated in two ways: one, by a spontaneous upswelling of the heart toward the wonder of life; and two, by a conscious decision to practice looking at what's right in our lives rather than focusing on what's missing. Either way, we don't get to gratitude by guilt-trips. Guilt is a terrible motivator. It makes us want to run away from whatever is making us feel bad, and to avoid looking at whatever is underlying it.

*upswelling: 고조　**guilt-trip: 죄책감에 사로잡힌 상태

① 감사하는 마음이 죄책감에서 나오지 않도록 해야 한다.
② 타인의 의견을 경청한 후에 옳고 그름을 결정해야 한다.
③ 해야 할 일에 소홀한 사람은 죄책감을 느끼게 해야 한다.
④ 타인을 돕는 행위는 자발적인 마음에서 비롯되어야 한다.
⑤ 아이들에게 감사의 뜻을 표현하는 예절을 가르쳐야 한다.

04 밑줄 친 <u>don't have to reinvent the wheel</u>이 다음 글에서 의미하는 바로 가장 적절한 것은? [3점] ▶ 22664-0156

There are hundreds of chimpanzees who have spent their whole lives in human captivity. They've been institutionalized. They've been like prisoners, and in the course of the day they hear probably about as many words as a child does. They never show any interest. They apparently never get curious about what those sounds are for. They can hear all the speech, but it's like the rustling of the leaves. They never get to share discoveries the way we do and to share our learning. That is the single feature about human beings that distinguishes us most clearly from all others: we <u>don't have to reinvent the wheel</u>. Our kids get the benefit of not just what grandpa and grandma knew. They get the benefit of basically what everybody in the world knew, in the years when they go to school. They don't have to invent calculus or maps or the wheel or fire. They get all that for free. It just comes as part of the environment.

① learn to make tools that are easy to use
② can repair old tools and machines for reuse
③ encourage our children to preserve our heritage
④ are always ready to imitate what others invented
⑤ have the ability to share and pass down knowledge

05 다음 글의 요지로 가장 적절한 것은?

▶ 22664-0157

Beyond self-replication and the copying of minds, people have another concern with intelligent machines. Might intelligent machines somehow threaten large portions of the population, as nuclear bombs do? Might their presence lead to the superempowerment of small groups or malevolent individuals? Or might the machines become evil and work against us, like the implacable villains in *The Terminator* or the *Matrix* movies? The answer to these questions is no. As information devices, brainlike memory systems are going to be among the most useful technologies we have yet developed. But like cars and computers, they will only be tools. Just because they are going to be intelligent does not mean they will have special abilities to destroy property or manipulate people. And just as we wouldn't put the control of the world's nuclear arsenal under the authority of one person or one computer, we will have to be careful not to rely too much on intelligent machines, for they will fail as all technology does.

*malevolent: 악의적인   **implacable: 무자비한   ***arsenal: 무기

① 기술의 발전으로 인간의 육체노동은 사라질 것이다.
② 지능을 갖춘 기계가 인류를 위협하지는 않을 것이다.
③ 기계의 기억 장치가 인간의 두뇌 활동을 감퇴시킨다.
④ 공상 과학 영화에 나오는 세계는 곧 현실이 될 것이다.
⑤ 인류는 생존을 위협하는 핵무기 생산을 중단할 것이다.

06 다음 글의 주제로 가장 적절한 것은?

▶ 22664-0158

We are witnessing, across a wide range of domains, a shift away from the exclusive ownership and consumption of resources to shared use and consumption. This shift is taking advantage of innovative new ways of peer-to-peer sharing that are voluntary and enabled by Internet-based exchange markets and mediation platforms. Value is derived from the fact that many resources are acquired to satisfy infrequent demand but are otherwise poorly utilized (for example, the average car in the US is used less than 5% of the time). Several successful businesses, such as Getaround for cars, Spinlister for bikes, and JustPark for parking, provide a proof of concept and evidence for the viability of peer-to-peer product sharing or collaborative consumption. These businesses allow owners to rent on a short-term basis poorly utilized assets and non-owners to access these assets through renting on an as-needed basis. Collectively, these businesses and other manifestations of the collaborative consumption of products and services are giving rise to what is becoming known as the sharing economy.

*viability: 실행 가능성, 생존 능력

① how the sharing economy became a reality
② why consumers like to share their experiences
③ common characteristics of successful businesses
④ creative ways to promote the consumption of goods
⑤ efforts to regulate the exclusive use of public property

07 다음 글의 제목으로 가장 적절한 것은?

▶ 22664-0159

Carbon emissions trading — the buying and selling of permits to emit greenhouse gases caused by burning fossil fuels — is becoming a top strategy for reducing pollution that causes global climate change. Advocates say carbon trading is the best way to generate big investments in low-carbon energy alternatives and control the cost of cutting emissions. But carbon trading schemes in Europe and developing countries have a mixed record. Some industries are resisting carbon regulations, and programs intended to help developing countries onto a clean energy path have bypassed many poor nations, which are the most vulnerable to the impacts of climate change. Some experts argue that there are simpler, more direct ways to put a price on carbon emissions, such as taxes. Others say curbing climate change will require both taxes and trading, plus massive government investments in low-carbon energy technologies.

*vulnerable: 취약한 **curb: 억제하다

① Global Warming: Is It Caused by Humans?
② Carbon Trading: Will It Reduce Global Warming?
③ Carbon Taxes Are Less Effective Than Carbon Trading
④ Impacts of Carbon Emissions on Economic Growth
⑤ The Right Measures to Prevent Air Pollution

08 다음 도표의 내용과 일치하지 <u>않는</u> 것은?
▶ 22664-0160

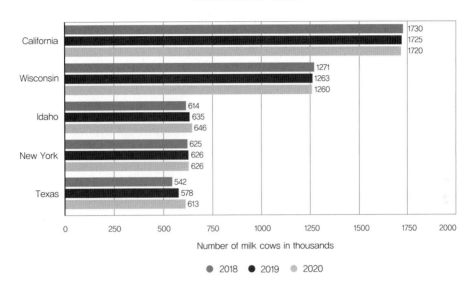

Top 5 US States Based on Number of Milk Cows
from 2018 to 2020

Number of milk cows in thousands

● 2018　● 2019　● 2020

　　The graph above shows the top five US states based on the number of milk cows in each state from 2018 to 2020. ① Throughout the three years, California had by far the largest number of milk cows, but the number dropped by 5,000 each year. ② Wisconsin had more than 1,250,000 milk cows each year during the period, maintaining a firm second place. ③ The number of milk cows in Idaho continued to increase from 2018 to 2020, but its number of milk cows remained about half that of Wisconsin during the same period. ④ New York had more than 600,000 milk cows in 2018, but its number of milk cows declined sharply in 2019 and 2020. ⑤ The number of milk cows in Texas was less than 600,000 both in 2018 and 2019, but exceeded 600,000 in 2020.

09 Thomas Paine에 관한 다음 글의 내용과 일치하지 <u>않는</u> 것은? ▶ 22664-0161

Born into a Quaker family in Thetford, England, in 1737, Thomas Paine later recalled that his parents "were not able to give me a shilling, beyond what they gave me in education." After he left Thetford Grammar School, Paine worked as a corset maker, a profession that earned him a modest living. He tried a seaman's life aboard the ship *King of Prussia* but abandoned it quickly. In 1772 he was fired from a job as customs officer after writing an essay demanding higher wages. In 1774 he immigrated to America. In the turbulent political environment of the colonies, Paine found a situation suited to his talents. As the editor of *The Pennsylvania Magazine*, he published essays such as "Reflections on Titles," in which he attacked the institution of hereditary privilege, and "The Abolition of Slavery." He believed that American independence would lead to a new age, free of class and social distinctions.

*corset: 코르셋(몸에 꽉 끼는 여성 속옷) **hereditary: 세습되는

① 부모로부터 교육 이외에 금전적 지원을 받지 못했다.
② 학업을 마친 후 코르셋을 만드는 일로 생계비를 벌었다.
③ 세관원으로 일하면서 자신이 받는 높은 임금에 만족했다.
④ 미국으로 이주하여 자신의 재능에 맞는 일자리를 발견했다.
⑤ 미국의 독립이 새로운 시대를 가져올 것이라고 믿었다.

10 Sunny Coast Dance Competition에 관한 다음 안내문의 내용과 일치하지 <u>않는</u> 것은?

▶ 22664-0162

Sunny Coast Dance Competition
Solo Dance / Duet Dance / Group Dance

Where: Auditorium at Sunny Coast High School
When: June 24th (Friday), 3 p.m.

The first prize winner(s) in each category will be given a chance to participate in a national dancing competition.

Register online at www.sunnycoasthighschool.org by June 17th. On-site registration will not be available.

Registration Fees
Solo Dance: $30 per person
Duet Dance: $40 per team
Group Dance (Max 5 members): $80 per team

Time Limit for Performance
Solo Dance and Duet Dance: 3 minutes
Group Dance: 5 minutes

For more information, please call (091) 978-2802.

① 6월 24일 오후 3시에 Sunny Coast 고등학교 강당에서 개최된다.
② 부문별 우승자에게 전국 대회 참가 기회가 주어진다.
③ 대회 당일 개최 장소에서 참가 등록을 할 수 있다.
④ 그룹 댄스는 최대 5명까지 한 팀을 구성할 수 있다.
⑤ 솔로 댄스와 듀엣 댄스의 공연 제한 시간은 같다.

11 Kinsale Lions Walking Festival에 관한 다음 안내문의 내용과 일치하는 것은? ▶ 22664-0163

Kinsale Lions Walking Festival
September 10th & 11th
Walks for All Ages & Abilities

SAT September 10th
Courtmascsherry Woodland & Coastal Walk, 14km

SUN September 11th
Kinsale James Fort & Sandycove Loop, 16km

You may register online at www.kinsalelionswalking.com or in person at the Boathouse Gallery, Main St., Kinsale. If you have not registered in advance, you can register at Courtmascsherry Hotel from 9 a.m. on September 10th and at Kinsale Community School from 9 a.m. on September 11th.

Registration Fee: Both days – €25 total / Single day – €20
All profits go to charity.

All walks will be fully guided. All walkers must read and comply with the safety instructions and information. The organization is not responsible for any accidents or injuries that may occur.

For more information, please call (087) 288-7715.

---

① 어린이와 노인은 행사에 참가할 수 없다.
② 토요일에 걸을 거리가 일요일보다 더 길다.
③ 행사 당일에는 참가 등록을 할 수 없다.
④ 행사 수익금은 모두 자선 단체에 기부된다.
⑤ 안전사고 발생 시 운영진이 보상을 책임진다.

12 다음 글의 밑줄 친 부분 중, 어법상 <u>틀린</u> 것은? [3점]

▶ 22664-0164

As instructional technology tools were developing, the level of technology sometimes drove the learning experience. However, it is the learning outcome that must be the focus of the activity, not the technological tool ①<u>used</u> to implement the activity. Thus, designing online activities is very similar to ②<u>designing</u> classroom-based activities. To determine whether a classroom-based activity is adaptable to the online environment, the activity must first be examined to see ③<u>that</u> it meets the learning outcomes of the online course. Often a classroom-based course is redesigned before it is put online, and learning outcomes or objectives are modified. Every activity should be scrutinized to determine ④<u>whether</u> it matches a learning objective. An activity that does not contribute to a learning outcome only adds confusion to the course and ⑤<u>risk</u> learner dissatisfaction at having to do an unnecessary activity.

*scrutinize: 면밀히 검토하다

13 다음 글의 밑줄 친 부분 중, 문맥상 낱말의 쓰임이 적절하지 **않은** 것은?   ▶ 22664-0165

Plants must survive in their own environment. They must be adapted to the conditions in the area where they live. If they are not adapted to that area's conditions, they grow and reproduce poorly or die ①prematurely. Other plants whose genes result in characters that make those plants more ②suited to live in that area grow and reproduce more successfully and produce more offspring. Also, plants do not exist in ③isolation: A significant aspect of a plant's environment is the presence of other organisms. Some neighboring organisms may be helpful to the plant; others may be harmful, and most perhaps have little effect on it. This concept can be ④important when trying to understand a plant's structure and metabolism. One type of photosynthetic metabolism and leaf structure may function well if a particular plant always grows in the shade of taller neighbors, whereas a ⑤similar type of photosynthetic metabolism and leaf structure may be necessary for a plant that grows nearby but in an unshaded area.

*photosynthetic: 광합성의

[14~17] 다음 빈칸에 들어갈 말로 가장 적절한 것을 고르시오.

14

Physical forces that control the world are the same all the time and everywhere. Water has always been and always will be composed of hydrogen and oxygen; gravity is the same now as it has been in the past. The world itself changes — mountains erode, rivers change course, plants evolve — but the forces remain the same. Experiments done at one time and place should give the same results if they are carefully repeated at a different time and place. _____ allow us to plan future experiments and predict what the outcome should be. If we do the experiment and do not get the predicted outcome, it must be that our theory was incorrect, not that the fundamental forces of the world have suddenly changed. This prevents people from explaining things as miracles or the intervention of evil spirits.

① Attraction and intimacy
② Creativity and innovation
③ Quickness and availability
④ Constancy and universality
⑤ Sophistication and complexity

▶ 22664-0167

15

Many animal or plant species have proved to be _____.
Through millions of years of evolution, they have evolved many special chemicals to meet their special needs in their respective niches, which can be exploited by man. The saliva of the vampire bat of Central and South America contains a substance to prevent heart attacks. The Malayan pit viper contains a substance called *ristrin*, which has similar properties. Caribbean sponges can be used to tackle rejection of organ transplants. *Rauvolfia serpentina*, the serpent wood plant, has been traditionally used in India to treat snake bite, nervous disorders, cholera and fever. *Reserpine*, an extract from the plant, has become the principal source of materials for tranquilizers. Domesticated animals have given us hormones and enzymes, while fungi and microbes provide life-saving drugs such as antibiotics.

*niche: (특정 종류의 생물이 살기에) 적합한 환경 **pit viper: 살무사 ***sponge: 해면동물

① obstacles to promoting tourism
② helpful to people facing hunger
③ very useful for medical purposes
④ great threats to forest ecosystems
⑤ valuable sources of renewable energy

▶ 22664-0168

16

The development of food habits clearly indicates that for humans, food is more than just nutrients. Bread is an excellent example. White bread was traditionally eaten by the upper classes, dark bread by the poor, but whole wheat bread is consumed today by people concerned more with health than status. A person with money has "a lot of bread." In many cultures, bread is shared by couples as part of the wedding ceremony or left for the soul of the dead. Superstitions about bread also demonstrate its importance beyond sustenance. Greek soldiers took a piece from home to ensure their safe, victorious return; English midwives placed a loaf at the foot of the mother's bed to prevent the woman and her baby from being stolen by evil spirits; and sailors traditionally brought a bun to sea to prevent shipwreck. It is _____ that is valued most by people, not its nutritional composition. [3점]

① the symbolic use of food
② the natural flavor of food
③ the proper cooking of food
④ the medicinal effect of food
⑤ the required amount of food

▶ 22664-0169

17

In a classic piece of psychology research, a primary school teacher and a professor teamed up to study _____. To do so, they administered IQ tests to California pupils in grades one through six. Teachers were told that certain pupils — around 20 percent — showed great promise and could be expected to make exceptional progress. At the end of the year, that forecast proved true: the IQ of the nominated pupils showed superior improvement. But, like all great social psychology experiments, this one had a catch. The "high-potential students" had been chosen at random. What came to be known as the Pygmalion effect argued that it is expectations, more than innate ability, that influence outcomes. Never mind who's gifted, who's talented. Expect great things and you are more likely to get them. The talent, energy, insight, and opportunity of any organization lie with its people. They are where all ideas come from; they are its best early-warning system. [3점]

① how far expectations drive outcomes
② whether intelligence can be measured
③ whether students enjoy learning at school
④ why students strive to earn a college degree
⑤ how emotional intelligence can be improved

18 다음 글에서 전체 흐름과 관계 <u>없는</u> 문장은? ▶ 22664-0170

Because ways of thinking and communicating in any society are learned when we are very young, they seem natural and normal, like our use of the bathroom. ① As adults care for, speak to, and play with their babies, they are at the same time gradually turning a biological being into a social being, who will learn as it grows to share the language he or she absorbs, spoken and unspoken. ② Babies pick up signals through all their senses, and the emphasis on communicating through different senses is another variable feature from one social group to another. ③ Sounds, for example, which babies may at first seem to use indiscriminately, gradually take on a meaning shared with the surrounding adults, and they soon learn when and where it is appropriate and useful to apply those sounds to maximum effect. ④ Sounds are produced by human speech organs using the breath stream which leaves the lungs. ⑤ They also learn when some other form of communication, such as smiling, laughing, or crying, might transmit better what they have in their highly absorbent minds.

*indiscriminately: 무분별하게 **absorbent: 잘 받아들이는

[19~20] 주어진 글 다음에 이어질 글의 순서로 가장 적절한 것을 고르시오.　　　　　▶ 22664-0171

19

Physiological responses that prepare the body for food occur in response to cues normally related to eating. These cues are such things as the sight or smell of food, other people eating, and the clattering of dishes.

(A) Because of this, you tend to eat more when there is a variety of food available rather than just one type of food. Food variety matters in how much you eat.

(B) The early phases of eating depend on the taste of food, but as you continue eating the same food, its positive incentive value declines. The first taste of barbecued ribs may be wonderful, but they lose their appeal with each bite.

(C) This means that hunger also is a response to environmental cues that indicate food is on the way, rather than simply being a response to specific changes occurring within the body. Another control over eating is the incentive value of food.

① (A)－(C)－(B)
② (B)－(A)－(C)
③ (B)－(C)－(A)
④ (C)－(A)－(B)
⑤ (C)－(B)－(A)

▶ 22664-0172

20

Every human contact we experience is unique. It has never happened before and will never again happen in just the same way.

(A) In addition to being unrepeatable, communication is also irreversible. We cannot take back something we have said or tweeted any more than we can erase the effects of something we have done.

(B) Just as toothpaste cannot be squeezed back into a tube, the e-mails, texts, and tweets we send are going to be out there forever. Because of this, knowing how to communicate carefully in a wide variety of contexts and with a variety of people becomes very important.

(C) Our interpretation of the adage "You can never step into the same river twice" is that the experience changes both you and the river forever. A communication encounter similarly affects and changes people so that one encounter can never occur exactly in the same way a second time. [3점]

*adage: 격언

① (A)-(C)-(B)
② (B)-(A)-(C)
③ (B)-(C)-(A)
④ (C)-(A)-(B)
⑤ (C)-(B)-(A)

[21~22] 글의 흐름으로 보아, 주어진 문장이 들어가기에 가장 적절한 곳을 고르시오. ▶ 22664-0173

21

A further change may take place, as the marble and steel gradually adopt the temperature of the surroundings (for instance, the room that holds the objects).

When two objects at different temperatures come into contact, the warmer object cools down, and the colder object warms up. (①) Heat flows from hot bodies to cold ones and continues to flow until the objects reach the same temperature, which will be somewhere between the two initial temperatures. (②) This is *thermal equilibrium*. (③) For example, a marble at 65°F (18.3°C) and a small steel ball at 75°F (23.9°C) placed together might both end up at a temperature of 68°F (20°C), which is the thermal equilibrium temperature. (④) The heat transfers in this case by conduction — the contact allows the atomic and molecular motion of one solid object to influence the other. (⑤) After that, there is no change, unless the room temperature changes.

▶ 22664-0174

22

Through the use of social media, organizations can breed loyalty in their members by interacting regularly with them, befriending them, and empowering them to make a difference.

Traditional forms of media, such as television, radio, and print, provide an excellent means of reaching vast amounts of people quickly, but their downside is that these touches are both brief and scarce. (①) This works if the objective is to create awareness, but it falls short of creating loyalty for an organization or a cause. (②) Loyalty, unlike awareness, takes time to develop. (③) It finds its roots in the trust, familiarity and respect that stem from frequent interactions with an organization, and the repetitive validation of a value alignment without which these interactions are meaningless. (④) The magic stems from the fact that social media can help humanize communications to such a degree that genuine friendships can begin to form between an organization's staff and the members they interact with online, even if they have never met in the real world. (⑤) The depth of these interactions, combined with their potential frequency, can accelerate this process to such an extent that a new member can begin to feel loyal to an organization in a matter of days rather than in a matter of months. [3점]

23

다음 글의 내용을 한 문장으로 요약하고자 한다. 빈칸 (A), (B)에 들어갈 말로 가장 적절한 것은?   ▶ 22664-0175

Have you ever wondered why companies offer a free sample of products, test drives, or trial subscriptions for 1 month, or 14-day free trial? Many brands use money-back guarantee and free day trial strategy to pull the customer into the product. They know that these strategies make consumers overvalue and pay more for what they're selling. When they put the expiry date on the availability of freebies, it also triggers loss aversion and creates a sense of urgency for added potency. In the same way, lots of audiobook and podcast apps offer free trial. Once we get to hang on to it, we feel the desire to purchase the subscription. Many e-commerce companies also use this strategy to let customers order multiple dresses or any products with a promise that they can return the items that they don't like for free of cost.

*freebie: 공짜 물건, 경품   **aversion: 혐오   ***potency: 효력, 힘

⬇

Once we feel that we _____(A)_____ something, we are more likely to become _____(B)_____ to it, and this tendency is used in the marketing strategy of companies.

	(A)		(B)
①	trust	……	addicted
②	like	……	indifferent
③	own	……	attached
④	understand	……	tolerant
⑤	deserve	……	sensitive

[24~25] 다음 글을 읽고, 물음에 답하시오.

Many people who understand human social evolution as a story of continual progress fail to appreciate the role that environmental degradation has played. Commonly, people believe that the change from food foraging to agriculture happened because people traded an insecure way of life for one that was more secure and satisfying. Little evidence exists to (a) support this view. Rather, climate changes that "shrank" livable environments, human population growth, the exhaustion of edible plant and large animal populations, and the discoveries and innovations that made dependence on agriculture possible *all* combined to cause this transformation. Furthermore, fossil records and archaeological evidence (b) confirm that hunter-gatherers did not abandon their lifestyle until forced to do so by the problems, and did so at different times and in widely scattered areas around the world.

A similar combination of environmental problems, scarcities, and technological possibilities caused the decline of ancient empires (like the Mayans, Mesopotamians, and Romans) and (c) prevented the emergence of industrial societies. The growth of innovations and technologies produced more complex human systems having ever-larger productive capacities to support human populations. Elites may have (d) benefited from an enhanced ability to extend their control and powers of taxation across larger systems. Non-elites, however, often did not change their lifestyles from positive attractions but rather to survive when they had no other choices. In the nineteenth and twentieth centuries, (e) established farmers often did not *willingly* move to cities seeking urban employment, but the story of rural to urban migration is also one of progressive rural poverty, bankruptcy, and foreclosed farm mortgages.

*foreclosed: 담보권이 설정된 **mortgage: 담보 대출, 대부금

24 윗글의 제목으로 가장 적절한 것은?   ▶ 22664-0176

① How Social Inequality Came into Being
② Sustainable Agriculture and Food Security
③ The Influence of Climate on Human Evolution
④ Why Biodiversity Is Important to Human Survival
⑤ Social Change Caused by Environmental Degradation

25 밑줄 친 (a)~(e) 중에서 문맥상 낱말의 쓰임이 적절하지 <u>않은</u> 것은? [3점]   ▶ 22664-0177

① (a)   ② (b)   ③ (c)   ④ (d)   ⑤ (e)

[26~28] 다음 글을 읽고, 물음에 답하시오.

(A)

A group of frogs were hopping contentedly through the woods, going about their froggy business, when two of them fell into a deep pit. All of the other frogs gathered around the pit to see what could be done to help their companions. When they saw how deep the pit was, the rest of the dismayed group agreed that it was hopeless and told the two frogs in the pit that (a) they should prepare themselves for their fate, because they were as good as dead.

*pit: 구덩이

(B)

The two frogs continued jumping as hard as (b) they could, and after several hours of desperate effort they were quite weary. Finally, one of the frogs paid attention to the calls of his fellows. Spent and disheartened, he quietly resolved himself to his fate, lay down at the bottom of the pit, and died as the others looked on in helpless grief. The other frog continued to jump with every ounce of energy he had, although his body was wracked with pain. His companions began a new yelling for him to accept his fate, stop the pain and just die.

*wrack: 괴롭히다, 고문하다

(C)

Unwilling to accept this terrible fate, the two frogs began to jump with all of (c) their might. Some of the frogs shouted into the pit that it was hopeless, and that the two frogs wouldn't be in that situation if they had been more careful, more obedient to the froggy rules, and more responsible. The other frogs continued sorrowfully shouting that they should save their energy and give up, since (d) they were already as good as dead.

(D)

The weary frog jumped harder and harder and — wonder of wonders! Finally leapt so high that he sprang from the pit. Amazed, the other frogs celebrated his miraculous freedom and then gathering around him asked, "Why did you continue jumping when we told you it was impossible?" Reading their lips, the astonished frog explained to (e) them that he was deaf, and that when he saw their gestures and shouting, he thought they were cheering him on. What he had perceived as encouragement inspired him to try hard and to succeed against all odds.

26 주어진 글 (A)에 이어질 내용을 순서에 맞게 배열한 것으로 가장 적절한 것은? ▶ 22664-0178

① (B)-(D)-(C)
② (C)-(B)-(D)
③ (C)-(D)-(B)
④ (D)-(B)-(C)
⑤ (D)-(C)-(B)

27 밑줄 친 (a)~(e) 중에서 가리키는 대상이 나머지 넷과 <u>다른</u> 것은? ▶ 22664-0179

① (a)   ② (b)   ③ (c)   ④ (d)   ⑤ (e)

28 윗글에 관한 내용으로 적절하지 <u>않은</u> 것은? ▶ 22664-0180

① 개구리 무리에서 두 마리가 구덩이 속으로 떨어졌다.
② 죽은 개구리는 죽기 전에 자신의 운명을 받아들였다.
③ 일부 개구리들은 구덩이에 빠진 두 개구리를 나무랐다.
④ 마침내 구덩이에서 빠져나온 개구리는 축하를 받았다.
⑤ 소리를 들을 수 없었던 개구리는 친구들을 원망했다.

한눈에 보는 정답

PART I 틀리기 쉬운 유형편

01강
본문 8~17쪽

01 ③	02 ①	03 ②	04 ②	05 ③	06 ②
07 ①	08 ①	09 ①	10 ②		

05강
본문 48~57쪽

01 ④	02 ①	03 ④	04 ④	05 ⑤	06 ③
07 ③	08 ②	09 ②	10 ②		

02강
본문 18~27쪽

01 ②	02 ②	03 ③	04 ④	05 ③	06 ①
07 ④	08 ⑤	09 ④	10 ⑤		

06강
본문 58~67쪽

01 ④	02 ②	03 ③	04 ②	05 ④	06 ①
07 ④	08 ⑤	09 ③	10 ⑤		

03강
본문 28~37쪽

01 ③	02 ②	03 ②	04 ③	05 ①	06 ④
07 ④	08 ⑤	09 ②	10 ④		

07강
본문 68~77쪽

01 ④	02 ①	03 ③	04 ⑤	05 ③	06 ②
07 ④	08 ③	09 ②	10 ⑤		

04강
본문 38~47쪽

01 ③	02 ③	03 ②	04 ①	05 ②	06 ④
07 ①	08 ②	09 ①	10 ⑤		

08강
본문 78~87쪽

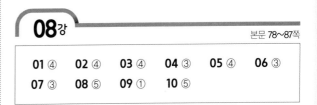

01 ④	02 ④	03 ④	04 ③	05 ④	06 ③
07 ③	08 ⑤	09 ①	10 ⑤		

PART II **Mini Test**

09강

01 ⑤	02 ⑤	03 ④	04 ⑤	05 ②	06 ④
07 ⑤	08 ②	09 ③	10 ④	11 ④	

Mini Test 1

01 ⑤	02 ③	03 ⑤	04 ③	05 ⑤	06 ①
07 ⑤	08 ③	09 ④	10 ③	11 ④	12 ③
13 ④	14 ④	15 ④	16 ②	17 ②	18 ④
19 ②	20 ③	21 ②	22 ③	23 ⑤	24 ⑤
25 ⑤	26 ⑤	27 ⑤	28 ②		

10강

01 ⑤	02 ③	03 ③	04 ②	05 ④	06 ③
07 ①	08 ①	09 ③	10 ④	11 ③	

Mini Test 2

01 ③	02 ②	03 ①	04 ⑤	05 ②	06 ①
07 ②	08 ④	09 ③	10 ③	11 ④	12 ⑤
13 ⑤	14 ④	15 ③	16 ①	17 ①	18 ④
19 ⑤	20 ④	21 ⑤	22 ④	23 ③	24 ⑤
25 ③	26 ②	27 ⑤	28 ⑤		

11강

01 ②	02 ④	03 ⑤	04 ①	05 ⑤	06 ②
07 ④	08 ①	09 ②	10 ⑤	11 ③	

12강

01 ④	02 ③	03 ⑤	04 ④	05 ③	06 ③
07 ④	08 ②	09 ⑤	10 ④	11 ③	

올림포스

[국어, 영어, 수학의 EBS 대표 교재, 올림포스]

2015 개정 교육과정에 따른 모든 교과서의 기본 개념 정리
내신과 수능을 대비하는 다양한 평가 문항
수행평가 대비 코너 제공

국어, 영어, 수학은 EBS 올림포스로 끝낸다.

[올림포스 16책]

국어 영역 : 국어, 현대문학, 고전문학, 독서, 언어와 매체, 화법과 작문
영어 영역 : 독해의 기본1, 독해의 기본2, 구문 연습 300
수학 영역 : 수학(상), 수학(하), 수학Ⅰ, 수학Ⅱ, 미적분, 확률과 통계, 기하

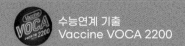

수능연계 기출
Vaccine VOCA 2200

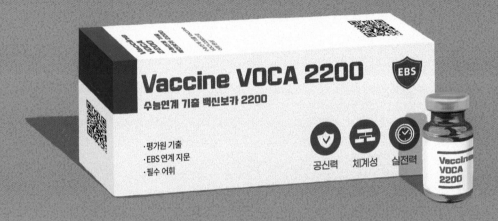

○ **수능 영단어장의 끝판왕!**
10개년 수능 빈출 어휘 + 7개년 연계교재 핵심 어휘

○ **수능 적중 어휘 자동암기 3종 세트 제공**
휴대용 포켓 단어장 / 표제어 & 예문 MP3 파일 / 수능형 어휘 문항 실전 테스트

휴대용 포켓 단어장 제공

EBS

정답과 해설

SCAN ME
문제를 사진 찍으요
교재 상세 정보 보기

EBS
고교강의

해설 강의 무료
Google Play | App Store

수능특강 Light

영어독해연습

인터넷·모바일·TV
무료 강의 제공

EBS

정답과 해설

수능특강 Light

영어독해연습

수능특강 Light
영어독해연습

정답과
해설

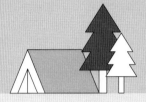

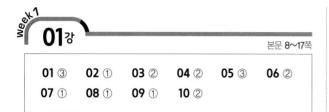

01 ③	02 ①	03 ②	04 ②	05 ③	06 ②
07 ①	08 ①	09 ①	10 ②		

본문 8~17쪽

Exercise 1

정답 | ③

| 소재 | 농담(joke)의 특이한 점

| 해석 | 농담은 정의에 따르면 진지하게 받아들여지지 않는다. 우리는 "그건 그냥 농담일 뿐이야." 또는 "나는 그냥 농담을 하고 있을 뿐이야."라고 말하면서 그것의 효과를 중요하게 여기지 않는다. 우리는 우리가 존경하지 않는 사람들을 "그는 완전히 웃기는 사람이야."라며 같은 방식으로 일축한다. 농담할 때, 우리는 농담이 가볍고 즉흥적으로 전달되는 것이 가장 좋다는 것에 동의하는데, 이렇게 경박해 보이는 데 아무리 많은 노력이 들어갈지라도 그렇다. 그리고 그것이, 정말, 농담의 특이한 점이다. 즉, 그것이 사소하다고 주장은 하지만, 우리는 여전히 농담을 소중히 여긴다. 우리는 그것들을 주의 깊게 기억하여 우리가 사랑하는 사람들이나 우리를 사랑해 주기를 원하는 사람들에게 들려준다. 우리는 스탠드업 코미디언 그리고 시트콤 작가, 라디오 DJ, 언론인과 같은 뒷방 개그를 만드는 온갖 부류의 거대하고 점점 더 세계적인 농담 제조 산업을 지원한다. 유머 감각은 우리의 가장 소중한 사회적 자산 중 하나인데, 자신에게 유머 감각이 없다는 것을 유쾌하게 인정할 사람을 여러분은 단 한 명이라도 만나 본 적이 있는가?

| 문제해설 |
빈칸 앞에서는 농담의 효과를 중요하게 여기지 않고 농담을 가벼운 것으로 취급하는 것에 대해 말했지만, 빈칸 다음에 나온 내용은 농담을 기억하여 우리가 사랑하는 사람들과 공유하고 농담을 만드는 거대한 산업을 지원하며, 유머 감각은 우리의 가장 소중한 자산이라고 했다. 농담이 사소하다고 주장하지만 농담을 실제로는 중요한 것으로 여기는 것이므로 빈칸에 들어갈 말로 가장 적절한 것은 ③ '소중히 여긴다'이다.
① 검열한다
② 분석한다
④ 변형한다
⑤ 과장한다

| 구조분석 |
3행 When telling jokes, we agree [that they are best delivered lightly, off-the-cuff] — [however much effort may go into this appearance of levity].
➡ 첫 번째 [ ]는 agree의 목적어인 명사절이고, 두 번째 [ ]는 '아무리 ~하더라도'를 뜻하는 however가 이끄는 양보의 부사절이다.

| 어휘 및 어구 |
by definition 정의에 따르면
brush off ~을 중요하게 여기지 않다, 무시하다
dismiss 일축하다, 해고하다　　deliver 전달하다
appearance 모습, 외모
extraordinary 특이한, 놀라운, 비범한
trivial 사소한
commit ~ to memory ~을 기억하다
massive 거대한, 육중한
joke-manufacturing industry 농담 제조 산업
gag-smith 개그를 만드는 사람　　journalist 언론인
asset 자산　　　　　　　　　admit 인정하다

| Word Search |
정답 1. dismiss 2. trivial 3. massive

Exercise 2

정답 | ①

| 소재 | 속편(sequel)의 유래

| 해석 | 속편이라는 개념은 영화의 상황에서 유래했다. 1920년대와 1930년대에 할리우드 영화사들에는 Charlie Chan, Mr. Moto, 또는 Cisco Kid와 같은 인기 캐릭터의 모험에 관한 느슨하게 관련된 에피소드인 당시 '시리즈'라 불리던 것을 제작하는 'B 유닛'을 갖고 있었다. 이 속편은 적은 예산과 제한된 예술적 야망을 가지고 제작되었다. 1970년에 20th Century Fox사가 제작한 *Beneath the Planet of the Apes*는 흔히 최초의 '현대적' 속편으로 여겨지는데, 이는 그 영화사의 이전 흥행작인 *Planet of the Apes*의 연속이며, 그것 자체는 Pierre Boulle의 고전 소설을 영화화한 것이다. 영화사 경영자들이 그것(영화사)의 기존 자산을 활용할 방법을 찾게 만든 것은 전략적인 경영적 사고의 결과라기보다는 영화사의 당시 곤경에 처한 재정 상태였다. 속편이 기본적으로 예술적으로 열등할 뿐만 아니라 상업적으로 매력적이지 않은 것으로 여겨지던 시기에 Fox사는 다음 수십 년 동안 발전한 것을 그것에 수많은 작품들이 딸린 패밀리 브랜드로 만들었다.

| 문제해설 |
속편은 적은 예산과 제한된 예술적 야망을 갖고 제작되었고, 이전 흥행작의 연속이며, 곤경에 처한 재정 상태의 산물이라고 설명하고 있는 것에서 속편은 기존의 자산을 활용하여 만든 것임을 추론할 수 있다. 따라서 빈칸에 들어갈 말로 가장 적절한 것은 ① '그것(영화사)의 기존 자산을 활용할'이다.
② 충실하게 사회적 경향을 반영할
③ 그것(영화사)의 작품의 예술적 가치를 높일
④ 새로 생겨나는 기술로 혁신할
⑤ 관객을 가상의 세계로 데려갈

| 구조분석 |

7행 Rather than [being the result of strategic managerial thinking], **it was** [the studio's then-troubled financial state] **that** made its managers look for ways [to exploit its existing properties].

➡ 첫 번째 [ ]는 '~라기보다는'을 뜻하는 Rather than 다음에 쓰인 동명사구이다. 두 번째 [ ]는 「it was ~ that ...」강조구문에서 강조된 부분이며, 세 번째 [ ]는 ways를 수식하는 to부정사구이다.

| 어휘 및 어구 |

originate 유래하다, 기원하다   studio 영화사
loosely 느슨하게, 막연히   episode 에피소드(1회 방송분)
manufacture 제작하다, 제조하다
budget 예산   ambition 야망, 열망
continuation 연속, 계속   box office hit 흥행작
screen adaption (소설 등의) 영화화
strategic 전략적인   managerial 경영의
financial 재정적인   inferior 열등한
commercially 상업적으로   decade 10년
family brand 패밀리 브랜드(한 기업에서 생산되는 유사 제품군이나 전체 품목에 동일하게 부여하는 브랜드)
numerous 수많은, 무수한   attach 붙이다, 추가하다

| Word Search |

정답 1. budget 2. ambition 3. financial

Exercise 3
정답 | ②

| 소재 | 전체적인 계획을 세우고 일을 할 필요성

| 해석 | 여러분은 오래된 집을 갖고 있고 모든 게 좀 구식이지만 만족한다. 여러분은 특히 더운 어느 여름에 실내 에어컨 하나를 추가한다. 몇 년 후, 여러분이 더 많은 돈을 갖게 될 때, 중앙 냉난방 시스템을 추가하기로 결정한다. 하지만 여러분은 침실에 있는 그 방 장치를 치우지 않는데, 왜 그렇게 하겠는가? 그것이 유용할 수도 있고, 벽에 볼트로 고정되어 거기에 이미 있다. 그다음 몇 년 후, 여러분은 비극적인[끔찍한] 배관 문제를 겪게 되는데, 벽 안에서 파이프가 터지는 것이다. 배관공들이 벽을 부수고 열어서 새 파이프를 연결해야 하지만, 여러분의 중앙 냉난방 시스템이 이제 그들의 파이프 중 일부가 이상적으로 갈 길을 막고 있다. 그래서 그들은 먼 길을 돌아 다락방을 통해 파이프를 연결한다. 이것은 잘 작동하다가 어느 특별히 추운 겨울에 단열이 안 된 다락방으로 인해 여러분의 파이프가 얼게 된다. 이 파이프들은 여러분이 벽을 통해 연결했다면 얼지 않았을 것인데, 여러분은 중앙 냉난방 때문에 그것을 할 수 없었다. 처음부터 이 모든 것을 계획했다면, 여러분은 다르게 일을 처리했을 것인데, 여러분은 그렇게 하지 않았고, 여러분은 여러분이 필요한 대로 그리고 필요할 때, 한 번에 하나씩 물건을 추가했다.

| 문제해설 |

'실내 에어컨을 추가 → 중앙 냉난방 장치를 설치 → 배관 파이프가 터진 후 다락을 통한 파이프 설치 → 다락을 통해 설치된 배관 파이프의 동결'의 순으로 좋지 않은 일이 연쇄적으로 일어난 것은 마지막 문장에 나왔듯이 필요할 때마다 한 번에 하나씩 물건을 추가했기 때문이다. 따라서 빈칸에 들어갈 말로 가장 적절한 것은 ② '처음부터 이 모든 것을 계획했다'이다.
① 변화하는 기후를 확인했다
③ 여러분의 제한된 예산을 고려했다
④ 더 내구성이 강한 재료를 구입했다
⑤ 더 신뢰할 수 있는 기술자를 고용했다

| 구조분석 |

6행 The plumbers need to break open the walls and run new pipes, but your central air-conditioning system is now in the way, [where some of their pipes would ideally go].

➡ [ ]는 the way를 부가적으로 설명하는 관계절이다.

| 어휘 및 어구 |

outdated 구식인   unit 장치
handy 유용한, 편리한   catastrophic 비극적인, 참사의
plumbing 배관 (공사)   burst 터지다, 파열하다
plumber 배관공
be in the way 길을 막다, 방해되다
attic 다락방   freeze 얼다

| Word Search |

정답 1. handy 2. plumber 3. attic

Exercise 4
정답 | ②

| 소재 | 경제 성장과 행복의 관계

| 해석 | 단기적으로 순환적 관계에서는, GDP와 행복이 함께 오르내린다. 예를 들어, 대불황 기간 동안 미국의 행복은 경제가 수축하면서 무너졌다가 GDP가 상승하면서 회복되었다. 그러나 장기적으로 추세 관계에서는, 더 빠른 경제 성장을 보이는 나라들의 행복이 더 크게 증가하지는 않는다. 실제로 미국에서는 1인당 실질 GDP가 3배 이상 증가한 기간인 70년이 넘는 기간 동안 행복에서의 추세가 변동이 없었다. 훨씬 더 놀라운 것은, 불과 20년 만에 1인당 실질 GDP가 전례 없이 4배나 증가했음에도 불구하고, 2010년의 중국의 삶의 만족도는 1990년보다 더 높지 않았다는 점이다. 행복은 GDP와 함께 상승하는 경향이 있음을 발견했다고 주장하는 일부 학자들이 있지만, 그들은 긍정적인 단기적 관계와 아무것도 없는 장기적 관계를 혼동하고 있다. 장기적 관계의 부재는 경제 성장이 인간의 행복을 증가시킨다는 오래 지속된 믿음을 재고해야 할 시점임을 시사한다.

| 문제해설 |

단기적으로 순환적 관계에서는 행복이 경제 성장에 따라 오르내리지만, 장기적으로 추세 관계에서는 경제 성장에 따라 행복이 더 증가하지는 않는다는 것을 미국과 중국의 사례를 들어 설명하고 있다. 따라서 단기적인 관계로 볼 때 재고해야 할 경제 성장과 행복의 관계를 묘사하는 말이 빈칸에 들어가야 하므로, 빈칸에 들어갈 말로 가장 적절한 것은 ② '경제 성장이 인간의 행복을 증가시킨다'이다.
① 세계적인 경쟁이 혁신에 기여한다
③ 생산과 소비는 밀접히 연관된다
④ 일시적인 경제적 해결책으로 충분하지 않다
⑤ 세계의 부는 궁극적으로 재분배될 것이다

| 구조분석 |

5행 Indeed, in the United States, the trend in happiness has been flat for over seven decades, [a period {in which real GDP per capita more than tripled}].
➡ [ ]는 over seven decades를 부가적으로 설명하는 명사구이며, 그 안의 { }는 a period를 수식하는 관계절이다.

| 어휘 및 어구 |

in the short run 단기적으로   cyclical 순환적인, 순환하는
GDP 국내 총생산(= gross domestic product)
the Great Recession (미국의) 대불황
collapse 무너지다, 붕괴하다   contract 수축하다, 줄어들다
over the long run 장기간 동안   trend 추세, 경향; 경향을 띠다
rapid 빠른   flat 변동이 없는, 평평한
per capita 1인당   triple 세 배가 되다
spectacular 놀라운, 눈부신   unprecedented 전례 없는
fourfold 네 배의   multiplication 증가
claim 주장하다   confuse 혼동하다, 혼란시키다
absence 부재, 없음   long-held 오래 지속된

| Word Search |

정답 1. contract 2. multiplication 3. confuse

Exercise 5   정답 | ③

| 소재 | 정신력으로 완주한 10마일 달리기

| 해석 | 요전 날, 내 친한 친구 중 한 명인 퇴역 육군 준장은 자신이 아주 오래 전에 들었던 말이 어떻게 자신에게 깊은 영향을 끼쳤고 어떻게 자신의 삶을 형성했는지에 대한 이야기를 들려주고 있었다. 그가 군대에 간 첫 주였다. 일요일 아침이었다. 앞에 놓인 과제는 다소 간단했다. 그들은 10마일을 뛰어야 했다. 내 친구는 열정적으로 시작했다가 금방 지쳐 버렸다고 회상한다. 절반의 거리를 뛰고 나서 그는 더 이상 계속할 수 없다는 느낌이 들었다. 그는 다리가 접혀서 쓰러질 것 같

은 느낌이 들었다. 그리고 그가 막 포기하고 멈추려고 할 바로 그때, 그는 자신의 지휘관이 '자, 젊은이. 지금까지 자네는 다리로 달리고 있었네. 이제 마음으로 달리게나!'라고 그에게 말하는 것을 들었다. 그 말들은 마법처럼 작용하는 것 같았다. 내 친구는 그 이후에 무슨 일이 있었는지 잘 기억하지 못하지만, 그가 기억하는 것은 자신이 계속 뛰었다는 것뿐이다. 그는 10마일 달리기를 완주했다. 그리고 오늘날까지도, 그는 지휘관의 말이 자신의 마음속에 울려 퍼지는 것을 자주 듣는다.

| 문제해설 |

필자의 친구인 퇴역 육군 준장이 군대에 간 첫 주 일요일에 10마일 달리기 도중에 지쳐서 포기하려고 했지만 지금까지는 다리로 달렸지만, 이제 '마음으로 달리라'는 말을 듣고 완주를 했으며, 그 말이 오늘날까지 마음속에 울려 퍼지고 있다는 일화를 소개하고 있다. 따라서 밑줄 친 부분은 체력이 아닌 정신력으로 달리기 과업을 포기하지 말고 해내라는 말임을 추론할 수 있으므로, 밑줄 친 부분이 의미하는 바로 가장 적절한 것은 ③ '자네는 정신력을 가지고 임무를 수행할 필요가 있다'이다.
① 자네는 자네의 의지력에 부합하는 목표를 세워야 한다
② 자네는 임무를 완수하기 위해 체력을 비축해야 한다
④ 자네는 휴식을 취한 후에 과업을 끝낼 수 있을 것이다
⑤ 자네는 미래의 목표에 도달하기 위해 과거의 실패를 잊어야 한다

| 구조분석 |

6행 And [just as he **was about to** give up and stop], [he **heard** his commanding officer **say** to him, ~].
➡ 첫 번째 [ ]는 just as가 이끄는 때를 나타내는 부사절이고, 두 번째 [ ]가 주절이다. 첫 번째 [ ]에 '막 ~하려고 하다'를 뜻하는 「be about to+동사원형」이 쓰였고, 두 번째 [ ]에서는 지각동사 heard의 목적격 보어로 동사원형 say가 쓰였다.

| 어휘 및 어구 |

retired 퇴역의, 은퇴한   narrate 이야기하다
line 말, 대사   impact 영향을 끼치다
recall 회상하다   enthusiastically 열정적으로
collapse 쓰러지다, 무너지다   commanding officer 지휘관
magic 마법, 마술   echo 울려 퍼지다, 메아리치다

| Word Search |

정답 1. retired 2. impact 3. magic

Exercise 6   정답 | ②

| 소재 | 타인을 비난하지 않고도 좌절에서 회복하는 방법

| 해석 | 노벨상 수상자인 심리학자 Daniel Kahneman은

*Thinking, Fast and Slow*에서 동기가 부여된 추론의 정서적 이점인 회복력을 지적한다. 실패에 대해 여러분 자신 말고 다른 사람에게 책임을 돌릴 수 있다면 실패에서 회복하는 것이 더 쉽다. 그는 여러 번의 연속된 거절을 수반하는 직업인, 집집마다 방문하는 판매원의 사례를 이용하는데, "화가 난 주부가 문을 쾅 닫는 것을 면전에서 막 겪었을 때, '그녀는 끔찍한 여자였어'라는 생각이 '나는 서투른 판매원이야'보다 분명히 더 낫다." 그러나 그것이 정말로 우리의 단 두 가지밖에 없는 선택권인가? 대신 우리는 "그래, 내가 그 판매를 망쳤어. 하지만 누구나 실수하잖아." 혹은 "그래, 내가 그 판매를 망쳤어. 그렇지만 나는 나아지고 있어서, 전에는 면전에서 문이 쾅 닫히는 것을 매일 겪었는데, 이제는 겨우 매주 그런 일이 일어나!"라고 스스로에게 말할 수 있을 것이다. 우리는 우리의 좌절을 다른 사람들 탓으로 돌리지 않으면서 그 좌절에서 회복할 수 있는 방법인, 정직한 대처 전략을 틀림없이 찾을 수 있다.

| 문제해설 |
동기가 부여된 추론의 정서적 이점에 관한 글로, 실패한 것에 대해 자신을 탓하는 것보다 남을 탓하는 것이 더 낫지만, 그 대신에 자신의 실패를 솔직하게 인정하면서 자신이 더 나아지고 있다고 스스로에게 말하는 것은 남을 탓하지 않고도 좌절에서 회복할 수 있다는 것이 글의 핵심이다. 따라서 빈칸에 들어갈 말로 가장 적절한 것은 ② '정직한 대처 전략'이다.
① 색다른 선택 방법
③ 효율적인 평가 도구
④ 낯선 사람에 대한 관심의 표명
⑤ 상품 차별화 사례

| 구조분석 |

9행 Surely we can find [a way to bounce back from our setbacks] [that doesn't **require** us **to blame** them on other people] — an honest coping strategy.
➡ 두 번째 [ ]는 첫 번째 [ ]를 수식하는 관계절이다. 두 번째 [ ]에서 require의 목적격 보어로 to부정사구가 쓰였다.

| 어휘 및 어구 |
psychologist 심리학자   motivated 동기가 부여된
reasoning 추론
bounce back from ~에서 회복하다
blame ~ on ... ~을 …의 탓으로 돌리다
string 연속, 줄, 일련   rejection 거절
slam 쾅 닫다   awful 끔찍한, 형편없는
superior 더 나은, 더 우세한   screw up ~을 망치다
improve 나아지다, 향상하다, 개선하다
setback 좌절, 차질

| Word Search |
정답 1. rejection 2. superior 3. setback

| 소재 | 자각이 감소된 상태에서 즉각적인 단서에 의해 통제되는 행동

| 해석 | 만약 여러분이 의사의 진료실을 방문한다면, 여러분의 행동은 다양한 시간 척도에서, 방문의 특정한 목표, 하루 동안의 전반적인 계획, 그리고 삶의 더 넓은 계획 및 의도와 관련이 있는 큰 상황의 일부인데, 여러분의 방문은 그것(큰 상황)과 관련하여 약간 중요할 수도 있고 그렇지 않을 수도 있다. 그 진료실의 '현장'에서 여러분이 하는 모든 일은, 일관성 있게 행동하기 위해 그 모든 내용을 마음속에 간직할 필요는 없을지라도, 이러한 여러 가지 내용에 의해 영향을 받는다. 현장에서의 의사의 역할과 관련하여 의사에게도 같은 일이 일어난다. 그러나 의식이 줄어든 상태에서는 그러한 모든 배경의 영향이 거의 또는 전혀 없게 된다. 행동은 더 넓은 상황의 개입이 전혀 없이, 즉각적인 단서에 의해 통제된다. 예를 들어, 여러분이 목마르다면 잔을 들어 마시는 것은 이치에 맞고, 그 행동은 더 넓은 상황과 연결될 필요가 없다.

| 문제해설 |
진료실이라는 현장에서 행하는 모든 일은 일관성 있게 행동하기 위해 방문과 관련된 모든 내용을 마음에 새길 필요가 없이 큰 상황에 의해 영향을 받게 되지만, 의식이 줄어든 상태에서는 목마를 때 잔을 들고 마시는 것처럼, 행동이 더 넓은 상황의 개입 없이 즉각적인 단서에 의해 통제된다고 하였다. 더 넓은 상황은 모든 배경에 해당하고, 이것이 영향을 미치지 못하는 것이므로, 빈칸에 들어갈 말로 가장 적절한 것은 ① '거의 또는 전혀 없게 된다'이다.
② 여러분의 전반적인 계획과 관련이 있다
③ 적절한 서비스에 의해 강화된다
④ 의도를 해석하는 데 결정적이다
⑤ 절차 없이 발휘되지 않는다

| 구조분석 |

1행 [If you visit a physician's office], [your behavior is part of a large context {that has to do with the specific goals of the visit, your overall plan for the day, and the wider plans and intentions of your life, at varied time scales}, {relative to which your visit may be of some significance or not}].
➡ 첫 번째 [ ]는 조건의 부사절이고 두 번째 [ ]가 주절이다. 두 번째 [ ] 속의 첫 번째 { }는 a large context를 수식하는 관계절이고, 두 번째 { }는 the specific goals ~ scales를 부가적으로 설명하는 관계절이다.

| 어휘 및 어구 |
physician 의사, 내과 의사   context 상황, 맥락

overall 전반적인　　　　intention 의도
scale 척도, 눈금
relative to ~과 관련하여, ~에 비례하여
of significance 중요한　　inform 영향을 미치다, 알려 주다
content 내용　　　　　　coherently 일관성 있게
diminished 줄어든, 감소된　consciousness 자각, 의식
immediate 즉각적인　　　cue 단서
insertion 개입, 삽입
make sense 이치에 맞다, 타당하다

| Word Search |
정답 1. intention 2. content 3. insertion

─────────────────────────────

Exercise 8　　　　　　　　　　정답 | ①

| 소재 | 널리 사용되지 못한 무수한 발명품들

| 해석 | Joseph Schumpeter는 널리 사용되지 않는 발명품은 인간사와 무관하다고 언젠가 말한 적이 있다. 대규모로 실행되지도 않았고 수백만 명의 사람이 사용해 세상을 바꾸지도 않은 기발하고 감탄할 만한 발명품들이 무수하게 많다. 1세기에 알렉산드리아의 Hero는 분사 작용에 의한 증기 기관을 만들어 냈지만, 진귀한 것으로 취급되었고 사회를 위한 혜택으로 이어지지는 못했다. 레오나르도 다빈치는 많은 비행 기계를 발명했지만, 그것들이 수송이나 전쟁을 바꾸기 위해 만들어졌다는 기록은 없다. 조지아의 Crawford Long이 매사추세츠의 William Morton보다 몇 년 앞서 실제로 수술에서 마취를 위해 에테르를 사용했지만, Long은 자신의 결과를 발표하지 않아 이후의 의학 역사에 전혀 영향을 미치지 못했다. 역사상 수많은 발명품 중, 단지 몇 개만이 발견에서 개발에 이르는 길고 어려운 길을 거쳐 가, 대규모로 제조되고, 시장에서 널리 판매되어, 세계에 중대한 변화를 가져올 수 있었다.

| 문제해설 |
널리 사용되지 않는 발명품은 인간사와 무관하다는 Joseph Schumpeter의 말로 시작하여, 세상을 바꾸거나 사회를 위한 혜택으로 이어지지 못한 기발하고 감탄할 만한 무수한 발명품들에 대해 언급했다. 역사상 수많은 발명품 중에 단지 몇 개가 발견에서 개발에 이르고, 대규모로 제조되고 널리 판매된 것은, 그것들이 앞에서 언급한 세상을 바꾸거나 혜택을 준 것이므로, 빈칸에 들어갈 말로 가장 적절한 것은 ① '세계에 중대한 변화를 가져올'이다.
② 무수한 장래의 발명가들에게 영감을 줄
③ 마케팅의 중요성에 조언을 줄
④ 에너지원의 발견에 기여할
⑤ 선진국과 개발도상국의 격차를 줄일

| 구조분석 |
5행 Leonardo da Vinci invented a number of flying

─────────────────────────────

machines, but there is no record [that they were ever built {to change transportation or warfare}].
➡ [ ]는 record를 구체적으로 설명하는 동격절이며 { }는 목적을 나타내는 부사적 용법의 to부정사구이다.

| 어휘 및 어구 |
irrelevant 무관한　　　　affair 일, 용건, 업무
ingenious 기발한, 독창적인　admirable 감탄할 만한, 훌륭한
carry out ~을 실행하다, 수행하다
Hero 그리스의 수학자이자 발명가(흔히 Hero of Alexandria로 불림)
jet action 분사[분출] 작용
curiosity 진귀한 것, 호기심　transportation 수송, 교통
warfare 전쟁, 교전
ether 에테르(용매나 마취제로 쓰이는 알코올 추출물)
surgery (외과) 수술　　　publish 발표하다, 출판하다
subsequent 이후의, 이어지는　on a large scale 대규모로

| Word Search |
정답 1. irrelevant 2. curiosity 3. subsequent

─────────────────────────────

Exercise 9　　　　　　　　　　정답 | ①

| 소재 | 'Chesterton의 울타리'로 알려진 규칙

| 해석 | 여러분이 어떤 것을 바꾸는 것을 옹호할 때, 여러분은 먼저 왜 그것이 그런 방식으로 되어 있는지 확실하게 이해해야 한다는 규칙을 지키려고 노력하라. 이 규칙은 1929년 그것을 한 에세이에서 제안한 영국 작가 G. K. Chesterton의 이름을 따서 Chesterton의 울타리로 알려져 있다. 여러분이 알 수 있는 특별한 이유 없이 울타리가 가로질러 쳐져 있는 길을 발견한다고 상상해 보라. "왜 누군가가 여기에 울타리를 만들려고 했을까? 이것은 불필요하고 어리석은 것으로 보이니, 그것을 허물어 버리자."라고 여러분은 혼잣말을 한다. 그러나 울타리가 왜 거기에 있는지 이해하지 못한다면, 울타리를 허물어도 괜찮다고 확신할 수가 없다고 Chesterton은 주장했다. 오래된 관습이나 제도가 그런 울타리와 같다고 그는 말했다. 순진해 빠진 개혁가들은 그것들을 보고 "이것이 무슨 소용이 있는지 나는 모르겠다. 그것을 치워 버리자."라고 말한다. 그러나 더 사려 깊은 개혁가들은 "만약 여러분이 그것의 쓰임을 모른다면, 나는 분명히 여러분이 그것을 치우게 놔두지 않을 것이다. 떠나서 생각해 보라. 그런 다음에 여러분이 돌아와서 그것의 쓰임을 실제로 안다고 나에게 말하면, 나는 여러분이 그것을 없애는 것을 허용할지도 모른다."라고 대답한다.

| 문제해설 |
Chesterton의 울타리로 알려진 규칙에 대해 설명한 글이다. 길을 가로질러 울타리가 쳐져 있을 때, 그것이 애초에 왜 그곳에 있는지 이해하지 못하면 그것을 허물어도 괜찮다고 확신할 수가 없다는 것이며, 그 울타리에 해당하는 오래된 관습이나 제도를 없앨 때도 사려 깊은 개혁가들은 그것들의 쓰

임을 생각해 보게 한다는 것이므로, 빈칸에는 기존에 있는 어떤 것에 변화를 주는 것과 관련된 말이 들어가야 한다. 따라서 빈칸에 들어갈 말로 가장 적절한 것은 ① '여러분이 어떤 것을 바꾸는 것을 옹호할'이다.
② 여러분이 구식의 관행을 유지할
③ 여러분이 추가적인 제안을 할
④ 사람들에게 모험을 하라고 여러분이 독려할
⑤ 여러분이 누군가를 논의에 초대할

| 구조분석 |

1행 Try to abide by the rule **that** when you advocate changing something, you should make sure [you understand {why it is the way <it is>} in the first place].
➡ that 이하(that ~ place)는 the rule을 구체적으로 설명하는 동격절이다. [ ]는 「make sure (that) ~」로 '~을 확실하게 하다'를 뜻한다. { }는 understand의 목적어인 명사절이고, < >는 the way를 수식하는 관계절이다.

| 어휘 및 어구 |

propose 제안하다
for no particular reason 특별한 이유 없이
tear ~ down ~을 허물다 　　　confident 확신하는
long-standing 오래된 　　　custom 관습
institution 제도, 기관
naive (경험이 없어) 순진해 빠진, 천진난만한
reformer 개혁가 　　　clear ~ away ~을 치우다
thoughtful 사려 깊은

| Word Search |

정답 1. confident 2. institution 3. naive

Exercise 10　　　　정답 | ②

| 소재 | 달성할 수 있는 목표로의 조정에 의한 동기 부여

| 해석 | 내 친구 Mary Pat에게는 똑똑하고 유능한 열여섯 살 된 손자가 있다. 부모님이 많이 실망스럽게도 그는 학교에서 최선을 다하지 않고 있었다. 어느 날 그는 엄마에게 자신의 밝은 갈색 머리를 염색해도 되는지를 물었다. "무슨 색으로?"라고 엄마가 물었다. "밝은 파란색이요!"라고 그는 열의에 차 말했다. 여기서 기회를 포착한 엄마는 숫자로만 답했다. "3.8." "네가 파란 머리를 원한다면 학교에서 평균 평점 3.8점을 받아야 한다. 그렇지 않으면 나는 이 말도 안 되는 색은 절대로 안 된다고 말할 것이다!"의 줄임말이었다. Mary Pat은 몇 달 후 그녀의 손자가 밝은 노란색 머리를 뽐내고 있는 것을 보았다. "나는 네가 머리를 파랗게 염색할 거라고 생각했어."라고 그녀가 약간 놀란 듯이 말했다. Greg의 대답은 짧게, "3.5."였다. Greg와 그의 엄마가 평균 평점 3.8점을 받을 수 없을 것임을 알아차렸을 때, 그들은 그의

목표를 달성 가능성이 더 많은 것으로 조정했고, 모두가 만족스러워했다. 목표는 성취할 수 있을 때에만 동기를 부여한다. 때때로 목표는 개인과 상황에 맞게 바뀔 필요가 있다.

| 문제해설 |

Greg가 머리를 파란색으로 염색하고 싶다고 엄마에게 말했을 때, 엄마는 학교에서 평균 평점 3.8점을 받아야 한다고 했다. 몇 달 후 Mary Pat이 손자 Greg의 머리색이 밝은 노란색인 것을 보고 이유를 물어보았을 때, Greg는 3.5라고 짧게 대답했다. 밑줄 다음에 이어진 설명에서 Greg가 엄마와 평균 평점 목표와 머리색을 모두 조정한 것을 알 수 있다. 따라서 밑줄 친 부분이 의미하는 바로 가장 적절한 것은 ② 'Greg의 머리 색깔은 그의 학업 능력에 맞게 조정되었다.'이다.
① Greg는 할머니가 엄마에게 목표를 바꾸라고 말할 것을 기대했다.
③ Greg는 약속을 지키지 않아서 원래 머리색을 유지해야 했다.
④ Greg는 엄마의 제안을 거절하고 자신의 머리를 염색하는 것을 포기했다.
⑤ Greg는 엄마의 기대를 만족시키지 못했지만 자신의 목표를 달성했다.

| 구조분석 |

3행 [Sensing an opportunity here], Mom replied only with a number.
➡ [ ]는 주어인 Mom의 상황을 부가적으로 설명하는 분사구문이다.

| 어휘 및 어구 |

capable 유능한
to one's dismay ~에게 실망스럽게도
dye 염색하다 　　　enthusiasm 열의, 열정
shorthand 줄임말, 약칭, 속기　grade point average 평균 평점
sport 뽐내다, 과시하다 　　　adjust 조정하다
attainable 달성할 수 있는 　　motivate 동기를 부여하다
circumstance 상황

| Word Search |

정답 1. enthusiasm 2. adjust 3. motivate

02강

본문 18~27쪽

01 ②	02 ②	03 ③	04 ④	05 ③	06 ①
07 ④	08 ⑤	09 ④	10 ⑤		

Exercise 1

정답 | ②

| 소재 | 동료 심사를 받는 논문의 정확성

| 해석 | 동료 심사를 받는 출판물에서, 서로 어느 정도의 거리를 두고 있는 학자들이 새로운 실험, 보고서, 이론 또는 주장을 평가한다. 그들은 자신들이 평가하고 있는 분야의 전문가임에 틀림없다. 그 방법은 결코 실패의 염려가 없는 것이 아니며, 동료 심사를 받는 연구 결과가 때때로 뒤집히거나, 논문이 철회되기도 한다. 동료 심사는 신뢰할 수 있는 유일한 시스템은 아니지만, 그것은 우리가 우리 자신의 결론을 도출할 수 있도록 돕는 좋은 토대를 제공하며, 민주주의와 마찬가지로 그것은 우리가 가진 가장 좋은 그런 시스템이다. 예를 들어, *Nature*, *The Lancet*, 또는 *Cell*에 어떤 것이 나오면 그것이 엄격한 동료 심사를 거쳤다는 것을 확신할 수 있다. 타블로이드 신문을 믿어야 할지 아니면 진지한 뉴스 기관을 믿어야 할지 결정하려고 할 때와 마찬가지로, 동료 심사를 받는 저널에 게재된 논문이 정확할 가능성이 더 높다.

| 문제해설 |
동료 심사를 받는 연구 결과가 때때로 뒤집히거나, 논문이 철회되기도 하는데, 그 방식은 우리가 우리 자신의 결론을 도출할 수 있도록 돕는 좋은 토대를 제공하며, 우리가 가진 가장 좋은 시스템이기 때문에, 동료 심사를 받는 저널에 게재된 논문은 신뢰할 만하다는 내용의 글이다. 따라서 빈칸에 들어갈 말로 가장 적절한 것은 ② '정확한'이다.
① 희귀한
③ 쓸모없는
④ 주관적인
⑤ 인상적인

| 구조분석 |
7행 As when trying to decide [**whether to trust a tabloid or a serious news organization**], the odds are better [that a paper published in a peer-reviewed journal is correct].
➡ 첫 번째 [ ]는 「whether + to부정사구」의 구문으로, decide의 목적어 역할을 하며, 두 번째 [ ]는 the odds의 구체적 내용을 설명하는 동격절이다.

| 어휘 및 어구 |
peer-reviewed 동료 심사를 받는

at arm's length 어느 정도의 거리를 두고 있는
evaluate 평가하다   experiment 실험
claim 주장   domain 분야, 영역
far from 결코 ~이 아닌
foolproof 실패할 염려가 없는, 아주 확실한
finding 연구 결과   overturn 뒤집다
rely on ~을 신뢰하다   foundation 토대
conclusion 결론   go through ~을 거치다
rigorous 엄격한
tabloid 타블로이드 신문(흥미 위주의 짤막한 기사에 유명인의 사진을 크게 싣는 것이 특징)

| Word Search |
정답 1. claim 2. overturn 3. rigorous

Exercise 2

정답 | ②

| 소재 | 저소득 사회의 출산율 낮추기

| 해석 | 저소득 사회에서는, 아이가 많으면 사람들은 자신들이 가진 어떤 돈이든 그 아이들을 먹이는 데 쓰는 경향이 있고, 그래서 (아이들을 위한 교육을 포함하여) 미래의 경제 생산성에 투자할 돈이 거의 남아 있지 않다. 이는 지속되는 가난이라는 결과를 초래하는 경향이 있는 상황이다. 잉여 소득이 없다면, 정부가 세금을 부과할 수 있는 것이 아무것도 없어서, 정부는 사회 기반 시설을 확장하지 못한다. 즉, 정부는 농부들이 자신들의 생산품을 시장에 내놓을 수 있도록 하기 위한 시골 지역으로 가는 노로, 징수 처리 시설이니 전력망, 또는 학교를 건설하지 못한다. 자신들의 생산품을 시장에 내놓지 못하면, 농부들은 결국 포기하고 도시로 가서 그곳에서 정말로 실재하는 어떤 지원 사회 기반 시설이든 무리하게 쓸지도 모른다. 이런 종류의 힘든 상황에 있는 사회를 위한 가장 좋은 희망 중 하나는 출산율을 줄이는 것이다.

| 문제해설 |
저소득 사회에서는 아이가 많으면 미래의 경제 생산성에 투자할 돈이 거의 남아 있지 않아 가난이 지속되는 결과를 초래하고, 또한 정부는 사회 기반 시설을 확장하지 못해 농부들이 도시로 가서 그곳에서 정말로 실재하는 어떤 지원 사회 기반 시설이든 무리하게 쓸지도 모르기 때문에, 이러한 힘든 상황에 있는 사회를 위한 가장 좋은 희망으로 가장 적절한 것은 ② '출산율을 줄이는'이다.
① 세금을 올리는
③ 신도시를 건설하는
④ 농업을 장려하는
⑤ 교육을 강조하는

| 구조분석 |
7행 If farmers can't get their products to market, they may eventually [give up] and [move to

the cities {where they strain whatever support infrastructure does exist}].

➡ 두 개의 [ ]는 and로 연결되어 may eventually에 이어진다. 두 번째 [ ] 안의 { }는 the cities를 수식하는 관계절이다.

| 어휘 및 어구 |

low-income 저소득의	productivity 생산성
surplus 잉여(의)	income 소득
tax 세금을 부과하다	expand 확장하다
facility 시설	electricity grid 전력망
strain 무리하게 쓰다	bind 힘든 상황, 곤경
fertility 출산율	

| Word Search |

정답 1. income 2. expand 3. facility

Exercise 3   정답 | ③

| 소재 | 기술이 업무에 미치는 영향

| 해석 | 기술이 업무에 미치는 영향은 해로운 대체하는 힘과 유용한 보완하는 힘이라는 이 두 경쟁적인 힘 사이의 상호 작용에 의해 좌우될 수 있다는 생각은 새로운 것이 아니다. 그러나 이러한 힘은 특별히 명확한 방법으로 설명되지 않는 경향이 있다. 자동화에 관한 서적, 기사 및 보고서는 이 두 가지 영향을 암시하지만 흔히 매우 다른 용어를 사용하여 혼란스러울 수 있다. 기술은 대신 들어서면서 증대하고, 대체하면서 향상시키고, 평가 절하하면서 능력을 주고, 방해하면서 유지하고, 파괴하면서 창조한다고들 말한다. 어려운 점은 컴퓨터와 경쟁하면서 그것과 협력하는 것이고, 기계에 맞서 경주하면서 그것과 함께 뛰는 것이다. 기계의 부상과 인간의 진보에 관한, 위협하는 로봇과 위로하는 코봇에 관한, 기계의 인공 지능과 인간의 증대된 지능에 관한 이야기가 있다. 미래에는 노후화와 그 어느 때보다 훨씬 더 큰 적절성이 모두 있으며, 기술은 위협이자 기회이고, 경쟁자이자 파트너이며, 적이자 친구라고들 말한다.

| 문제해설 |
기술이 업무에 미치는 영향은 해로운 대체하는 힘과 유용한 보완하는 힘이라는 이 두 경쟁적인 힘 사이의 상호 작용에 의해 좌우될 수 있다는 생각은 새로운 것이 아니지만, 기술은 위협이자 기회이며, 경쟁자이자 파트너이며, 적이자 친구이기 때문에, 명확한 방식으로 설명되지 않는다는 내용의 글이므로, 빈칸에 들어갈 말로 가장 적절한 것은 ③ '특별히 명확한 방법으로 설명되지 않는 경향이 있다'이다.
① 인류의 진화를 이끄는 데 결코 기여하지 않는다
② 기관에 의해 완전히 통제될 수는 없다
④ 사람이 생각하는 방식과 무관한 방식으로 운영된다
⑤ 결합하여 기술 발전을 촉진한다

| 구조분석 |

1행 The idea [that the effect of technology on work might depend upon the interaction between these two rival forces — a harmful substituting force and a helpful complementing force] — **is** not new.

➡ [ ]는 The idea의 구체적 내용을 설명하는 동격절이고, 술어 동사는 is이다.

| 어휘 및 어구 |

substitute 대체하다	complement 보완하다
article 기사	automation 자동화
hint at ~을 암시하다	term 용어
displace 대신 들어서다, 대체하다	
devalue 평가 절하하다	
empower 능력을 주다, 권한을 부여하다	
disrupt 방해하다	sustain 유지하다
rise 부상, 등장	artificial intelligence 인공 지능
relevance 적절(성), 관련(성)	foe 적

| Word Search |

정답 1. complement 2. empower 3. disrupt

> **Tip**
>
> **co-bot**(코봇): 생산 환경에서 사람들과 긴밀히 협력하는 협업 로봇(collaborative robot)을 말한다.

Exercise 4   정답 | ④

| 소재 | 실수를 인정하는 심리적 고통을 피하려는 욕망

| 해석 | 동기 부여 심리학자들은 인간의 행동을 뿌리 깊은 심리적 두려움, 욕망, 그리고 욕구의 관점에서 설명한다. 이러한 욕구에는 자존감, 사회적 인정 및 효능감이 포함된다. 동기 부여 심리학은 예를 들어, 1차 세계 대전 전에 거의 모든 독일 외교관들이 오스트리아와 독일의 군사적 움직임에 대한 유럽 국가들의 가능한 반응에 대해 거짓 또는 오해의 소지가 있는 보고를 했던 이유를 우리가 이해할 수 있도록 돕는다. 그 이유는 그들은 편협하기로 악명 높은 독일 외무부에 그것이 듣고 싶어 했던 말을 하지 않았을 때의 결과가 그저 두려웠기 때문이다. 벨기에의 중립을 독일이 위반한 데 대한 영국의 가능한 반응을 정확하게 보고했던 한 명의 독일 외교관, 즉 Prince Karl Lichnowsky 런던 주재 대사는 '현지인들처럼 행동했다' 하여 베를린에서 면직되었는데, 이는 문서에 의해 충분히 입증된 동기 부여 심리학적 성향, 즉 자신의 잘못을 인정하는 심리적 고통을 피하려는 욕망의 관점에서 그 자체가 설명될 수 있는 판단 실수였다. 1914년에 신속한 승리를 위한 독일의 전체 전략은 영국이 전쟁에 관여하지 않는 것에 달려 있었기 때문에. Lichnowsky의 정확한 보고가 받아들여졌다면 극도로 불안을 조성했을 것이다.

| 문제해설 |

1차 세계 대전 전에 거의 모든 독일 외교관들이 오스트리아와 독일의 군사 움직임에 대한 유럽 국가들의 가능한 반응에 대해 거짓 또는 오해의 소지가 있는 보고를 했던 이유를 동기 부여 심리학 측면에서 설명하는 내용의 글이다. 독일 외교관 Prince Karl Lichnowsky 런던 주재 대사는 벨기에의 중립을 독일이 위반한 데 대한 영국의 가능한 반응을 정확하게 보고했지만, 1914년에 신속한 승리를 위한 독일의 전체 전략은 영국이 전쟁에 관여하지 않는 것에 달려 있었기 때문에 받아들여지지 않았다는 것에서 독일 외무부가 영국이 전쟁에 관여하지 않을 것이라는 판단 실수를 인정하려고 하지 않았던 동기를 추론할 수 있다. 따라서 빈칸에 들어갈 말로 가장 적절한 것은 ④ '자신의 잘못을 인정하는 심리적 고통을 피하려는'이다.
① 한 사람이 하는 말에 대한 책임을 다른 사람들에게 전가하려는
② 정확한 예측을 위해 측정할 수 없는 것을 측정하려는
③ 갈등이 생기는 것을 피하기 위해 중립을 지키려는
⑤ 실수로부터 배우고 그것을 반복할 가능성을 줄이려는

| 구조분석 |

11행 Because Germany's entire strategy for swift victory in 1914 depended on [Britain staying out of the war], [Lichnowsky's accurate reports **would have been** extremely unsettling **if** they **had been** accepted].

➡ 첫 번째 [ ]는 전치사 on의 목적어 역할을 하는 동명사구로 Britain이 staying out of the war의 의미상의 주어 역할을 한다. 두 번째 [ ]에는 과거의 사실과 반대되는 가정을 나타내기 위해 가정법 과거완료 표현(If + 주어 + had p.p. ~, 주어 + 과거형 조동사(would) + have p.p. ...)이 쓰였다.

| 어휘 및 어구 |

in terms of ~의 관점에서   deep-seated 뿌리 깊은
self-esteem 자존감   approval 인정, 승인
diplomat 외교관   misleading 오해의 소지가 있는
consequence 결과   notoriously 악명 높게
intolerant 편협한   foreign ministry 외무부
violation 위반, 위배   neutrality 중립
dismiss 면직하다, 해고하다
go native 현지인들처럼 행동하다[살다]
well-documented 문서[기록]에 의해 충분히 입증된, (문서로 된) 관련 증거가 많은
tendency 성향, 경향   strategy 전략
swift 신속한   unsettling 불안을 조성하는

| Word Search |

정답 1. approval 2. intolerant 3. neutrality

Exercise 5   정답 | ③

| 소재 | 실패가 핵심적인 역할을 하는 자본주의 체제

| 해석 | 경제 체제로서의 자본주의는 대상의 만족에 있어서의 실패가 하는 본질적인 역할을 토대로 번창한다. 실패에 대한 우리의 즐거움과 성공에 대한 우리의 구조적인 알레르기가 없었다면, 자본주의는 결코 발전하지 못했을 것이다. 자본주의 체제의 옹호자들이 성공을 설파하고 그 체제의 가장 열렬한 옹호자들이 억압받는 자들이라기보다는 성공한 자들이긴 하지만, 성공에 대한 그들의 공언은 그 체제에서 실패가 하는 핵심적인 역할을 가린다. 오직 정신적인 수준에서, 실패감이나 불만감이 자본가로 하여금 신제품을 만들거나 기존 제품을 위한 새로운 시장을 발굴하도록 만들며, 소비자로 하여금 새로운 상품을 구매하도록 유도한다. 실패가 개별 자본가와 소비자를 위한 경제 엔진으로 기능하기 때문에 체제 자체가 확장된다. 성공한 사람들조차도 미래의 실패에 대한 두려움에서 동기를 찾는다. 부족함은 항상 코앞에 있다.

| 문제해설 |

실패에 대해 즐거워하고 성공에 대해 구조적으로 알레르기를 가지고 있지 않았다면 경제 체제로서의 자본주의는 결코 발전하지 못했을 것이라는 내용의 글이다. 즉, 실패가 개별 자본가와 소비자를 위한 경제 엔진으로 기능하기 때문에 자본주의 체제 그 자체가 확장된다는 것으로, 부족함은 항상 코앞에 있다는 밑줄 친 부분은 실패가 항상 바로 앞에 있기 때문에 경제 성장을 위한 엔진으로 사용된다는 의미를 나타낸다. 따라서 밑줄 친 부분이 의미하는 바로 가장 적절한 것은 ③ '실패는 자본주의의 성공을 위한 원동력으로 작용한다.'이다.
① 자본주의는 성공이 적절하게 보상될 경우에만 작동한다.
② 사람들은 미래의 실패에 대한 두려움에 쉽게 좌절한다.
④ 경제 체제로서의 자본주의는 좀처럼 장벽에 부딪히지 않는다.
⑤ 상품의 부족은 오로지 그것의 수요와 관련이 있을 뿐이다.

| 구조분석 |

2행 **Without** our enjoyment of failure and our constitutive allergy to success, capitalism would never have developed.

➡ Without은 If it had not been for, 또는 But for의 의미로, 이 문장에서는 주절의 would never have developed로 보아 과거 사실의 반대를 가정하는 가정법 과거완료로 쓰였다.

| 어휘 및 어구 |

thrive 번창하다   subject 대상, 주제
champion 옹호자, 챔피언   preach 설파하다
defender (주의·사상 등의) 옹호자
profession 공언, 표명   mask 가리다
psychic 정신적인, 심령적인   dissatisfaction 불만족

prompt 유도하다   commodity 상품
expand 확장되다   scarcity 부족, 결핍
just around the corner 코앞에 있는

| Word Search |
정답 1. thrive 2. commodity 3. scarcity

Exercise 6   정답 | ①

| 소재 | 행동을 취하지 못하게 하는 실패에 대한 두려움

| 해석 | Leslie는 그것을 깨닫지 못하지만, 그녀는 실패에 대한 두려움으로 인해 멈추어 섰다. 그녀는 자신의 아이디어가 효과가 없을 수도 있는 수백 가지 이유를 상상했고, 그러고 나서 이러한 이유들을 행동을 취하지 않는 것에 대한 '합당한' 변명으로 이용했다. Leslie는 행동하지 않는 자기 자신의 이유를 스스로 지어냈다는 것과, 붙잡아서 없애지 않으면 그러한 이유들이 커져서 그녀가 더 좌절하게 되는 결과를 초래할 수도 있다는 사실을 직시할 필요가 있었다. Leslie는 자신의 아이디어를 가지고 결코 나아가지 않는 사람들 중 많은 이들처럼, 즉 자신의 책을 결코 끝까지 쓰지 않는 교수, 자신이 꿈꾸고 다른 사람들에게 언급하는 그 그림을 결코 그리지 않는 화가, 훌륭한 돈벌이 계획을 가지고 있지만, 그것을 결코 실행하지 않는 사업가처럼 행동한다. 이 사람들 안에 있는 실패에 대한 두려움은 일정 수준의 성공이나 일정 수준의 완벽함에 도달하지 못하는 무능력함 너머까지 미친다. 이 사람들에게는, 그리고 Leslie는 그들 중 한 명일 수도 있는데, 그들이 기획한 일이 나무랄 데 없는 것이 아니라면, 그것이 노벨상을 받을 만한 품질이 아니라면, 그러면 그들의 마음속에서 그것은 실패작이고, 그들은 <u>불완전한</u> 것을 참을 수 없기 때문에 행동을 취하는 것을 미룰 것이다.

| 문제해설 |
Leslie는 실패에 대한 두려움 때문에 자신의 아이디어가 효과가 없을 수도 있는 수백 가지 이유를 상상했고, 그러고 나서 이러한 이유들을 행동을 취하지 않은 것에 대한 '합당한' 변명으로 이용했다는 내용을 통해, 실패에 대한 두려움이 더 큰 좌절을 초래할 수도 있다는 것을 기술하고 있다. Leslie를 포함하여 실패를 두려워하는 많은 사람들은 자신이 기획한 일이 나무랄 데 없는 것이 아니고, 노벨상을 받을 정도가 아니면 행동을 취하지 않는다고 했으므로, 빈칸에 들어갈 말로 가장 적절한 것은 ① '불완전한'이다.
② 무력한
③ 의존적인
④ 수정 가능한
⑤ 공격적인

| 구조분석 |
[5행] Leslie functions like [many of those {who never go forward with their ideas}] — [the professor {who never finishes writing his book}, the artist {who never paints the picture <she dreams about and mentions to others>}, the business person {who has a wonderful money-making scheme but never implements it}].
➡ 두 번째 [ ]는 첫 번째 [ ]에 대한 구체적 사례를 제시한다. 네 개의 { }는 각각 those, the professor, the artist, the business person을 수식하는 관계절이고, 세 번째 { } 안의 < >는 the picture를 수식하는 관계절이다.

| 어휘 및 어구 |
legitimate 합당한   excuse 변명
take action 행동을 취하다   face up to ~을 직시하다
eliminate 없애다   function 행동하다, 기능하다
scheme 계획   implement 실행[시행]하다
extend beyond ~ 너머까지 미치다
delay 미루다   tolerate 참다, 용납하다

| Word Search |
정답 1. legitimate 2. excuse 3. tolerate

Exercise 7   정답 | ④

| 소재 | 기술에 의한 자동화 방식

| 해석 | 자동화는 대부분의 전문가들이 자기 분야에 대한 기술의 관련성을 생각할 때 염두에 두는 것이다. 그들은 오늘날 자신들이 어떻게 일하는지에 관해 생각하고, 몇 가지 비효율적인 활동을 찾아낸 다음, 그것들을 전산화하는 것을 상상한다. 그들의 초점은 흔히 수작업이나 관리상의 업무를 효율화하는 데 맞추어져 있다. 오래된 운영 방식은 폐기되지 않는다. 대신, 효율성과 비용 절감을 바라는 욕구는 전통적인 전문 업무의 최적화로 이어진다. 이러한 의미에서 더 나은 수작업 시스템을 도입함으로써 조정이 착수될 수도 있지만, 그 직업들 전반에 걸친 대부분의 현행 효율화는 기술의 배치를 포함한다. 그러므로 이러한 자동화는 서비스가 이루어지는 가장 중요한 방식을 보완하기는 하지만 그것을 근본적으로 바꾸지는 않는다. 자동화는 대부분의 전문가들에게 기술적 변화의 안전지대이다. 그들은 <u>자신들의 현행 작업 방식을 지원하는</u> 기술의 넓은 범위를 인식한다.

| 문제해설 |
기술의 자동화는 오래된 운영 방식을 폐기하는 것이 아니라, 수작업이나 관리상의 업무를 효율화하는 데 맞추어져 있다는 내용으로, 그것은 서비스가 이루어지는 가장 중요한 방식을 보완하지만 그것을 근본적으로 바꾸지는 않는다는 것이 글의 핵심이다. 따라서 빈칸에 들어갈 말로 가장 적절한 것은 ④ '자신들의 현행 작업 방식을 지원하는'이다.
① 다른 분야로부터의 조언의 도움을 받아

② 그것의 부작용의 가능성을 염두에 두고
③ 확실성과 정확성의 범위 내에서
⑤ 그것이 작동하는 방식과 그것이 할 수 있는 것에 상관없이

| 구조분석 |

8행 This automation therefore complements but does not fundamentally change [the central way {in which services are delivered}].

➡ complements와 does not fundamentally change는 [ ]를 공동의 목적어로 취하고, [ ] 안의 { }는 the central way를 수식하는 관계절이다.

| 어휘 및 어구 |

automation 자동화
discipline 분야
computerize 전산화하다
administrative 관리[행정]상의
drive 욕구, 운동, 추진력
optimization 최적화
undertake 착수하다, 수행하다
complement 보완[보충]하다
comfort zone 안전지대

relevance 관련성
inefficient 비효율적인
manual 손으로 하는, 육체노동의
discard 폐기하다
cost-saving 비용 절감
adjustment 조정
current 현행[현재]의
fundamentally 근본적으로
scope 범위

| Word Search |

정답 1. inefficient 2. discard 3. adjustment

Exercise 8   정답 | ⑤

| 소재 | 국가 간의 상호 의존

| 해석 | 상호 의존은 한 사람의 조건이 다른 사람에게 의존하고 그 반대도 마찬가지인 경우이다. 간단히 말해서, 상호 의존은 상호 간의 의존을 의미한다. 그런 상황은 그 자체로 좋은 것도 나쁜 것도 아니며, 더 좋을 수도 더 나쁠 수도 있다. 결혼은 매우 상호 의존적인 관계의 좋은 예이다. 전통적인 기독교 결혼 서약은 두 배우자가 '더 부유해지든, 더 가난해지든, 더 좋은 일이 생기든, 더 나쁜 일이 생기든' 결혼 생활을 계속할 것을 약속하게 만든다. 국가 간의 상호 의존은 때로는 더 부유하게, 때로는 더 가난하게, 때로는 더 좋게, 때로는 더 나쁘게 되는 것을 의미한다. 18세기에, Jean-Jacques Rousseau는 상호 의존과 함께 마찰과 갈등이 온다고 지적했다. 그의 '해결책'은 고립과 분리였지만, 그것은 세계화된 세상에서는 거의 가능하지 않다. 오늘날의 북한 그리고 꽤 최근까지 미얀마(예전의 버마)의 경우처럼, 국가가 고립을 시도할 때, 그것은 막대한 경제적 대가를 치른다. 국가가 세상의 나머지 국가들과 단절하는 것은 쉽지 않다.

| 문제해설 |

상호 의존은 한 사람의 조건이 또 다른 사람에게 의존하고 그 반대도 마찬가지인 경우로, 결혼이 상호 의존적인 관계의 좋은 예이고, 또한 세계화된 세상에서 국가가 고립과 분리를 택할 경우 막대한 경제적 대가를 치르게 된다는 내용의 글이다. 따라서 빈칸에 들어갈 말로 가장 적절한 것은 ⑤ '국가가 세상의 나머지 국가들과 단절하는 것은 쉽지 않다'이다.
① 상호 간의 의존은 각 당사자에게 공동의 이득을 가져다준다
② 매우 상호 의존적인 관계는 쉽게 깨진다
③ 독립은 세계화된 세상에서도 필요하다
④ 세계의 국가들은 항상 서로 싸운다

| 구조분석 |

1행 Interdependence is [where the condition of one depends on another and vice versa].

➡ [ ]는 술어 동사 is의 주격 보어 역할을 한다.

| 어휘 및 어구 |

interdependence 상호 의존
mutual 상호 간의
commit 약속하게 만들다, 약속하다, 헌신하다
stick with ~을 계속하다
isolation 고립
enormous 막대한, 거대한

vice versa 반대로, 거꾸로

conflict 갈등
separation 분리

| Word Search |

정답 1. conflict 2. isolation 3. enormous

Exercise 9   정답 | ④

| 소재 | 다중 작업을 가능하게 하는 인공 지능

| 해석 | 인간 정신의 정보 패턴이 디지털의 형태로 성공적으로 예를 들어 설명될 때, 많은 (이론적으로 무제한적인) 수의 자율 대리인 복제품을 만들 가능성이 생긴다. 그럴 경우 각 복제품이나 모조 자아는 이전에는 구현된 의식의 직접적인 통제를 요구했던 기능을 수행할 수 있을 것이고, 따라서 한 집단이나 무리의 자아를 만들어 저작 의식의 영향과 기능을 배가시킬 수 있을 것이다. 현대 문화에서, 다중 작업, 즉 의식을 동시에 하나 이상의 활동으로 나누는 것의 이점과 단점이 흔히 논의되고 토론된다. 인공 지능이 장착된 아바타로 가득한 몰입형 세계에서, 자아는 각각의 지능형 대리인이 각자 할당받은 활동에 온전히 집중할 수 있게 되어 다양한 과제를 동시에 실행할 수 있는 전대미문의 능력을 가질 것이다. 따라서 자율 대리인의 개발은 다중 작업과 분산되지 않은 주의력의 공존을 이루는 데 도움이 될 것이다.

| 문제해설 |

인공 지능이 장착된 아바타로 가득한 몰입형 세계에서는 자아의 자율 대리인이 많이, 이론적으로는 무제한적으로 복제되어 할당받은 활동에 온전히 집중할 수 있고, 이런 식으로 다중 작업이 가능해진다는 내용의 글이다. 따라서 빈칸에 들

어갈 말로 가장 적절한 것은 ④ '다중 작업과 분산되지 않은 주의력의 공존을 이루는 데 도움이 될'이다.
① 한 사람의 진정한 자아와 개성이 꽃을 피우게 할
② 의식이 분열될 때 자아가 어떻게 무너지는지를 드러낼
③ 노인들에게 다중 작업이나 과제 전환을 어렵게 만들
⑤ 직관에 근거한 인간의 정신과 양립할 수 없을

| 구조분석 |
8행 In an immersive world [filled with AI-equipped avatars], the self will have the unprecedented ability [to simultaneously execute multiple tasks {with each of its intelligent agents being able to fully focus on its assigned activity}].
➡ 첫 번째 [ ]는 an immersive world를 수식하는 분사구이다. 두 번째 [ ]는 the unprecedented ability를 수식하는 to부정사구이고, 그 안의 { }에는 to부정사구에 이어지는 부수적인 상황을 나타내는 「with+명사+분사구」 구문이 사용되었다.

| 어휘 및 어구 |
mentality 정신, 사고방식   potential 가능성, 잠재력
theoretically 이론적으로   autonomous 자율의
agent 대리인   simulated 모조의, 가짜의
previously 이전에   embodied 구현된, 체현된
multiply 배가[증가]시키다   functionality 기능성
drawback 단점   multitasking 다중 작업
at the same time 동시에   immersive 몰입형의
equipped 장착된, 장비를 갖춘   simultaneously 동시에
execute 실행하다   assigned 할당받은

| Word Search |
정답 1. autonomous 2. drawback 3. simultaneously

Exercise 10   정답 | ⑤

| 소재 | 쓰다듬어 달라는 개의 성가심에 대처하는 방법

| 해석 | 만약 여러분이 다른 무언가를 하고 있어야 할 때 여러분의 개가 쓰다듬어 달라고 여러분을 성가시게 한다면, 그와의 시각적 접촉을 끊어라. 보디 블록(손을 사용하지 않는 것을 기억하라)으로 그를 밀어내기 위해서 여러분의 몸통을 이용하거나 자비롭지만 기품 있는 묵살로 (턱은 든 채로) 고개를 돌려버릴 수 있다. 그들과의 시각적인 접촉을 끊으면 개들이 얼마나 빨리 가버리는지는 놀랍다. 우리 인간들이 개들에게 무언가를 하게 하려고 할 때 그렇게 하는 것이 얼마나 힘든 일인지도 마찬가지로 주목할 만하다. 영장류가 무리에서 다른 개체와 직접적으로 소통하려고 하고 있을 때 그러는 것과 마찬가지로, 우리의 모든 본능은 우리가 우리의 개를 바라보게 하는 것 같다. 그러나

우리가 그것에 대해 생각하고 있지 않을 때 우리 자신이 사용하는, 가장 효과가 있는 바라봄은 우리가 묵살하면서 고개를 돌릴 때의, 약간 고상한 체하는 호락호락하지 않아 보이는 그런 바라봄이다. 그것은 인간에게뿐만 아니라 개에게도 효과가 있다. 정말이다. 여러분의 사회적 집단의 어느 누구든 그럴 수 있는 것처럼 개도 여러분을 당연하게 여길 수 있으며, 우리들 대부분은 당연하게 여겨지는 것을 매우 싫어한다. 여러분이 알고 있는 일부 사람들로부터 그런 일을 강요당할 수도 있겠지만, 여러분의 개로부터 나오는 그것[당연하게 여겨지는 것 – 성가신 것]을 참고 견딜 필요는 없다.

| 문제해설 |
우리가 무언가를 하고 있어야 할 때 개가 와서 쓰다듬어 달라고 우리를 성가시게 할 때는 시각적 접촉을 끊어서 개의 요구를 묵살하라는 내용의 글이다. 우리 인간의 본능은 영장류가 무리에서 다른 개체와 직접적으로 소통하려고 할 때처럼 개를 바라보는 것이라서, 고개를 돌려 눈맞춤을 하지 않음으로써 개의 요구를 묵살하는 것이 어렵지만, 개가 우리를 당연히 그래야 하는 존재로 여기도록 참고 견딜 필요는 없다는 내용이 글의 후반부에서 제시되고 있다. 따라서 밑줄 친 부분이 의미하는 바로 가장 적절한 것은 ⑤ '눈맞춤을 통해 쓰다듬어 달라는 여러분의 개의 요구에 굴복할'이다.
① 여러분의 개의 자연적인 무리 본능을 존중할
② 여러분의 개를 시각적으로 매력 있어 보이게 만드는 것을 그만둘
③ 항상 여러분의 개와의 언어적 접촉을 유지할
④ 여러분의 개의 존재에서 심리적으로 이득을 얻을

| 구조분석 |
7행 But the look [that works best], [that we use ourselves when we're not thinking about it], is that slightly snobby, hard-to-get look when we turn our head away in dismissal.
➡ 두 개의 [ ]는 the look을 수식하는 관계절이고, 술어 동사는 is이다.

| 어휘 및 어구 |
break off ~을 끊다, ~을 중단하다
torso 상체
body block (체육 용어) 보디 블록(몸통을 상대방에게 부딪쳐 행하는 블록)
benevolent 자비로운   dismissal 묵살, 일축, 해고
instinct 본능   primate 영장류
take ~ for granted ~을 당연한 것으로 여기다
be stuck with (싫은 일을) 강요당하다
put up with ~을 참고 견디다

| Word Search |
정답 1. benevolent 2. dismissal 3. instinct

03강

본문 28~37쪽

01 ③	02 ②	03 ②	04 ③	05 ①	06 ④
07 ④	08 ⑤	09 ②	10 ④		

Exercise 1

정답 | ③

| 소재 | 인간의 협력적인 본성과 진화

| 해석 | 많은 동물이, 삶이 비극으로 끝나기 때문이 아니라 삶에 대한 그것들의 접근 방식이 끝없는 갈등의 방식이기 때문에, 나라면 차라리 포기할 삶을 살고 있다. 갈매기가 되어 평생을 먹다 남은 것을 두고 다른 갈매기들과 싸우며 보낸다고 상상해 보라. 우리를 참 다행스럽게 만드는 것은 우리가 서로에게 (대체로) 잘 대하도록 진화했다는 순수한 우연이다. 우리의 협력적인 본성은 또한 우리의 놀라운 두뇌의 진화를 위한 발판을 마련했다. 우리의 사회성은 우리를 개별적으로 더 똑똑하게 만들었지만, 훨씬 더 중요한 것은 그것(사회성)이 우리의 지식과 연산력을 엄청나게 증가시키는 방식으로 우리의 마음을 다른 사람들의 마음과 연결했다는 점이다. 그 결과, 우리는 사바나에서 우리를 사냥했던 포식자들을 오래전에 능가했고, 이제 과거 포식자들이 그랬던 것보다 훨씬 더 큰 위협인 병원균의 대부분을 저지하고 있다. 역사상 처음으로 우리는 더 이상 우리 아이들의 거의 절반을 그들이 성인이 되기 전에 묻지 않는다. 진화는 인정사정없지만, 안정된 민주주의 국가에서 살 수 있는 행운을 가진 우리는 진화가 우리에게 준 도구를 이용해 전례 없이 안전하고 만족스러운 삶을 만들어 왔다.

| 문제해설 |
먹이를 두고 끝없이 경쟁하는 동물과는 달리 인간은 서로를 돕도록 진화했고, 이러한 본성이 인간의 두뇌 발달과 지식 및 연산력 증가에 큰 발판이 되었으며, 이를 통해 더 안전하고 만족스러운 삶을 살게 되었다는 내용의 글이다. 사회성을 통해 마음과 마음이 연결되어 우리의 지식과 연산력이 엄청나게 증가했다고 했으므로, 빈칸에 들어갈 말로 가장 적절한 것은 ③ '협력적인'이다.
① 호기심이 많은
② 경쟁적인
④ 불만스러운
⑤ 예측할 수 없는

| 구조분석 |
10행 Evolution is brutal, but [those of us {with the good fortune to live in established democracies}] have used the tools [that evolution gave us] [to create unprecedentedly safe and satisfying lives].
➡ 첫 번째 [ ]는 술어 동사 have used의 주어에 해당하며,

{ }는 those of us를 수식하는 전치사구이다. 두 번째 [ ]는 the tools를 수식하는 관계절이고, 세 번째 [ ]는 부사적 용법의 to부정사구이다.

| 어휘 및 어구 |
just as soon 차라리, 기꺼이
scrap 먹다 남은 것, 음식 찌꺼기
massively 엄청나게
surpass 능가하다
hold ~ at bay ~을 저지하다
brutal 인정사정없는
democracy 민주주의 국가, 민주주의
unprecedentedly 전례 없이
forgo 포기하다
evolution 진화
computing 연산, 계산
predator 포식자
threat 위협
fortune 행운

| Word Search |
정답 1. surpass 2. threat 3. democracy

Exercise 2

정답 | ②

| 소재 | Jackson Pollock의 성공 비결

| 해석 | 전문가들은 Jackson Pollock이 예술에 타고난 재능이 거의 없었다는 데 동의하며, 그의 초기 작품들을 볼 때 그것이 보였다. 그들은 또한 그가 20세기 가장 위대한 미국 화가 중 한 명이 되었고 현대 미술에 대변혁을 일으켰다는 것에 동의한다. 그는 어떻게 A지점에서 B지점으로 이동했을까? 그것은 노력과 헌신의 결과다. Pollock은 예술가가 된다는 생각에 몹시 빠져 있었다. 그는 항상 예술에 대해 생각했고, 그는 항상 그것(예술)을 했다. 그는 매우 열정적이었기 때문에, 다른 이들이 자신을 진지하게 받아들이고 자신을 지도하게 만들어, 결국은 자신이 숙달해야 할 것을 모두 숙달하여 놀랍도록 독창적인 작품을 만들기 시작했다. 그가 '쏟아부은' 그림들은 각각 완전히 독특한 것으로, 그가 자신의 무의식적인 마음으로부터 엄청난 범위의 감정을 끌어와 전달할 수 있게 해 주었다. 몇 년 전, 나는 뉴욕에 있는 Museum of Modern Art에서 이 그림들의 전시회를 볼 수 있는 특권을 누렸다. 나는 각 작품의 힘과 아름다움에 놀라움을 금치 못했다.

| 문제해설 |
타고난 재능이 별로 없었던 Jackson Pollock이 어떻게 20세기 가장 위대한 미국 화가 중 한 명이 될 수 있었는가에 대한 글이다. 항상 예술에 대해 생각하고, 숙달해야 할 기술을 모두 숙달할 때까지 다른 이들의 지도를 받았다고 했으므로, 빈칸에 들어갈 말로 가장 적절한 것은 ② '노력과 헌신'이다.
① 겸손함과 사교성
③ 창의력과 예술적 감각
④ 타고난 재능과 좋은 교육
⑤ 친구들의 무조건적 지지

| 구조분석 |
6행 Because he was so enthusiastic, he **got** others

[to {take him seriously} and {mentor him}] [until he {mastered all there was to master} and {began to produce startlingly original works}]].

➡ 「get+목적어+목적격 보어」의 구조가 사용되었으며 목적격 보어인 첫 번째 [ ] 안에 두 개의 { }가 and에 의해 연결되어 to에 이어진다. 두 번째 [ ]는 시간을 나타내는 부사절이며, 두 개의 { }가 and에 의해 연결되어 주어 he에 이어진다.

| 어휘 및 어구 |
revolutionize 대변혁을 일으키다 wildly 몹시, 아주
enthusiastic 열정적인　　　　　mentor 지도[조언]하다
startlingly 놀랍도록　　　　　unconscious 무의식적인
convey 전달하다　　　　　　privilege 특권을 부여하다

| Word Search |
정답 1. revolutionize 2. convey 3. privilege

Exercise 3　　　　　　　　　　　　정답 | ②

| 소재 | 동물들의 경계를 위한 상호 의존

| 해석 | 진화는 동물의 왕국에 노동력을 절약하는 많은 지름길을 가르쳐 왔다. 이것들 중 하나는 <u>다른 종의 경보음에 민감한 상태를 유지하는</u> 것이다. 가장 많이 경계하고 안전하지 못한 삼림 동물들이 경보망의 일부를 형성하는데 새, 다람쥐, 사슴은 모두 서로의 (신호) 전달에 맞춰져 있다. 이 상호 의존은 전 세계에서 발견될 것이다. 아프리카 사바나에서는, 영양이 얼룩말과 섞여서 그들의 경계를 공유한다. 영양은 시력이 나쁘고 후각이 강하지만, 얼룩말은 시력이 좋고 후각이 더 약하다. 그들은 함께 더 많은 것을 알아차리고 서로에게 위험을 경고한다. 우리는 바람 불어가는 쪽에서 사슴에게 살금살금 다가감으로써 매우 은밀하게 행동하고 있다고 생각할 수도 있지만, 머리 위에서 지저귀는 새를 걱정시키는 방식으로 행동한다면, 우리는 사슴 가까이 전혀 가지 못할 것이다. 마찬가지로, 우리의 바람이 불어가는 쪽에 있는 사슴은 낮은 덤불에 있는 굴뚝새가 우리를 보기 훨씬 전에 우리의 냄새를 맡을 수 있고 그것(사슴)의 경고하는 기침 같은 울음소리가 그 새에게 완벽하게 잘 작동할 것이다.

| 문제해설 |
영양과 얼룩말이 서로의 부족한 시각과 후각을 보완하며 서로에게 위험을 경고하고, 새와 사슴이 상대의 경계 신호를 통해 위험을 감지하는 것처럼 동물들이 다른 종이 전달하는 경계 신호에 민감하게 반응함으로써 위험에서 벗어나는 상호 의존에 관한 글이다. 따라서 빈칸에 들어갈 말로 가장 적절한 것은 ② '다른 종의 경보음에 민감한 상태를 유지하는'이다.
① 더 쾌적한 환경으로 무리 지어 이주하는
③ 짝을 찾기 위해 다양한 의사소통 기술을 개발하는
④ 조용히 있음으로써 포식자의 주의를 끌지 않도록 하는
⑤ 필요한 경우에만 대응하여 위협의 수준을 구분하는

| 구조분석 |
9행 Equally, [a deer {downwind of us} may pick up our scent {long before a wren in a low bush sees us}], and [his warning cough-like call will work perfectly well for the bird].

➡ 두 개의 [ ]가 and로 대등하게 연결되어 있다. 첫 번째 { }는 a deer를 수식하는 형용사구이고, 두 번째 { }는 시간을 나타내는 부사절이다.

| 어휘 및 어구 |
alert 경계하는
insecure 안전하지 못한, 불안정한
alarm 경보　　　　　　　　transmission 전달, 전송
codependency 상호 의존　　zebra 얼룩말
awareness 경계, 주의　　　stealthy 은밀한, 남의 눈을 피하는
creep up on ~에게 살금살금 다가가다
downwind 바람 불어가는 쪽으로

| Word Search |
정답 1. alarm 2. insecure 3. stealthy

Exercise 4　　　　　　　　　　　　정답 | ③

| 소재 | 뇌와 나무의 유사성

| 해석 | <u>영혼이나 자아를 정원처럼 가꿀 수 있다는 생각</u>은 고대로 거슬러 올라가며 현대 과학에서 뇌에 적용되기 시작하고 있다. 그것은 물론 하나의 비유를 다른 비유로 대체하는 것이지만, 우리는 비유 없이는 어떠한 정교한 방법으로도 생각할 수 없다. 게다가, 이 비유는 더 정확하다. 우리의 신경망을 만드는 세포들은 나무와 같은 가지 구조의 형태로 자라며, 그것들의 나무와의 시각적 유사성 때문에 나무라는 라틴어 단어에서 이름을 따 원래 dendrites로 명명되었다. 최근에 발견된 바 이러한 유사성은 신경 세포 나무와 식물이 똑같은 세 가지 수학적 법칙의 작용에 따라 성장한다는 사실을 반영한다. 더 깊은 유사성은 우리의 신경망의 건강을 유지하고 뇌의 상주 정원사 역할을 하는 세포 그룹에 의해 수행되는 가지치기와 잡초 뽑기라는 활동적인 과정에서 발견될 수 있다.

| 문제해설 |
뇌의 신경 세포와 나무의 유사성이 시각적인 면 외에도 성장 방식과 활동 과정에도 있다는 내용의 글이다. 신경 세포가 가지 구조의 형태로 자라고, 정원사 역할을 하는 세포 그룹에 의해 가지치기와 잡초 뽑기가 이루어진다고 했으므로, 빈칸에 들어갈 말로 가장 적절한 것은 ③ '영혼이나 자아를 정원처럼 가꿀 수 있다'이다.
① 뇌세포는 작은 컴퓨터처럼 작동할 수 있다
② 인간은 대자연의 필수적인 한 부분이다

④ 정신은 인체의 주요한 통제자이다
⑤ 정원 가꾸기는 정신 건강의 많은 측면을 개선할 수 있다

| 구조분석 |

8행 A deeper similarity can be found in the active process of pruning and weeding [that {maintains the health of our neural networks} and {is carried out by a group of cells <which function as the brain's resident gardeners>}].

➡ [ ]는 the active process ~ weeding을 수식하는 관계절이며 두 개의 { }가 and로 대등하게 연결되어 있다. 〈 〉는 a group of cells를 수식하는 관계절이다.

| 어휘 및 어구 |

contemporary 현대의   metaphor 비유
sophisticated 정교한   accurate 정확한
neural 신경의   similarity 유사성
neuronal 신경 세포의, 뉴런의   pruning 가지치기
weeding 잡초 뽑기

| Word Search |

정답 1. metaphor 2. neural 3. pruning

Exercise 5   정답 | ①

| 소재 | 학생의 독립성을 점차 허용하는 수업

| 해석 | 연극 연출가는 특이한 업무를 가지고 있다. 몇 주 동안, 그녀는 배우에서 보조 인력에 이르기까지 다양한 역할의 다양한 사람들에 의해 이루어지는 모든 움직임을 조직한다. 그녀의 이런저런 개입 없이는 일이 거의 일어나지 않는다. 하지만 연극이 시작되면 연출가는 본질적으로 쓸모가 없다. 출연진과 제작진이 여전히 그녀를 필요로 한다면, 그녀는 실패자다. 가르치는 것은 그런 것이거나 적어도 그래야만 한다. 매일 교사는 자신의 학생들의 삶에서 자신을 점점 더 쓸모없게 만들어야 한다. 이런 종류의 교사들은 학생들이 스스로 문제를 해결할 수 있을 때 해결책을 제공하지 않는다. 그들은 우수성을 위한 방향과 지침을 제공하지만, 학생들이 전이의 도약을 해야 하고 상식을 적용해야 하도록 어느 정도의 모호함, 선택권, 유연성을 남겨둔다. 그들은 아이들이 얼마나 많은 책임을 해낼 수 있을지 신중히 측정하여 그만큼의 책임을 확실히 부여하고 또한 조금 더 많은 책임을 지도록 지도한다.

| 문제해설 |

연극 연출가가 공연 전까지는 이런저런 개입을 하지만 연극이 시작되면 연출가는 더는 쓸모가 없어지는 것처럼, 교실에서 교사 역시 점점 학생들이 스스로 문제를 해결하고 선택을 하면서 책임을 지도록 해야 한다고 했으므로, 밑줄 친 부분이 의미하는 바로 가장 적절한 것은 ① '학생들로 하여금 점차 더 독립적으로 공부하게 하다'이다.

---

② 학생들로 하여금 그들이 선택한 누구에게라도 배울 수 있게 허용하다
③ 학생들이 점차 자신들의 미래에 집중하게 만들다
④ 더 많은 학생들이 자신들의 경험을 학습에 적용하게 하다
⑤ 점점 더 많은 학생들에게 교수 활동에 참여하도록 권하다

| 구조분석 |

9행 They take careful measure of [how much responsibility children can manage], [making sure to give them that much — and coaching for a bit more as well].

➡ 첫 번째 [ ]는 of의 목적어 역할을 하는 명사절이고, 두 번째 [ ]는 주어인 They의 부수적 행위를 나타내는 분사구문이다.

| 어휘 및 어구 |

director 연출가   peculiar 특이한
orchestrate 조직하다   support personnel 보조 인력
intervention 개입   cast 출연진
crew 제작진   quality 우수성
ambiguity 모호함   flexibility 유연성
leap 도약
transfer 전이(선행 학습이 나중 학습의 효과에 영향을 미치는 것)

| Word Search |

정답 1. director 2. ambiguity 3. flexibility

Exercise 6   정답 | ④

| 소재 | 상황과 관련된 강점

| 해석 | 강점은 상황과 관련되어 있다. 어떤 개인적 자질도 상황에 따라 재능이 될 수도 있고 불리한 조건이 될 수도 있다. 여러분이 인쇄된 글을 읽는 데 어려움이 있다고 가정해 보자. 특히 글의 문장 분석에 크게 의존하는 직업인 문학 비평가가 되고 싶다면, 이것은 당연히 단점인 것처럼 보일 수도 있다. 하지만 여러분이 천문학자가 되고 싶다면, 똑같은 명백한 단점이 예상치 못한 강점으로 바뀔 수 있다. 읽기에 어려움을 겪는 많은 사람의 뇌는 읽기에 어려움이 없는 개인의 뇌보다 천문학적 이미지에서 블랙홀과 여타 천체의 변칙적인 것을 더 잘 감지한다. 공감 능력은 간호사에게는 자산이지만 군용 드론 조종사에게는 단점이다. 키가 크다는 것은 NBA 선수에게는 장점이지만, 광부에게는 단점이다.

| 문제해설 |

같은 자질과 능력이라도 상황에 따라 재능이 될 수도 있고 단점이 될 수도 있다는 내용의 글이다. 즉, 어떤 상황에 놓이느냐에 따라 강점이 될 수도 있고 아닐 수도 있으므로, 빈칸에 들어갈 말로 가장 적절한 것은 ④ '상황과 관련되어'이다.
① 고정되어

② 유전의
③ 무자비한
⑤ 탐지할 수 없는

| 구조분석 |

5행 The brains of many people [who have trouble reading] are better at [detecting black holes and other celestial anomalies in astronomical images] than the brains of individuals without reading difficulties.

➡ 첫 번째 [ ]는 many people을 수식하는 관계절이며, 두 번째 [ ]는 전치사 at의 목적어 역할을 하는 동명사구이다.

| 어휘 및 어구 |

aptitude 재능, 소질   understandably 당연히
shortcoming 단점, 결점   literary 문학의
dependent 의존하는   astronomer 천문학자
detect 감지하다   anomaly 변칙적인 것
astronomical 천문학상의   facility 능력, 재능
empathy 공감   asset 자산

| Word Search |
정답 1. shortcoming 2. detect 3. empathy

Exercise 7   정답 | ④

| 소재 | 신념의 특징

| 해석 | 신념은 확실하다고 느껴진다. 하지만 우리가 확실하다고 느끼는 모든 것이 신념은 아니다. 내가 절대적으로 혹은 '논리적으로' 확신하는 어떤 것에 대해서든 확신이 '필요하지' 않다. René Descartes가 자신이 생각하고 존재한다는(일반적으로, 그러나 잘못되게 "나는 생각한다, 그러므로 나는 존재한다."라는 추론으로 이해되는) 것을 확신한다고 단언했을 때, 그는 그 순간에 자신이 생각하고 있다는 것을 적극적으로 의심할 수 없다는 뜻으로 말한 것인데, 왜냐하면 의심하는 것이 생각하는 것이기 때문이다. 하지만 이것이 Descartes의 '신념'이었다고 말하는 것은 이상할 것이다. 사실, 신념에 관해 흥미로운 점은 신념이 정반대의 신념에 직면하여 자주 형성된다는 것이다. 2 더하기 2가 4가 되는 것과 같은 논리적으로 확실한 것들이나 자신의 존재에 대한 Descartes의 믿음과 같은 철학적으로 확실한 것들과는 달리, 우리는 일반적으로 다른 사람들이 우리의 신념에 반대할 수도 있다는 것을 알고 있다. 우리는 비록 우리 스스로가 자신의 신념이 틀렸다고 상상도 할 수 없을지라도, 그것이 의심받고 도전받을 수 있다는 것은 알고 있다.

| 문제해설 |

신념은 확실하다고 느끼는 것이지만 절대적으로 논리적으로 확실한 것과는 구별되며, 다른 사람들이 우리의 신념에 반대하고 도전할 수 있다는 사실을 우리 스스로 알고 있다는 것이

특징이라고 말하고 있다. 따라서 빈칸에 들어갈 말로 가장 적절한 것은 ④ '정반대의 신념에 직면하여'이다.
① 이성적 추론 위에
② 의심과 불안으로
③ 철학적 반성을 통해
⑤ 돋보이려는 강한 욕구를 중심으로

| 구조분석 |

9행 We are aware [that our convictions can be doubted and challenged], [even if we ourselves just cannot imagine {that they are false}].

➡ 첫 번째 [ ]는 aware의 구체적 대상에 해당하는 명사절이고, 두 번째 [ ]는 양보의 의미를 나타내는 부사절이다. { }는 imagine의 목적어 역할을 하는 명사절이다.

| 어휘 및 어구 |

conviction 신념   absolutely 절대적으로
logically 논리적으로   declare 선언하다
inference 추론   certainty 확실한 것, 확실성
philosophical 철학적인   oppose 반대하다
false 틀린

| Word Search |
정답 1. declare 2. inference 3. oppose

Exercise 8   정답 | ⑤

| 소재 | 시각 이미지 해석과 기억

| 해석 | 햇빛 속에서 우리는 시야의 중심 영역에서 전체 색상과 미세한 세부 사항을 인식할 뿐이고, (시야의) 외부 영역으로부터는 모습이 덜 분명해지고 색상에 대한 인식이 감소한다. 그리고 나서 우리의 뇌는 제공 받은 비교적 적은 양의 상세한 컬러 이미지를 선택하고, 그것을 덜 다채롭고 덜 분명한 주변 이미지와 결합해 사용하여 일생에 걸쳐 저장된 기억과의 비교에 의해 그 이미지를 해석한다. 예를 들어, 우리가 한 페이지에서 Y자 모양의 이미지를 본다면, 우리는 그것을 모서리의 3차원적 표현으로 해석할 수 있는데, 이것은 결국 모서리가 페이지 밖으로 돌출되었거나 그 안으로 움푹 들어간 것으로 인지될 수 있다. 사람들은 대부분 그것을 돌출된 모서리로 보는데, 아마도 유아 시절 네 발로 탐험하다가 발견한, 모서리는 단단하고 뾰족하다는 초기 기억을 떠올리기 때문일 것이다. 여기서 이해해야 할 중요한 것은 우리의 기억이 광수용체로부터 우리가 받는 시각적 신호를 해석하는 데 중요한 역할을 한다는 것이다. 만약 우리가 사물을 발견하는 데 능숙하기를 원한다면, 우리는 비교를 위해 상당한 양의 이미지를 비축해 놓았어야 한다.

| 문제해설 |

우리의 뇌가 시야의 중심 영역과 외부 영역에서 얻은 시각 정보를 해석할 때 우리 기억이 중요한 역할을 한다는 내용의 글

이다. 기억 속에 저장된 이미지를 떠올리면서 보이는 시각적 신호를 해석하기 때문에, 사물을 잘 발견하려면 비교할 수 있는 이미지를 많이 기억 속에 저장해 놓았어야 한다고 했으므로, 빈칸에 들어갈 말로 가장 적절한 것은 ⑤ '일생에 걸쳐 저장된 기억과의 비교'이다.
① 다양한 관점의 채택
② 다양한 움직임에 대한 시각화
③ 다른 감각 정보의 적용
④ 익숙하지 않은 모양과 색의 탐색

| 구조분석 |

7행 Most people see it as a projecting corner, [perhaps recalling an early memory {that a corner is hard and sharp}, {discovered when exploring on all fours as an infant}].
➡ [ ]는 주어 Most people의 부수적 행위를 나타내는 분사 구문이다. 첫 번째 { }는 an early memory를 부연하여 설명하는 동격절이고, 두 번째 { }는 an early memory that ~ sharp를 부연설명하는 분사구이다.

| 어휘 및 어구 |

perceive 인식하다   region 영역
less-defined 덜 분명한
vision (눈에 비치는) 모습, 시야, 시각
present 제공하다   combine 결합하다
interpret 해석하다   representation 표현
depressed 움푹 들어간, 내리눌린
projecting 돌출된, (톡) 튀어나온   on all fours 네 발로
critical 중요한   substantial 상당한
store 저장량

| Word Search |
정답 1. region 2. combine 3. substantial

Exercise 9   정답 | ②

| 소재 | 사람마다 다르게 경험하는 시간의 흐름

| 해석 | 시간 흐름의 가장 보편적인 특징 중 하나는 그것(시간의 흐름)이 보편적이지 '않다'는 것으로 모두가 그것을 조금씩 다르게 경험한다. 물리적 의미에서 그것이 정량화할 수 있게 사실인 경우도 있지만, 우리의 시간 경험 간 차이의 대부분은 주관적이다. 여러분이 당면한 과제에 대해 어떻게 느끼느냐에 따라 종일의 업무 시간이 휙 지나가는 것으로 보이거나 끝없이 질질 늘어지는 것으로 보일 수도 있으며, 부모에게는 놀이공원 기구를 타기 위한 완벽하게 합리적인 기다림처럼 보이는 것이 그들의 어린 자녀들에게는 '많은 시간'처럼 느껴질 것이다. 주관적인 경험의 이러한 차이는 특히 성인 세계에서 <u>모두가 자기 자신만의 일정을 지킨다</u>는 사실에 의해 더욱 악화된다. 슈퍼마켓

계산대에서 구매한 것에 대한 정확한 잔돈을 찾으려고 더듬는 사람은 지금 당장 급한 책무가 없기 때문에 이것을 시간을 잘 사용하는 것으로 볼 수도 있지만, 그 사람 뒤에 있는 걱정에 찬 사람은 회의에 늦어지고 있어 화가 나 씩씩거리고 있다. 모두가 각자의 속도에 맞춰 각자의 일을 하고 있고, 일정이 서로 우연히 부딪칠 때, 그것은 긴장 상태를 조성할 수 있다.

| 문제해설 |
사람들이 경험하는 시간의 흐름이 보편적이지 않고 주관적이며, 당면한 과제에 대해 어떻게 느끼는지와 각자의 일정에 따라 시간의 흐름도 다르게 경험한다는 내용의 글이다. 당장 해야 할 일이 없는 사람과 회의에 늦은 사람이 계산대 앞에서 시간의 흐름을 다르게 느끼듯이, 모두 각자의 속도로 일을 하고 사람들의 일정이 우연히 부딪칠 때 긴장 상태가 조성될 수 있다고 하였으므로, 빈칸에 들어갈 말로 가장 적절한 것은 ② '모두가 자기 자신만의 일정을 지킨다'이다.
① 정확한 시간 기록원이 없다
③ 시간의 문화적 차이는 클 수 있다
④ 세계는 24개의 시간대로 나뉜다
⑤ 시간에 대한 사람들의 태도는 보편적이다

| 구조분석 |

8행 [The person at the supermarket checkout {fumbling to find the exact change for their purchases}] might see this as a good use of time because they have no pressing responsibilities at the moment, [while the troubled person behind them is steaming because they're running late for a meeting].
➡ 첫 번째 [ ]는 술어 동사 might see의 주어 역할을 하는 명사구이며, { }는 The person ~ checkout을 수식하는 분사구이다. 두 번째 [ ]는 while이 이끄는 대조의 부사절이다.

| 어휘 및 어구 |

universal 보편적인   subjective 주관적인
drag on 질질 늘어지다[계속되다]
amusement park 놀이공원   pressing 긴급한
troubled 걱정하는, 불안해하는   steam 화가 나 씩씩거리다
bump up against ~과 우연히 부딪치다[만나다]
tension 긴장 상태, 갈등

| Word Search |
정답 1. subjective 2. pressing 3. tension

Exercise 10   정답 | ④

| 소재 | 질문의 유용성

| **해석** | 나는 내 동료들과 내가 과거의 추정에 도전함으로써 장벽을 무너뜨리고 어떤 새로운 경로를 따라 해결책을 추구하기 위한 새로운 에너지를 만들어 내는 그런 종류의 질문에 직관적으로 끌려 왔다고 생각한다. 그리고 만약 우리가 그랬다면, 그것은 아마도 부분적으로는 질문하는 것이 평가에 자신을 노출시키지 않으면서 어떤 것에 관한 새로운 사고방식을 소개하는 매우 효과적인 방법이기 때문일 것이다. 질문은 결국 비난의 대상이 될 만큼 충분히 공격적인 의견의 선언이 아니다. 그것은 다른 틀 안에서 또는 다른 방식을 따라 더 생각해 보라는 권유이다. 만약 그 사고방식이 받아들여지지 않거나 가치 있는 곳으로 이끌지 못한다고 해도, 그것을 제안한 사람에게 평판의 손상은 없다. 그러므로, 사람은 (토론을 위해) 그것을 제안할 가능성이 더 크다.

| **문제해설** |
의견을 선언할 경우 비난의 대상이 될 가능성이 있지만, 질문의 방식으로 새로운 의견을 소개한다면 그 의견이 받아들여지지 않거나 별로 가치가 없는 것으로 밝혀지더라도 그 의견을 제시한 사람이 평가를 받거나 평판이 나빠지는 일이 없기에 사람들이 더 부담을 갖지 않고 의견을 낼 수 있다는 내용이다. 따라서 밑줄 친 부분이 의미하는 바로 가장 적절한 것은 ④ '질문 형식으로 생각을 제안하다'이다.
① 문제에 논리적인 답을 하다
② 자신을 평가에 노출시키는 위험을 무릅쓰다
③ 새로운 사고방식에 관여하는 것을 피하다
⑤ 토론을 시작하는 것의 가치에 이의를 제기하다

| **구조분석** |
1행 I think [intuitively my colleagues and I have gravitated toward the kinds of questions {that <knock down barriers by challenging past assumptions> and <create new energy for pursuing solutions along some new pathway>}].
➡ [ ]는 think의 목적어 역할을 하는 명사절이며 { }는 the kinds of questions를 수식하는 관계절이다. 두 개의 〈 〉는 and로 대등하게 연결되어 있다.

| **어휘 및 어구** |
intuitively 직관적으로   colleague 동료
gravitate (자연히) 끌리다   barrier 장벽
challenge 도전하다   assumption 추정
pursue 추구하다   judgment 평가, 판정
declaration 선언   aggressive 공격적인
draw fire 비난의 대상이 되다   invitation 초대
reputational 평판의

| **Word Search** |
정답 1. intuitively   2. assumption   3. aggressive

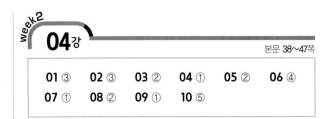

본문 38~47쪽

| 01 ③ | 02 ③ | 03 ② | 04 ① | 05 ② | 06 ④ |
| 07 ① | 08 ② | 09 ① | 10 ⑤ |

Exercise 1   정답 | ③

| **소재** | 계속 재창조되는 문화

| **해석** | 우리의 생각은 우리를 해방하거나 구속할 수 있다. 글자 그대로의 의미로 우리는 우리가 사는 세상을 창조하며, 항상 재창조의 가능성이 있다. 심리학자인 George A. Kelly가 표현한 것처럼 "사건들을 이해하기 위해 우리는 그것들을 생각들의 실로 꿰고, 생각들을 이해하기 위해 우리는 그것들을 사건들과 대조하여 검증해야 한다." 그는 이 과정을 연속적인 접근의 과정으로 묘사한다. 인류 역사에서 생성력이 있는 위대한 생각들은 그것들의 시대의 세계관을 바꾸었고 그것들의 문화를 개조하는 데 도움을 주었다. 우리는 우리가 사는 세상을 만들고 그것을 다시 만들 수 있다. 이러한 문화 진화의 과정은 아마도 코미디언 George Carlin이 "내가 삶의 의미를 알아냈을 바로 그때, 그들이 그것을 바꾸었어요."라고 말했을 때 생각했던 바일 것이다. 사회의 문화에서 창조적 변화의 긴 주기에서 사실인 것이 개인과 집단에 의한 창조적 작업의 더 짧은 주기에서도 사실이다.

| **문제해설** |
생성력이 있는 생각들은 시대의 세계관을 바꾸었고 문화를 개조하는 데 도움을 주었으며, 우리는 세상을 만들고 그것을 다시 만들 수 있다는 내용이므로, 빈칸에 들어갈 말로 가장 적절한 것은 ③ '재창조'이다.
① 역경
② 분리
④ 경쟁
⑤ 자제력

| **구조분석** |
5행 [The great generative ideas in human history] have [transformed the world view of their times] and [helped to reshape their cultures].
➡ 첫 번째 [ ]는 문장의 주어이고, 두 번째와 세 번째 [ ]는 and에 의해 병렬로 연결되어 have에 이어진다.

| **어휘 및 어구** |
liberate 해방하다   imprison 구속하다, 투옥하다
literal 글자 그대로의   thread 실로 꿰다
process 과정   successive 연속적인, 잇따른
generative 생성력이 있는   transform 바꾸다, 변형하다
reshape 개조하다, 구조를 고치다

evolution 진화　　　　　　　have in mind ~을 생각하다
creative 창조적인

| Word Search |
정답 1. liberate 2. process 3. successive

Exercise 2

정답 | ③

| 소재 | 과도하게 사용된 목재

| 해석 | 목재는 일상생활의 매우 필수적인 요소였으므로 사람들은 목재 생산의 한계가 발전 부족의 원인이라고 예상할 수도 있었다. 평범한 사람들의 거의 모든 소유물은 목재였으며, 반면에 실제로 나무로 만들어지지 않은 것들은 생산하기 위해 많은 양의 목재가 필요했다. 예를 들어, 중세 시대에는 1파운드의 철을 제련하기 위해 약 30파운드의 목재가 필요했다. 사람들은 음식을 조리하고 자신들의 집을 난방하기 위해 훨씬 더 많은 양의 목재를 태웠고, 목재는 그 시대의 주요 산업 과정, 즉 소금 만들기, 양조하기, 무두질하기, 염색하기에서 필수적인 에너지원이었다. 체스의 언어로, 목재는 혹사당하는 말이었다. 그리고 인구가 증가하고 농사를 짓기 위해 땅이 개간되면서, 숲이 파괴되어 목재 공급이 훨씬 더 줄어들었을 것이다. 여러분은 이것이 결국에는 목재의 부족을 초래하여, 더 이상의 물질적인 발전을 방해했을 것이라고 족히 생각할 것이다. 어쨌든, 민중의 역사는 목재의 사용이 어떻게 삼림 파괴와 재해를 초래했는지에 대한 이야기로 가득 차 있다.

| 문제해설 |
사람들은 일상생활의 거의 모든 소유물을 목재로 만들었고, 철 제련, 음식 조리, 난방, 소금 제조, 양조, 무두질, 염색 등의 산업 과정에서 많은 양의 목재를 태웠으며, 농사를 위한 땅 개간으로 숲이 파괴되어, 목재 부족 및 재해를 초래했다는 내용이므로, 빈칸에 들어갈 말로 가장 적절한 것은 ③ '혹사당하는 말'이다. 여기서 piece는 체스판의 말을 가리킨다.
① 지원 병력
② 훈련을 잘 받은 선수
④ 구식의 보드
⑤ 영속하는 동반자

| 구조분석 |
10행 You might well think [that this would eventually have led to a shortage of wood, {hindering further material progress}].
➡ [ ]는 think의 목적어로 쓰인 명사절이고, 그 안의 { }는 this ~ wood의 내용을 부연 설명하는 분사구문이다.

| 어휘 및 어구 |
essential 필수적인　　　　component (구성) 요소
progress 발전, 발달　　　　possession 소유(물)

folk 사람들　　　　　　　quantity 양, 수량
burn 태우다　　　　　　　vital 필수적인, 중대한
brew 양조하다, 차를 끓이다　dye 염색하다
human population 인구　　clear 개간하다
agriculture 농사, 농업　　　eventually 결국에, 드디어
shortage 부족　　　　　　hinder 방해하다
deforestation 삼림 파괴[벌채]　disaster 재해

| Word Search |
정답 1. component 2. possession 3. vital

Exercise 3

정답 | ②

| 소재 | 생활 수준과 구매하는 제품의 종류와의 관계

| 해석 | 인구 통계 수준을 넘어, 높아진 생활 수준은 경제 성장에 중요한 결과를 가져왔고, 이는 우리가 구매하는 제품의 종류에 관한 우리의 선택을 통해 작용했다. 1940년에는 만약 여러분이 수도용 배관이나 변기를 이미 갖고 있지 않았다면, 그런 것들을 설치하는 데 돈을 썼을지도 모른다. 20세기의 다른 시기에는 에어컨, TV, 또는 컴퓨터에서도 마찬가지였다. 하지만 우리가 일단 그 물건들을 가졌다면, 그 다음에 우리는 돈을 무엇에 썼나? 사람들이 화장실에 추가 변기를 설치했는가? 아니었을 것이다. 대신, 물건이 더 값싸지고 우리가 그것들로 집을 가득 채웠을 때, 우리의 소비는 서비스로 향했다. 더 길고 더 나은 휴가를 보내거나, 강좌를 수강하거나, 의료 전문가의 진찰을 받거나, 약간의 물리 치료를 받거나, 또는 전화 요금 약정에 더 많은 데이터를 넣기 위해, 우리는 기본 제품의 가격 하락과 이용 가능성을 이용했다. 우리는 제품을 공급하는 데서 거둔 우리의 성공을 점점 더 많은 서비스를 구입하는 데 이용했다.

| 문제해설 |
우리는 1940년에는 수도용 배관이나 변기 설치에 돈을 썼고, 20세기 다른 시기에는 에어컨, TV, 또는 컴퓨터에 돈을 썼으며, 물건이 값싸져서 물건으로 집을 가득 채웠을 때는 휴가, 치료 등의 서비스에 돈을 썼다는 내용의 글이므로, 빈칸에 들어갈 말로 가장 적절한 것은 ② '우리가 구매하는 제품의 종류에 관한 우리의 선택'이다.
① 시장 지배력을 많이 가진 회사와 산업계
③ 1인당 물질적인 생활 수준의 대략적인 측정
④ 경제에서 생산되는 모든 상품과 서비스의 가치
⑤ 우리가 생산하는 상품과 서비스의 양에서의 실질적 변화

| 구조분석 |
2행 In 1940 you **might have spent** your money installing plumbing for running water or a toilet, [if you didn't already have those things].
➡ might have spent는 '~했을지도 모른다'의 의미의 「might have+과거분사」 구문이고, [ ]는 조건의 부사절이다.

| 어휘 및 어구 |

standard 수준, 표준
consequence 결과
plumbing 배관
the same goes for ~도 마찬가지다
spending 소비, 지출
take advantage of ~을 이용하다
availability 이용 가능성, 구할 수 있음
therapy 치료(법)
significant 중요한, 상당한
install 설치[설비]하다

| Word Search |

정답 1. significant 2. install 3. therapy

Exercise 4

정답 | ①

| 소재 | 작은 과학이 번창할 수 있는 가능성

| 해석 | 기술은 연구 과학자들이 아주 적은 예산을 놀라운 방법으로 이용할 수 있게 해 준다. 그리고 이제 우리는 각자 점점 널리 행해지는 시민 과학을 통해서 아마추어로서 과학에 쉽게 공헌할 수 있는데, 거기서 일반 대중은 자료 수집과 같은 작업에서 흔히 작은, 증가하는 방식으로 돕는다. 은하계나 플랑크톤을 분류하는 것에서부터 단백질이 어떻게 접히는지를 알아내는 것까지, 이제 모두가 과학 과정의 일부가 될 수 있다. 그리고 비록 수학이 여전히 뛰어난 천재의 영역일 수도 있지만, 거기에는 또한 취미 활동가나 아마추어가 설 자리가 있다. 1990년대 중반, 두 명의 고등학생이 유클리드가 수천 년 전에 제기하고 풀었으며 그 이후에 다른 (해결) 방법이 발견된 적이 없던 문제에 대한 새로운 추가적인 해결 방법을 발견했다. 심지어 오락적인 수학이라고 알려진 전체 영역도 있다. 이러한 사례들이 보여 주는 것은 창의적 실험과 올바른 질문이 충분한 재정 지원과 사회 기반 시설만큼 중요한 것이며, 기술이 이러한 작업을 그 어느 때보다 더 쉽게 만들어 주고 있다는 것이다. 작은 과학이 여전히 번창할 수 있다.

| 문제해설 |

과학자들이 아주 적은 예산을 놀라운 방법으로 최대한 이용할 수 있고, 일반 대중은 시민 과학을 통해서 과학에 쉽게 공헌할 수 있으며, 고등학생이 수학 문제에 대한 새로운 추가적인 해결책을 발견하는 것처럼 취미 활동가나 아마추어들이 담당할 수 있는 수학의 영역이 있다고 말하고 있으므로, 빈칸에 들어갈 말로 가장 적절한 것은 ① '작은 과학이 여전히 번창할 수 있다'이다.
② 과학은 논리적 사고를 발달시킨다
③ 과학은 흔히 기술에 선행한다
④ 과학자들은 진실을 정말 옹호한다
⑤ 천재 혼자서 과학을 가능하게 할 수 있다

| 구조분석 |

10행 [What these examples demonstrate] is [that

---

creative experiments and the right questions are as important as ample funding and infrastructure] — and [that technology is {making this work easier than ever}].

➡ 첫 번째 [ ]는 문장의 주어로 쓰인 명사절이고, 두 번째와 세 번째 [ ]는 보어로 쓰인 명사절이다. 세 번째 [ ] 안의 { }는 '~을 …하게 만들다[하다]'라는 의미의 「make+목적어+목적격 보어(형용사)」 구문이다.

| 어휘 및 어구 |

leverage (원하는 것을 이루기 위해서 가치 있는 것을) 이용하다
tiny 아주 작은[적은]
contribute 공헌하다, 이바지하다
task 작업, 과업
galaxy 은하계, 은하수
protein 단백질
singular 뛰어난, 단수의
novel 새로운
demonstrate 보여 주다, 입증하다
funding 재정 지원, 자금
infrastructure 사회 기반 시설, 인프라
astonishing 놀라운
prevalence 널리 행해짐, 유행
categorize 분류하다
figure out ~을 알아내다
domain 영역
genius 천재
pose (문제 등을) 제기하다

| Word Search |

정답 1. task 2. categorize 3. funding

Exercise 5

정답 | ②

| 소재 | 다가오는 행사에 대해 더 많이 느끼는 감정

| 해석 | 네덜란드에서 1,000명 넘는 사람을 대상으로 한 연구에서, 휴가를 가는 사람들은 여행 후 몇 주간보다 여행 전 몇 주간 더 큰 행복의 상승을 보였다. 그리고 사람들은 1월에 자신들이 실제 경험한 것을 회상할 때보다 11월에 이런 행사들에 대해 상상할 때 크리스마스와 새해 첫날에 대한 훨씬 더 감정적인 이미지를 만들어 낸다. 연구원들은 우리가 '시간의 주름'을 경험한다는 의견을 제시해 왔다. 이것은 여러분이 곧 이사하게 된다면 기억해 둘 가치가 있다. 사람들은 과거에 (친구가 이사하는 것을) 도와주었던 것을 기억하는 것과 비교하여 미래에 친구가 이사하는 것을 도와줄 것에 대해 생각할 때 더 부정적인 감정을 느낀다. 그래서 그들은 더 좋은 감사 선물을 요구한다. 만약 여러분이 이사하는 것을 도와준 것에 대해 여러분의 친구에게 저렴한 맥주와 피자에 불과한 것으로 '보답할' 계획을 갖고 있다면, 여러분은 이사하기 전날보다는 이사한 다음 날에 그들을 초대하면 그들이 그 값싼 선물에 만족할 가능성이 더 크다.

| 문제해설 |

휴가를 가는 사람들이 휴가 전 몇 주간에 더 큰 행복을 느끼고, 크리스마스와 새해 첫날을 11월에 상상할 때 더 감정적

인 이미지를 만들어 내며, 친구의 이사를 도와주기 전에 부정적인 감정을 더 느낀다는 내용으로 보아, 밑줄 친 부분이 글에서 의미하는 바로 가장 적절한 것은 ② '미래의 사건이 과거의 사건보다 우리 안에서 더 감정을 일으킨다.'이다.
① 우리의 생각은 즐거운 상황에서 더 긍정적이다.
③ 왜곡된 생각은 우리의 우울한 사건 동안에 꽤 자주 발생한다.
④ 우리는 평범한 날보다 특별한 일에서 더 많은 즐거움을 얻는다.
⑤ 우리는 즐거운 사건보다 불쾌한 사건에 대해 더 생생한 기억을 가진다.

| 구조분석 |

2행 And people generate even **more** emotional images of Christmas and New Year's [when they imagine these events in November] **than** [when they look back in January on their actual experiences].

➡ 두 개의 [ ]는 모두 시간의 부사절로서 비교급 구문인 「more ~ than ...」에서 비교의 대상이 되고 있다.

| 어휘 및 어구 |

exhibit 보이다, 전시하다   boost 상승, 증가
afterward 그 뒤에   generate 만들어 내다, 생성하다
look back on ~에 대해 회상하다   wrinkle 주름
worth -ing ~할 가치가 있는   compare to ~과 비교하다
demand 요구하다   reward 보답하다, 답례하다
nothing more than ~에 불과한   have ~ over ~을 초대하다

| Word Search |
정답 1. exhibit 2. boost 3. reward

Exercise 6   정답 | ④

| 소재 | 불완전한 정보 집합에 호기심을 느끼는 뇌

| 해석 | 인간의 호기심의 비밀은 심리학자들, 아마도 가장 유명하게는 George Loewenstein 교수에 의해 탐구되어 왔다. 그는 참가자들이 컴퓨터 화면의 정사각형 격자를 마주 대하게 되었던 실험에 관해 기술한다. 그들은 그것 중에서 다섯 개를 클릭하도록 요청받았다. 일부 참가자들은 클릭할 때마다 또 다른 동물의 사진이 나타난다는 것을 발견했다. 그러나 두 번째 집단은 한 동물을 구성하고 있는 작은 부분들을 보았다. 그들이 클릭하는 정사각형마다 더 큰 그림의 또 다른 부분이 드러났다. 이 두 번째 집단은 요청된 다섯 개 후에도 정사각형을 계속 클릭한 다음 그것[부분]들이 충분히 돌려져서 동물 정체의 비밀이 풀릴 때까지 (클릭을) 계속할 가능성이 훨씬 더 컸

다. 불완전하다고 인식하는 '정보 집합'이 제시될 때 뇌는 자연스럽게 호기심을 느끼게 되는 것 같다고 연구원들은 결론지었다. '심지어 전혀 중요하지 않은 질문에 대해서도 정보 공백을 해결하려는 선천적인 성향이 있다.'라고 Loewenstein은 기술했다.

| 문제해설 |
컴퓨터 화면의 정사각형 격자를 클릭하게 되는 두 번째 집단은 한 동물을 구성하고 있는 작은 부분들을 계속 클릭하여 동물 정체의 비밀이 풀리도록 했는데, 이것은 정보 집합에 공백이 있으면 뇌가 호기심을 느끼게 되어 그것을 끝까지 해결하려는 경향이 있다는 것을 보여 준다는 내용의 글이므로, 빈칸에 들어갈 말로 가장 적절한 것은 ④ '불완전한'이다.
① 혼돈된
② 추상적인
③ 허구의
⑤ 예상치 않은

| 구조분석 |

8행 Brains, concluded the researchers, seem to become spontaneously curious **when presented** with an 'information set' [that {they realise} is incomplete].

➡ when presented는 when they(= brains) are presented에서 they are가 생략된 것으로 볼 수 있다. [ ]는 an 'information set'을 수식하는 관계절이고, 그 안의 { }는 관계절 내의 삽입절이다.

| 어휘 및 어구 |

curiosity 호기심   explore 탐구[탐험]하다
confront 마주 대하다, 직면하다   component 구성하고 있는
reveal 드러내다, 나타내다   identity 정체, 신원
spontaneously 자연스럽게, 자발적으로
present 제시하다, 제공하다   inclination 성향, 경향
gap 공백, 격차

| Word Search |
정답 1. explore 2. confront 3. identity

Exercise 7   정답 | ①

| 소재 | 사회 정의의 관점

| 해석 | 어떤 관점에서는, '사회 정의'의 정치적 및 이념적 힘은, 일부 타산적 지지자들뿐만 아니라 비판가들에게, 기능적 모호함에서 유용한 것으로 보일 수도 있다. 때로는 용어가 모호하다는 바로 그 이유 때문에 정치에서 도움이 된다. 예를 들어, '실현 가능한 최대한의 참여'는 '빈곤 퇴치 전쟁'에서 중요한 부분이 되었는데, 그 이유는 그것

이 불분명했으며 그것이 실제로 무엇을 의미하는지에 대해 아무도 동의할 수 없었기 때문이다. 사회 정의는 진보적으로 들리는 그 어떤 정부 프로그램 혹은 새롭게 발견되거나 발명된 그 어떤 권리에 대해서든 다목적 정당화로 사용될 수 있는 용어이다. 그 용어는 그것의 옹호자에게 이익이 되기 때문에 살아남는다. 그것은 반대자들을 논쟁을 해 보거나 그들의 견해를 고려해 보는 고생도 없이 사회 불의의 지지자로, 그래서 인류의 적으로 낙인찍는다. 이념적 표식으로서, '사회 정의'는 <u>너무 선명하게 정의되지 않을</u> 때 가장 잘 작용한다.

| 문제해설 |
첫 문장에서 '사회 정의'의 힘은 기능적 모호함에서 유용한 것으로 생각될 수 있다고 말하고 있으며, 그 용어는 논쟁을 해 보거나 반대자들의 견해를 고려해 보는 고생 없이 반대자들을 사회 불의의 지지자로 그리고 인류의 적으로 낙인찍는다는 내용으로 보아, 빈칸에 들어갈 말로 가장 적절한 것은 ① '너무 선명하게 정의되지 않을'이다.
② 문제가 되는 유일한 것일
③ 국가의 우선 사항으로 여겨질
④ 의도하지 않은 긍정적인 결과일
⑤ 개인의 권리에 대한 요구가 아닐

| 구조분석 |
<u>3행</u> For example, "maximum feasible participation" became an important part of the War on Poverty [because it was unclear and no one could agree on {what it actually meant}].
➡ [ ]는 이유의 부사절이고, 그 안의 { }는 전치사 on의 목적어로 쓰인 명사절이다.

| 어휘 및 어구 |
perspective 관점   critic 비평가
calculating 타산적인, 계산의   proponent 지지자
vagueness 모호함   precisely 바로, 정확하게
vague 모호한   all-purpose 다목적의
justification 정당화, 정당하다는 증거
benefit 이익이 되다
champion 옹호자, (신념 등을 위해 싸우는) 투사
brand 낙인찍다   opponent 반대자
ideological 이념적인   marker 표식, 표시

| Word Search |
정답 1. critic 2. vague 3. opponent

Exercise 8   정답 | ②

| 소재 | 개인보다 더 큰 존재로서의 국가

| 해석 | 우리는 거의 모두 정치 공동체, 보통은 국가 안에 살고 있고, 그것의 규칙을 따른다. 우리의 현재 국가가 개방적이든 권위주의적이든, 만약 우리가 떠난다면, 우리는 그 자체의, 아마도 다른 규칙을 가진 다른 나라에 있게 될 가능성이 크다. 설령 우리가 국가와 법이 존재하지 않는 세계의 어느 외딴곳을 정말 찾는다고 해도, 아마 그곳은 살 가치가 있는 곳이 아닐 것이다. 우리는 공동체를 위하여 함께 모여 합당한 이유로 법 아래에 살아가고, 우리의 삶은 우리가 사는, 정치적으로 조직된 단위에 의해 형성된다. 아리스토텔레스는 국가가 개인에 앞서는 '자연의 창조물'이라고 믿었다. 결국, 고립되었을 때 사람들은 자급자족할 수 없고 더 큰 전체의 일부가 되려고 노력할 것이다. 그에게 있어, 혼자 있기로 결정한 개인들은 '짐승 아니면 신'으로 남을 것이다. 국가는 모든 면에서 개인보다 더 크고, 그것의 일부가 되는 것은 특전이었다. 인간은 <u>국가의 영광을 위해 존재했지, 그 반대가 아니었다</u>.

| 문제해설 |
우리는 국가 안에 살고 그것의 규칙을 따르며, 공동체를 위하여 함께 모여 합당한 이유로 법 아래에 살아가고, 우리의 삶은 우리가 사는 정치적으로 조직된 단위에 의해 형성되는데, 아리스토텔레스는 국가가 개인에 앞서는 자연의 창조물이며, 사람들이 더 큰 전체의 일부가 되는 것은 특전이었다고 말하고 있으므로, 빈칸에 들어갈 말로 가장 적절한 것은 ② '국가의 영광을 위해 존재했지, 그 반대가 아니었다'이다.
① 공동체에서 지배적인 위치에 있었다
③ 더 정교한 정치 제도를 갈망했다
④ 모든 정치적 판단의 정확성을 의심했다
⑤ 자신들이 머무르는 장소에 관한 결정을 내려야 했다

| 구조분석 |
<u>1행</u> [Whether our current nation is open or authoritarian], [if we leave] we are likely to find ourselves in another country with its own, possibly different rules.
➡ 첫 번째 [ ]는 '~이든 …이든'이라는 의미의 「whether ~ or ...」 구문이고, 두 번째 [ ]는 조건의 부사절이다.

| 어휘 및 어구 |
political 정치의   state 국가
abide by ~을 따르다[지키다]   authoritarian 권위주의적인
for the sake of ~을 위하여   organize 조직하다, 구성하다
isolate 고립시키다
self-sufficient 자급자족할 수 있는
seek to *do* ~하려고 노력하다   beast 짐승, 야수
privilege 특전, 특권

| Word Search |
정답 1. isolate 2. beast 3. privilege

Exercise 9

정답 | ①

| 소재 | 전문 분야 공헌자들의 타분야에 대한 미적 관심

| 해석 | 다른 과학자들과 비교했을 때, 노벨상 수상자들은 아마추어 배우, 무용수, 마술사 또는 다른 유형의 공연자로 참여할 가능성이 최소한 22배 더 크다. 국가적으로 인정받는 과학자들은 다른 과학자들보다 음악가, 조각가, 화가, 판화가, 목조 세공인, 기계공, 시인 또는 소설과 논픽션 둘 다의 작가일 가능성이 훨씬 더 크다. 그리고 노벨상 수상자들은 그럴 가능성이 훨씬 한층 더 크다. 가장 성공한 전문가들 또한 더 넓은 세계에 속해 있다. 현대 신경 과학의 아버지인 스페인의 노벨상 수상자 Santiago Ramón y Cajal은 "멀리서 그들을 관찰하는 사람에게는 그들이 자신들의 에너지를 흩트려 놓고 낭비하는 것처럼 보이지만, 실제로 그들은 그것들[에너지]을 집중시키고 강화하고 있다."라고 말했다. 동료들로부터 모두 진정한 기술 전문가로 여겨진 과학자와 공학자를 연구하는 데 여러 해가 걸린 연구의 주요 결론은 자신의 분야에 창의적인 공헌을 하지 않은 사람들은 자신들의 좁은 영역 밖의 미적 관심이 부족했다는 것이었다.

| 문제해설 |
노벨상 수상자들, 국가적으로 인정받는 과학자들, 또는 가장 성공한 전문가들과 같이 자신의 분야에 창의적인 공헌을 한 사람들은 자신들의 좁은 영역 밖의 더 넓은 영역, 즉 음악, 조각, 그림, 판화, 소설 등의 미적인 영역에 관심이 많았지만, 창의적인 공헌을 하지 못한 사람들은 그렇지 않았다는 내용의 글이므로, 빈칸에 들어갈 말로 가장 적절한 것은 ① '자신들의 좁은 영역 밖의 미적 관심이 부족했다'이다.
② 자신들의 전체 경력에서 직업을 여러 번 바꾸었다
③ 자신들 영역의 최첨단에서 일하려고 하지 않았다
④ 자신들의 연구 결과의 실질적 적용에 가치를 두었다
⑤ 자신들의 연구 영역을 최대한 확장하기를 원했다

| 구조분석 |
6행 "To him [who observes them from afar]," said Spanish Nobel laureate Santiago Ramón y Cajal, the father of modern neuroscience, "[it appears as though they are scattering and dissipating their energies], [while in reality they are channeling and strengthening them]."
➡ 첫 번째 [ ]는 him을 수식하는 관계절이고, 두 번째 [ ]는 '마치 ~인 것처럼 보인다'의 의미인 「it appears as though+주어+동사」 구문이다. 세 번째 [ ]는 접속사 while이 이끄는 부사절이다.

| 어휘 및 어구 |
partake 참여하다   magician 마술사
recognized 인정받는, 알려진   sculptor 조각가
printmaker 판화가, 판화 제작자 expert 전문가

belong 속하다   observe 관찰하다
from afar (아주) 멀리서   neuroscience 신경 과학
scatter 흩트려 놓다   channel 집중시키다, 전달하다

| Word Search |
정답 **1.** partake **2.** expert **3.** scatter

Exercise 10

정답 | ⑤

| 소재 | 의식적인 결정에 선행하는 행동

| 해석 | 사건에 선행하는 의식적인 결정의 경험은 착각일 수도 있다. 만약 내가 여러분에게 손가락을 움직이고 싶을 때는 언제든지 그렇게 해 달라고 요청하면, 여러분은 그곳에 앉아 있다가 마침내 여러분의 손가락을 올리겠다고 결정할 수 있다. 의식적인 자유 의지는 바로 그런 느낌이다. 그러나 우리는 여러분이 결정하기를 기다리며 그곳에 앉아 있는 동안 여러분의 뇌 활동을 측정함으로써 여러분이 손가락을 움직이겠다는 결정에 도달했다고 생각한 시점은 사실 여러분의 뇌가 이미 행동을 취하기 시작한 후에 발생했다는 것을 안다. 다시 말해서, 우리가 선택[결정]했다고 생각하는 시점은 그 사건 이후에 일어난다. 그것은 마치 의식이라는 말 앞에 행동이라는 수레를 놓는 것과 같다. 의식적인 자유 의지에 대한 정신적 경험은 우리의 뇌가 실행하기로 이미 결정한 것을 단순히 정당화하는 것일 수도 있다. 이것을 설명하면서, Steven Pinker는 '의식적인 마음, 즉 자아 혹은 영혼은 최고 사령관이 아니라 대변인이다.'라고 말한다.

| 문제해설 |
손가락을 움직이겠다고 결정하는 의식적인 마음은 이미 손가락을 움직인 이후에 발생한다는 내용, 즉 의식적인 결정이 사건에 선행하는 것이 아니라 우리의 행동(수레)이 우리의 의식적인 결정(말)에 앞선다는 내용이므로, 밑줄 친 부분이 글에서 의미하는 바로 가장 적절한 것은 ⑤ '어떤 행동이 우리의 의식적인 결정에 앞선다는 사실을 나타내는 것'이다.
① 결정을 효과적으로 이행하도록 돕는 시스템
② 행동에 옮길 자유 의지를 부분적으로 제한하는 지침
③ 언제라도 행동을 취할 수 있다는 생각에 대한 비판
④ 결정된 것의 실행을 지연시키는 장애물

| 구조분석 |
7행 [The mental experience of conscious free will] may simply justify [**what** our brains have already decided to implement].
➡ 첫 번째 [ ]는 문장의 주어이고, 두 번째 [ ]는 justify의 목적어로 쓰인 명사절이다. what은 선행사를 포함하는 관계대명사이다.

| 어휘 및 어구 |
precede 선행하다, 앞서다   illusion 착각, 환상

eventually 마침내, 결국
take action 행동을 취하다
justify 정당화하다
describe 설명하다, 묘사하다
commander-in-chief 최고 사령관

measure 측정하다
mental 정신의
implement 실행[이행]하다
spin doctor 대변인

| Word Search |
정답 1. precede 2. illusion 3. mental

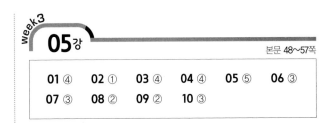

week3

05강

| 01 ④ | 02 ① | 03 ④ | 04 ④ | 05 ⑤ | 06 ③ |
| 07 ③ | 08 ② | 09 ② | 10 ③ | | |

Exercise 1

정답 | ④

| 소재 | 의미 매칭 과정

| 해석 | 의미 매칭은 메시지의 요소(지시 대상)를 인식하고 우리의 기억에 접근하여 그러한 요소에 대해 우리가 기억해 온 의미를 찾는 과정이다. 이것은 비교적 자동적인 작업이다. 미디어 메시지의 상징을 인식하고 그것의 표준 의미를 기억하는 방법을 배우는 것이 상당한 노력을 필요로 할 수 있지만, 일단 학습되면 이 과정은 일상적인 일이 된다. 예를 들어 설명하면, 여러분이 처음 읽기를 배웠을 때를 돌이켜 생각해 보라. 여러분은 한 쪽에 인쇄된 단어를 인식하는 법을 배워야 했다. 그다음 각 단어의 뜻을 기억해야만 했다. "Dick이 Jane에게 공을 던졌다."라는 문장을 여러분이 처음 봤을 때, 문장을 단어로 나누고, 각 단어의 의미를 기억해 내며, 그 모두를 합치는 것은 많은 작업을 필요로 했다. 연습을 통해 여러분은 이 과정을 더 빠르고 더 쉽게 수행할 수 있었다. 초등학교에서 읽는 것을 배우는 것은 본질적으로 더 긴 지시 대상 목록을 인식하고 그것들의 표시된 의미를 기억할 수 있는 과정이다.

| 문제해설 |
④ The first time ~ to Jane,"은 부사절이고, required는 주절의 동사로 주어가 필요한데 which를 사용하면 앞부분의 선행사를 부연 설명하는 관계절이 되어 주절의 역할을 할 수 없다. 따라서 관계대명사가 아닌 문장의 주어가 필요한데 문맥으로 보아 to divide ~ all together가 병렬 구조로 연결되어 내용상의 주어 역할을 하고 있으므로 required 앞에는 형식상의 주어 it을 써야 한다.
① 전치사 of의 목적어인 동명사 recognizing과 병렬 구조를 이루는 accessing은 어법상 적절하다.
② once+(주어+be동사)+learned에서 (주어+be동사)가 생략된 것으로 볼 수 있으므로 learned는 어법상 적절하다.
③ 「의문사+to부정사」가 명사적인 용법으로 사용된 것으로 how to recognize가 learn의 목적어로 사용되고 있으므로 어법상 적절하다.
⑤ their는 앞에 나온 복수 명사 referents를 가리키므로 어법상 적절하다.

| 구조분석 |
3행 It may require a good deal of effort [to learn {to recognize symbols in media messages} and

{to memorize their standard meanings}], but [once learned] this process becomes routine.

➡ It은 형식상의 주어이고, 첫 번째 [ ]가 내용상의 주어이다. 첫 번째 [ ]에서 두 개의 { }가 and로 연결되어 learn의 목적어로 쓰였다. 두 번째 [ ]는 once 다음에 〈주어＋be동사〉가 생략되어 접속사(once)와 과거분사(learned)만 남은 형태이다.

| 어휘 및 어구 |

recognize 인식하다   element 요소
referent 지시 대상   access 접근하다
automatic 자동적인   require 필요로 하다, 요구하다
routine 일상적인 일   illustrate 예를 들어 설명하다
recall 기억해 내다, 회상하다   essentially 본질적으로

| Word Search |
정답 1. element 2. routine 3. recall

Exercise 2   정답 | ①

| 소재 | 기계론적 생물학의 개념과 업적

| 해석 | 기계 같은 두뇌라는 개념은 영혼과 육체에 대한 더 신비로운 개념을 대체하면서, 17세기에 처음 제안된 이래로 신경 과학에 영감을 주고 신경 과학을 인도해 왔다. 과학자들은 행성들이 역학적 힘에 의해 움직이는 무생물체로 이해될 수 있다는 것을 보여 준 갈릴레오의 발견에 감명 받아, 모든 자연이 물리 법칙의 지배를 받으면서 큰 우주 시계로 기능한다고 믿게 되었다. 그리고 그들은 우리 신체 기관을 포함해 개별적인 생명체를 마치 그것들 또한 기계인 것처럼 기계론적으로 설명하기 시작했다. 모든 자연은 거대한 메커니즘과 같고, 우리의 기관이 기계와 같다는 이 생각은 모든 자연을 거대한 살아 있는 유기체로, 우리의 신체 기관을 결코 무생물 메커니즘이 아닌 것으로 간주했던 2천년 된 그리스의 생각을 대체했다. 그러나 이 새로운 '기계론적 생물학'의 첫 번째 위대한 업적은 훌륭하고 독창적인 업적이었다.

| 문제해설 |

(A) 뒤에 문장의 요소를 다 갖춘 수동태 문장이 이어지고 있으므로 what은 쓸 수 없고, showed의 목적어인 명사절을 이끄는 접속사 that이 어법상 적절하다.
(B) 동사 explain을 꾸며 주는 말이 되어야 하므로 부사 mechanistically가 어법상 적절하다.
(C) 주어인 The idea that ~ machinelike에 연결되는 술어 동사가 필요하므로 replaced가 어법상 적절하다.

| 구조분석 |

7행 [This idea {that all nature was like a vast mechanism}, and {that our organs were machinelike}], **replaced** the two-thousand-year-old Greek idea [that **viewed** {all nature **as** a vast

living organism}, and {our bodily organs **as** anything but inanimate mechanisms}].

➡ 첫 번째 [ ]가 주어이고, 그 안의 두 개의 { }는 This idea의 구체적인 내용을 설명하는 동격절이다. 문장의 술어 동사는 replaced이며, 두 번째 [ ]는 the two-thousand-year-old Greek idea를 수식하는 관계절이다. 두 번째 [ ] 안의 두 개의 { }는 동사 viewed에 연결되어 「viewed ~ as ...」의 형태로 병렬 구조를 이루고 있다.

| 어휘 및 어구 |

machinelike 기계 같은   inspire 영감을 주다
neuroscience 신경 과학   mystical 신비로운
notion 개념
impress 감명을 주다, 인상을 주다
inanimate 무생물의   function 기능하다
cosmic 우주의   subject to ~의 지배를 받는
physics 물리(학)   organ 기관, 장기
mechanistical 기계론적인   mechanism 메커니즘, 기제
anything but 결코 ~이 아닌
accomplishment 업적, 성취, 완성
brilliant 훌륭한   achievement 업적

| Word Search |
정답 1. inspire 2. physics 3. organ

Exercise 3   정답 | ④

| 소재 | 기후 변화로 인한 농업 생산성 저하의 위기

| 해석 | 기후 변화가 세계의 증가하는 인구를 위한 충분한 식량을 생산하는 것을 더 어렵게 만들 것이고 수자원의 계절적 시기 선택, 가용성 및 질을 변화시킬 것임에는 의심의 여지가 거의 없다. 세계은행에 따르면, 이미 환경적으로 위협받고 있는 지역으로의 농업 확장을 피하려면, 관련된 환경 피해를 최소화하면서, 현재의 농업 생산성 증가율은 두 배가 되어야 할 것이라고 한다. 5℃의 극단적인 온난화 경우에, 전 세계적으로, 특히 열대 지방에서 심지어 농업 관행의 변화에도 불구하고 농업 생산성이 떨어질 가능성이 있다. 이것은 영양실조로 죽을 수도 있는 사람이 매년 3백만 명이 넘게 추가될 수 있다는 것을 의미할 수 있다. (에너지 시스템을 화석 연료에서 태양이나 바람과 같은 재생 가능 에너지로 바꾸는 것은 기후 변화를 일으키는 배기가스 배출을 줄일 것이다.) 심지어 더 가능성 있는 2℃의 온난화는 전통적인 농업 관행에 도전하는 새로운 날씨 패턴을 만들어 낼 것이며, 1억에서 4억 명 이상의 사람들이 더 굶주릴 위험에 처할 수 있다.

| 문제해설 |

이 글은 기후 변화로 세계의 농업 생산성이 저하되고 증가하는 인구를 위한 충분한 식량을 생산하지 못하게 되어 수많은 사람이 굶주림의 위험에 처할 수 있다는 것을 설명하고 있다.

④는 에너지 시스템을 화석 연료에서 재생 가능 에너지로 바꾸는 것이 기후 변화를 일으키는 배기가스 배출을 줄인다는 것이므로 글의 전체 흐름과 관계가 없다.

| 구조분석 |

3행 [To avoid extending agriculture into already environmentally threatened areas], the current rate of agricultural productivity growth will have to **be doubled**, according to the World Bank, [while minimizing the associated environmental damage].

➡ 첫 번째 [ ]는 목적을 나타내는 부사적 용법의 to부정사구이다. 주절에서 주어의 핵은 the current rate이며 동사 double의 대상에 해당하므로 수동형인 be doubled가 쓰였다. 두 번째 [ ]는 「접속사+분사구문」의 형태로 주절에 대한 부가적인 설명을 하고 있다.

| 어휘 및 어구 |

alter 변화시키다, 변경하다	availability 가용성
water resource 수자원	extend 확장하다
agriculture 농업	productivity 생산성
minimize 최소화하다	associated 관련된, 연관된
decline 감소하다, 줄어들다	the tropics 열대 지방
malnutrition 영양실조	switch 바꾸다
fossil fuel 화석 연료	renewables 재생 가능 에너지
emission 배기가스, 배출	
conventional 전통적인, 재래식의, 관습적인	
be at risk of ~의 위험에 처하다	

| Word Search |

정답 1. decline 2. malnutrition 3. emission

Exercise 4   정답 | ④

| 소재 | 죄책감과 수치심의 차이

| 해석 | 죄책감은 수치심과 구별되어야 한다. 차이점은 그 나쁜 감정이 얼마나 널리 일반화되는가에 있다. (C) 죄책감은 행동에 좁게 초점을 맞추는 반면에, 수치심은 그 사람 전체에 퍼진다. 죄책감은 "내가 나쁜 짓을 했어."라고 말한다. 수치심은 "난 나쁜 사람이야."라고 말한다. 그러한 구별에 기초한 연구는 수치심은 보통 파괴적인 반면에, 죄책감은 보통 건설적이라는 것을 반복적으로 보여 주었다. (A) 이것은 여러분이 여러분의 조수와 일꾼, 또는 여러분의 자녀들, 또는 여러분의 학생들을 (또는 심지어 여러분의 연애 상대를) 대할 때 명심할 가치가 있을 수 있다. 그들이 뭔가 잘못했을 때 여러분은 그들을 어떻게 비난하는가? (B) 그들이 무엇을 잘못했는지에 대해 그들의 주의를 환기하는 것은 필요해 보일 수도 있지만, 나쁜 사람이라는 측면에서 여러분의 비난을 표현하는 것(예를 들면, "이 거짓말쟁이야")은 그들이 나쁜 일을 한 사람이 되게 하는 것(예를 들면, "너는 거짓말을 하지 말

았어야 했어")만큼 결코 건설적이지 않다.

| 문제해설 |

죄책감과 수치심의 차이점은 나쁜 감정이 얼마나 널리 일반화되는가에 있다는 주어진 글 다음에 죄책감을 수치심과 비교하면서 수치심은 파괴적이고 죄책감은 건설적이라는 연구 결과를 언급한 (C)가 이어져야 한다. (A) 첫 문장의 This는 (C)의 마지막 문장에 나온 연구 결과를 가리키며, (A)에서는 사람들을 대할 때 그것을 명심할 가치가 있을 수 있다고 말하면서, 사람들이 뭔가 잘못했을 때 어떻게 비난하는가를 묻고 있다. 다음으로 (B)에서 나쁜 사람이 되게 하는 측면에서의 비난 표현과 나쁜 일을 한 사람이 되게 하는 비난 표현의 차이와 효과를 비교하고 있다. 따라서 주어진 글 다음에 이어질 글의 순서로 가장 적절한 것은 ④ '(C)-(A)-(B)'이다.

| 구조분석 |

10행 [Research {based on that distinction}] has repeatedly shown [that shame is usually destructive, whereas guilt is usually constructive].

➡ 첫 번째 [ ]가 주어이며, 그 안의 { }는 Research를 수식하는 분사구이다. 두 번째 [ ]는 has shown의 목적어로 쓰인 명사절이다.

| 어휘 및 어구 |

guilt 죄책감, 유죄	distinguish 구별하다
shame 수치심	lie in ~에 있다
generalize 일반화하다	keep ~ in mind ~을 명심하다
romantic partner 연애 상대	criticize 비난하다, 비판하다
call one's attention ~의 주의를 환기하다	
phrase 표현하다	criticism 비난, 비판, 비평
in terms of ~의 측면에서	constructive 건설적인
distinction 구별, 차이	destructive 파괴적인

| Word Search |

정답 1. guilt 2. criticism 3. destructive

Exercise 5   정답 | ⑤

| 소재 | 과학과 기술의 발전이 삶의 질에 미치는 영향

| 해석 | 혁신에서의 성공은 실패가 그럴 것처럼 앞으로 다가올 시대에 삶의 질에 큰 영향을 미칠 것이다. 아마도 암을 예방하는 백신이 발견될 수 있을 것이다. 아마도 지구 전체에 깨끗하고, 무진장하며, 알맞은 값의 에너지를 제공하는 효과적인 수단이 발견될 것이다. 아마도 어딘가에 숨어 지구 파괴를 꾀하는 커다란 소행성이 있을 수 있는데, 이것은 아마도 혁신을 통해 예방될 수 있는 대재앙일 것이다. 오늘날 선진국의 삶의 질은 과학과 기술의 발전에 크게 좌우되고 있으며, 이는 전 세계의 모든 국가에서 점점 더 사실이 되고 있다. 그러나 과

학적 발전의 혜택은 자주 개인 투자자뿐만 아니라 사회 전반에 생기게 되는데, 따라서 일반 대중이 과학과 기술에 대한 교육과 연구 모두를 지원하는 것을 필수적으로 만든다. 오직 이런 방식으로 우리 자녀와 손자들은 그들보다 앞선 세대들의 생활 수준보다 더 높은 생활 수준을 누리기를 바랄 수 있다.

| 문제해설 |

⑤ preceded의 주체는 the generations이고, 목적어는 문맥상 our children and grandchildren을 가리키므로 preceded의 주체와 목적어가 다르다. 따라서 재귀대명사 themselves를 them으로 고쳐야 한다.

① '주어가 ~하는 것처럼'을 뜻하는 「as+조동사(또는 do/does/did)+주어」의 구조가 쓰여야 하는데, 앞에 조동사 will이 있으므로 as 다음에 쓰인 will은 어법상 적절하다.

② a catastrophe를 수식하는 관계절이 되어야 하므로 that은 어법상 적절하다.

③ 주어의 핵이 The quality로 단수이기 때문에 동사 depends는 어법상 적절하다.

④ 「making+형식상의 목적어(it)+목적격 보어+내용상의 목적어(that ~)」의 구조가 쓰였으므로 목적격 보어로 쓰인 형용사 essential은 어법상 적절하다.

| 구조분석 |

7행 But [the benefits of scientific advancements] often accrue, **not simply** to the individual investor **but** to society at large, thus [making **it** essential {that the general public support both education and research in science and technology}].

➡ 첫 번째 [ ]가 주어이며, 「not simply ~ but ...」의 구문이 사용되고 있는데 두 부분 다음에 사용된 to는 동사 accrue와 연결되어 있다. 두 번째 [ ]는 부가적인 설명을 하는 분사구문으로 그 안의 it은 형식상의 목적어이고, { }가 내용상의 목적어이다.

| 어휘 및 어구 |

innovation 혁신
have a major impact on ~에 큰 영향을 미치다
cancer 암　　　　　　　　　effective 효과적인
inexhaustible 무진장의, 다 써버릴 수 없는
affordable (값이) 알맞은, 입수할 수 있는
intent upon ~을 꾀하는, ~에 열중하는
catastrophe 대재앙　　　　advancement 발전
at large 전체적인, 대체적인　essential 필수적인
precede ~에 앞서다

| Word Search |
정답 1. inexhaustible　2. catastrophe　3. essential

Exercise 6　　　　　　　　　　　　정답 | ③

| 소재 | 참여자 관찰의 이점

| 해석 | 인간의 행동을 정량화하려고 시도하고 이러한 행동을 일련의 통계 자료로 바꾸는 것은 어렵고 무의미할 수 있다. 대신 인류학자들은 질적 연구에 의존하는데, 이것은 그들이 연구하고 있는 사람들의 일상과 활동에 대한 장기적인 관찰과 참여를 필요로 한다. 이것은 참여자 관찰로 알려져 있으며, 그 가치는 현대의 연구에서도 아무리 강조해도 지나치지 않는다. 연구 그룹에 아주 근접해서 살면서 그들의 언어를 배우고 일상생활에 참여하는 것은 인류학자들이 인간 행동의 범위에 대해 훨씬 더 깊은 이해를 증진할 수 있게 해 준다. "내가 말하는 대로가 아니라 내가 하는 대로 나를 보라"는 격언이 인간의 행동을 연구할 때 놀라울 정도로 정확하다. 인류학자들과 일반 대중 모두에게 듣고, 관찰하고, 심지어 참여함으로써 다른 사람들을 이해하려고 노력하는 것은 우리가 다른 삶의 방식에 대해 가지고 있는 고정 관념과 편협함의 일부를 떨쳐 버리는 데 큰 도움이 된다.

| 문제해설 |

(A) 두 절을 연결하는 접속사가 없고, qualitative research를 부가적으로 설명하는 절을 이끌어야 하므로 it은 쓸 수 없고 which가 어법상 적절하다.

(B) 병렬 구조로 연결된 세 개의 동명사구(Living ~, learning ~, participating ~)가 주어이고 문장의 술어 동사가 필요하므로 allow가 어법상 적절하다.

(C) some of the stereotypes and intolerance를 수식하는 관계절 속에서 we가 hold의 주체이므로 능동형의 동사 hold가 어법상 적절하다.

| 구조분석 |

2행 Instead, anthropologists rely on qualitative research, [which involves long-term observation **of**, and participation **in**, {the daily lives and activities of the people <they are studying>}].

➡ [ ]는 qualitative research를 부가적으로 설명하는 관계절이다. { }는 전치사 of와 in에 공통적으로 연결되는 목적어로 쓰인 명사구이며, < >는 the people을 수식하는 관계절이다.

| 어휘 및 어구 |

attempt 시도하다　　　　quantify 정량화하다
reduce ~ to ... ~을 …으로 바꾸다
statistics 통계 자료, 통계　anthropologist 인류학자
qualitative 질적인　　　　observation 관찰
participation 참여
cannot be overstated 아무리 강조해도 지나치지 않다
contemporary 현대의, 동시대의
range 범위, 한계　　　　accurate 정확한
go a long way toward ~에 큰 도움이 되다

dispel 떨쳐 버리다, 없애다　　stereotype 고정 관념
intolerance 편협함, 불관용

| Word Search |
정답 1. quantify 2. contemporary 3. stereotype

Exercise 7　　　　　　　　　　　　　정답 | ③

| 소재 | 독점 기술과 사회 계층의 분화

| 해석 | '독점 기술'은 필요한 자원에 접근할 수 있고, 특별한 훈련으로부터 혜택을 얻기 위한 적성과 수단을 갖춘 엘리트만이 활용할 수 있다. 농업은 따뜻함, 강우, 토양을 필요로 하는데, 그것은 높은 산과 건조한 사막에 사는 사람들이 이용할 수 없다. 글쓰기의 발명은 필경사와 엘리트 계층의 형성을 초래했는데, 그들은 글을 배우는 데 필요한 시간과 수단이 있었고, 일반 대중으로부터 벗어나 도서관에 수사본(手寫本)으로 비치된 책을 이용할 수 있었다. (근대 인쇄기의 발명 이후 문해력의 급격한 증진은 교육과 학습에 대한 문해력이 있는 엘리트층의 독점을 깨뜨리고 중산층의 성장에 도움이 되었다.) 이것은 사람들을 문맹인 평민들을 지배하는 학식과 권력을 가진 문해력이 있는 귀족들과 사제들로 구분지었다. 새로운 기술이 나올 때, 그것은 단지 엘리트에 의해서만 활용되어 불평등을 심화시키는 경향이 있는데, 해가 갈수록 (기술의) 비용이 계속 낮아짐에 따라, 그것은 모든 사람에게 가격이 더 알맞게 되고 그럼으로써 더 평등해진다.

| 문제해설 |
이 글은 독점 기술을 이용할 수 있는 엘리트 계층과 그렇지 못한 일반 대중의 계층 분화에 관한 내용인데, ③은 근대 인쇄기 발명 이후 문해력의 증진이 교육과 학습에서 엘리트 계층의 독점을 깨뜨리고 중산층이 성장하는 데 도움을 주었다는 내용이므로 글의 흐름과 관련이 없다.

| 구조분석 |
1행 *Exclusive technology* can be used only by the elites [who **have** access to required resources, and **have** the aptitude and means {to benefit from special training}].
➡ [ ]는 the elites를 수식하는 관계절이다. 관계대명사 who 다음에 두 개의 have가 병렬 구조를 이루고 있다. { }는 the aptitude and means를 수식하는 형용사적 용법의 to부정사구이다.

| 어휘 및 어구 |
exclusive 독점적인, 배타적인　　access 접근, 이용
aptitude 적성
benefit from ~로부터 혜택을 얻다
agriculture 농업　　　　　　　rainfall 강우
soil 토양　　　　　　　　　　hand copied 수사본(手寫本)의
general population 일반 대중

literacy 문해력, 읽고 쓸 수 있는 능력
printing press 인쇄기　　　　monopoly 독점, 전매
division 구분, 분할　　　　　lord 귀족
priest 사제, 성직자　　　　　illiterate 문맹의
affordable 구입할 수 있는, (가격이) 알맞은

| Word Search |
정답 1. aptitude 2. literacy 3. priest

Exercise 8　　　　　　　　　　　　　정답 | ②

| 소재 | 이상적인 날이 일상이 될 수 없는 이유

| 해석 | 흔히 사람들은 자신들의 '이상적인 날'에 대해 말한다. 어쩌면 그들은 늦잠을 자다가 단지 바다 밀물의 잔잔한 소리에 잠에서 깨는 것을 좋아할지도 모른다. 아침 미모사가 브런치를 대신하고, 그들은 좋은 책과 함께 일년 내내 햇볕에 태우며 해변에 누워 있다. (B) 이 날은 흔히 여러분의 '최고의 날'로 정의된다. 그리고 이것이 이론적으로는 재미있을 것 같지만, 현실은 여러분이 매일 최고의 날을 살아가지는 않을 것 같다는 것이다. 그것은 현실적이지 않고, 솔직히 말하자면, 매일 여러분이 그렇게 한다면 그것은 그만큼 특별하지 않을 것이다. (A) 여러분이 꿈에 그리는 차를 사는 것과 그것을 일주일 동안 빌리는 것을 대조해 그것을 생각해 보라. 만약 여러분이 꿈에 그리는 차를 산다면, 여러분은 결국 그것의 오일을 교환하고, 그것의 타이어를 교체하고, 그것을 주차하고 흠집이 나는 것을 걱정해야만 하는데, 여러분의 꿈은 문제점으로 얼룩지게 된다. (C) 하지만 그 차를 가끔 빌리면 여러분은 문제점을 걱정할 필요 없이 모든 기쁨과 즐거움을 누릴 수 있다. 그것이 최고의 날과 더 비슷해 보이는 것이고, 그것이 바로 최고의 날을 여러분의 일상으로 만드는 것이 문제가 되는 이유이다.

| 문제해설 |
사람들이 흔히 '이상적인 날'에 대해 말하는 것과 그것의 예로 해변에서 일년 내내 보내는 것을 언급한 주어진 글 다음에, '최고의 날'로 흔히 정의되는 이러한 날을 매일 살아가는 것이 현실적이지도 않고, 그렇게 되면 특별하지도 않을 것이라는 (B)가 이어져야 한다. 다음으로 꿈에 그리는 차를 사는 것과 그것을 일주일 동안 빌리는 경우를 가정하면서 꿈에 그리는 차를 사는 것은 여러 문제점으로 얼룩지게 된다는 것을 말한 (A)가 와야 한다. 끝으로 차를 빌리는 경우 그러한 문제점을 걱정하지 않고 기쁨과 즐거움을 누릴 수 있는 것처럼, 최고의 날을 일상으로 만드는 것이 문제가 된다고 말하는 (C)가 이어져야 한다. 따라서 주어진 글 다음에 이어질 글의 순서로 가장 적절한 것은 ② '(B)-(A)-(C)'이다.

| 구조분석 |
11행 That's [what an ultimate day is more like], [which is {why making an ultimate day your every day is problematic}].

➡ 첫 번째 [ ]는 주격 보어로 사용된 명사절이며, 두 번째 [ ]는 앞의 절(That's ~ like)을 부가적으로 설명하는 관계절이다. 두 번째 [ ] 속의 { }는 주격 보어로 쓰인 명사절이다.

| 어휘 및 어구 |

ideal 이상적인	sleep in 늦잠을 자다
rising tide 밀물	eventually 결국
be concerned about ~을 걱정하다	
scratch 흠집	ultimate 최고의
theory 이론	practical 현실적인, 실용적인
to be honest 솔직히 말하자면	occasionally 가끔, 때때로
problematic 문제가 되는	

| Word Search |

정답 1. tide 2. scratch 3. theory

Exercise 9~10   정답 | 9. ② 10. ③

| 소재 | 우수한 유전 형질을 지속하는 자연 선택

| 해석 | 변화는 생명체의 한 가지 공통적인 특성이다. 각각의 생물은 나이가 들면서 변하지만, 한 세대에서 다음 세대로 더 중요한 형태의 변화가 일어난다. 즉, 아이들은 자신들의 부모와 다르다. 자연은 어떤 종류의 변화를 미리 계획하고 설계할 수 없다. 대신, 자연은 본질적으로 무작위적인 변화를 만들어 낸다. 즉, 두 부모의 유전자를 섞어서 아기에게 고유한 유전자 세트를 만들어 내는 복잡한 과정이 때로는 새로운 형질의 형태로 새로운 결과를 낳기도 한다. 하지만, 강력한 힘이 이러한 무작위 변화에 반응한다. 결과적으로, 어떤 무작위 변화는 사라지는 반면, 다른 것들은 지속될 것이다. 자연 선택의 과정이 어떤 형질이 사라지고 어떤 형질이 지속될지를 결정한다.
예를 들어, 한 아기는 귀가 하나도 없이, 다른 아기는 한쪽 다리가 다른 다리보다 길게, 세 번째 아기는 평균적인 눈보다 더 멀리 볼 수 있는 눈을 가지고 태어났다고 가정해 보자. 귀가 없거나 길이가 같지 않은 다리를 갖는 것은 아마도 불리한 점이 될 것이고, 자연 선택은 미래 세대를 위해 이러한 특징들을 없애지(→ 보존하지) 않을 것이다. 그러나 다른 사람들보다 더 잘 보면서 자란 아기가 더 많은 먹을 것을 찾을 수 있고 더 안전한 거리에서 위험을 발견할 수 있을 것이기 때문에 시력에서의 상당한 향상은 남아 있도록 선택될 수도 있다. 따라서 (이 아기가 자라서 아기를 가질 것을 가정할 때) 더 나은 시력을 위한 유전자들은 유전자 풀에 남아 있을 것이며, 그래서 미래 세대에서는 점점 더 많은 사람들이 이러한 향상을 누리게 될 것이다.

| 문제해설 |

9 변화는 생명체의 한 가지 공통된 특징이며 자연은 본질적으로 무작위적인 변화를 만들어 내는데 자연 선택의 과정은 생명체에게 유리한 유전 형질을 남기고 불리한 것은 사라지게 한다는 것이 글의 핵심이다. 따라서 글의 제목으로 ② '자연은 좋은 유전 형질을 선택한다'가 가장 적절하다.

① 어떤 두 사람도 같지 않다
③ 모든 무작위 변화는 사라질 것이다
④ 진화에 걸림돌이 되는 것은 무엇인가?
⑤ 무엇이 신체적 특징을 결정하는가?

10 귀가 없거나 길이가 같지 않은 다리를 갖는 것은 불리한 점이 될 것이므로 문맥상 자연 선택은 미래 세대를 위해 이러한 특징들을 '없애지' 않는 것이 아니라 '보존하지' 않는다고 해야 하므로 (c)의 remove(없애다)는 preserve(보존하다)와 같은 낱말로 바꾸어야 한다.

| 구조분석 |

4행 That is, [the complicated processes {that mix the genes of two parents <to produce a unique set of genes in the baby>}] sometimes **produce** novel outcomes in the form of new traits.
➡ [ ]가 주어이며, 술어 동사는 주어의 핵인 복수 명사 processes에 맞추어 produce가 쓰였다. { }는 the complicated processes를 수식하는 관계절이고, < >는 결과를 나타내는 부사적 용법의 to부정사구이다.

| 어휘 및 어구 |

trait 특성, 형질	generation 세대
essentially 본질적으로, 근본적으로	
random 무작위의	complicated 복잡한
gene 유전자	unique 고유한, 독특한
novel 새로운, 신기한	endure 지속되다, 견디다
natural selection 자연 선택	disadvantage 불리한 점, 불이익
improvement 향상, 개선	spot 발견하다, 탐지해 내다
gene pool 유전자 풀	

| Word Search |

정답 1. random 2. endure 3. spot

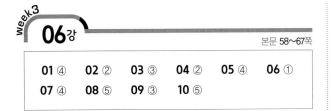

01 ④	02 ②	03 ③	04 ②	05 ④	06 ①
07 ④	08 ⑤	09 ③	10 ⑤		

본문 58~67쪽

Exercise 1　　　　정답 | ④

| 소재 | 가상 커뮤니티에서의 비대면 상호 작용

| 해석 | 가상 관계가 더 실체적인 다른 형태들과 다른 한 가지 측면은, 상호 작용이 신체가 있는 사람을 떠나 중재되고 추상화되기 때문에, 사람들은 대면 상호 작용에서 쉽게 실행되지 않는 방식으로 자기 페르소나의 다른 측면을 실험할 수도 있다는 것이다. 예를 들어, 성(性) 전도의 예가 있는데, 그것에 의해 한 남성이 온라인 커뮤니티에 참여하기 위해 여성 아바타를 사용할 수도 있고, 그 반대의 경우가 있을 수도 있다. 또한, 애플리케이션이나 게임에 따라, 그 참가자가 다른 모습을 시도하고 자신이 커뮤니티에서 어떻게 받아들여지는지 알 수 있도록 나이, 체중, 피부 색, 그리고 다른 표현형이 변경될 수 있다. 많은 사람들이 오프라인에서의 자기 자신과 많이 닮도록 자신의 가상 자아를 적응시킨다는 증거가 있지만, 가상 커뮤니티에 있는 사람들 사이에서는 실험을 하는 것이 용인되는 관행이라는 이해가 있다. 따라서 가상 커뮤니티는 네트워크로 연결된 일부 개인들이 연결되고, 상호 작용하고, 놀이를 하고, 실험할 수 있는 공간을 제공하며, 참가자들에게 그곳은 의미 있는 상호 작용과 목적이 있는 관계의 근원이다.

| 문제해설 |

④ 밑줄 친 부분 이하에서 it은 형식상의 주어이고 to experiment가 내용상의 주어로, 문장의 핵심 성분이 모두 있다. 따라서 의문사나 선행사를 수식하는 관계대명사로 사용될 수 있는 which를 an understanding의 구체적 내용을 설명하는 동격절을 이끄는 접속사 that으로 고쳐야 한다.

① 문장의 주어의 핵은 in which virtual relationships are different from other more tangible forms의 수식을 받는 One aspect이므로, 단수 형태의 동사 is는 어법상 적절하다.

② 목적의 의미를 나타내는 to부정사구를 이끄는 to participate는 어법상 적절하다.

③ age, weight, skin color, and other phenotypes는 동사 alter의 동작을 행하는 주체가 아니라 대상이므로, 수동형인 be altered는 어법상 적절하다.

⑤ virtual communities를 대신하는 they는 어법상 적절하다.

| 구조분석 |

8행 Although there is evidence [that many people will adapt their virtual selves to look a lot like themselves offline], there is an understanding among those in the virtual community [that it is acceptable practice to experiment].

➡ 첫 번째 [　]는 evidence의 구체적 내용을 설명하는 동격절이고, 두 번째 [　]는 an understanding의 구체적 내용을 설명하는 동격절이다.

| 어휘 및 어구 |

virtual 가상의
mediate 중재하다
experiment 실험하다
execute 실행하다
inversion 전도, 도치
alter 변경하다
purposeful 목적이 있는

tangible 실체적인, 유형(有形)의
abstract 추상화하다
manner 방식
face-to-face 대면의
vice versa 반대도 같음; 거꾸로
acceptable 용인할 수 있는

| Word Search |

정답 1. tangible　2. experiment　3. inversion

Tip

persona(페르소나): 정신분석학자 C. G. Jung이 만든 분석 심리학 용어로, 에트루리아의 어릿광대들이 쓰던 가면을 뜻하는 라틴어에서 유래하여, '외적 인격' 또는 '가면을 쓴 인격'을 뜻한다.

Exercise 2　　　　정답 | ②

| 소재 | 정보 기술이 시장에 미치는 큰 영향력

| 해석 | 정보 기술은 시장에 영향을 미칠 수 있는 큰 잠재력을 가지고 있다. 그것은 완전히 새로운 방식으로 시간과 거리를 연결하고, 지리적으로 너무 멀리 떨어져 있기 때문에 이전에는 도달할 수 없었던 시장을 개방한다. 최근까지, 작은 마을에는 마을 주민들의 사업을 두고 서로 경쟁하는 은행이 겨우 세 곳만 있었을 것이다. 오늘날, 우리는 말 그대로 수천 개의 국내 및 국제 은행이 그 똑같은 작은 마을의 고객들을 두고 서로 경쟁하는 상황을 맞이하고 있다. 은행 같은 금융 기관은 사업할 수 있기 위해 더는 물리적 존재를 유지할 필요가 없다. 주식을 매매하는 것과 같은 금융 거래는 인터넷으로 실행되고 있고, 고객은 자신의 개별 인터넷 페이지를 통해 그런 거래의 진행 상황을 추적 관찰할 수 있다. 2000년에, 미국에서 개인이 발주한 모든 주식 주문의 절반을 넘는 것이 인터넷을 통해 시작되었다.

| 문제해설 |

(A) and로 연결되어 bridges와 함께 주어 It의 술어 역할을 해야 맥락이 통하므로, opens가 어법상 적절하다.

(B) a situation을 수식하는 관계절로, 주요 성분을 다 갖춘 완전한 절이 뒤에 왔으므로 선행사와 관련하여 부사적인 역할을 할 수 있는 in which가 어법상 적절하다.

정답과 해설 **31**

(C) 문장의 주어인 more than ~ the United States에 이어지는 동사가 필요하므로 were가 어법상 적절하다.

| 구조분석 |

8행 [Financial transactions, such as buying and selling shares, are being executed electronically] and [the customer can monitor the progress of such transactions on his or her personal Internet page].

➡ 두 개의 절인 [ ]가 and에 의해 대등하게 연결되어 한 문장을 이루고 있다.

| 어휘 및 어구 |

potential 잠재력
unattainable 도달할 수 없는
remote 멀리 떨어진
literally 말 그대로
institution 기관, 제도
transaction 거래
execute 실행하다
initiate 시작하다

bridge (다리로) 연결하다
geographically 지리적으로
resident 주민
financial 금융의, 재정의
maintain 유지하다
share 주(식)
stock 주식
via ~을 통해

| Word Search |

정답 1. resident 2. transaction 3. initiate

Exercise 3

정답 | ③

| 소재 | 인지에서 감정이 하는 역할

| 해석 | 감정은 인지에서 문지기 역할을 한다. 주의력과 작동 기억의 배분은 기적에 의해 일어나지 않는다. 우리는 우리에게 감정적으로만 중요한 문제들을 해결하려고 시도한다. 감정을 주의력을 활성화하고, 그것이 그다음 일련의 많은 문제 해결과 반응 체제를 활성화하는 생물학적 온도 조절 장치로 생각하라. 위험이나 기회가 발생할 때, 우리의 감각으로부터 오는 정보는 뇌의 나머지 부분에 어떤 것이 더 많은 주의력과 심지어 아마도 어떤 문제 해결을 필요로 하는지를 알려주는 감정적인 반응을 촉발한다. (일반적으로, 기쁨, 사랑 또는 애정과 같은 긍정적인 감정은 의사소통을 방해하지 않지만, 부정적인 감정은 효과적인 의사소통에 강한 장애물 역할을 한다.) 감정은 심지어 우리가 잠들어 있거나 다른 것을 처리하고 있는 동안에도, 우리의 전체 환경에서 오는 감각 정보를 끊임없이 평가하면서 무의식적으로 작동한다. 우리의 감정이 인식에 진입할 때, 우리는 그것을 느낌이라고 부르고, 그러고 나서 우리는 우리의 추론 능력을 사용하여 의식적으로 어려운 문제를 다루기 시작할 수 있다.

| 문제해설 |

감정은 인지에서 주의력을 활성화해 그것이 일련의 많은 문제 해결과 반응 체제를 활성화하는 온도 조절 장치로 문지기 역할을 한다는 내용의 글이므로, 기쁨, 사랑 또는 애정과 같

은 긍정적인 감정은 의사소통을 방해하지 않지만, 부정적인 감정은 효과적인 의사소통에 강한 장애물로 작용한다는 내용의 ③은 글의 전체 흐름과 관계가 없다.

| 구조분석 |

4행 When danger or opportunity arises, information from our senses triggers an emotional reaction [that informs the rest of the brain {that something requires further attention and maybe even some problem solving}].

➡ [ ]는 an emotional reaction을 수식하는 관계절이고, 그 안의 { }는 informs의 직접 목적어 역할을 하는 명사절이다.

| 어휘 및 어구 |

gatekeeper 문지기
allocation 배분, 할당
response 반응
inform 알리다
barrier 장애물, 장벽
constantly 끊임없이
attend to ~을 처리하다
reasoning 추론

cognition 인지
activate 활성화하다
trigger 촉발하다
interfere with ~을 방해하다
unconsciously 무의식적으로
sensory 감각의
challenge 어려운 문제

| Word Search |

정답 1. activate 2. barrier 3. reasoning

Exercise 4

정답 | ②

| 소재 | 배변 훈련 때 익힌 습관

| 해석 | 어느 날 나는 화장실에서 걸어 나와 아내와 아이들이 소파에서 실컷 웃고 있는 것을 알게 되었다. 아내는 내가 (화장실을) 떠나기 직전에 휘파람을 불 것이라고 단언하면서, 딸들에게 문 앞에서 들어보라고 방금 말했었다. (B) 내가 그랬던(휘파람을 불었던) 것 같다. 내가 그랬던 것 같다고 말하는 이유는, 내가 분명히 그것을 의식하지 않았기 때문이다. 휘파람을 불었던 기억이 전혀 없었으므로, 나는 그들이 그냥 나와 재미있게 놀고 있다는 결론을 내렸다. (A) 며칠 뒤, 화장실에서 깊은 생각에 잠겨 있던 나는 화장지를 잡으려고 손을 뻗었다. 나는 내 자신이 휘파람을 부는 것을 들었다. 충격을 받고, 나는 웃기 시작했다. 무슨 일이었을까? 곰곰이 생각해 보고, 나는 그런 이상한 행동의 근원을 알아냈다. (C) 내가 배변 훈련을 하는 동안, 어머니는 계속 집안일을 하면서 흔히 나를 변기에 앉혀 두곤 했다. (볼일을) 끝마칠 때 나는 엄마에게 알려 주기로 되어 있었다. 나는 휘파람을 불어 내가 준비됐다는 신호를 보내곤 했는데, 이것이 무의식적으로 깊이 몸에 밴 행동이 되었다.

| 문제해설 |

필자가 화장실에서 나오자 아내와 아이들이 실컷 웃고 있었는데, 그것은 아내가 딸들에게 필자가 화장실을 나서기 직

전에 휘파람을 불 것이니 문 앞에서 들어보라고 했기 때문이었다는 내용의 주어진 글 다음에는 주어진 글의 마지막 문장인 I would whistle shortly before I departed를 Apparently I had (whistled shortly before I departed).로 받는 (B)가 와야 한다. 그다음에는 필자 자신이 화장실에서 휘파람을 불었다는 기억이 전혀 없었다는 내용에 이어, 며칠 뒤 화장실에서 화장지를 집으려고 손을 뻗다가 자신이 휘파람을 부는 것을 들었다는 내용의 (A)가 와야 한다. 마지막으로 그런 습관이 어릴 때 배변 훈련을 하다 어머니에게 자신이 볼일을 다 마쳤다는 것을 휘파람을 통해 알려 준 데서 무의식적으로 비롯되었다는 내용의 (C)가 오는 것이 자연스럽다. 따라서 주어진 글 다음에 이어질 글의 순서로 가장 적절한 것은 ② '(B)-(A)-(C)'이다.

| 구조분석 |

[2행] My wife had just told our daughters to listen at the door, [promising that I would whistle shortly before I departed].

➡ [ ]는 주어 My wife의 부수적인 행동을 설명하는 분사구문이다.

| 어휘 및 어구 |

heartily 실컷   promise 단언[보증]하다
whistle 휘파람을 불다
upon reflection 곰곰이 생각해 보니
odd 이상한
apparently ~인 것 같이, 겉으로 보기에
aware of ~을 알고 있는   recollection 기억, 회상
toilet-training (어린아이의) 배변 훈련
go about 계속 ~을 하다   alert 알리다, 주의를 환기시키다
signal 신호를 보내다   readiness 준비가 되어 있음

| Word Search |
정답 1. heartily 2. odd 3. recollection

Exercise 5   정답 | ④

| 소재 | 기자의 권리

| 해석 | 언론의 자유와 특정 정보에 대한 접근의 권리는 민간인들에게 그러한 것처럼 기자들에게도 똑같이 적용된다. 기자는 자신들을 특별하게 만드는 시도를 항상 거부해 왔는데, 그것은 부분적으로, 언론이 특별한 특권을 갖게 된다면, 그것이 또한 특별한 의무를 지도록 기대될 수도 있기 때문이다. 그러나 전 세계적으로 이것은 사실이 아니며, 일부 유럽 국가에서 기자는 특별한 권리와, 일반 대중이 이용할 수 없는 정보에 대해 접근할 수 있는 특별한 권리를 가지고 있다. 예를 들어, 벨기에에서, 기자는 특별한 여행 권리와 전화 통화료 할인을 받는다. 포르투갈에서, 기자는 정부의 소식통에 접근할 수 있는 특별

한 권리와 양심에 반하는 행동을 하도록 강요당하지 않을 법적 권리를 가지고 있는 반면에, 포르투갈과 이탈리아 모두에서 기자는 등록되어 기자증을 얻지 않고는 언론을 위해 일할 수 없다. 프랑스, 영국, 룩셈부르크, 네덜란드는 모두 경찰과 협력하여 국가 신분증 제도를 가지고 있다. 이것들은 임의적이며 그것들 없이도 기자로 활동할 수 있지만, 그것들은 실제로, 시위, 폭동, 그리고 재난과 같은 극적인 상황에서 일하는 것을 훨씬 더 쉽게 만든다.

| 문제해설 |
④ obtained는 세 가지 역할의 가능성이 있는데, while이 이끄는 절의 동사라면 work와 병렬 구조를 이루어 동사원형이 되어야 하고, registered와 병렬 구조를 이룬다면 being과 연결되어 수동형이 되어야 하는데, 뒤에 목적어인 a press card가 있어서 불가능하고, 결국 being과 병렬 구조를 이루어야 한다. 따라서 obtained는 obtaining으로 고쳐야 한다.
① apply를 대신하는 대동사 do는 어법상 적절하다.
② it(= the media)은 expect의 동작을 행하는 주체가 아니라 대상이므로, 수동형의 be expected는 어법상 적절하다.
③ information을 수식하는 형용사구를 이끄는 unavailable은 어법상 적절하다.
⑤ make의 목적어 역할을 하는 동명사구를 이끄는 working은 어법상 적절하다.

| 구조분석 |

[11행] These are voluntary and you can operate as a journalist without them, but they **do** make [working in dramatic situations such as demonstrations, riots and disasters] **much** easier.

➡ do는 make를 강조한다. [ ]는 make의 목적어 역할을 하는 동명사구이다. much는 make의 목적격 보어 역할을 하는 비교급 easier를 강조한다.

| 어휘 및 어구 |

access 접근   private citizen 민간인
attempt 시도   privilege 특권
obligation 의무   unavailable 이용할 수 없는
legal 법적인   conscience 양심
register 등록하다
press card 기자증, 프레스 카드(기자가 휴대하는 출입 허가증)
scheme 제도, 계획
in cooperation with ~과 협력하여
voluntary 임의적인, 자발적인   demonstration 시위
disaster 재난

| Word Search |
정답 1. obligation 2. conscience 3. disaster

| 소재 | 스포츠 웹 사이트의 빠른 성장

| 해석 | 최근 몇 년 간 스포츠 저널리즘의 가장 중요한 발전 중 하나는 온라인 출판, 즉 인터넷상의 웹 사이트의 성장이었다. 웹 사이트는 스포츠 기자들에게 수천 개의 새로운 표현 수단을 제공하고, 새로운 직업을 많이 창출하며, 스포츠 정보에 대한 증가하는 갈망을 충족시키는 새로운 방법을 제공해 왔다. 웹 사이트는 설치하기 쉽고 서비스를 제공하고 유지하기가 비교적 저렴하기 때문에, 성장은 빨랐다. 거의 모든 스포츠 클럽과 관리 기구는 이제 자체 사이트를 가지고 있는데, 그것들 중 다수는 전문 기자를 고용하고 있다. 웹은 이제 상업 및 공공 서비스 매체 조직에서부터, 스포츠 단체 및 개별 운동선수를 거쳐 팬에 이르기까지 모든 사람이 운영하는 사이트를 지원한다. 놀랄 것도 없이, 스포츠 웹 사이트의 질은 마찬가지로 변동이 심하다.

| 문제해설 |

(A) the growing thirst for sporting information을 목적어로 취하면서 전치사 of의 목적어 역할을 하는 명사구를 이끌어야 하므로, 동명사 satisfying이 어법상 적절하다.
(B) 동사 service와 함께 and로 연결되어 cheap을 수식하는 to부정사구를 이루는 maintain이 어법상 적절하다.
(C) 주어의 핵은 quality이므로, 단수형의 동사 is가 어법상 적절하다.

| 구조분석 |

2행 Websites have [provided thousands of new outlets for sports journalists], [created many new jobs] and [offered new ways of satisfying the growing thirst for sporting information].
➡ 세 개의 [ ]는 and로 연결되어 병렬 구조를 이루면서 have에 이어진다.

| 어휘 및 어구 |

publishing 출판　　　　　　outlet 표현 수단, (감정 등의) 배출구
thirst 갈망, 갈증　　　　　　set up ~을 설치[설정]하다
maintain 유지하다
governing body 관리 기구, (병원이나 학교 등의) 이사회
employ 고용하다　　　　　　commercial 상업의
organisation 단체, 조직, 기관　　athlete 운동선수
variable 변동이 심한, 가변적인

| Word Search |
정답 1. thirst 2. employ 3. variable

| 소재 | 과거 역사학자의 성공의 척도

| 해석 | 19세기가 훨씬 지나서까지, 역사는 본질적으로 왕, 정치가, 장군, 그리고 다른 정부 고위 관리들의 행동의 결과라고 여겨졌다. 독자는 역사가가 그러한 사람들의 행동을 설명하기를 기대했는데, 이것이 역사학자의 성공의 척도였다. 게다가, 역사가가 왕과 정치가의 행동을 매우 그럴듯하고 설득력 있게 설명할 수 있기 위해 필요한 것은 상식밖에 없다고 일반적으로 믿어졌다. 그리고 Descartes의 잘 알려진 견해에 따르면, 상식은 가장 정당하게 분배된 미덕이기 때문에, 그것을 너무 적게 가지고 있다고 불평하는 사람들이 아무도 없기 때문에, 역사가가 역사가로서 어떤 특정한 능력을 가질 필요는 없었다. 단순한 상식 이외에도 필요했던 유일한 재능은 충분히 논리 정연하고 설득력 있는 서사를 쓸 수 있는 역사가의 능력이었다. (그 결과, 상식과 정치인과 장군들의 행동에 공감할 수 있는 능력은 이제 더는 역사를 쓸 수 있는 충분한 자질로 여겨질 수 없었다.) 수사학은 역사학자에게 매우 성공한 이야기꾼이 되는 방법을 가르쳤던 학문이었고, 따라서 역사는 그 자체의 정당한 자격으로 하나의 학문이라기보다는 (응용) 수사학의 한 분야로 생각되었다.

| 문제해설 |

19세기까지 역사는 본질적으로 왕, 정치가, 장군, 그리고 다른 정부 고위 관리들의 행동을 설명하기 위한 학문으로, 역사학자에게는 그에 대한 그럴듯하고 설득력 있는 설명을 하기 위해서는 상식만 필요했고, 수사학을 배움으로써 성공한 이야기꾼이 될 수 있었다는 내용의 글이다. 따라서 상식과 정치인과 장군들의 행동에 공감할 수 있는 능력은 이제 더는 역사를 쓸 수 있는 충분한 자질로 여겨질 수 없었다는 내용의 ④는 글 전체의 흐름과 관계가 없다.

| 구조분석 |

4행 Furthermore, **it** was generally believed [that common sense was all {that is needed <**for the historian** to be able to give such a plausible and convincing account of the actions of kings and statesmen>}].
➡ it은 형식상의 주어이고 [ ]가 내용상의 주어이다. 그 안의 { }는 all을 수식하는 관계절이고, < >는 목적의 의미를 나타내는 to부정사구이며, for the historian은 to부정사구의 의미상의 주어를 나타낸다.

| 어휘 및 어구 |

statesman 정치가　　　　　　general 장군
measure 척도　　　　　　　common sense 상식
plausible 그럴듯한, 타당할 것 같은
convincing 설득력 있는　　　account 설명
justly 정당하게　　　　　　distribute 분배하다
good 미덕, 선(善)　　　　　complain 불평하다
talent 재능　　　　　　　　sufficiently 충분하게
coherent 논리 정연한　　　　narrative 서사, 이야기

empathize with ~에 공감하다   qualification 자질, 자격 요건
discipline 학문, 분야   conceive 생각하다, 상상하다
branch 분야   applied 응용의

| Word Search |
정답 1. plausible 2. account 3. qualification

Exercise 8   정답 | ⑤

| 소재 | 경험을 얻는 과정으로서의 연습

| 해석 | 때때로 우리는 연습을 경험을 얻는 과정이라고 부르는데, 그것은 우리의 연습 경험을 모으고 저장할 수 있다는 것을 의미한다. 이 비유는 도움이 된다. (C) 만약 우리가 과거의 신체 활동 경험에 대한 기억을 저장할 수 없다면, 각각의 시도는 우리의 첫 번째 시도와 같을 것이다. 우리는 기저핵(基底核)이라고 알려져 있는 뇌의 한 부위의 손상 때문에 자신의 단기 기억을 잃어버린 사람들과 같은 상황에 처할 것이다. (B) 그러한 사람들은 자신들의 예전 반응에 관한 정보를 기억 속에 저장할 수 없기 때문에, 어떤 기술을 연속적으로 반복한다 해도 보통 학습을 유발하지 않는다. 그들은 피아노를 100번 연주했을지 모르지만, 각각의 시도는 완전히 새로운 경험이다. (A) 그러나 정상적으로 기능하는 두뇌로, 우리는 우리의 경험의 기억으로부터 이득을 얻을 수 있고, 우리가 더 정확하고 더 크게 효율적으로 기술 목표를 달성하도록 하는 방식으로 우리의 운동 반응을 점차적으로 재구성할 수 있다.

| 문제해설 |
연습을 경험을 얻는 과정이라고 부르고 이러한 비유가 도움이 된다는 내용의 주어진 글 다음에는 과거의 신체 활동 경험의 기억을 저장할 수 없다면, 각각의 시도는 우리의 첫 번째 시도와 같을 것이라는 내용의 (C)가 와야 한다. 그다음에는 (C)에서 언급한 people who have lost their short-term memory because of damage to an area of the brain known as the basal ganglia를 such people로 대신하여 그들이 자신들의 예전 반응에 관한 정보를 기억 속에 저장할 수 없어 학습을 하지 못한다는 내용의 (B)가 와야 한다. 마지막으로 however라는 연결사를 통해 정상적으로 기능하는 두뇌가 있을 때의 상황을 기술하는 (A)가 오는 것이 자연스럽다. 따라서 주어진 글 다음에 이어질 글의 순서로 가장 적절한 것은 ⑤ '(C)-(B)-(A)'이다.

| 구조분석 |
10행 We would be in the same situation as people [who have lost their short-term memory because of damage to an area of the brain {known as the basal ganglia}].
➡ [ ]는 people을 수식하는 관계절이고, 그 안의 { }는 an

area of the brain을 수식하는 분사구이다.

| 어휘 및 어구 |
refer to ~ as ... ~을 …이라고 부르다
practice 연습하다; 연습   store 저장하다
metaphor 비유, 은유   normally 정상적으로
function 기능하다   gradually 점차적으로
reshape 재구성하다   motor 운동(의)
accurately 정확하게   efficiency 효율성
previous 예전의   successive 연속적인
bring about ~을 유발하다   trial 시도

| Word Search |
정답 1. metaphor 2. previous 3. successive

Exercise 9~10   정답 | 9. ③ 10. ⑤

| 소재 | 브레인스토밍(brainstorming)

| 해석 | 1958년, 한 집단의 사회 과학자들이 다양한 브레인스토밍 기술들을 시험했다. 그들은 생각을 불러일으키는 질문을 제기했다. 만약 인간이 각각의 손에 엄지손가락을 하나 더 가지고 있다면, 어떤 이점과 문제점이 나타날까? 그러고 나서 그들은 두 가지 다른 유형의 집단이 답에 대해 브레인스토밍을 하도록 했다. 한 집단의 구성원들은 대면으로 작업했고, 나머지 집단의 구성원들은 각자 독립적으로 작업한 다음 마지막에 자신의 답을 모았다. 대면으로 작업한 사람들이 더 생산적일 것이라고 예상할 수도 있지만, 그것은 사실이 아니었다. 독립적으로 작업한 구성원들의 팀이 거의 두 배 많은 아이디어를 만들어 냈다. 다른 연구들은 이러한 결과가 사실임을 보여 주었다. 전통적인 브레인스토밍은 혼자 생각한 다음 결과를 모으는 것만큼 결코 효과적이지는 않다.
그것은 직접적으로 접촉하는 집단이 두 가지 문제를 겪기 때문이라는 것을 과학자들이 발견했다. 큰 문제는 저지로, 아주 좋은 생각이 여러분의 머릿속에 갑자기 떠오르지만, 집단이 여러분에게 요청할 때 여러분은 이미 그것을 잊어버렸다. 다른 문제는 사회적 위축시킴으로, 거침없이 말하는 외향적인 구성원들이 결국 (집단을) 지배하게 되고, 그들의 아이디어가 그다지 좋은 것은 아닐지라도 다른 사람들이 그 아이디어들을 채택하게 된다. 내성적인 사람들은 의견을 자유롭게 표현하지 않는다. 이와 대조적으로, 연구자들이 '가상 집단'이라고 부르는 것에서, 집단 구성원들이 물리적으로 서로 떨어져 작업할 때, 그것은 이 문제를 일으키는데(→ 피하는데), 왜냐하면 모든 사람이 인지적으로 무색해지거나 저지당하지 않고 아이디어를 만들어 낼 수 있기 때문이다.

| 문제해설 |
9 브레인스토밍을 할 때 집단의 구성원들이 대면하여 작업할 때보다 각자 독립적으로 작업한 다음 아이디어를 모으는 것이 거의 두 배 많은 아이디어를 만들어 냈다는 내용의 글이므로, 글의 제목으로 가장 적절한 것은 ③ '멀리

떨어져서 작업하는 집단 구성들이 더 많은 아이디어를 만들어 낸다'이다.
① 가상 공간에서의 브레인스토밍: 그것이 가능한가?
② 분명한 의사소통을 위해 대면하여 함께 작업하라
④ 브레인스토밍이 오늘날의 재계에서 중요한 이유
⑤ 여러 형태를 취하는 집단 구성원들 사이의 갈등

10 집단 구성원들이 물리적으로 서로 떨어져 작업한 후 아이디어를 모으게 되면, 대면할 때 아이디어를 말하지 못하는 경우가 생기지 않는다는 맥락이므로, (e)의 causes를 avoids와 같은 낱말로 바꾸어야 한다.

| 구조분석 |

3행 Then they had [two different types of groups] [brainstorm answers].

➡ 첫 번째 [ ]는 had의 목적어이고, 두 번째 [ ]는 목적격 보어이다.

14행 In contrast, when group members work physically separately from one another — in [what researchers call "virtual groups"] — it avoids this problem [because everyone can generate ideas without being cognitively overshadowed or blocked].

➡ 첫 번째 [ ]는 in의 목적어 역할을 하는 관계절이고, 두 번째 [ ]는 이유의 부사절이다.

| 어휘 및 어구 |

pose (질문을) 제기하다
thought-provoking 생각을 불러일으키는
thumb 엄지손가락 　　face to face 대면하여
pool 모으다 　　　　productive 생산적인
confirm 사실임을 보여주다 　block 저지[방해]하다
dampen 위축시키다
outspoken 거침없이[노골적으로] 말하는
extroverted 외향적인 　dominate 지배하다
adopt 채택하다 　　　introverted 내성적인
virtual 가상의 　　　cognitively 인지적으로

| Word Search |

정답 1. productive 2. outspoken 3. virtual

Tip

brainstorming(브레인스토밍): 무엇에 대해 여러 사람들이 동시에 자유롭게 자기 생각을 제시하여 그중 가장 독창적인 아이디어를 끌어내는 회의 기법을 뜻한다.

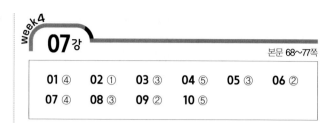

본문 68~77쪽

| 01 ④ | 02 ① | 03 ③ | 04 ⑤ | 05 ③ | 06 ② |
| 07 ④ | 08 ③ | 09 ② | 10 ⑤ | | |

Exercise 1　　　　　　　　　　　　정답 | ④

| 소재 | 이야기의 힘

| 해석 | 오디세우스가 사이렌의 유혹을 피하려고 자신의 선원들에게 자신을 자신의 범선 돛대에 묶어 달라고 요구한 것을 기억할 것이다. 하지만 생각해 보면, 그는 자신이 나머지 선원들에게 하라고 명령했던 것처럼 그저 자신의 귀에 밀랍을 넣어서 많은 고통을 모면할 수도 있었을 것이다. 오디세우스는 남이 하기 싫어하는 일을 하기 좋아하는 사람은 아니었다. 사이렌은 누구든 그들(사이렌)의 소리를 들었던 자가 살아서 후에 그 이야기를 할 수 있을 경우에만 죽임을 당할 수 있었다. 오디세우스는 일이 벌어지고 난 후에 자신의 죽음에 이를 뻔했던 항해를 이야기함으로써 사이렌을 완파했다. 그 학살은 이야기하는 것 안에 있었다. 오디세우스 신화는 행동 변화의 주요 특징을 강조하는데, 우리의 경험을 자세히 이야기하는 것이 그것에 대한 지배력을 우리에게 제공한다는 것이다. 심리 치료 상황에서든, 알코올 중독자 갱생회 후원자와 이야기하든, 성직자에게 고백하든, 친구에게 털어놓든, 또는 일기장에 쓰든, 우리의 솔직한 공개는 우리의 행동을 눈에 띄게 하고, 어떤 경우에는 우리가 그것을 처음으로 볼 수 있게 한다. 이것은 자각하는 의식 밖에서 자동성의 수준을 수반하는 행동에 특히 해당된다.

| 문제해설 |

④ 주어인 our honest disclosure의 술어 동사가 필요한 자리이므로 bringing을 brings로 고쳐야 한다.
① '~처럼'의 뜻으로 사용된 접속사로 like는 어법상 적절하다.
② '~하는 누구든지'의 의미를 나타내며 heard의 주어 역할을 하는 명사절을 이끄는 whoever는 어법상 적절하다.
③ 주어가 동명사구인 Recounting our experiences이므로 단수형 동사 gives는 어법상 적절하다.
⑤ behaviors를 수식하는 관계절을 이끄는 관계대명사 that은 어법상 적절하다.

| 구조분석 |

8행 [Whether {in the context of psychotherapy}, {talking to an Alcoholics Anonymous (AA) sponsor}, {confessing to a priest}, {confiding in a friend}, or {writing in a journal}], our honest disclosure brings our behavior into relief, [allowing us {in some cases} to see it for the first time].

➡ 첫 번째 [ ]는 양보의 의미를 나타내며, 다섯 개의 { }가 or로 대등하게 연결되어 있다. 두 번째 [ ]는 주어 our honest disclosure의 부수적 행동을 나타내는 분사구문이며, { }는 allowing의 목적어 us와 목적격 보어 to see ~ 사이에 삽입된 전치사구이다.

| 어휘 및 어구 |

crew 선원	mast 돛대
lure 유혹	beeswax 밀랍
command 명령하다	grief 고통, 큰 슬픔
narrate 이야기하다	slaying 학살, 살인
feature 특징	recount 자세히 이야기하다
psychotherapy 심리 치료	
Alcoholics Anonymous (AA) 알코올 중독자 갱생회	
confess 고백하다	priest 성직자
confide (비밀 따위를) 털어놓다	disclosure 공개, 폭로
bring ~ into relief ~을 눈에 띄게 하다	
conscious 자각하는	awareness 의식, 관심

| Word Search |
정답 1. command 2. psychotherapy 3. disclosure

Exercise 2   정답 | ①

| 소재 | 현상 유지 경향을 극복한 이민자들

| 해석 | 만약 특정한 자아상을 유지하는 게 중요하다면, 그것을 윤을 내는 것도 이치에 맞다. 우리는 부정적인 정보를 걸러 냄으로써 이것을 적극적으로 한다. 또 다른 선택은 최소한 우리에게 불리하게 되돌아올 가능성이 조금이라도 있는 행동을 하는 것을 그저 피하는 것이다. 내가 걸인 옆을 지나가지 않기 위해 길을 건넌다면, 내가 관대함이 부족하다는 것을 스스로에게 드러낼 필요가 없을 것이다. 본국에 남아 있는 이민 지망자는 자신이 갔더라면 성공했을 것이라는 허구를 언제나 유지할 수 있다. 현재의 상황을 유지하려는 이러한 경향을 극복하는 데는 꿈을 꾸는 능력, 즉 상당한 양의 자만심이 필요하다. 이것이 아마도 이민자들, 적어도 절망에 떠밀리지 않은 이민자들이 가장 부유하거나 가장 교육을 받은 사람들이 아니라 특별한 추진력을 가지고 있는 사람들인 경향이 있는 이유이며, 이 점이 우리가 그들 가운데 그렇게 많은 성공한 기업가를 발견하는 이유다.

| 문제해설 |
(A) 뒤에 주어와 목적어가 모두 있는 완전한 절이 왔으므로 reveal의 목적어 역할을 하는 명사절을 이끄는 접속사 that이 어법상 적절하다.
(B) 「It takes ~ to ...(…하는 데 ~이 필요하다)」의 표현이 사용되고 있으므로 to overcome이 어법상 적절하다.
(C) is의 주격 보어 역할을 하는 why가 이끄는 명사절의 주어가 migrants로 복수이므로 복수 동사 tend가 어법상 적

절하다.

| 구조분석 |

5행 A would-be migrant [who stays home] can always maintain the fiction [that he **would have succeeded** {had he gone}].
➡ 첫 번째 [ ]는 A would-be migrant를 수식하는 관계절이며, 두 번째 [ ]는 the fiction의 구체적인 내용을 설명하는 동격절로 과거와 반대되는 사실을 나타내는 가정법 과거완료가 사용되었는데, { }는 if가 생략되고 주어와 조동사가 도치된 조건절이다.

| 어휘 및 어구 |

filter out ~을 걸러 내다	rebound 되돌아오다
generosity 관대함	would-be ~을 지망하는
migrant 이주자	substantial 상당한
overconfidence 자만심, 과신	persist with ~을 고집하다
desperation 절망, 자포자기	entrepreneur 기업가

| Word Search |
정답 1. generosity 2. migrant 3. entrepreneur

Exercise 3   정답 | ③

| 소재 | 협업하는 법을 배우는 것의 중요성

| 해석 | 교육이 지적 자립성을 높여야 한다는 생각은 배움에 대한 매우 편협한 관점이다. 그것은 지식이 타인에 의존한다는 사실을 무시한다. 자동차를 수리하기 위해 정비사는 누가 부품을 제공할 수 있고 누가 부품을 전달할 수 있는지, 어떤 차가 리콜되었는지를 어떻게 알아낼 수 있는지, 그리고 최신 설계 혁신에 대해 어떻게 배울 수 있는지 알아야 한다. 오늘날 자동차는 전 세계에서 오는 기술에 의존하기 때문에, 괜찮은 자동차 정비사는 자동차 산업 내의 지식 공동체 전체에 퍼진 지식에 접근할 수 있을 것이다. (그것은 세계화의 영향, 환경적 우려로 인한 규제 강화, 그리고 화석 연료 가격 상승 등으로 인해 큰 변화를 겪을 것으로 예상된다.) 따라서 배우는 것은 단지 새로운 지식과 기술을 개발하는 것에 관련된 것이 아니다. 그것은 또한 우리가 어떤 지식을 제공해야 하는지, 그리고 우리가 어떤 격차를 채우도록 도와줄 타인에게 의존해야 하는지를 인식하면서 다른 사람들과의 협업을 배우는 것에 관련된 것이다.

| 문제해설 |
지식은 타인에 의존하므로, 다른 사람들의 지식을 이용할 수 있도록 다른 이들과 협업하고 서로 의존하는 법을 배우는 것이 필요하다는 내용의 글이다. ③은 그것이 세계화의 영향과 늘어나는 환경 관련 규제, 화석 연료의 가격 인상 등으로 큰 변화를 겪는다는 내용으로, 배우는 것이 새로운 지식이나 기술을 개발하는 것하고만 관련이 있는 것이 아니라는 뒤에 이

어지는 내용과 연결이 자연스럽지 않다. 따라서 전체 흐름과 관계가 없는 문장은 ③이다.

| 구조분석 |

9행 It's also about learning to collaborate with others, [recognizing {what knowledge we have to offer} and {what gaps we must rely on others <to help us fill>}].

➡ [ ]는 앞 문장과 연결된 부가적 상황을 나타내는 분사구문이고, 두 개의 { }는 and로 대등하게 연결된 명사절로 recognizing의 목적어 역할을 하고 있다. < >는 others를 수식하는 to부정사구이다.

| 어휘 및 어구 |

intellectual 지적인
innovation 혁신
mechanic 정비사, 기계공
concern 우려, 걱정

ignore 무시하다
decent 괜찮은, 쓸만한
regulation 규제
collaborate 협력하다

| Word Search |

정답 1. intellectual 2. mechanic 3. regulation

Exercise 4 정답 | ⑤

| 소재 | 초등 수학의 층

| 해석 | 기원전 350년에서 275년 사이에 Alexandria에 살았던 유클리드는 고대에 가장 영향력 있는 기하학 저서인 '기하학 원론(The Elements)'을 저술했다. 그 당시 이집트의 왕이었던 프톨레마이오스는 그 책을 읽는 쉬운 방법에 대해 그의 조언을 구했다. "수학에는 왕도가 없습니다."라고 유클리드는 대답했다. (C) 초등 수학도 마찬가지다. 하지만 그것은 탑의 바닥을 다루기 때문에, 그것이 세우는 층수는 더 적다. 고등 수학에서처럼 긴 논증의 사슬은 없다. (B) 이것이 그것(초등 수학)이 아이들에게 적합한 이유 중 하나다. 하지만 다른 의미로는, 그것은 더 어렵다. 일부 층은 마치 물속에 지어져 보기 어려운 것처럼 숨겨져 있고 식별하기 어렵다. (A) 그것들을 알아채려면 통찰력 있는 관찰이 필요하다. 그것들은 놓치고 건너뛰기 쉽다. 초등학교 수학은 정교하지는 않지만, 지혜가 담겨 있다. 그것은 복잡하지 않지만, 심오하다.

| 문제해설 |

유클리드의 기하학 저서를 쉽게 읽을 수 있는 방법에 대해 조언을 구하는 왕에게 수학에는 왕도가 없다고 얘기했다는 유클리드의 일화를 언급한 주어진 글 다음에는 똑같은 원칙이 초등 수학에도 적용되며, 다만 세워야 할 층수가 적어서 논증이 길게 이루어지지 않을 뿐이라는 (C)가 이어져야 한다. 그 다음 이렇게 층수가 적은 것이 초등 수학이 아이들에게 적합

한 이유라고 언급한 (B)가 와야 하며, (B)의 뒷부분에서 초등 수학의 층은 숨겨져 있고 분별하기 쉽지 않다는 내용에 이어, 그렇기 때문에 초등 수학의 층을 알아보려면 통찰력이 있는 관찰이 필요하고, 초등학교 수학은 복잡하지는 않아도 심오하다는 내용의 (A)가 이어져야 글의 흐름이 자연스럽다. 따라서 주어진 글 다음에 이어질 글의 순서로 가장 적절한 것은 ⑤ '(C)−(B)−(A)'이다.

| 구조분석 |

9행 Some of its layers are hidden and difficult to discern, [**as if** they **were** {built underwater} and thus {difficult to view}].

➡ [ ]는 '마치 ~인 것처럼'이라는 뜻을 나타내는 as if에 의해 유도된 부사절로 가정법 과거형의 동사가 사용되어 현실에서 일어나기 힘든 일에 대한 조건의 내용을 표현하고 있다. 두 개의 { }는 and로 연결되어 were에 이어진다.

| 어휘 및 어구 |

author 저술하다
perceptive 통찰력 있는
skip 건너뛰다
profound 심오한
discern 분별하다

geometry 기하학
observation 관찰
sophisticated 정교한
appropriate 적합한

| Word Search |

정답 1. geometry 2. profound 3. discern

Exercise 5 정답 | ③

| 소재 | 곰팡이의 중요성

| 해석 | 곰팡이는 '동물'이나 '식물'만큼 광범위하고 활동적인 범주인, 생명체의 왕국 중 하나를 구성한다. 현미경으로 봐야만 보이는 효모는 곰팡이며, 세계에서 가장 큰 유기체에 속하는 뽕나무버섯 *Armillaria*의 불규칙하게 퍼져 나간 망도 그렇다. 현재 최고 기록을 보유하고 있는 것은 오리건주에 있는데, 무게가 수백 톤이고, 10평방킬로미터에 걸쳐 퍼져 있고, 2천 살에서 8천 살쯤 되었다. 아직 발견되지 않은 채 남아 있는 더 크고 더 오래된 표본들이 많이 있을 것이다. 지구상에서 가장 극적인 사건 중 많은 것들이 곰팡이 활동의 결과였고, 지금도 계속 그렇다. 식물은 곰팡이와의 협력 때문에 단지 약 5억 년 전에 물 밖으로 나왔는데, 곰팡는 식물이 자기 자신의 뿌리를 발달시킬 수 있을 때까지 수천만 년 동안 뿌리 시스템 역할을 했다. 오늘날 식물의 90% 이상이 때때로 '우드 와이드 웹'이라고 불리는 공유 네트워크에서 나무를 연결할 수 있는 균근균에 의존한다. 이 아주 오래된 연결은 육지에서 모든 알아볼 수 있는 생명체를 낳았고, 그 생명체의 미래는 건강한 관계를 형성하는 식물과 곰팡이의 지속적인 능력에 달려 있다.

| 문제해설 |

③ 뒤에 their collaboration with fungi라는 명사구가 왔으므로 because를 because of로 고쳐야 한다.

① 「as+조동사[be동사]+주어」 구문으로 주어가 the sprawling networks of honey fungi이므로 are는 어법상 적절하다.

② The current record holder가 주어 역할을 하고 있고, weighs, is와 and로 대등하게 연결된 술어 동사 부분이므로 spills는 어법상 적절하다.

④ shared networks를 수식하는 분사구로 수동의 의미를 나타내는 referred는 어법상 적절하다.

⑤ all recognizable life on land를 선행사로 하는 관계대명사 which는 어법상 적절하다.

| 구조분석 |

9행 Today, more than ninety percent of plants depend on mycorrhizal fungi [which can link trees in shared networks {sometimes referred to as the "wood wide web}]."

➡ [ ]는 mycorrhizal fungi를 수식하는 관계절이며, { }는 shared networks를 수식하는 분사구이다.

| 어휘 및 어구 |

fungus 곰팡이 (pl. fungi) sprawling 불규칙하게 퍼져 나간
spill 사방으로 퍼지다 specimen 표본
collaboration 협력 association 연결
recognizable 알아볼 수 있는

| Word Search |

정답 1. specimen 2. collaboration 3. association

Exercise 6 정답 | ②

| 소재 | 자존감을 떨어뜨리는 비난에 대한 두려움

| 해석 | 우리가 다른 사람이 우리에게 적대적으로 사용할 가능성이 있는 모든 걸 우리 자신에게 말하는 것은 우리를 그것에 무감각하게 만들지 않는다. 그것은 우리가 그런 말을 들을 만하고 그 비난이 타당할 것이라고 믿게 만들 뿐이다. 게다가, 누군가가 승인과 칭찬으로 여러분을 빛낼지 아닐지에 대한 너무 많은 변수가 있어서 모든 사람과 모든 것을 완전히 그리고 전체적으로 덮는 것은 거의 불가능하다. 확인을 구하고자 한다면 필요한 것은 확실성으로, 우리 자신에게서 찾을 수 없는 바로 그런 종류의 것이다. 그러나 사람들의 의견, 특히 부정적인 의견은 그들 자신이 가지고 있지 않고 할 수 없다고 스스로 알고 있는 것에서 주로 비롯된다. 여러분은 결국 자신의 자존감의 근거를 다른 사람들의 불안에 두는 것을 그만두고, 자신의 진정한 신념을 찾는 데 시간이 아무리 오래 걸리더라도, 그것에 자존감의 기반을 두기 시작해

야 한다. 내가 그것을 받을 만하지 않다는 나의 믿음이 내가 내 자신의 적수 역할을 한 이유가 아니었다는 것을 나는 늘 알고 있었다. 다른 사람들한테 상처받을 것에 대한 두려움이 그 이유였다.

| 문제해설 |

(A) '너무 ~해서 …하다'라는 의미의 「so ~ that …」 구조가 사용되었으므로 so가 어법상 적절하다.

(B) 관계대명사 what이 이끄는 명사절에서 require의 목적어가 없고 의미상 수동태가 되어야 하므로 required가 어법상 적절하다.

(C) 앞 문장과 대조를 이루는 문장으로 앞 문장의 the reason ~ own antagonist가 뒤에 생략되었으므로 동사로는 was가 어법상 적절하다.

| 구조분석 |

7행 You eventually have to [stop basing your self-worth on the insecurities of others] and [start basing it on your own genuine convictions], [**no matter how** long it takes for you to find them].

➡ 첫 번째와 두 번째 [ ]는 and로 대등하게 연결되어 have to와 이어지며, 세 번째 [ ]는 양보를 나타내는 부사절로 '아무리 ~한다 하더라도'의 의미인 「no matter how ~」이 사용되었다.

| 어휘 및 어구 |

numb 무감각하게 만들다 accusation 비난
variable 변수 grace 빛내다, 명예를 주다
approval 승인 praise 칭찬
blanket (완전히) 뒤덮다 self-worth 자존감
insecurity 불안

| Word Search |

정답 1. numb 2. accusation 3. approval

Exercise 7 정답 | ④

| 소재 | 좋은 행동의 영향력

| 해석 | 우리가 배려와 관심, 감수성과 재치, 정직과 진실성, 관대함과 품위, 관용과 용서로 남을 대하는 행동을 할 때, 우리는 다른 사람이 되기 시작한다. 그리고 그런 것이 상호주의의 본질이며 상호주의 자체가 도덕의 기초가 되는 깊이 새겨진 본능 중 하나여서, 우리는 다른 사람들이 우리와 관계를 맺는 방식을 항상은 아니라도 확실히 자주 바꾸기 시작한다. 느리지만 확실하게, 적어도 우리가 활동하는 더 친밀한 환경에서는 새로운 분위기가 느껴지기 시작한다. 나쁜 행동은 쉽게 전염될 수 있지만, 좋은 행동도 그럴 수 있고, 그것(좋은 행동)이 보통 장기적으로 승리한다. (하지만 삶의 모든 것과 마찬가지로, 아무리 좋은 행동이라도 극단적으로 흐르면 부정적인 결과를 초래할 수

있다.) 우리는 다른 사람들을 배려하는 사람들에 의해 행복한 기분이 든다.

| 문제해설 |

우리가 배려와 관심, 진실함과 관대함, 관용과 용서 등으로 남을 대할 때 그런 선한 행동이 우리 자신뿐만 아니라 다른 사람들도 변화시키고 행복한 기분이 들게 한다는 내용의 글이므로, 좋은 행동이 극단적으로 흐르면 부정적인 결과를 초래할 수도 있다는 것은 이와 관련이 없다. 따라서 글의 전체 흐름과 관계가 없는 문장은 ④이다.

| 구조분석 |

6행 Bad behavior can easily become contagious, but **so can good behavior**, and it usually wins out in the long run.

➡ '~도 또한 그렇다'라는 의미의 「so+조동사[be동사]+주어」 구조가 사용되었고, can은 can easily become contagious를 대신한다.

| 어휘 및 어구 |

tact 재치	integrity 진실성
forbearance 관용	engrave 새기다
instinct 본능	morality 도덕성
atmosphere 분위기	intimate 친밀한
function 활동하다	contagious 전염성이 있는
consequence 결과	extreme 극단적인
uplifted 행복해 하는	

| Word Search |

정답 1. integrity 2. intimate 3. contagious

Exercise 8   정답 | ③

| 소재 | 유용한 부정적 감정

| 해석 | 여러분이 경험을 통해 배우고 자신의 안전지대 밖으로 대담하게 이동할 때, 감정은 개인 학습의 가장 큰 탈선기가 될 가능성이 있다. (B) 여러분의 몸이 긴장되고, 머리가 지끈거리며, 입이 마르고, 손에 땀이 나고, 호흡이 빨라지며, 아드레날린으로 상기됨을 느낄 때가 있을 것인데, 이것이 모두 파괴적인 감정이 작용하고 있다는 징후다. 다른 때 여러분은 하루 내내 무거운 다리를 끌면서 기분이 '울적'하거나 '꿀꿀'하고, 또는 단절된 느낌이거나, 의기소침하고 또는 '그저 관심이 없다'고 느낄 수도 있다. (C) 덜 극적이긴 하지만, 이러한 반응 또한 파괴적인 감정의 징후일 수도 있다. 이런 일이 일어날 때는, 여러분의 실험으로부터 배우는 것에 집중하기가 매우 어려울 수 있다. 그러나 이러한 종류의 감정은 또한 유익하고 탐색할 가치가 있다. (A) 감정은 그저 처리되거나 억눌러져야 하는 '문제'가 아니다. 그것은 또한 '여기에 배워야 할 뭔가가 있다'고 신호를 보낸다. 만약 여러분이 그 징후를 읽을 준비를 할 수 있다면, 여러분이 느끼고 있는 방

식으로 왜 느끼고 있는지 이해하는 것이 변화를 만드는 중요한 자극제가 될 수 있다.

| 문제해설 |

경험을 통해 배우고 안전지대를 벗어나려고 할 때 감정이 개인적 학습의 탈선기(방해 요인)가 될 수 있다는 주어진 글 뒤에는 그런 감정으로 인해 몸이 어떤 상태가 되는지 구체적 예를 들고 있는 (B)가 이어져야 한다. 또한 (B)의 뒷부분에 제시하고 있는 다소 우울하고 단절된 그런 감정들 역시 파괴적인 감정일 수 있고, 이런 감정도 배움에 집중하기 어렵게 만든다는 (C)가 와야 하며, (C)의 마지막 문장에서 그렇지만 이런 감정이 유익하고 탐색할 가치가 있다고 언급한 바에 대하여 이런 파괴적 감정이 뭔가 배울 게 있음을 알려 주는 징후가 될 수 있다는 근거를 제시하는 (A)가 이어져야 글의 흐름이 자연스럽다. 따라서 주어진 글 다음에 이어질 글의 순서로 가장 적절한 것은 ③ '(B)-(C)-(A)'이다.

| 구조분석 |

4행 [Understanding {why you are feeling the way <you are feeling>}] can be an important stimulus for making change [if you can prepare yourself to read the signs].

➡ 첫 번째 [ ]는 문장의 주어 역할을 하는 동명사구이며, { } 는 Understanding의 목적어 역할을 하는 명사절이다. < > 는 the way를 수식하는 관계절이다. 두 번째 [ ]는 조건을 나타내는 부사절이다.

| 어휘 및 어구 |

suppress 억누르다	stimulus 자극제
tense 긴장하다	pound (머리가) 지끈거리다
accelerate 빨라지다	flushed 상기된, 빨간
disruptive 파괴적인	despondent 의기소침한
drag oneself 무거운 다리를 끌다	
informative 유익한	investigate 탐색하다

| Word Search |

정답 1. suppress 2. stimulus 3. disruptive

Exercise 9~10   정답 | 9. ② 10. ⑤

| 소재 | 마술로 인한 인식의 변화

| 해석 | 내 친구 중 한 명인 David는 Massachusetts에 있는 한 식당의 상주 마술사였다. 매일 밤 그는 테이블 주변을 돌아다녔고, 동전들이 손가락 사이로 빠져나가 그래서는 안 되는 바로 그곳에 다시 나타났다가 다시 사라지고, 둘로 나뉘었다가, 감쪽같이 사라졌다. 어느 날 저녁, 손님 두 명이 떠난 지 얼마 안 되어 식당으로 돌아와 David를 한쪽으로 끌어당겼는데 불안해 보였다. 그들은 자신들이 식

당을 나갔을 때, 하늘이 충격적일 정도로 파랗고 구름은 크고 생생해 보였다고 말했다. 그가 그들의 음료에 뭐라도 넣었던 것인가? 몇 주가 지나면서 이런 일이 계속 일어났는데, 고객들은 다시 돌아와서는 전보다 차량 소리가 더 크고, 가로등은 더 밝으며, 보도의 문양이 더 매력적이고, 빗줄기가 더 상쾌한 것 같았다고 말했다. 그 마술 기법은 사람들이 세상을 경험하는 방식을 바꾸고 있었다.

David는 왜 이런 일이 일어났다고 생각하는지 나에게 설명했다. 우리의 인식은 상당 부분 예상으로 작동한다. 처음부터 완전히 새로운 인식을 끊임없이 형성하는 것보다는 적은 양의 새로운 감각 정보로 업데이트된 예상된 이미지를 사용하여 세상을 이해하는 것이 인지적 수고가 덜 든다. 마술사들이 그들의 직무를 수행하는 사각지대를 만드는 게 바로 우리의 선입견이다. 점진적인 약화에 의해, 동전 속임수는 손과 동전이 작동하는 방식에 대한 우리 예상의 지배를 느슨하게 한다. 결국, 그것(동전 속임수)은 우리의 인식에 대한 우리 예상의 지배를 더 전반적으로 느슨하게 만든다. 식당을 나서자마자 하늘이 다르게 보였는데 그것은 손님들이 예상한 대로가 아니라 당시 거기 있는 그대로 하늘을 보았기 때문이다. 우리의 예상에서 벗어나도록 속으면 우리는 우리 감각에 기대게 된다. 놀라운 것은 우리가 발견하기를 기대하는 것과 실제로 보았을 때 발견하는 것 사이의 유사성(→ 차이)이다.

| 문제해설 |

9 손에 들고 있던 동전이 엉뚱한 곳에서 나타났다 사라지는 마술을 본 사람들이 평소 지각하던 것보다 더 생생하게 현실을 지각하게 되는 현상에 관한 글이다. 이는 평소에는 외부 환경을 인식할 때 주로 예상을 이용하지만 마술을 보는 동안 이 기능이 점진적으로 약화되면서 예상을 덜하고 감각 기관에 더 의지하면서 인식이 더 향상되기 때문이라고 설명하고 있다. 따라서 글의 제목으로 가장 적절한 것은 ② '예상을 덜하면 인식이 향상된다'이다.
① 마술사들이 어떻게 여러분의 감정을 이용하는가
③ 효율적인 정보 처리의 비결
④ 마술 기법의 핵심: 여러분의 육감을 이용하라
⑤ 다른 사람들에게 듣는 것을 믿지 말라

10 우리가 평소 보게 되리라 예상하는 것과 실제로 보게 되는 것에는 큰 차이가 있으므로 (e)의 resemblance를 gulf나 difference로 바꾸어야 한다.

| 구조분석 |

`12행` **It takes** less cognitive effort [to make sense of the world {using preconceived images <updated with a small amount of new sensory information>}] **than** [to constantly form entirely new perceptions from scratch].
➡ 「it+takes+노력+to부정사구(~하는 데 '노력'이 들다[필요하다])」의 표현이 사용된 문장으로 두 개의 [ ]가 than에 의해 비교되고 있다. { }는 to make sense of the world의 부가

적 상황을 설명하는 분사구문이며, ⟨ ⟩는 preconceived images를 수식하는 분사구이다.

| 어휘 및 어구 |

vanish 사라지다	fascinating 매혹적인
refreshing 상쾌한	perception 인식, 지각
preconceive 예상하다	sensory 감각의
preconception 선입견	blind spot 사각지대
loosen 느슨하게 하다	grip 지배, 움켜쥠
astonishing 놀라운	

| Word Search |

정답 1. vanish 2. perception 3. sensory

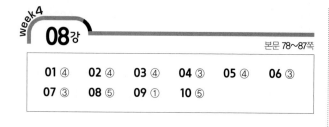

| 01 ④ | 02 ④ | 03 ④ | 04 ③ | 05 ④ | 06 ③ |
| 07 ③ | 08 ⑤ | 09 ① | 10 ⑤ | | |

Exercise 1
정답 | ④

| 소재 | 현생 인류의 신체 적응 구조

| 해석 | 현생 인류의 신체는 우리가 다른 대형 동물들보다 더 이동성을 갖게 해 주는 적응 구조를 갖추고 있다. 비록 우리가 말, 사자, 그리고 침팬지와 비교하여 빨리 달리지는 못하지만, 우리는 지치지 않고 수 마일을 걸을 수 있고, 훈련을 통해 어떤 다른 포유동물보다 장거리를 더 잘 달리게 될 수 있다. 우리의 근섬유 중 일부는 실제로 우리와 가장 가까운 관계인 동물들의 그것과 다르게 만들어져 있는데, 우리의 근육은 속도와 힘보다는 효율성과 지구력을 위해 만들어졌다. 우리는 물을 계속 마시기만 한다면, 타는 듯한 더위 속에서 마라톤을 뛸 수 있다. Turkana 호수에서 발견된 뼈대는 150만 년 전에 살았던 우리 조상들이 이미 지구력에 대한 인간 고유의 적응 구조를 가졌다는 것을 암시한다. 그들의 더 긴 다리는 오스트랄로피테쿠스 속(屬)의 원인(猿人)보다 걸을 때 더 빨리 활보할 수 있게 해 줬을 것이고, 다리뼈에 붙어 있는 근육과 힘줄의 크기는 현생 인류를 그렇게도 능률적인 달리기 선수로 만들어 주는 것과 똑같은 탄력과 힘을 그들의 다리에 주었을 것이다.

| 문제해설 |

④ found at Lake Turkana는 주어인 The skeleton을 수식하는 분사구이고 that our ~ endurance는 목적어로 쓰인 명사절이므로 동사가 필요하다. 따라서 현재분사인 suggesting을 동사 suggests로 고쳐야 한다.

① 삽입구 with training 앞에 있는 조동사 can에 연결되므로 동사원형 become은 어법상 옳다.

② 복수형 muscle fibers를 대신하고 있으므로 복수 대명사 those는 어법상 옳다.

③ 뒤에 주어와 동사(we keep)가 이어지므로 접속사가 필요한데, as long as가 '~하기만 하면'의 의미로 접속사 역할을 하고 있으므로, 어법상 옳다.

⑤ 수식을 받는 the muscles and tendons가 attach의 대상이므로 수동의 의미인 과거분사 attached는 어법상 옳다.

| 구조분석 |

7행 The skeleton [found at Lake Turkana] suggests [that our ancestors {that lived 1.5 million years ago} already had uniquely human adaptations for endurance].

➡ 첫 번째 [ ]는 The skeleton을 수식하는 분사구이다. 두 번째 [ ]는 suggests의 목적어로 쓰인 명사절이고, 그 안의 { }는 our ancestors를 수식하는 관계절이다.

| 어휘 및 어구 |

adaptation 적응 구조, 적응   mobile 이동성을 갖춘
muscle fiber 근섬유   efficiency 효율성
endurance 지구력, 인내   blazing heat 타는 듯한 더위
skeleton 뼈대, 골격   ancestor 조상
stride 활보하다
australopithecine 오스트랄로피테쿠스 속(屬)의 원인(猿人)
dimension 크기, 치수, 차원   attach 붙이다
spring 탄력

| Word Search |
정답 1. mobile 2. fiber 3. attach

Exercise 2
정답 | ④

| 소재 | 수면의 가치

| 해석 | 우리는, 우리 조상들처럼, 실제로 어두운 시간 속에서 그리고 그 시간과 정말 전투를 벌이기도 하지만, 우리는 또한 그것들[어두운 시간]의 가치를 계산하고 재계산해, 흔히 다른 의무를 위하여 수면 시간을 단축한다. 그리고 수면 연구자들이 우리가 자는 동안 우리가 모른 채 살아가고 있는 삶의 다양성과 정도를 밝힐 때 우리는 놀라는 경향이 있다. 우리 조상들은 이것에 놀라지 않았을 것이다. 그들에게 잠은 삶의 활동적인 부분이었는데, 그것이 깨어 있는 활동과 유일하게 구별이 되는 점은 그것[잠]이 보통 어두울 때 발생한다는 것이었다. 예지몽을 갖고 신들이 잠자는 자를 찾아올 수도 있었으며, 혹은 성급한 잠을 적이 이용할 수도 있었지만, 초기 인류에게 망각의 보상은 추구하며 살 가치가 있는 다른 모든 것과 활발하게 관련되어 있었다. 우리는 잠을 생산적이고 행복한 삶을 위해 요구되는 필요악으로 볼 가능성이 훨씬 더 크다.

| 문제해설 |

(A) 진행형 시제(be동사+현재분사)에서 동사를 수식하고 있으므로, 부사 unknowingly가 적절하다.

(B) 뒤의 명사 distinction을 수식하고 앞의 an active part of life를 수식하는 관계절을 이끌고 있으므로, 소유격 관계대명사 whose가 적절하다.

(C) as는 접속사가 아니라 「see ~ as ....」 구문에 사용되는 전치사이므로 명사구 the necessary evil을 수식하는 과거분사 required가 적절하다.

| 구조분석 |

5행 To them, sleep was an active part of life [whose only distinction from waking activity was {that it usually took place in darkness}].

➡ [ ]는 an active part of life를 수식하는 관계절이고, 그 안의 { }는 주격 보어로 쓰인 명사절이다.

| 어휘 및 어구 |

calculate 계산하다
in favour of ~을 위하여, ~의 이익이 되도록
obligation 의무　　　　　tend to *do* ~하는 경향이 있다
reveal 밝히다, 드러내다　　variety 다양성
extent 정도, 범위　　　　unknowingly 모른 채, 모르고
distinction 구별, 차별
prophetic dream 예지몽(현실에서 어떤 일이 일어날 것인지를 미리 보여 주는 꿈)
take advantage of ~을 이용하다
hasty 성급한, 빠른
in relation to ~과 관련되어, ~과 관련하여
necessary evil 필요악　　require 요구하다
productive 생산적인

| Word Search |
정답 1. reveal 2. extent 3. distinction

Exercise 3 　　　　　　　　　　　정답 | ④

| 소재 | 컴퓨터와 전산 장비로 운영되는 의료 환경

| 해석 | 오늘날의 의료 환경은 컴퓨터와 컴퓨터화된 장비가 없다면 작동될 수 없을 것이다. 컴퓨터는 업무 운영, 의료 기록, 그리고 임상 자료 수집에 사용된다. 컴퓨터는 (환자의) 머리맡에서 기록하기, 간호 계획에의 사용, 의사 사무실에서 간호사실로의 의사소통, 의약품 투여 조절하기, 그리고 수술 및 환자 돌봄의 다른 많은 측면을 위해 음성으로 작동될 수도 있다. 오늘날 현대 병원에서 사용되는 장비의 대부분은 컴퓨터화되어 있다. 새로운 졸업생들은 자신들이 첫 간호 직책을 찾을 때 고도로 전문화된 세계로 들어간다. (신체적 건강 문제가 있는 사람들의 경우, 많은 직접 돌봄 간호 직책에서 요구되는 일관된 속도로 움직이는 것이 가능하지 않을 수도 있다.) 이러한 직책에 대비하기 위해 그들이 받는 교육에는 또한 이런 고도로 컴퓨터화된 환경에서 근무하는 데 필요한 기술이 포함되어야 한다.

| 문제해설 |

현대 병원의 대부분은 의료 환경을 컴퓨터와 컴퓨터화된 장비로 운영하고 있어서 간호사 직책을 준비하기 위해서 새로운 간호 졸업생들이 받는 교육에 고도로 컴퓨터화된 환경에서 근무하는 데 필요한 기술이 포함되어야 한다는 내용이다. 따라서 신체적 건강 문제가 있는 사람들은 일관된 속도로 움직여야 하는 직접 돌봄 간호 직책에 어울리지 않을 수도 있다는 내용의 ④는 전체 글의 흐름과 관계가 없다.

| 구조분석 |

9행 The education [they receive to prepare them for these positions] also must include the skills [necessary to work in this highly computerized environment].

➡ 첫 번째 [ ]는 The education을 수식하는 관계절이며, they 앞에 목적격 관계대명사 that이나 which가 생략되어 있다. 두 번째 [ ]는 the skills를 수식하는 형용사구이다.

| 어휘 및 어구 |

healthcare 의료의, 건강 관리의 setting 환경
computerized equipment 컴퓨터화된 장비
medical 의료의　　　　　　collection 수집
clinical 임상의　　　　　　activate 작동시키다
chart 기록하다　　　　　　nursing care 간호
nursing station 간호사실　　regulate 조절[조정]하다
administration 투여, 관리　　facet 측면
seek 찾다, 구하다　　　　　consistent 일관된, 안정된

| Word Search |
정답 1. activate 2. regulate 3. seek

Exercise 4 　　　　　　　　　　　정답 | ③

| 소재 | 사람들의 가면에서 누설되는 것을 보기

| 해석 | 사람들은 자신들을 가능한 한 가장 보기 좋게, 즉 겸손하고, 자신감 있고, 부지런하게 보이도록 돋보이게 하는 가면을 쓰는 경향이 있다. 그들은 옳은 것을 말하고, 미소를 짓고, 우리의 생각에 관심이 있는 것처럼 보인다. 그들은 자신의 불안감과 질투심을 감추는 것을 배운다. (B) 우리가 이 겉모습을 현실로 받아들인다면, 우리는 결코 그들의 진짜 감정을 알지 못하며, 때때로 우리는 그들의 갑작스러운 저항, 적대감, 그리고 조작된 행동에 기습을 당한다. 다행히, 가면에는 갈라진 틈이 있다. (C) 사람들은 자신들이 완전히 제어할 수는 없는 비언어적 신호, 즉 얼굴의 표정, 목소리의 변화, 몸의 긴장, 그리고 초조한 몸짓으로 계속해서 그들의 진짜 감정과 무의식적인 욕망을 드러낸다. 여러분은 남성들과 여성들을 우수하게 읽어 내는 사람으로 변신함으로써 이 언어에 통달해야 한다. (A) 이런 지식으로 무장하면, 여러분은 적절한 방어 조치를 할 수 있다. 반면에, 겉모습은 사람들이 여러분을 판단하는 근거이므로, 여러분은 최고의 겉모습을 보여 주고 가장 효과적으로 여러분의 역할을 하는 방법을 배워야 한다.

| 문제해설 |

사람들은 최고로 자신을 돋보이게 하는 가면을 쓰고 자신들의 불안감과 질투심을 감추려고 한다는 주어진 글의 내용 다음에, 이 겉모습을 현실로 받아들이면 그들의 진짜 감정을 알지 못하고 그들에게 기습을 당하지만, 다행히 가면 안에 갈라진 틈이 있다는 내용의 (B)가 이어지고, 그 틈으로 사람들은

완전히 제어할 수 없는 비언어적 신호로 진짜 감정과 무의식적인 욕망을 드러내는데, 이것을 읽어 내는 언어를 습득해야 한다는 내용의 (C)가 이어져야 한다. 이런 지식으로 무장하면 적절한 방어 조치를 할 수 있고, 반면에 자신은 최고의 겉모습을 보여 주고 가장 효과적으로 자신의 역할을 하는 방법을 배워야 한다고 조언하는 내용의 (A)가 마지막에 이어져야 글의 흐름이 자연스럽다. 따라서 주어진 글에 이어질 글의 순서로 가장 적절한 것은 ③ '(B)-(C)-(A)'이다.

| 구조분석 |

4행 [Armed with this knowledge], you can take the proper defensive measures.
➡ [ ]는 과거분사로 시작하는 분사구문으로 Armed 앞에 Being이 생략된 것으로 볼 수 있다.

| 어휘 및 어구 |

show off ~을 돋보이게 하다[자랑하다]
in the best light 가장 보기 좋게 humble 겸손한, 비천한
conceal 숨기다   insecurity 불안감
envy 질투(심)   defensive 방어의
measure 조치, 측정   front 겉모습, 앞면
resistance 저항   hostility 적대감, 적의
manipulative 조작의   crack (갈라진) 틈, 금
leak out ~을 드러내다[누설하다]cue 신호, 단서
superior 우수한

| Word Search |

정답 1. humble 2. conceal 3. crack

Exercise 5   정답 | ④

| 소재 | 절대 빈곤에 대한 큰 관심

| 해석 | (기본 욕구의 특정 한계점 이하인) 절대 빈곤은 개발 도상국의 상황에서 가장 큰 관심을 받아 왔다. 절대 빈곤은 달리 풍부함으로 특징지어지는 세상에서 심각한 궁핍이 끈질기게 계속되는 상황을 반영한다는 점에서 도덕적으로 용납될 수 없고 부당하다고 일반적으로 이해된다. 절대 빈곤이 경제적으로 비효율적이고 비용이 많이 든다는 것을 입증하는 것이 또한 가능하다. 가난한 사람들이 경제적으로 실행 가능한 프로젝트를 가지고 있고 매우 합리적인 의사 결정권자일 수도 있다. 그러나 그들이 이용할 수 있는 자원이 이러한 프로젝트를 지속 가능한 활동으로 바꾸기에 불충분하면, 경제적 기회가 낭비되고 그들의 자원이 질적으로 저하될 수 있다. 따라서 자산 기반의 빈곤선을 생각해 볼 수 있는데, 이것을 추산하려는 시도들은 그런 선이 또한 대부분의 국제 빈곤선 위에 있음을 시사한다.

| 문제해설 |

④ they command는 주어인 the resources를 수식하

는 관계절, 동사는 are, 그리고 insufficient는 문장의 보어이므로 translate를 형용사 insufficient를 수식하는 to translate로 고쳐야 한다.
① that 뒤에 주어(it), 동사(reflects), 목적어(a situation ~ by abundance)를 갖춘 완전한 절이 이어지므로, 앞의 전치사 in과 함께 사용되는 접속사 that은 어법상 옳다. 이때 in that은 '~이라는 점에서'의 의미이다.
② 뒤의 형용사 inefficient를 수식하고 있으므로 부사 economically는 어법상 옳다.
③ 앞의 조동사 may에 have와 병렬로 연결되고 있으므로 동사원형 be는 어법상 옳다.
⑤ to estimate this가 복수 명사인 주어 attempts를 수식하고 있으므로 복수형 동사 suggest는 어법상 옳다.

| 구조분석 |

2행 Absolute poverty is commonly understood to be morally unacceptable and unjust in that it reflects a situation [where severe deprivation perseveres in a world {otherwise characterized by abundance}].
➡ [ ]는 a situation을 수식하는 관계절이고, 그 안의 { }는 a world를 수식하는 분사구이다.

| 어휘 및 어구 |

absolute poverty 절대 빈곤   threshold 한계점, 문턱
attention 관심, 주목   context 상황, 문맥
commonly 일반적으로   morally 도덕적으로
unacceptable 용납될 수 없는   reflect 반영하다, 반사하다
deprivation 궁핍, 빈곤
persevere 끈질기게 계속되다, 인내하다
abundance 풍부(함)   demonstrate 입증하다
inefficient 비효율적인   rational 합리적인
command 이용할 수 있다, 명령하다
translate ~ into ... ~을 …으로 바꾸다
sustainable 지속 가능한
degrade (특히 질적으로) 저하시키다
asset-based 자산 기반의   estimate 추산[추정]하다

| Word Search |

정답 1. abundance 2. degrade 3. estimate

Exercise 6   정답 | ③

| 소재 | 세계 보건의 개념과 업무

| 해석 | 세계 보건은 심지어 그것의 일부인 사람들 사이에서조차도 많은 오해가 있는 사회적 개념이다. 다른 생산적인 활동(예를 들어, 국

가, 가족, 스포츠)과 마찬가지로, 세계 보건 업무는 우리의 다른 모든 사회 제도의 구조로 완전히 통합되고 그것에 의해 영향을 받는 사회 제도이다. 세계 보건에 노력을 들이는 사람들은 자신들의 사회적 경험에 의해 형성된 렌즈를 통해 그 주제를 본다. 세계 보건 업무는 시간과 비용이 드는 인간의 생산적인 활동이므로, 돈과 시간을 통제하는 그런 세력에 의해 유도되고 지휘를 받는다. 사람들은 '세계 보건 일을 함'으로써 자신들의 생계비를 벌고, 그 결과 사회의 지배적인 사회적 및 경제적 세력은 세계 보건이 무엇에 관한 것이고 그것이 어떻게 추구되는지를 대부분 결정한다.

| 문제해설 |

(A) Global health is a social concept.와 There is a great deal of misunderstanding about the concept. 를 관계대명사를 이용하여 연결한 것이므로, about which 가 어법상 적절하다.

(B) 주어는 time and money가 아니라 단수 Global health work이므로 단수 동사 is가 어법상 적절하다.

(C) and 다음에 이어지는 주어는 the dominant ~ in society이고 목적어는 what ~ about과 how ~ pursued 이므로 동사가 필요하다. 따라서 determine이 어법상 적절하다.

| 구조분석 |

4행 Those [who work on global health] view the topic through a lens [that has been moulded by their social experience].

➡ 첫 번째 [ ]는 Those를 수식하는 관계절이고, 두 번째 [ ]는 a lens를 수식하는 관계절이다.

| 어휘 및 어구 |

concept 개념   misunderstanding 오해
productive 생산적인   institution 제도, 기관
integrate 통합하다   structure 구조
view 보다, 생각하다
have control over ~을 통제[제어]하다
earn one's living 생계비를 벌다 dominant 지배적인, 우세한
to a large extent 대부분   pursue 추구하다, 수행하다

| Word Search |

정답 1. institution 2. integrate 3. dominant

Exercise 7   정답 | ③

| 소재 | 프랑스에서 근로자의 일자리 불안

| 해석 | 일자리 불안은 프랑스에서 기한부 고용 계약 근로자들에 의해 분명히 느껴지는데, 그들의 일자리들은 당연히 불안정하다. 더 놀라운 것은, 비록 영구적 계약을 맺은 근로자들이 실질적으로 세계의 가장 방어적인 노동법인 것으로부터 혜택을 받고 있음에도 불구하고, 그들 또한 불안감을 느낀다. '영구적' 계약을 맺은 근로자가 자신이 해고되거나 자신의 회사가 파산해서 자신이 실직자가 되면 그에 상응하는 일자리를 찾을 가능성이 제한된다는 사실을 아는 한에서는, 이런 관찰 의견은 보이는 것만큼 역설적이지 않다. (반대로, 근로자들은 새로운 분야를 탐구하면서 새로운 전문 직업적 도전을 감행하고 지식을 습득하기를 원할 수도 있다.) 이것은 프랑스 사회 전체에 널리 퍼져서 그것[프랑스 사회 전체]을 마비시켜, 적응하고 혁신하는 그것[프랑스 사회 전체]의 능력을 약하게 하는 비관적인 감정을 초래한다. 프랑스의 사례가 극단적이긴 하지만, 그것은 고용법이 의도하지 않은 결과를 초래할 수도 있는 정도를 보여 준다.

| 문제해설 |

프랑스에서 근로자의 일자리 불안이 프랑스 사회 전체에 널리 퍼져서 프랑스 사회 전체를 마비시키고 적응하고 혁신하는 프랑스 사회 전체의 능력을 약하게 한다는 내용의 글이다. 따라서 근로자들이 새로운 분야를 탐구하며 전문 직업적인 도전을 하고 지식을 습득하기를 원할 수도 있다는 내용의 ③은 전체 글의 흐름과 관계가 없다.

| 구조분석 |

8행 This leads to a feeling of pessimism [that pervades the whole of French society and paralyzes **it**, {handicapping **its** ability to adapt and innovate}].

➡ [ ]는 a feeling of pessimism을 수식하는 관계절이고, { }는 a feeling of pessimism을 의미상의 주어로 하는 분사구문이다. it과 its는 둘 다 the whole of French society를 지칭 대상으로 한다.

| 어휘 및 어구 |

insecurity 불안   obviously 분명히
fixed-term contract 기한부 고용 계약
by definition 당연히, 정의상   permanent 영구의, 영원한
benefit 혜택을 받다   in practice 실질적으로
protective 방어적인, 보호하는   observation 관찰 의견, 관찰
paradoxical 역설적인   insofar as ~하는 한에서는
bankrupt 파산한   equivalent 상응하는, 동등한
take on ~을 감행하다   acquire 습득하다, 획득하다
pessimism 비관
handicap 약하게 하다, 불리하게 만들다
adapt 적응하다   illustrate 보여 주다, 예증하다
unintended 의도하지 않은

| Word Search |

정답 1. permanent 2. bankrupt 3. illustrate

Exercise 8

정답 | ⑤

| 소재 | 불가분한 성장과 쇠퇴의 질서

| 해석 | 자연 전체에서, 성장과 쇠퇴의 질서는 하나의 전체적인 생성 과정의 두 측면으로서 불가분하게 엮여 있다. 예를 들어, 식물에게 그러한 성장과 쇠퇴는 다른 식물들이 그것으로 자랄 수 있는 토양을 낳는다. (C) 정말로, 개별 유기체의 죽음이 없다면, 생명은 계속되지 않을 것이다. 어쩌면 사회가 이 순환에 참여하는 것이 자연적이어서, 각 사회의 궁극적인 쇠퇴가 그러므로 불가피하다는 것 또한 상당히 일반적인 느낌이다. (B) 석기 시대와 같은 초기 시대에, 이 순환은, 어떤 의미에서는, 전체 인류를 위한 실용적 가능성이었다. 세계의 어떤 지역에서는 쇠퇴가 발생할 수 있었고, 한편 다른 지역에서는 성장과 번영이 일어났다. (A) 게다가 한 사회의 쇠퇴는 새로운 사회의 성장을 위한 일종의 비옥한 땅을 제공할 수 있었다. 그래서 이 전체 순환은 어떤 의미에서는 창조력에 도움이 된다고 그럴듯하게 주장될 수 있다.

| 문제해설 |

성장과 쇠퇴의 불가분한 질서의 예로 식물의 성장과 쇠퇴가 다른 식물을 자라게 할 수 있는 토양을 낳는다는 내용의 주어진 글에, 개별 유기체의 죽음이 없다면, 생명은 지속하지 않을 것이며, 사회도 이런 순환에 참여하는 것이 자연적이라는 내용의 (C)가 이어져야 한다. 사회의 성장과 쇠퇴에 관하여 석기 시대에는 지역에 따라 쇠퇴와 성장이 발생할 수 있었다는 내용의 (B)가 이어진 다음, 한 사회의 쇠퇴는 새로운 사회의 성장을 위한 비옥한 땅이 될 수 있다는 추가적인 내용과 함께 이 전체 순환이 창조력에 도움이 될 수 있다고 결론을 내리는 (A)가 마지막에 와야 글의 흐름이 자연스럽다. 따라서 주어진 글에 이어질 글의 순서로 가장 적절한 것은 ⑤ '(C)-(B)-(A)'이다.

| 구조분석 |

2행 For example, with plants such growth and decay give rise to the ground [out of which other plants can grow].

➡ [ ]는 the ground를 수식하는 관계절이다.

| 어휘 및 어구 |

as a whole 전체로서	decay 쇠퇴, 부패
inseparably 불가분하게	interweave 엮다, 섞어 짜다
overall 전체적인	generative 생성의, 발생의
give rise to ~을 낳다, ~을 일으키다	
fertile 비옥한	argue 주장하다
viable 실용적인, 실행 가능한	humanity 인류
take place 발생하다, 일어나다	flowering 번영, 개화
organism 유기체	ultimate 궁극적인
inevitable 불가피한	

| Word Search |

정답 1. decay 2. fertile 3. organism

Exercise 9~10

정답 | 9. ① 10. ⑤

| 소재 | 사회적 상호 작용에서 중요한 부분으로서의 응시

| 해석 | 인간은 천성적으로 사람 관찰자이며, 대부분의 경우 우리는 얼굴과 눈을 본다. 다른 사람의 응시의 초점은 우리가 같은 방향으로 보아야 하는 매우 강력한 신호이다. Magic Johnson은 '노 룩' 패스를 사용했기 때문에 훌륭한 농구 선수였는데, 그는 상대에게서 눈을 떼지 않고 팀 동료에게 공을 패스할 수 있었다. 그는 상대 선수의 주의를 붙잡고 자신이 패스하려는 곳을 눈으로 드러내지 않기 위해 응시를 조절할 수 있었다. 더 인상적인 것은 한 팀 동료 쪽을 본 다음 전혀 다른 사람에게 패스하는 그의 능력이었다.

다른 사람의 응시를 무시하는 것에서 느끼는 우리의 어려움은 그것이 인간의 사회적 상호 작용의 얼마나 중요한 구성 요소인지를 보여 준다. 사람들은 눈이 영혼을 들여다보는 창이라고 말한다. 나는 영혼에 관해서는 모르지만, 눈은 어떤 사람이 무엇을 생각하고 있을 수도 있는지 알려 주는 아주 좋은 표시기이다. 여러분이 다음번에 슈퍼마켓 계산대에 줄을 서 있을 때 여러분은 이것을 직접 관찰할 수 있다. 사람들 사이에 풍부한 응시 교환을 단지 지켜보라. 우리가 자주 눈의 언어가 얼마나 중요한지 너무 모르고 있는 것은 놀랍다. 이것이 바로 선글라스를 착용하고 있는 사람과 대화를 하는 것이 매우 편안한(→ 불안하게 만드는) 한 가지 이유이다. 우리는 그들이 어디를 보고 있는지 추적 관찰할 수 없다. 경찰관들은 바로 이런 이유로 용의자들을 겁주기 위해 거울처럼 반사하는 선글라스를 착용한다.

| 문제해설 |

9 눈은 누군가가 무엇을 생각하고 있는지 보여 주는 좋은 표시기이고, 사람들 사이에 풍부한 응시 교환이 있는데, 다른 사람의 응시를 무시할 때 느끼는 우리의 어려움은 그것이 인간의 사회적 상호 작용의 중요한 구성 요소라는 것을 보여 준다는 내용의 글이므로, 글의 제목으로 가장 적절한 것은 ① '응시하기: 사회적 상호 작용의 중요한 부분'이다.

② 욕구를 위해 응시하는 두 가지 방식: 직접적 및 간접적

③ 보는 방식: 남성의 응시와 여성의 응시

④ 대면하는 대화에서 응시하는 지점에 대한 분석

⑤ 응시하기가 운동선수의 수행과 발전에 미치는 영향

10 선글라스를 착용한 사람들이 어디를 보고 있는지 추적 관찰할 수 없고, 경찰관들이 용의자를 겁주기 위해 선글라스를 착용한다는 내용으로 보아, (e) 'comfortable(편안한)'을 'unnerving(불안하게 만드는)' 혹은 'uncomfortable(불편한)' 정도의 낱말로 바꾸어야 한다.

| 구조분석 |

6행 [More impressive] **was** [his ability {to look toward one teammate and then pass to a completely different person}].

➡ 첫 번째 [ ]는 보어로 쓰인 형용사구이고, 두 번째 [ ]가 문장의 주어인데, 강조를 위해 보어를 문장의 앞으로 보내는 경우 「동사(was)+주어」의 어순이 된다. 두 번째 [ ] 안의 { }는 his ability를 수식하는 형용사적 용법의 to부정사구이다.

8행 [Our difficulty in {ignoring the gaze of another person}] shows [what an important component of human social interaction it is].

➡ 첫 번째 [ ]는 문장의 주어이고, 그 안의 { }는 전치사 in의 목적어로 쓰인 동명사구이다. 두 번째 [ ]는 shows의 목적어로 쓰인 명사절이다.

| 어휘 및 어구 |

gaze 응시, 시선	signal 신호
opponent 상대, 반대자	attention 주의, 관심
betray 드러내다, 배신하다	impressive 인상적인
ignore 무시하다, 모른 체하다	component 구성 요소
interaction 상호 작용	indicator 표시기, 지표
checkout 계산대	glance 눈짓, 일견
remarkable 놀라운, 주목할 만한	
unaware 모르는, 눈치채지 못하는	
monitor 추적 관찰하다	mirrored 거울처럼 반사하는
intimidate 겁주다, 협박하다	suspect 용의자, 혐의자

| Word Search |

정답 1. opponent 2. remarkable 3. suspect

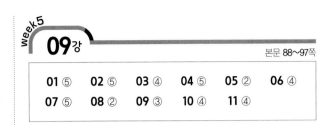

01 ⑤	02 ⑤	03 ④	04 ⑤	05 ②	06 ④
07 ⑤	08 ②	09 ③	10 ④	11 ④	

Exercise 1   정답 | ⑤

| 소재 | 바꿀 수 없는 것에 속상해해도 소용이 없다는 개념

| 해석 | 어떤 것을 현재 바꿀 수 없다면, 그것에 대해 속상해하는 것은 별 소용이 없다는 개념을 가르치는 것이 매우 도움이 된다. 대부분의 아이들은 동물과 관련하여 이 개념을 아주 쉽게 배운다. 예를 들어, 아무리 여러분이 토끼가 그렇게 하기를 원할지라도, 토끼는 우리 문을 열고 여러분이 들고 있는 당근을 먹으러 올 수 없다는 것을 지적하는 것처럼 정말로 명백한 것부터 시작하라. 토끼는 결코 우리 문의 자물쇠를 열 수가 없다. 절대로. 따라서 여러분이 당근을 손에 들고 방 건너편에 앉아 있다 하더라도 그것이 멍청한 토끼라고 생각해 보았자 소용이 없다. 토끼는 멍청한 짓을 하고 있는 것이 아니다. 그것은 자신이 할 수 있는 최선을 다하고 있고, 우리는 그것의 추리 능력에서 그것이 있는 곳 그대로 그것을 받아들일 필요가 있다. 대부분의 아이들이 이것을 쉽게 알 수 있다. 어떤 사람이 토끼를 집어서 잘못 안았을 때, 토끼가 어떻게 할퀴고 도망치려고 발버둥치는지와 같은 더 복잡한 영역으로 이동해 보자. 그것은 우리의 생각을 모르고 인간처럼 생각하지 못하고, 그래서 왜 그런 식으로 안겨 있는지 이해할 수 없고 즐거워하게(→ 겁에 질리게) 된다.

| 문제해설 |

앞에서 토끼를 집어서 잘못 안았을 때, 그것이 할퀴고 도망치려고 발버둥친다고 했으므로, 토끼는 왜 그런 식으로 안겨 있는지 이해할 수 없어서 겁을 먹거나 좋지 않은 느낌을 가질 것임을 알 수 있다. 따라서 ⑤의 amused(즐거워하는)를 frightened(겁에 질린)와 같은 어휘로 바꾸어야 한다.

| 구조분석 |

8행 Move on to more complex areas, such as [how the rabbit scratches and struggles to get away {when someone picks it up and holds it incorrectly}].

➡ [ ]는 such as의 목적어로 쓰인 명사절이고, 그 안에 { }는 when이 이끄는 부사절이다.

| 어휘 및 어구 |

concept 개념	presently 현재
there is not much point -ing ～해도 별 소용이 없다	
upset 속상한, 마음이 상한	obvious 명백한, 분명한
point out ～을 지적하다	cage 우리, 새장

incapable of ~을 할 수 없는
reasoning 추론
struggle 발버둥치다, 분투하다
incorrectly 잘못, 부정확하게
amused 즐거운

| Word Search |

정답 1. obvious 2. cage 3. reasoning

Exercise 2

정답 | ⑤

| 소재 | 제약이 있는 상황에서도 최선을 다할 필요성

| 해석 | 결코 완벽하지 않은 세상에서 성공을 위해 우리의 기술을 맞추는 것은 우리 주변과 우리 안의 불분명하고 주관적인 영역을 관리하는 것을 의미할 뿐만 아니라, 그것은 또한 우리가 가진 것으로 우리가 할 수 있는 최선을 다한다는 것을 의미한다. 정보, 시간, 자료, 인력, 자금 등의 심각한 부족 상황에서 리더는 문을 닫거나 떠나 버릴 수가 없다. 위기 상황에서 우리는 취득 보고서를 작성하거나 상사에게 불평할 수 없다. 우리는 누군가를 우리의 어깨 너머로 던지고(누군가의 몫까지 상황을 감당하면서), 모든 정보라는 호사 없이, 그리고 스트레스를 받는 시간 부족 상황에서 해야 할 일을 한다. 아무도 충분한 돈을 가지고 있지 않다. 아무도 충분한 시간이나 인력을 가지고 있지 않다. 하지만 그것이 나쁜 것일 필요는 없다. 필요가 발명의 어머니인 것처럼, 제약도 우리의 최선을 이끌어 낼 수 있다. 조여진 상황은 우리가 평상시처럼 사업을 하는 대신 재고하고, 재구성하고, 일을 다르게 할 수밖에 없도록 만든다.

| 문제해설 |

(A) 완벽하지 않은 세상에서 성공하기 위해서 우리의 기술을 맞추는 것은 우리가 가진 것으로 우리가 할 수 있는 최선을 다해야 한다는 말과 결부되어 우리 주변과 우리 안의 불분명하고 주관적인 것도 관리해야 하므로 managing을 써야 한다. ignoring은 '무시하기'를 뜻한다.
(B) 앞에서 정보, 시간, 자료, 인력 등의 심각한 부족 상황을 말했으므로 모든 정보를 갖는 호사를 누릴 수 없음을 알 수 있다. 따라서 luxury(호사, 사치)를 써야 한다. loss는 '손실'을 뜻한다.
(C) 충분한 시간이나 인력을 가진 사람은 아무도 없고, 제약도 우리의 최선을 이끌어 낼 수 있다고 했으므로 '부족함'이나 '빠듯함'과 관련된 상황이어야 하므로 Tightened(조여진)를 써야 한다. Improved는 '향상된'을 뜻한다.

| 구조분석 |

5행 We **throw** someone over our shoulder and **do** [what needs to be done] without the luxury of all of the information, and in a stressful time crunch.
➡ 술어 동사 throw와 do는 병렬 구조를 이루며, [ ]는 do의 목적어인 명사절이다.

| 어휘 및 어구 |

adapt 맞추다, 적응시키다
gray 불분명한, 희미한
subjective 주관적인
shortfall 부족, 적자
manpower 인력
crisis 위기
fill out ~을 작성하다
acquisition report (정보 · 인력 · 재료 등의 부족을 충당하기 위한) 취득 보고서
crunch 부족한 상황, 곤궁
constraint 제약, 구속, 억제
improved 향상된
tightened 조여진, 긴축의
circumstance 상황
reframe 재구성하다
conduct ~을 하다, 안내하다, 지휘하다

| Word Search |

정답 1. subjective 2. manpower 3. constraint

Exercise 3

정답 | ④

| 소재 | 자발적인 음식 선택을 가능하게 하는 신체 지혜

| 해석 | 어떤 이들은 사람들이 자연스럽게 건강에 좋은 음식을 선택하도록 자신들을 안내하는 타고난 '신체 지혜'를 갖고 있다고 주장해 왔고, 그래서 영양 교육이 필요하지 않다는 것을 암시했다. 이러한 사고방식의 많은 부분은 유아들의 자발적인 음식 선택을 연구한 Clara Davis의 연구에서 비롯되었다. 6개월에서 11개월 된 유아에게 매 끼니마다 한 번에 몇 개씩 번갈아 가면서 소금이나 설탕을 넣지 않은 총 34가지 음식 중에서 그들 전체 식단을 스스로 선택할 수 있게 함으로써, 그 유아들은 젖을 뗐다. Davis는 이러한 '자발적인' 음식 선택을 몇 달 후, 아이들의 영양 상태와 건강이 훌륭했다고 보고했다. 하지만 그 34가지 음식은 모두 찐 채소, 과일 주스, 우유, 고기, 그리고 오트밀과 같은 간단하게 준비되고, 최소한으로 가공 처리되고, 영양분이 풍부한 자연식품이었다는 것을 주목해야 한다. 해로움도 없었고, 아이들 자신의 식욕 이외에는 어떤 것도 아이들의 음식 선택에 영향을 주도록 허용되지 않았다. 다시 말해서, 아이들이 먹는 동안 어떤 격려나 만류도 하지 말도록 훈련된 돌보미들에 의해 음식물들이 제공되었다. 유아들의 건강이 최상이었던 것은 놀라운 일이 아니다.

| 문제해설 |

주어진 문장은 음식에 해로움이 없었다는 것과 아이들의 음식 선택에 영향을 준 것은 식욕이 전부였다는 것을 말하고 있으므로, In other words로 시작하면서 주어진 문장에 대해 부연 설명하는 문장 앞에 들어가야 한다. 따라서 주어진 문장이 들어가기에 가장 적절한 곳은 ④이다.

| 구조분석 |

6행 The infants, ages 6 to 11 months, were weaned by [allowing them to self-select their entire diets from a total of 34 foods, without added salt or sugar, {which were rotated — a few at a time — at each meal}].

➡ [ ]는 by의 목적어인 동명사구이며, 그 안의 { }는 a total of 34 foods, without added salt or sugar를 설명하는 관계절이다.

| 어휘 및 어구 |

poison 해로움, 독성	appetite 식욕, 욕구
innate 타고난, 선천적인	imply 암시하다
nutrition 영양, 양분	line of thought 사고방식
spontaneous 자발적인	infant 유아
rotate 순환하다, 회전하다	status 상태, 신분
minimally 최소한으로	process 가공하다, 처리하다
whole food 자연식품	caretaker 돌보미, 관리인
encouragement 격려	discouragement 만류, 좌절
superb 최상의, 최고의	

| Word Search |

정답 1. innate 2. spontaneous 3. appetite

Exercise 4   정답 | ⑤

| 소재 | 집단의 진화적 이점

| 해석 | 스포츠 팀은 단지 같은 색상의 유니폼을 입기 때문이 아니라 공동의 상대에 맞서 공동의 이익을 위해 자주 협력해야 하기 때문에 응집력 있는 집단인 경우가 많다. 한 번도 상대와 시합을 해 보지 않고 연습만 한 팀이라면 아마도 그렇게 단합된 느낌을 갖지 못할 것이다. 사회 집단을 형성하려는 뿌리 깊은 인간의 욕구는 부분적으로 집단 간의 경쟁에 의해 자극되었을 가능성이 크다. 혼자인 사람이, 예를 들어, 특정 나무의 열매와 같은 무언가를 원하고, 집단도 그것을 원하면 집단이 거의 항상 승리할 것이다. 그러므로 진화의 역사를 통틀어 혼자인 사람들은 패자가 될 것이지만, 미래 세대에게 자신의 유전자를 물려주는 사람들은 집단을 형성한 사람들이 될 것이다. 집단은 안전을 증진하고, 음식을 찾아 나누고, 그 누구도 혼자서는 할 수 없는 일을 할 수 있다.

→ 집단들 사이의 경쟁 관계는 부분적으로 사회 집단을 구성하고자 하는 욕구의 원인이 되고, 집단은 혼자인 사람들에 비해 자신들의 번식 성공을 위한 이점을 제공할 수 있다.

| 문제해설 |

사회 집단을 형성하려는 인간의 욕구는 부분적으로 집단 간의 경쟁에 의해 자극되었을 가능성이 크고, 혼자인 사람보다 집단이 항상 승리하고 후손에게 유전자를 물려주는 사람은 집단을 형성한 사람들이라는 것이 글의 핵심이다. 따라서 요약문의 빈칸 (A), (B)에는 ⑤ '경쟁 관계(Rivalries) – 번식(reproduction)'이 가장 적절하다.

① 차이 – 탐험
② 차이 – 통일

③ 협력 – 번식
④ 경쟁 관계 – 통일

| 구조분석 |

1행 Sports teams are often cohesive groups, **not simply** [because they wear uniforms of the same color], **but** [because they frequently have to work together for the common good against a common opponent].

➡ 두 개의 [ ]는 이유를 나타내는 부사절로 「not simply ~ but ...」의 구조 속에서 사용되었다.

| 어휘 및 어구 |

frequently 자주, 빈번히	common good 공동의 이익
opponent 상대, 적수	unified 단합된, 통합된
impulse 욕구, 충동	stimulate 자극하다
competition 경쟁, 시합	evolutionary 진화의
gene 유전자	generation 세대
promote 증진하다, 촉진하다	

| Word Search |

정답 1. opponent 2. impulse 3. promote

Exercise 5   정답 | ②

| 소재 | 관찰한 것에 객관성을 부여하는 수량화

| 해석 | 우리가 관찰한 것을 객관적이게끔 확실히 하는 한 가지 방법은 세거나, 추정하거나, 측정 도구를 사용하여 그것을 수량화하는 것이다. '작은'은 사람마다 의미가 다를 수 있는데, 무당벌레는 개에 비해 작지만, 개는 코끼리에 비해 작다. 숫자를 더하는 것은 해석과 의심을 낳는(→ 없애는) 데 도움이 될 것이다. '작은'은 주관적이지만 '직경 1인치'는 그렇지 않다. 측정할 수 있을 때마다 측정하고, 측정할 수 없을 때는 추정하되, 항상 수치를 사용하라. Edward Hopper의 *Automat*에 나오는 여성 위 천장에 '많은' 등이 있다고 말하는 대신, "7개씩 2열로 된 등이 있다"라고 언급하라. 그 장면에는 "의자가 몇 개 있다"라고 말하기보다는 "세 개의 검고 나무로 된 팔걸이가 없는 의자가 보인다"라고 구체적으로 말하라. 셀 수도 없거나 측정할 수 없는 현상조차도 수량화할 수 있다. 그 개는 '악취가 나'라고 말하는 대신, "5가 최악인 1에서 5까지 척도에서, 그 개에게서 나는 냄새는 4였다"라고 수량화하라.

| 문제해설 |

수량화하는 것은 관찰한 것을 객관적이게끔 하는 확실한 방법이라고 했으므로 숫자를 더하는 것은 해석과 의심의 소지를 없애는 것이므로 ②의 generate(낳다)를 remove(없애다)와 같은 어휘로 바꾸어야 한다.

| 구조분석 |

6행 [Instead of saying {there are "many" lights on the ceiling above the woman in Edward Hopper's *Automat*}], note [that there are "two rows of seven lights]."

➡ 첫 번째 [ ]는 Instead of가 이끄는 부사구이며, 그 안의 { }는 saying의 목적어인 명사절이다. 두 번째 [ ]는 동사 note의 목적어인 명사절이다.

| 어휘 및 어구 |

ensure 확실하게 하다, 보장하다
objective 객관적인
estimate 추정하다, 어림잡다
generate 낳다, 생성하다
subjective 주관적인
numerical value 수치(數値)
row 열, 줄
be specific 구체적으로 말하다
phenomenon 현상 (*pl.* phenomena)
smelly 악취가 나는

observation 관찰
quantify 수량화하다
ladybug 무당벌레
interpretation 해석
across 직경이 ~인
ceiling 천장
state 말하다, 진술하다
armless 팔걸이가 없는

scale 척도, 자, 눈금

| Word Search |

정답 1. ensure 2. estimate 3. ceiling

Tip

Automat: 1927년 미국의 사실주의 화가 Edward Hopper가 그린 그림이다. 1927년 밸런타인데이 때 뉴욕 렌 갤러리에서 열린 호퍼의 두 번째 단독 전시회에서 처음 전시되었다. 그림에 등장하는 여성 위의 천장에 7개씩 두 줄로 늘어선 등이 있다.

Exercise 6   정답 | ④

| 소재 | 동물의 적응 전략

| 해석 | 자연에 존재하는 각 동물은 보통 하나의 서식지 또는 생물군계에 가장 잘 적응하며, 그곳에서 그들의 몸은 자원을 얻고 위험을 피하기 위한 자연이 제공하는 도구를 갖고 있다. 벵골 호랑이는 고비 사막 낙타와 자리를 바꾸지 않을 것인데, 왜냐하면 둘 다 교환된 서식지에 대처할 수 있는 도구를 갖고 있지 않기 때문이다. 계절이 바뀔 때, 매년 북극 제비갈매기들의 북극에서 남극으로 갔다가 돌아오는 비행처럼 어떤 동물들은 해마다 선호되는 서식지로 아주 먼 거리를 이동한다. 고슴도치와 여우의 우화는 서로 다른 전략을 가진 두 동물을 묘사한다. 외골수 고슴도치는 어떤 문제든 공 모양으로 말아서 대처하는 하나의 큰 아이디어가 있지만, 다재다능한 여우는 각각의 상황을 살펴서 잘 맞춰진 해결책에 도달하는 많은 작은 아이디어를 갖고 있다. 인간은 어디에서나 살 수 있는 영리한 여우처럼 적응에 있어 가장 다재다능하다.

| 문제해설 |

(A) 벵골 호랑이와 고비 사막 낙타가 서로의 자리를 바꾸지 않는 이유는 둘 다 바뀐 서식지에 대처할 수 있는 도구를 갖고 있지 않기 때문이므로 swapped(교환된)를 써야 한다. natural은 '자연적인'을 뜻한다.

(B) 뒤에서 고슴도치와 여우가 문제나 상황에 대처하는 아이디어나 해결책에 대해 말하고 있으므로 strategies(전략)를 써야 한다. handicaps는 '불리한 조건'을 뜻한다.

(C) 다재다능한 여우는 각각의 상황을 살펴서 그것에 잘 맞는 해결책에 도달하는 많은 작은 아이디어를 갖고 있으므로 tailored(잘 맞춰진)를 써야 한다. fixed는 '고정된'을 뜻한다.

| 구조분석 |

7행 [The single-minded hedgehog has one big idea {to cope with any problem}, by {rolling up into a ball}], but [the versatile fox has many small ideas, by {**studying** each situation and **arriving** at a tailored solution}].

➡ but을 중심으로 두 개의 [ ]가 연결되었다. 첫 번째 [ ] 안의 첫 번째 { }는 one big idea를 구체적으로 설명하는 to부정사구이고, 두 번째 { }는 by의 목적어인 동명사구이다. 두 번째 [ ] 안의 { }도 by의 목적어인 동명사구로 studying과 arriving이 병렬 구조를 이룬다.

| 어휘 및 어구 |

habitat 서식지
hazard 위험
swap 교환하다
arctic 북극의
the Antarctic 남극
hedgehog 고슴도치
strategy 전략
versatile 다재다능한
tailored 잘 맞춰진

obtain 얻다
cope with ~에 대처하다
migrate 이동하다, 이주하다
the Arctic 북극
fable 우화
handicap 불리한 조건, 핸디캡
single-minded 외골수의
fixed 고정된
adaptation 적응

| Word Search |

정답 1. hazard 2. migrate 3. versatile

Exercise 7   정답 | ⑤

| 소재 | 커피를 입으로 불어 식힐 때의 분자 운동

| 해석 | 냉장고는 뜨거운 커피 한 잔을 불어 식힐 때 사용하는 것과 같은 물리적 현상인 증발 냉각 방식을 사용하여 그것의 내부 온도를 낮춘다. 아침에 마시는 커피가 너무 뜨거워서 마시기 힘들다고 가정해 보자. 온도는 커피 속 분자의 평균 운동 에너지의 측정치이다. 즉, 일부 분자는 평균보다 낮은 운동 에너지를 가질 것이고 일부는 훨씬 더

활발할 것이다. 더 활발하고 더 열심히 일하는 분자는 커피 컵 위에 증기 구름을 형성하고 위상 전이를 시작하기에 충분한 운동 에너지를 갖고 있어서 액체 상태에서 증기 상태로 바뀐다. 커피를 불면 이러한 높은 운동 에너지 분자를 컵에서 밀어내어 액체로 되돌아가 에너지를 액체 속으로 다시 넣는 것을 막는다. 그 높은 에너지 분자가 더 이상 커피의 액체−증기 시스템의 일부가 아니기 때문에 모든 분자의 새로운 평균 운동 에너지는 이전보다 더 낮아져 커피의 더 낮은 온도에 반영된다.

| 문제해설 |

주어진 문장은 커피를 불었을 때 높은 운동 에너지 분자를 컵에서 밀어내어 그 분자가 더 이상 컵으로 돌아오지 못하게 한다는 것을 설명하고 있으므로, 높은 에너지 분자가 더 이상 커피의 액체−증기 시스템의 일부가 아니라고 말하는 문장 앞에 들어가야 한다. 따라서 주어진 문장이 들어가기에 가장 적절한 곳은 ⑤이다.

| 구조분석 |

8행 Those more energetic, eager-beaver molecules [form the cloud of steam over your coffee cup] and [have enough kinetic energy to initiate a phase transition], [moving from the liquid state into the vapor phase].

➡ 첫 번째와 두 번째 [ ]는 주어에 이어진 술부로서 병렬 구조를 이룬다. 세 번째 [ ]는 주절의 주어에 관한 내용을 부가적으로 설명하는 분사구문이다.

| 어휘 및 어구 |

blow 불다   molecule 분자
prevent 막다, 방지하다, 예방하다
liquid 액체
redeposit (특정한 곳에) 다시 두다[놓다]
internal 내부의   physics 물리적 현상, 물리학
evaporation 증발   measure (측정된) 치수, 크기, 넓이
initiate 시작하다, 개시하다   vapor 증기
reflect 반영하다

| Word Search |
정답 1. molecule 2. initiate 3. vapor

Exercise 8   정답 | ②

| 소재 | 감정을 불러일으키는 생생하고 자세한 이야기

| 해석 | 우리는 사하라 이남 아프리카의 3백만 명의 아이들을 굶주리게 하고 있는 기근에 관한 신문 기사를 읽는다. 우리는 고개를 저으며 페이지를 넘긴다. 그런 다음 우리는 그러한 상황의 한 아이와 그의 가족의 삶을 파고드는 TV 다큐멘터리를 본다. 우리의 수표는 우편으로 발송된다. 도대체 왜 많은 사람의 고통에 대한 사실적인 이야기는 거의 자극을 주지 못하고, 반면에 한 사람의 고통에 대한 생생한 이야기는 즉시 우리가 뭔가를 하도록 만드는 것일까? 심리학자 Paul Slovic은 우리가 이와 같은 상황에서 고통에 대한 우리의 감정적인 반응에 의해 그런 행동을 한다고 말한다. 얼굴, 이름, 인생사를 가진 명확하게 신분이 밝혀진 단 한 사람이, 숫자가 아무리 크더라도 숫자보다 훨씬 더 많은 공감과 연민을 이끌어 낸다. 그리고 우리가 행동할 수밖에 없도록 하는 것은 우리의 공감과 연민, 즉 우리의 감정이다. 많은 연구에서, Slovic과 그의 공동 연구자들은 사람들이 예를 들어, 집을 잃은 수백, 수천 명의 사람들에 대한 덜 생생한 이야기를 읽을 때보다 단 한 명의 홍수 피해자에 대한 자세한 이야기를 읽을 때 더 기꺼이 시간 자원봉사를 하거나 돈을 기부할 의사가 있다는 것을 보여 주었다.

→ 무수한 피해자의 사실적인 이야기보다는 한 사람의 고통에 대한 생생하고 자세한 이야기가 사람들을 <u>자비로운</u> 행동으로 이끄는 감정을 <u>불러일으킨다</u>.

| 문제해설 |

많은 사람의 고통에 대한 사실적인 이야기는 거의 자극을 주지 못하는 반면에 한 사람의 고통에 대한 생생한 이야기는 우리가 행동을 할 수밖에 없도록 만드는 공감과 연민을 불러 일으킨다는 것이 글의 핵심이다. 따라서 요약문의 빈칸 (A), (B)에 들어갈 말은 ② '불러일으키다(arouses) − 자비로운(charitable)'이다.

① 불러일으키다 − 무모한
③ 약화시키다 − 이기적인
④ 약화시키다 − 자비로운
⑤ 규제하다 − 무모한

| 구조분석 |

10행 In many studies, Slovic and his collaborators have shown [that people are **more** willing to volunteer time, or contribute money, {when they read, for example, a detailed account of a single flood victim} **than** {when they read a less vivid account of hundreds or thousands <who have lost their homes>}].

➡ [ ]는 shown의 목적어인 명사절이며, 「more ~ than ...」의 비교급이 쓰였다. when이 이끄는 두 개의 { }의 상황이 대조되고 있다. < >는 hundreds or thousands를 수식하는 관계절이다.

| 어휘 및 어구 |

article 기사   famine 기근
starve 굶주리게 하다
explore 조사하다, 자세히 들여다보다
matter-of-fact 사실적인, 무미건조한

account 이야기, 설명　　　　stimulate 자극하다
vivid 생생한　　　　　　　　reaction 반응
explicitly 명확하게, 명쾌하게　identify 신분을 밝히다
elicit (감정·반응 등을) 끌어내다　empathy 공감
compassion 연민
compel ~할 수 밖에 없게 하다, 강요하다
collaborator 공동 연구자　　contribute 기부하다, 기여하다
detailed 자세한　　　　　　victim 피해자, 희생자

| Word Search |
정답 1. famine　2. account　3. victim

Exercise 9~11　　　　　정답 | 9. ③　10. ④　11. ④

| 소재 | 베푸는 정신을 구현하는 아름다운 본보기인 Molly

| 해석 | (A) "저기, 점심 먹고 나랑 라디오 프로그램에 나가 볼래?" Alyssa는 얼어붙었고, Molly를 응시하던 그녀의 눈이 동그래졌다. Molly는 지나칠 정도로 관대하고 그렇게 완전히 무계획적이다. 그녀는 마을에 있는 작은 비영리 단체의 상임 이사이며 지역 토크 라디오 방송국에서 보조 공학이 노인들을 집에 더 오래 머물게 할 수 있는 방법에 대해 이야기를 나눌 기회가 주어졌다.
(C) Molly의 제안은 진심이었고, 그날 나중에 Alyssa는 자신이 라디오 진행자에게 소개되고 있었고, 인터뷰에서의 자신의 역할이 작을 것이며, 조연의 역할일 것이라고 생각하고 자신이 방송 중인 스튜디오의 한구석에 자리를 잡고 있는 것을 알게 되었다. 알고 보니, 광고주를 위해 쉴 때마다 그리고 다시 방송으로 돌아올 때 진행자는 Alyssa와 그녀의 법률 사무소를 소개하였고, 그것은 무료 라디오 광고로 분명히 수백 달러는 되는 것이었다.
(D) Alyssa는 준비할 시간이 없었고 라디오 생방송에 나가는 것에 그녀는 긴장했기 때문에 처음에는 망설였지만, 모든 것이 잘 풀렸고, 그녀와 Molly는 자신들의 차에 미끄러지듯이 들어가서 각자의 사무실로 돌아가기 전에 주차장에서 마지막으로 낄낄 웃었다. Alyssa가 그날 저녁 남편에게 뜻밖의 모험을 자세히 얘기할 때, 그녀의 생각은 Molly와 그녀가 제안했던 라디오 시간의 가치로 다시 돌아갔다.
(B) 그들이 함께 일할 기회가 자주 없지만, Molly는 Alyssa의 삶에서 변함없는 치어리더이다. 그녀는 강한 리더이고, 항상 모든 사람이 승리할 수 있는 방법을 찾고 있다. 이 친구와의 경쟁은 전혀 없는데, 그녀는 자신이 하는 모든 일에 성심성의껏 협력하기 때문이다. Molly는 베푸는 정신을 구현하는 여성의 아름다운 본보기이다. 그녀의 시간, 재능, 그리고 자원에 대한 그녀의 관대함은 수천 명의 삶에 영향을 끼쳤고, Alyssa는 그녀를 더 닮기 위해 노력한다.

| 문제해설 |

9 Molly가 지역 토크 라디오 방송국의 프로그램에 나가 보자고 Alyssa에게 제안하고 그 프로그램의 내용에 대해 설명하는 (A)에 이어, 실제로 그 방송에 나가게 되었고 방송에서 진행자가 Alyssa의 법률 사무소를 소개했

다는 (C)가 이어져야 한다. 다음으로 방송을 마치고 두 사람은 웃으면서 헤어졌고, 그날 저녁 남편에게 있었던 일을 얘기하면서 라디오 시간의 가치를 생각하는 (D)가 와야 한다. 끝으로 Molly의 성품과 행동에 대해 평가하고 Alyssa가 그녀를 닮기 위해 노력한다는 (B)가 이어져야 한다. 따라서 주어진 글 (A) 다음에 이어질 글의 순서로 ③ '(C)-(D)-(B)'가 가장 적절하다.

10 (d)는 Alyssa를 가리키고, 나머지는 모두 Molly를 가리킨다.

11 광고주를 위해 쉴 때마다 그리고 다시 방송으로 돌아올 때 진행자는 Alyssa와 그녀의 법률 사무소를 소개하였으므로 글에 관한 내용으로 적절하지 않은 것은 ④이다.

| 구조분석 |

(A) 3행 She [is the executive director of a small nonprofit in town] and [had been given the opportunity to share on the local talk-radio station about {how assistive technology could keep senior citizens in their homes longer}].
➡ 두 개의 [ ]는 and에 의해 연결된 술부이다. { }는 about의 목적어인 명사절이다.

| 어휘 및 어구 |
freeze 얼어붙다　　　　　　stare at ~을 응시하다
generous 관대한, 너그러운
random 무계획적인, 임의의, 무작위의
executive director 상임 이사　nonprofit 비영리 단체
share 이야기를 나누다　　　assistive technology 보조 공학
senior citizen 노인　　　　consistent 변함없는, 일관된
competition 경쟁, 시합　　　wholeheartedly 성심성의껏
collaborative 협력적인　　　embody 구현하다
generosity 관대함, 너그러움　strive 노력하다, 분투하다
sincere 진심인, 진정한, 진지한　radio host 라디오 진행자
settle oneself into ~에 자리를 잡다
on-air 방송 중인　　　　　as it turns out 나중에 알고 보니
law firm 법률 사무소[회사]　sponsor 광고주, 후원자
initially 처음에　　　　　　hesitant 망설이는, 주저하는
nervous 긴장된　　　　　　chuckle 낄낄 웃음
slip into ~로 미끄러져 들어가다　respective 각자의
recount 자세히 말하다

| Word Search |
정답 1. consistent　2. embody　3. hesitant

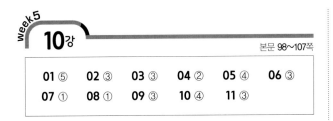

week5

10강

본문 98~107쪽

01 ⑤	02 ③	03 ③	04 ②	05 ④	06 ③
07 ①	08 ①	09 ③	10 ④	11 ③	

Exercise 1

정답 | ⑤

| 소재 | 기업 지배 구조에서 내부인과 외부인의 혼합

| 해석 | 기업 지배 구조에 대한 논의는 여전히 이사회의 구조, 역할, 그리고 책임에 많은 관심을 기울인다. 대부분의 이사회에는 내부인과 외부인이 섞여 있다. 내부인은 기업이나 그 자회사에 의해 고용된 상태이거나 고용 상태가 유지되어 온 사람들이다. 예를 들어, 기업의 최고 경영자는 흔히 그 이사회의 구성원이다. 외부인은 기업으로부터 더 독립적이다. 내부인은 관련 기업에 대한 구체적인 통찰력을 제공한다. 그들은 그 기업과 밀접한 관련이 있기 때문에 그 기업에 대한 전문적인 정보와 경험을 가지고 있다. 외부인은 더 객관적인 시각과 더 중립적인 감독을 제공한다. 그들은 내부인들 사이의 집단 순응 사고와 공모를 막고, 그렇게 함으로써 주주들의 이익을 보호할 수 있다. 실제로, 기업 지배 구조에 대한 대부분의 설명은 이사회가 다수의 외부인을 두는 것의 중요성을 간과한다(→ 강조한다). 연구에 따르면, 이사회에 다수의 외부인이 있으면 일반적으로 기업의 실적을 향상된다고 한다.

| 문제해설 |
기업 지배 구조에서 내부인은 기업과 밀접한 관련이 있기 때문에 관련 기업에 대한 구체적인 통찰력을 제공하는 반면, 외부인은 더 객관적인 시각과 더 중립적인 감독을 제공하기 때문에 내부인들 사이의 집단 순응 사고와 공모를 막고, 그렇게 함으로써 주주들의 이익을 보호할 수 있다는 내용의 글이다. 기업 지배 구조에서 외부인이 다수 있어야 일반적으로 기업의 실적이 향상된다고 했으므로, ⑤의 overlook(간과하다)을 emphasize(강조하다)와 같은 어휘로 바꾸어야 한다.

| 구조분석 |
9행 Indeed, most accounts of corporate governance emphasize the importance of [**the board** having a majority of outsiders].
➡ [ ]는 전치사 of의 목적어 역할을 하는 동명사구이고, the board는 having 이하의 의미상의 주어이다.

| 어휘 및 어구 |
corporate governance 기업 지배 구조
structure 구조　　　　　　board of directors 이사회
mixture 섞임, 혼합
CEO(= chief executive officer) 최고 경영자
insight 통찰(력)　　　　　　relevant 관련된

specialized 전문적인, 전문화된　precisely 바로, 꼭, 정확히
link 연관, 관련　　　　　　objective 객관적인
perspective 시각, 관점　　　neutral 중립적인
oversight 감독
group-think 집단 순응 사고(너무 많은 사람들이 관여함으로써 생기는 개인의 창의성이나 책임감의 결여)
shareholder 주주　　　　　account 설명
a majority of 다수의

| Word Search |
정답 1. neutral 2. oversight 3. shareholder

Exercise 2

정답 | ③

| 소재 | 인간 개체의 유전적 차이

| 해석 | 비록 모든 인간 집단이 단 하나의 진화론적 혈통에 해당하지만, 인간 집단 사이에는 약간의 유전적 차이점이 있다. 이러한 차이점은 대부분의 다른 종에서 관찰되는 군집 간 차이점에 비해 미미하다. 피부색과 같은 전통적인 '인종적' 특징을 포함하여, 우리의 다양성의 대부분은 점진적인 변화를 보이기 때문에, 우리는 별개의 집단과 무리로 세분되지 않는다. 더 별개의 분포를 보이는 몇 가지 유전적 변화는 인종이 아니라, 지역의 선택적 동인(動因)을 반영하는 분포를 가지고 있다. 예를 들어, 낫 모양의 적혈구는 말라리아 지역에서 높은 빈도로 발견되며 '아프리카인들'의 질병이 아닌데, 왜냐하면 그것은 말라리아 지역에 살고 있는 많은 비아프리카인 집단들에게서 높은 빈도로 발견되기 때문이다. 인간의 유전적 다양성의 거의 대부분은 인간 집단의 구성원들이 아닌 개인들로서 우리 내부에 존재하며, 그것이 우리들 각자를 유전적으로 독특하게 만든다.

| 문제해설 |
(A) 대부분의 다른 종에서 관찰되는 군집 간 차이점에 비해 인간 집단 사이에는 약간의 유전적 차이점이 있다고 했으므로, (A)에는 '미미한'을 뜻하는 minor를 쓰는 것이 적절하다. significant는 '상당한'을 뜻한다.
(B) 다음 문장에서 낫 모양의 적혈구는 말라리아 지역에서 높은 빈도로 발견되며 '아프리카인들'의 질병이 아닌데, 왜냐하면 그것은 말라리아 지역에 살고 있는 많은 비아프리카인 집단들에게서 높은 빈도로 나타나기 때문이라고 했으므로, 몇 가지 유전적 변화는 지역의 선택적 동인(動因)과 관련이 있다는 것을 알 수 있다. 따라서 (B)에는 '반영하다'를 뜻하는 reflect를 쓰는 것이 적절하다. exclude는 '배제하다'를 뜻한다.
(C) 인간의 유전적 다양성의 거의 대부분은 인간 집단의 구성원들이 아닌, 개인들로서의 우리 내부에 존재한다고 했으므로, (C)에는 '독특한'을 뜻하는 unique를 쓰는 것이 적절하다. uniform은 '동일한'을 뜻한다.

| 구조분석 |

9행 [The vast majority of genetic diversity in humans] **exists** between us as individuals, not members of a population, [making each of us genetically unique].

➡ 첫 번째 [ ]는 문장의 주어이고 술어 동사는 exists이다. 두 번째 [ ]는 앞 절의 내용에 대한 결과를 나타내는 분사구문이다.

| 어휘 및 어구 |

population 집단, 개체, 인구   represent 해당하다, 대표하다
evolutionary 진화(론)적인   genetic 유전적인
compared to ~에 비해, ~과 비교하여
subdivide 세분하다   discrete 별개의, 분리된
cluster 무리, 집단   gradual 점진적인
distribution 분포
agent 동인(動因), (어떤 변화를 일으키는) 힘, 자연력
frequency 빈도   malarial 말라리아의
diversity 다양성

| Word Search |

정답 1. discrete 2. distribution 3. frequency

Exercise 3   정답 | ③

| 소재 | 카라쿰 운하(Karakum Canal)

| 해석 | 20세기 소비에트 연방 시절에 중앙아시아의 일부 지역에서 관개수를 대는 농경지의 매우 큰 확장이 이루어졌다. Amudarya 강에서 끌어온 물의 방향을 바꾸어 서쪽으로 Turkmenistan 남부를 가로지르는 Karakum 운하는 30년이 넘는 공사 끝에 1986년에 완공되었다. 운하의 길이는 자그마치 1,400킬로미터이고, 그것이 전달하는 물 덕분에 그렇지 않으면 경작하기에 너무 건조했을 7,000평방 킬로미터가 넘는 땅에서 농작물을 재배할 수 있었다. 하지만 애석하게도, Turkmenistan의 관개 시스템은 형편없이 설계되고 비효율적이어서, 농경지의 넓은 지역이 염류화 및/또는 침수(沈水) 문제에 직면하는 결과를 낳는다. 관개 운하로부터의 물 손실도 상당하다. 대부분이 안에 벽이 설치되어 있지 않으며, 그래서 물이 새어 나가고, 건조 기후의 증발률이 높다. 결과적으로, Amudarya 강에서 방향을 바꾼 물의 3분의 1이 넘는 양이 결코 들판에 도달하지 못한다.

| 문제해설 |

Sadly, however, ~로 시작되는 주어진 문장은 Turkmenistan의 관개 시스템의 비효율성을 기술하는 문장으로, also로 운하의 단점을 추가로 기술하는 문장인 The loss of water from irrigation canals is also considerable.의 앞인 ③에 들어가는 것이 가장 적절하다.

| 구조분석 |

6행 The canal is no less than 1,400 kilometres long and the water [it delivers] has enabled crops to be grown on more than 7,000 square kilometres of land [that would otherwise be too dry for cultivation].

➡ 첫 번째 [ ]는 the water를 수식하는 관계절이고, 두 번째 [ ]는 more than 7,000 square kilometres of land를 수식하는 관계절이다.

| 어휘 및 어구 |

irrigation 관개   inefficient 비효율적인
cropland 농경지   waterlogging 침수(沈水)
expansion 확장, 확대   canal 운하
divert 방향을 바꾸다   construction 건설
no less than ~ 자그마치 ~   cultivation 경작
considerable 상당한   evaporation 증발
arid 건조한

| Word Search |

정답 1. inefficient 2. expansion 3. evaporation

Tip

Karakum Canal(카라쿰 운하): Turkmenistan의 카라쿰 사막 남부에 있는 세계 최장의 운하로, 소비에트 연방 시절 관개를 위해 Amudarya 강에서 물을 끌어와 만들었다. 덕분에 Turkmenistan 남부의 농경지와 수도 Ashgabat에 물이 공급되고 있지만, 동시에 이 운하가 Amudarya 강 수량의 절반 가까이를 가져가면서 Aral 해가 마르는 결과를 초래하기도 했다.

Exercise 4   정답 | ②

| 소재 | 다른 사람들의 우선순위 처리를 우선하는 것의 비생산성

| 해석 | 다른 사람들이, 조바심을 내며, 응답을 기다리고 있다는 느낌을 좋아하는 사람은 아무도 없다. 하루가 시작될 때, 넘쳐흐르는 수신함, 다수의 음성 메일 메시지, 그리고 여러분의 지난 회의에 따른 다음 단계의 목록과 마주하게 되면, 여러분 자신의 일을 시작하기 전에 '(불필요한 것들을 치우고) 일할 준비를 하는' 것이 솔깃한 일이다. 최신의 상태가 될 때, 여러분은 집중하기가 더 쉬울 것이라고 자신에게 말한다. 이러한 접근법의 문제점은 그것이 하루 중 가장 좋은 시간을 다른 사람들의 우선순위에 할애한다는 것을 의미한다는 것이다. 여러분이 본격적으로 자기 자신의 일을 시작할 때 이미 오후 중반일 수 있는데, 그때 여러분의 에너지는 떨어지고 뇌는 느려진다. "아, 음, 아마 내일은 나아지겠지."라고 여러분 자신에게 말한다. 그러나 내일은 이메일, 전화 메시지, 할 일 목록의 또 다른 더미를 가져온다. 이런 식으로 계속 하다 보면, 여러분은 시간의 대부분을 들어오는 요구에 대응하고 다른 사람들이 만들어 놓은 문제에 답하는 데 시간의 대부분을 할애할 것이다. 그리고 여러분은 진정으로 가치 있는 것을 결코 창조하지 못할 것이다.

→ 여러분 자신의 일을 시작하기 전에 다른 사람들이 우선해야 하는 일을 처리하기 위하여 반응적인 일에 집중하는 것은 여러분을 비생산적으로 만들 것이다.

| 문제해설 |
일을 시작하기 전에 넘쳐흐르는 수신함, 다수의 음성 메일 메시지, 그리고 마지막 회의의 다음 단계 목록과 같은 응답을 기다리는 일과 마주하게 되면, 하루 중 가장 좋은 시간을 다른 사람들이 우선해야 하는 일에 할애하게 되어, 진정으로 가치 있는 것을 결코 창조하지 못할 것이라는 내용의 글이다. 따라서 요약문의 빈칸 (A), (B)에 들어갈 말은 ② '반응적인 (reactive) – 비생산적인(unproductive)'이 가장 적절하다.
① 반응적인 – 너그러운
③ 창조적인 – 조바심을 내는
④ 창조적인 – 기진맥진한
⑤ 반복적인 – 사교적인

| 구조분석 |
2행 At the beginning of the day, [faced with {an overflowing inbox}, {an array of voice mail messages}, and {the list of next steps from your last meeting}], it's tempting [to "clear the decks" before starting your own work].
➡ 첫 번째 [ ]는 분사구문이고, 그 안의 세 개의 { }는 명사구로 with에 이어진다. it은 형식상의 주어이고 두 번째 [ ]는 내용상의 주어이다.

| 어휘 및 어구 |
impatiently 조바심을 내며   response 응답
overflowing 넘쳐흐르는   inbox 수신함
an array of 다수의   tempting 솔깃한
clear the decks (불필요한 것들을 치우고) 일할 준비를 하다
priority 우선하는[우선해야 할] 일, 우선 사항
settle down to ~ 본격적으로 ~을 시작하다
dip 떨어지다   frame 만들어 내다. (틀을) 짜다
worthwhile 가치 있는

| Word Search |
정답 1. inbox 2. priority 3. worthwhile

Exercise 5   정답 | ④

| 소재 | 코미디가 제공하는 즐거움과 정신적 외상

| 해석 | 모든 코믹한 순간은 정신적 외상을 초래한다. 코미디가 제공하는 즐거움은 무의식적인 연관성을 의식적이 되게 만드는 것과 관련된 정신적 외상과 불가분의 관계에 있다. 예를 들어, 코미디는 우리가

흠 하나 없는 권위를 구현할 것으로 가정하는 사람들의 실패에 직면하도록 강제한다. 이 권위는 우리 삶의 기반을 확고히 한다. 이러한 기반이 흔들리는 것을 보고 웃을 수는 있지만, 그럼에도 불구하고 그것은 또한 정신적 외상을 초래하는 충격을 가한다. 또는 코미디는 먹는 행위와 배변하는 행위 사이의 관계, 즉 햄버거를 즐겨 먹는 것을 더 어렵게 만들 수도 있는 연관성을 분명히 한다. 모든 형태의 코미디를 증오하고 다가오는 것이 보이는 모든 재담꾼을 피해 물러나는 사람들은 어떤 의미에서는 틀리다(→ 옳다). 그들은 코미디가 제공하는 즐거움이 그것의 정신적 외상을 초래하는 충격과 불가분의 관계에 있다는 것을 인식하고 있다. 우리의 일상생활의 기반을 잠재적으로 산산조각 내는 정신적 충격이 없는 코미디는 없다.

| 문제해설 |
코미디는 즐거움을 제공하지만, 그것은 우리 삶을 확고히 해 주는 기반을 흔들리게 하여 정신적 외상을 초래하는 충격을 가져다준다는 내용의 글이다. 코미디가 제공하는 즐거움이 그것의 정신적 외상을 초래하는 충격과 불가분의 관계에 있다는 것을 인식하고 있는 사람들은 코미디를 증오하고 다가오는 것이 보이는 모든 재담꾼을 피해 물러날 것이므로, ④의 wrong(틀린)을 right(옳은)과 같은 어휘로 바꾸어야 한다.

| 구조분석 |
7행 Those [who {hate all forms of comedy} and {retreat from every joker <they see coming>}] are in some sense right.
➡ [ ]는 Those를 수식하는 관계절이고, 그 안의 두 개의 { }는 and로 연결되어 who에 이어지며, 두 번째 { } 안의 < >는 every joker를 수식하는 관계절이다.

| 어휘 및 어구 |
traumatic 정신적 외상을 초래하는
enjoyment 즐거움
inseparable 불가분의 관계에 있는
associated with ~과 관련된   embody 구현하다
flawless 흠 하나 없는   authority 권위
secure 확고히 하다   ground 기반
existence 삶, 존재   tremble 흔들리다. 떨다
nonetheless 그럼에도 불구하고
deliver (타격·공격 등을) 주다. 가하다
explicit 분명한, 명백한   retreat from ~에서 물러나다
potentially 잠재적으로   shatter 산산조각 내다

| Word Search |
정답 1. traumatic 2. embody 3. explicit

Exercise 6   정답 | ③

| 소재 | 메시지의 힘

| 해석 | 누군가의 메시지에 여러분이 하는 응답은 즉각적일 필요는 없다. 몇 분, 며칠, 또는 심지어 몇 년 후에 응답할 수도 있다. 예를 들어, 2학년 때 선생님이 여러분에게 운동장에 있는 한 무리의 새들에게 돌을 그만 던지라고 요청했을지도 모른다. 아마도 선생님은 새들이 한 가족의 일부이고 새끼를 위해 먹을 것을 모으고 있다는 말을 덧붙였을 것이다. 그녀는 또한 새들이 사람들과 꼭 마찬가지로 통증을 느낀다고 말했을지도 모른다. 아마도 이십 년 후에, 동물을 먹는 것에 관해 생각할 때, 여러분은 선생님의 그 말들을 기억하고 채식주의자가 되기로 결심한다. 메시지의 힘을 기억하고 의사소통 행동의 윤리적 영향을 고려하는 것이 중요한데, 왜냐하면 그러한 결과들을 인정하고 싶든 않든, 여러분은 사람들과 메시지를 교환할 때마다 그들을 변화시키고 있기 때문이다.

| 문제해설 |

(A) 누군가에 메시지에 대해 몇 분, 며칠, 또는 심지어 몇 년 후에 응답할 수도 있다고 했으므로, (A)에는 '즉각적인'을 뜻하는 immediate을 쓰는 것이 적절하다. accurate은 '정확한'을 뜻한다.

(B) 선생님이 한 무리의 새들에게 그만 돌을 던지라고 요청한 것은 돌을 맞으면 새들이 아플 것이기 때문이므로, (B)에는 '통증'을 뜻하는 pain을 쓰는 것이 적절하다. joy는 '기쁨'을 뜻한다.

(C) 어릴 적 선생님의 말들이 이십 년 후에 기억이 나서 동물을 먹는 대신, 채식주의자가 되기로 결심할 것이라고 했으므로, (C)에는 '윤리적인'을 뜻하는 ethical을 쓰는 것이 적절하다. economic은 '경제적인'을 뜻한다.

| 구조분석 |

7행 It is important [to remember the power of your messages] and [to consider the ethical consequences of your communication actions], [for, whether or not you want to grant those consequences, you are changing people each time you exchange messages with them].

➡ It은 형식상의 주어이고 첫 번째와 두 번째 [ ]는 내용상의 주어이다. 세 번째 [ ]는 앞 절의 내용에 대한 이유를 부연 설명하는 절이다.

| 어휘 및 어구 |

response 응답, 반응
vegetarian 채식주의자
grant 인정하다, 승인하다
gather 모으다
consequence 결과
exchange 교환하다

| Word Search |

정답 1. vegetarian 2. grant 3. consequence

Exercise 7 정답 | ①

| 소재 | 조직 내 위계질서의 장단점

| 해석 | 위계질서는 아마도 일터를 조직하는 가장 흔한 형태일 것이다. 그것에 대한 좋은 대안은 많지 않고, 회사는 노동자들을 관리하는 데 있어서, 특히 규모를 조정할 때 어느 정도의 결정권이 필요하다. 한지만 위계질서에는 또한 많은 단점이 있으며, 지난 10년 동안 내 공동 연구자들과 나는 그것이 잘못될 수 있는 많은 방식을 상세히 기록해 왔다. 팀원들은 자원을 두고 티격태격 다투고, 권력 다툼을 하며, 지위를 놓고 싸운다. 이 모든 것이 성과에 해를 미친다. 현재 경영 연구에서 긴급을 요하는 중요한 문제 중 하나는 위계질서에 대한 가장 좋은 대안은 무엇인가이다. 그러나 그것은 복잡한 상황으로, 위계질서가 항상 나쁘거나 해로운 것은 아니며, 그것의 유효성은 그것이 어디에서, 어떻게 실행되느냐, 그리고 위에 있는 사람이 위계질서를 어떻게 관리하느냐에 달려 있을 수도 있다. 예를 들어, 원격 근무와 비대면 팀에 대한 관심이 늘어나고 있고, 그런 상황에서 위계질서는 상당히 잘 작동한다.

| 문제해설 |

However로 시작하는 주어진 문장은 위계질서에는 또한 많은 단점이 있는데, 그것이 잘못될 수 있는 많은 방식을 필자가 공동 연구자들과 함께 상세히 기록해 왔다는 내용으로, 위계질서의 장점을 언급하는 문장 다음에, 그리고 위계질서의 단점을 언급하는 문장 앞에 와야 한다. 따라서 주어진 문장이 들어가기에 가장 적절한 곳은 ①이다.

| 구조분석 |

1행 However, there are also a lot of downsides to hierarchy, and over the last decade my collaborators and I have documented the many ways [in which it can go wrong].

➡ [ ]는 the many ways를 수식하는 관계절이다.

| 어휘 및 어구 |

collaborator 공동 연구자[저자]
workplace 일터
say 결정권, 발언권
decade 10년
engage in ~을 하다, ~에 관여[참여]하다
struggle 투쟁
implement 실행[시행]하다
virtual team (인터넷을 통한) 비대면 팀
context 상황, 맥락
document (상세히) 기록하다
alternative 대안
scale 규모를 조정하다
resource 자원
effectiveness 유효(성)
remote work 원격 근무

| Word Search |

정답 1. alternative 2. decade 3. resource

Exercise 8

정답 | ①

| 소재 | 쓸모없는 것들의 수집에서 얻는 즐거움

| 해석 | 인생의 막바지에 우리가 거주하는 곳을 둘러보면서 우리가 모아 온 모든 물품을 살펴볼 때, 우리는 그것들이 그저 쓸모없는 폐물 더미와 마찬가지라는 통찰에 이르는 경우가 많다. 사람이 마지막에 가까워질 때 생기는 대부분의 통찰처럼, 이러한 통찰은 전적으로 오해의 소지가 있다. 물품이 처음부터 쓸모없는 폐물이었다는 사실은 물품에 숭고함을 주는 것이고 그것들을 모으는 데서 우리에게 즐거움을 준 것이다. 실용성 있는 것들을 모으는 것을 가치 있게 여기는 사람은 아무도 없다. 전체적인 축적에 열중하고 있는 자본가의 파생인 수집가는 낡은 우표, 빈 맥주 캔, 야구 트레이딩 카드 등 실용 가치가 없는 물건들을 항상 수집한다. 실용성 있는 물품의 축적에 부여된 즐거움이 없기 때문에 그것들을 수집하지 않는다. 자본주의가 사리 추구를 설파하지만, 그것이 제공하는 즐거움, 즉 숭고한 물품의 즐거움은 사리 추구의 부재에 달려 있는 즐거움이다.
→ 수집가로서 우리가 모아 온 것들이 인생의 막바지에 가치 없다는 생각은 완전히 잘못된 것인데, 왜냐하면 우리는 그것을 모으는 행위에서 즐거움을 얻기 때문이다.

| 문제해설 |
자본주의 사회에서 수집가는 실용성 있는 것이 아니라 실용성 없는 것들을 모으는 데서 즐거움을 얻기 때문에, 수집가로서 우리가 모아 온 물품들이 인생의 막바지에 쓸모없는 폐물 더미에 불과하다는 통찰은 오해의 소지가 있다는 내용의 글이다. 따라서 요약문의 빈칸 (A), (B)에 들어갈 말은 ① '가치 없는(valueless) – 즐거움(pleasure)'이 가장 적절하다.
② 가치 없는 – 좌절
③ 이득이 되는 – 긴장
④ 이득이 되는 – 좌절
⑤ 흥미로운 – 즐거움

| 구조분석 |
4행 The fact [that the commodities were worthless junk from the beginning] is [what gave them their sublimity] and [what gave us enjoyment in accumulating them].
➡ 첫 번째 [ ]는 The fact의 구체적 내용을 설명하는 동격절이고, 두 번째와 세 번째 [ ]는 and로 연결되어 술어 동사 is의 주격 보어 역할을 하는 명사절이다.

| 어휘 및 어구 |
dwelling 거주(하는 곳)
commodity 물품, 상품
insight 통찰(력)
nothing but 오직, ~뿐인
misleading 오해의 소지가 있는
survey 살피다, 점검하다
accumulate 모으다, 축적하다
amount to ~과 마찬가지이다
junk 폐물
enjoyment 즐거움

collector 수집가
bent on ~에 열중하고 있는
preach 설파하다
absence 부재
capitalist 자본가
attached to ~에 부여된
self-interest 사리 추구, 이기심

| Word Search |
정답 1. accumulate 2. misleading 3. self-interest

Tip

trading card(트레이딩 카드): 흔히 스포츠 선수나 유명인의 모습이 인쇄되어 있는 카드로, 아이들이 수집하기도 하고 서로 교환하기도 한다.

Exercise 9~11

정답 | 9. ③ 10. ④ 11. ③

| 소재 | 선물로 고객을 끄는 Sydney의 택시 운전사

| 해석 | (A) 선물은 팬을 만들고 사람들이 소셜 미디어에 그리고 직접 친구들에게 공유하는 결과를 낳는다. 선물은 흔히 아주 전혀 예기치 못한 것이어서 사람들은 어쩔 수 없이 그것에 대해 이야기하지 않을 수 없다. Paul이 Los Angeles로 가는 비행기를 타기 위해 Sydney Olympic Park에 있는 자신의 호텔에서 국제공항으로 가야 했을 때, 그는 호텔 직원에게 택시를 불러 달라고 요청했다. 공항으로 가는 45분 주행 중간 즈음에 Paul의 운전사가 그에게 몸을 돌려 (모두 대문자로 된) 'HI CHARLIE'라는 말과 그의 전화번호가 적혀 있는 펜을 그에게 건네주었다. Paul은 미소를 지으며 "Hi, Charlie!"라고 말했다.
(C) 처음에, Paul은 펜이 꼭 필요한 것은 아니라고 생각해서, 그것을 막 돌려주려고 했다. 그러고 나서 그는 그 선물에 관해 생각하기 시작했다. 호텔에서 그 지역의 다른 택시보다 Charlie의 택시를 불렀으므로 그는 그 일을 얻기 위해 제대로 잘 하고 있었다. 그러나 승차 공유 회사들이 있어서, 전통적인 택시 사업은 압박을 받고 있었다. 독립적인 택시 운전사가 어떻게 경쟁할 수 있었을까? 펜은 눈에 띄고 기억될 수 있는 흥미로운 방법이었다. 그런데 그때 Charlie가 Paul에게 예상치 못한 선물을 하나 더 주었다.
(D) 그들이 공항에서 약 1마일 떨어진 곳에 있었을 때, Charlie는 Paul이 전 세계 도시에서 수백 대 택시를 타면서 전에 결코 경험하지 못했던 일을 했다. 그는 정확히 100달러에서 미터기를 껐다. Paul과 Charlie는 그것을 정가로 설정하지 않았고, Paul은 기꺼이 전액 요금을 지불할 의향을 갖고 있었다. 그는 그냥 미터기를 껐던 것이다! 주행이 끝났을 때, Paul은 Charlie에게 팁을 주려고 했지만, 그는 거절했다. Paul은 매우 좋은 경험을 했고 그것을 자신의 블로그에 공유했다.
(B) 5개월 후 Paul은 다시 Sydney에 돌아왔다. 이번에 그는 자신에게 택시를 불러 달라고 호텔에 요청하지 않았다. 그리고 그는 승차 공유 회사를 이용하지 않았다. 이번에 그가 공항에 가야 할 준비가 되었을 때, 그는 무엇을 해야 할지 알고 있었다. 그리고 그가 두 번째로 그의 택시에 탔을 때, 그는 운전사에게 "Hi, Charlie!"라고 인사했다. 공짜 펜이 Paul에게 하라고 부추겼던 것처럼.

| 문제해설 |

9 Paul이 Los Angeles로 가는 비행기를 타기 위해 호텔에서 불러 준 택시를 탔고 택시 운전사에게서 모두 대문자로 된 'HI CHARLIE'라는 문구와 그의 전화번호가 적혀 있는 펜을 선물로 받았다는 내용의 주어진 글 (A) 다음에는 Paul이 독립적인 택시 운전사가 승차 공유 회사들과 어떻게 경쟁할 수 있었을까를 생각하며 Charlie의 선물이 가지는 의미를 되새겼다는 내용의 (C)가 와야 한다. 그다음에는 Charlie가 Paul에게 준 또 하나의 선물로, 요금이 100달러가 되었을 때 Charlie가 미터기를 껐다는 내용을 소개하는 (D)가 오고, 마지막으로 Paul이 5개월 후에 다시 Sydney에 왔을 때는 직접 Charlie의 택시를 불러 공항에 갔다는 내용의 (B)가 와야 한다. 따라서 (A)에 이어질 글의 순서로 ③ '(C)-(D)-(B)'가 가장 적절하다.

10 (d)는 Sydney의 택시 운전사 Charlie를 가리키고, 나머지는 모두 Paul을 가리킨다.

11 (C)에서 처음에 Paul은 Charlie가 준 펜이 꼭 필요한 것은 아니라고 생각해서 그것을 그에게 돌려주려고 했지만, 선물에 대해 생각하기 시작하면서 그것을 돌려주지 않았다고 했으므로, 글에 관한 내용으로 적절하지 않은 것은 ③이다.

| 구조분석 |

(C) 5행 The pen was an interesting way [to stand out and be remembered].

➡ [ ]는 an interesting way를 수식하는 to부정사구이다.

(D) 1행 When they were about a mile from the airport, Charlie did something [Paul has never experienced before in hundreds of cab rides in cities all over the world].

➡ [ ]는 something을 수식하는 관계절이다.

| 어휘 및 어구 |

unexpected 예치치 않은
can't help but *do* ~하지 않을 수 없다
staffer (큰 기관의 한) 직원   cab 택시
capital letter 대문자   greet 인사하다
prompt 부추기다, 자극하다   squeeze 압박하다
compete 경쟁하다   stand out 눈에 띄다
fixed price 정가   fare 요금

| Word Search |

정답 1. unexpected 2. greet 3. fare

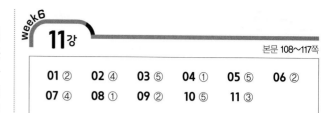

01 ②	02 ④	03 ⑤	04 ①	05 ⑤	06 ②
07 ④	08 ①	09 ②	10 ⑤	11 ③	

Exercise 1   정답 | ②

| 소재 | 소셜 미디어의 과다 사용으로 인한 불행

| 해석 | 문제는 소셜 미디어를 사용하는 일이 직접적으로 우리를 불행하게 만든다는 것이 아니다. 실제로, 긍정적인 연구에서 발견한 바와 같이, 특정 소셜 미디어 활동은 실험에서 따로 분리될 때 행복도를 약간 높여 준다. 중요한 문제는 소셜 미디어 사용이 사람들을 대단히 가치가 더 적은(→ 더 많은) 현실 세계의 사교 활동에서 멀어지게 하는 경향이 있다는 것이다. 부정적인 연구 결과가 시사하듯, 소셜 미디어를 더 많이 사용할수록 오프라인 교류에 더 적은 시간을 바치는 경향이 있으며, 그 결과 이러한 가치 부족이 더 악화되어 소셜 미디어를 가장 많이 사용하는 사람이 외롭고 비참하게 되기가 훨씬 더 쉬운 상황이 된다. 친구의 (페이스북) 담벼락에 포스팅하거나 그들의 최신 인스타그램 사진에 좋아요를 누르는 데서 여러분이 받는 작은 격려가 그 동일한 친구와 더는 현실 세계 시간을 보내지 않는 데서 생기는 큰 손실을 거의 메울 수 없다. Shakya가 요약하듯 "우리가 주의해야 하는 부분은 … 목소리나 친구와의 커피 한 잔이 포스트에 붙는 '좋아요'로 대체되는 때이다."

| 문제해설 |

소셜 미디어를 더 많이 사용할수록 오프라인 교류 시간이 줄어들고 이것으로 인해 외롭고 비참함을 느끼게 될 수 있다고 했으므로, 현실 세계의 사교 활동은 가치가 더 높다고 할 수 있다. 따라서 ②의 less(더 적은)를 more(더 많은)와 같은 어휘로 바꾸어야 한다.

| 구조분석 |

7행 The small boosts [you receive from {posting on a friend's wall} or {liking their latest Instagram photo}] can't come close to compensating for the large loss [experienced by no longer spending real-world time with that same friend].

➡ 첫 번째 [ ]는 The small boosts를 수식하는 관계절이며, 두 개의 { }는 or로 대등하게 연결되어 from에 이어지는 동명사구로 from의 목적어 역할을 한다. 두 번째 [ ]는 the large loss를 수식하는 분사구이다.

| 어휘 및 어구 |

isolate (별도로 알아보거나 다루기 위해 상황·문제·생각 등을) 분리[구분]하다

modestly 약간, 작게
socializing 사교 활동
imply 시사하다, 의미하다
interaction 교류, 상호 작용
miserable 비참한

boost 높이다; 격려
massively 대단히, 크게
devote 바치다, 할애하다
deficit 부족
compensate 메우다, 보상하다

| Word Search |
정답 1. isolate 2. deficit 3. compensate

Exercise 2
정답 | ④

| 소재 | 원어민 억양과 외국인 억양으로 인한 메시지 전달의 차이

| 해석 | 우리는 원어민에 비해 외국 억양을 가진 화자가 묘사한 사실의 진실성에 대해 더 의심하는 경향이 있음이 드러난다. 예를 들어, 우리가 '개미는 잠을 자지 않는다'는 구절에서 내용이 진실이라고 믿는지 판단하라고 요청을 받는다면 우리는 외국어 억양으로 말하는 사람보다 원어민 억양을 가진 사람이 그 말을 할 때 그것이 더 진실이라고 믿는다. 게다가, 우리가 외국 억양을 가진 사람과 상호 작용할 때, 우리는 원어민과 할 때와는 다소 다르게 언어를 처리하는 경향이 있는 것 같다. 어떤 면에서는, 아마도 이해에 관한 특정한 문제 때문에, 우리는 말의 세부적인 부분에는 덜 신경을 쓰고, 의사 전달의 의도를 더 본다. 그것은 약간 우리가 그 사람이 무엇을 '말하는가'는 신경 쓰지 않고, 그 사람이 진짜 무엇을 '의미하는가'에 신경 쓰는 것과 같다. 그리고 그것이 대화에서 사람들이 사용하는 정확한 단어에 대한 우리의 기억이 그 사람이 원어민 억양으로 말할 때 훨씬 더 정확한 이유이다. 그러므로 여러분이 외국어로 말할 때, 사람들이 여러분이 한 말이나 메시지의 세부 사항을 정확히 기억할 것이라고 기대하지 말라.

| 문제해설 |
(A) 원어민에 비해 외국 억양을 가진 사람이 묘사한 내용에 대해서 더 의심하는 경향이 있다고 했고 이는 원어민의 말을 더 진실하다고 믿는 것이므로 문맥상 true가 적절하다. doubtful은 '의심스러운'의 뜻이다.
(B) 외국 억양을 가진 사람과 대화할 때는 그 사람이 무엇을 이야기하는가보다는 무엇을 의도하고 있는지에 더 신경을 쓴다고 했으므로 intent가 적절하다. format은 '형식'의 뜻이다.
(C) 사람들이 외국 억양을 가진 사람이 한 말의 구체적 세부 사항에는 잘 신경을 쓰지 않지만, 원어민이 말을 할 때는 그 말 자체에 더 주의를 기울일 수 있고 그래서 더 기억을 정확히 할 것이므로 native가 적절하다. foreign은 '외국의'라는 뜻이다.

| 구조분석 |
5행 In addition, **it seems that** [when we interact with a person {who has a foreign accent}], we tend to process language somewhat differently than **with** native people.

➡ It seems that ~은 '~인 것 같아 보인다'라는 뜻이다. [ ]는 시간을 나타내는 부사절이고 { }는 a person을 수식하는 관계절이다. 두 번째 with 앞에는 when we interact가 생략되었다.

| 어휘 및 어구 |
it turns out that ~임이 드러나다[밝혀지다]
describe 묘사하다, 기술하다   compared to ~에 비해
judge 판단하다   content 내용
interact with ~과 상호 작용하다
process (식품·정보 등을) 처리하다, 가공하다
communicative 의사 전달의   exact 정확한

| Word Search |
정답 1. judge 2. content 3. exact

Exercise 3
정답 | ⑤

| 소재 | 18세기, 19세기 탐험의 새로운 경향

| 해석 | 계몽주의 사상에 의해 강하게 영향을 받아 탐험은 금을 찾아 외국을 대대적으로 약탈하던 것에서 점차 더 고결한 과학적 목적으로 발전하였다. 정복자들 대신, 탐험가들은 이제 식물학자, 물리학자, 천문학자, 인류학자였다. 더는 세계를 찾는 것만으로는 충분하지 않고, 탐험은 이제 진정으로 그것을 발견하는 것을 의미했다. 호기심은 항상 탐험 동기였지만, 과학적 발견을 기반으로 한 명성을 얻으려는 국제적인 경쟁은 새로운 것이었다. 심지어 배들조차도 *Discovery*, *Resolution*, *Endeavour*, *Adventure*, *Géographie*, *Naturaliste* 및 *Astrolabe*와 같은 이름으로 그들이 항해하는 새로운 이상을 반영하려고 했다. 지구의 모양을 측정하기 위해 에콰도르로 간 프랑스의 1735년 파견과 같은 일부 모험은 비과학적인 목적이 거의 없었다. 그럼에도 불구하고, 순전히 과학적인 항해조차도 냉전 시대의 우주 경쟁에 상응하는 18세기와 19세기의 경쟁에서 그 후원하는 국가의 이미지를 높이려고 의도되었다. 이 탐험 경쟁에서, 국가를 대표하여 무지를 정복하는 과학자 영웅이라는 새로운 인물 유형이 나타났다.

| 문제해설 |
계몽주의 사상의 영향으로 탐험의 목적이 금을 찾아 낯선 지역을 약탈하는 것에서 호기심에 기반한 과학적 발견으로 바뀌게 된 상황을 설명하는 글이다. ⑤ 앞에 제시된 프랑스의 1735년 에콰도르 파견은 탐험이 순수하게 과학적인 목적만으로 이루어진 사례이고, 주어진 문장에서 그럼에도 불구하고 순수한 과학적 목적을 위한 항해도 국가의 위상을 높이려는 의도가 있었다는 내용과 잘 연결되며, 이는 ⑤ 뒤에 오는 이 탐험 경쟁에서 나라를 대표하는 과학자 영웅이라는 새로운 인물 유형이 떠올랐다는 내용으로 자연스럽게 이어질 수 있다. 따라서 주어진 문장이 들어가기에 가장 적절한 곳은 ⑤이다.

| 구조분석 |

12행 Some ventures, [such as the French 1735 mission to Ecuador {to measure the shape of Earth}], were virtually devoid of nonscientific purpose.

➡ [ ]는 주어 Some ventures의 구체적인 사례로 문장의 주어와 서술어 were 사이에 삽입되어 있다. { }는 the French 1735 mission to Ecuador를 수식하는 to부정사구이다.

| 어휘 및 어구 |

enhance 높이다, 향상하다   sponsor 후원하다
equivalent 상당하는 것   enlightenment 계몽주의
wholesale 대대적인, 대규모의   virtuous 고결한
conqueror 정복자   botanist 식물학자
astronomer 천문학자   anthropologist 인류학자
exploratory 탐험의   prestige 위신, 명성
venture 모험   virtually 거의
figure 인물 (유형)   ignorance 무지

| Word Search |
정답 1. sponsor 2. botanist 3. prestige

Exercise 4   정답 | ①

| 소재 | 문학 작품들 간의 유사성

| 해석 | John Barth는 모든 이야기가 전해졌고, 따라서 당대 작가가 그것을 다른 형식으로 말하는 것 외에는 남아 있는 게 없다고 불평하는 한 이집트 파피루스 사본에 관해 이야기한다. 포스트모던의 여건을 서술한 그 파피루스 사본은 4500년 된 것이다. 하지만 이것은 끔찍한 일은 아니다. 작가들은 자신이 만든 인물들이 Persephone, Pip, Long John Silver, La Belle Dame sans Merci 등 누군가와 닮았다는 것을 늘 알아차리고 그 상황을 감수한다. 작가가 훌륭하다면 일어나는 일은 일반적으로 작품이 독창적이지 않거나 하찮아 보이는 것이 아니라 그 정반대로 작품이 이전의 텍스트로 만든 반향과 선율로부터 실제로 깊이와 울림, 특정한 기본적인 패턴과 경향의 축적된 사용으로 가중치를 얻는다. 게다가, 작품은 우리가 이전 독서를 통해 그것(작품) 안에 있는 요소를 알아보기 때문에 실제로 더 위안이 된다. 나는 이전의 글에 전혀 빚지지 않은, 완전히 독창적인 작품은 친숙함이 너무 부족해서 독자들을 상당히 낙담시킬 것이라고 생각한다.

→ 문학 작품 사이의 유사성은 그것들에 깊이를 더해 줄 수 있고 독자들이 읽는 것을 편안하게 만들 수 있다.

| 문제해설 |
대부분의 문학 작품에서 사용되는 이야기는 비슷비슷하고 인물도 서로 닮아 있지만, 훌륭한 작가는 이런 상황에서 과거 텍스트와 함께 작품의 깊이와 공명을 더하고, 독자들도 이

전에 읽었던 독서 경험이 새로운 작품을 읽을 때 도움이 되어 작품 속 요소들을 쉽게 알아볼 수 있어서 편안하고, 오히려 완전히 독창적인 작품은 독자들이 읽을 때 어려움을 겪으리라는 내용의 글이다. 따라서 빈칸 (A)에는 similarity(유사성)가, (B)에는 comfortable(편안하게)이 들어가는 것이 가장 적절하다.
② 차이점 – 흥미진진하게
③ 연결 – 힘들게
④ 차이점 – 편리하게
⑤ 유사성 – 지루하게

| 구조분석 |

10행 I suspect [that a wholly original work, {one <that owed nothing to previous writing>}, would so lack familiarity as to be quite discouraging to readers].

➡ [ ]는 suspect의 목적어 역할을 하는 명사절이다. { }는 a wholly original work와 동격을 이루는 어구로 one은 a work를 대신하고, < >는 one을 수식하는 관계절이다.

| 어휘 및 어구 |

contemporary 당대의, 동시대의
go with it 사태를 감수하다
trivial 하찮은, 사소한   acquire 얻다
resonance 울림, 공명   chime 선율, 음악
accumulate 축적하다   tendency 경향
comforting 위안이 되는   recognize 알아보다
prior 이전의   owe 빚지고 있다
previous 이전의   familiarity 친숙함
discouraging 낙담시키는, 의욕을 꺾는

| Word Search |
정답 1. contemporary 2. accumulate 3. discouraging

Exercise 5   정답 | ⑤

| 소재 | 인간에 의한 숲의 황폐화

| 해석 | 제2차 세계 대전 이후 기간에 지방과 기름 공급이 부족해서 사람들은 숲에서 너도밤나무 열매를 모았다. 이것들은 심지어 인간의 개입이 없어도 대부분 해에 매우 드물고 동물들은 겨울을 위해 이 칼로리 폭탄이 절박하게 필요하다. 그러나 그 전쟁 동안, 시골 사람들은 필사적인 상태에서 무자비했다. 너도밤나무 열매가 나무에서 저절로 떨어지는 것을 기다리기 싫어서, 그들은 나무줄기를 나무망치로 두드리며 숲을 돌아다녔다. 그 나무들에 대한 심각한 손상은 필연적인 결과로 여겨졌다. 땔나무, 특히 많은 다른 데에 유용하지 않은 잔가지를 모으는 것 또한 전쟁이 끝날 때까지 흔했고 숲에 광범위한 피해를 주었다. 잔가지들은 대부분 나무껍질로 이루어져 있는데, 이것은 어린

가지들이 그 크기에 비해 특히 영양가가 높다는 것을 의미한다. 어린 가지로 된 이런 지피 식물이 많아(→ 결핍되어), 숲은 굶주렸고, 삼림 지대에 서식하는 가장 작은 동물들이 먹을 수 있는 게 아무것도 없었다.

| 문제해설 |
제2차 세계 대전 기간 중 사람들이 숲의 열매와 잔가지를 마구 가져가면서 숲에 사는 동물들이 먹을 게 아무것도 없게 되었다고 했으므로 ⑤의 Full(많은)을 Bereft(결핍된)나 Deprived(궁핍한)와 같은 어휘로 바꾸어야 한다.

| 구조분석 |
4행 [Unwilling to wait {for the beechnuts} to fall from the trees by themselves], they went around the forest [bashing the trunks with mallets].
➡ 첫 번째 [ ]에서 Unwilling을 Being unwilling으로 바꿀 수도 있는데 they를 의미상 주어로 하며 이유를 나타낸다. { }는 뒤에 이어지는 to부정사구의 의미상의 주어를 나타낸다. 두 번째 [ ]는 주어 they의 부수적인 행동을 설명하는 분사구문이다.

| 어휘 및 어구 |

urgently 긴급히	population 주민
desperation 필사적임	bash 강타하다
gather 모으다	brushwood 잔가지
nutritious 영양가 있는	
groundcover 지피 식물(지표를 낮게 덮는 식물)	
inhabitant (특정 지역의) 서식 동물, 주민	

| Word Search |
정답 1. desperation 2. nutritious 3. inhabitant

Exercise 6 정답 | ②

| 소재 | 동물에게 치명적인 춥고 습한 날씨

| 해석 | 곤충을 포함한 모든 동물은 대응 기제가 있다. 일반적인 의견과는 반대로, 혹독한 겨울은 그것의 개체 수 크기에 거의 영향을 미치지 않는다. 그렇지 않다면 대부분의 곤충 종들은 오래전에 멸종되었을 것이다. 그러므로 특별히 추운 겨울이 봄에 모기, 진드기, 또는 다른 해충들이 더 적어질 것을 보장하는 것은 아니다. 동물이 견디기 훨씬 더 어려운 것은 춥고 습한 날씨다. 빙점보다 약간 높은 온도에서는 비나 안개가 체온을 빠르게 떨어뜨린다. 심지어 옷을 추가로 겹겹이 입어 쉽게 싸맬 수 있는 우리 인간에게도, 습기와 추위가 함께 있으면 최악의 조합이 생기게 한다. 물은 건조한 공기보다 열을 더 잘 전도하는데 그래서 몸이 더 빨리 차가워진다. 동물에게 이것은 그들이 필요한 최저 온도를 유지하기 위해서 더 많은 에너지를 소비한다는 것을 의미한다. 그리고 만약 그들의 지방 비축량이 겨울이 끝나기 전에 너무 일찍 고갈된다면, 그들은 틀림없이 죽을 것이다.

| 문제해설 |
(A) 혹독한 겨울이 곤충을 비롯한 동물의 개체 수 크기에 영향을 미치지 않는다고 했는데, 만약 그렇지 않고 실제 혹독한 겨울이 영향을 미친다면 모두 죽었을 것이므로 extinct가 적절하다. prosperous는 '번창한'의 뜻이다.
(B) 동물에게 가장 혹독한 조건은 춥고 습한 날씨라고 했으므로 damp가 적절하다. dry는 '건조한'의 뜻이다.
(C) 체온이 급격하게 떨어지면 필요한 최저 체온을 유지하기 위해 에너지를 쓸 수밖에 없고 결국 비축해 둔 지방을 다 쓰면 틀림없이 죽을 것이라고 했으므로 consume이 적절하다. conserve는 '보존하다'의 뜻이다.

| 구조분석 |
4행 [What is much harder {for animals} to bear] is the cold, wet weather.
➡ [ ]는 주어 역할을 하는 명사절이다. { }는 to bear의 의미상의 주어 역할을 한다.

| 어휘 및 어구 |

coping mechanism 대응 기제	harsh 혹독한
guarantee 보장(하는 것)	mosquito 모기
pest 해충	freezing 빙점
make for ~에 기여하다	combination 조합, 결합
conduct (열을) 전도하다	reserve 비축분
be done for 틀림없이 죽을 것이다	

| Word Search |
정답 1. harsh 2. combination 3. reserve

Exercise 7 정답 | ④

| 소재 | 예시의 기능

| 해석 | 예는 유용할 수 있지만, 단지 여러분이 말하는 것을 설명하기 위해서일 뿐, 그것을 증명하기 위해서가 아니다. 그것들은 여러분의 요점에 대한 일반적인 진술을 더 이해하기 쉽게 만들 목적으로 잘 선택되어야 한다. 많은 이가 일반화를 다루는 데 어려움을 겪는데, 특히 이러한 것이 높은 수준의 추상 개념으로 언급될 때 그렇다. 추상적으로 진술된 것을 설명하기 위해 제시된 구체적인 예는 말하고 있는 것을 그들이 이해하는 데 도움을 준다. 만약 여러분이 다른 사람들이 하는 말을 이해하지 못한다면, 그들에게 그 요점의 예를 들어 달라고 요청하는 일은 적절할 뿐만 아니라 또한 신중한 것이다. 만약 그들이 여러분이 만족하도록 이렇게 할 수 없다면, 그들 스스로가 그들이 말하고자 하는 바를 완전히 이해하지는 못하고 있다고 의심하는 게 정당할 수도 있다. 예는 추정처럼 다루어져야 한다. 추정이 모든 사람의 명백한 인정과 동의가 있어야만 그것이 가진 어떤 힘이라도 발휘할 수 있듯이, 예도 모든 사람이 그것의 관련성을 보고, 그것이 요점을 증명하기 위해서가 아니라 그것을 설명하는 데 이용되고 있다는 점을

알고 있을 경우에만 유효할 것이다.

| 문제해설 |

예를 드는 목적은 말하고 있는 바를 증명하기 위해서가 아니라 더 상대방이 이해하기 쉽게 만들기 위해 제시하는 것이라는 내용의 글이다. 주어진 문장에서 그들이 이것(this)을 만족스럽게 해내지 못하면 그들 자신이 말하려는 바를 완전히 이해하지는 못하고 있다고 의심할 수도 있다고 했는데, 이때 this가 가리키는 내용은 ④ 앞에 나온 to give an example of the point라 할 수 있다. 따라서 주어진 문장이 들어가기에 가장 적절한 곳은 ④이다.

| 구조분석 |

8행 If you don't understand [what others are saying], it is **not only** proper **but also** prudent [**for you** to ask them {to give you an example of the point}].

➡ 첫 번째 [ ]는 understand의 목적어 역할을 하는 명사절이다. it은 형식상의 주어이고 두 번째 [ ]가 내용상의 주어이며, '~뿐만 아니라 …도'라는 의미의 「not only ~ but also …」 구문이 쓰였다. for you는 뒤에 이어지는 to부정사구의 의미상의 주어를 나타내며 { }는 ask의 목적격 보어 역할을 하는 to 부정사구이다.

| 어휘 및 어구 |

suspect 의심하다
intelligible 이해할 수 있는
abstraction 추상 개념, 추상화
prudent 신중한
exert 발휘하다
acknowledgement 인정
relevance 타당성

illustrate 설명하다
generalization 일반화
concrete 구체적인
assumption 추정
explicit 명백한
consent 동의

| Word Search |

정답 1. generalization 2. abstraction 3. consent

Exercise 8 정답 | ①

| 소재 | 층간 소음

| 해석 | 시끄러운 이웃 아래에서 사는 것은 괴로울 수 있는데, 일반적으로 소음의 원인은 무엇일까? 짜증나는 소음 대부분이 '쿵' 또는 '탁'으로 묘사되며, 의외로 바닥에서 하이힐이 짤까닥거리는 것과 같은 것 때문이 아닐 수도 있다. 오히려 그것은 누군가 바닥을 가로질러 걸어갈 때 발생하는 저주파 소음 때문이다. 반복되는 발소리는 북 가죽처럼 바닥을 일반적으로 15~35 헤르츠 사이의 진동수로 진동시키는데, 그것은 대부분의 사람들이 들을 수 있는 저주파수 범위의 끝에 있다. 그런 소음은 아래층 이웃이 들을 수 있고 심지어 느낄 수도

있다. 신발 굽이 바닥에서 짤까닥거리는 고주파 소리가 들릴 수도 있지만, 훨씬 더 많은 에너지가 드럼과 같은 저주파 바닥 진동으로 전환된다. 카펫을 설치하는 것이 실제로는 그 상황을 더 악화시킬 수 있는데, 그 이유는 그러면 더 부드러운 표면으로 인해 발소리가 훨씬 더 많은 에너지를 바닥 진동으로 전환할 수 있기 때문이다.

→ 일반적으로 가장 거슬리는 위층 이웃의 소음의 진동수는 낮으며, 카펫을 바닥에 까는 것은 발소리가 바닥 진동으로 더 많은 에너지를 전환할 수 있으므로 소음을 증가시킬 수도 있다.

| 문제해설 |

위층에서 들려오는 소음 중 가장 짜증나는 소음은 대부분 '쿵'이나 '탁' 소리와 같은 저주파 소음이며 저주파 소음이 고주파 소리보다 더 많은 에너지를 바닥 진동으로 전환하므로, 바닥에 카펫을 까는 게 오히려 상황을 더 악화시킬 수 있다는 내용의 글이다. 따라서 빈칸 (A)에는 low(낮은)가, (B)에는 increase(증가시키다)가 들어가는 것이 가장 적절하다.

② 높은 – 악화시키다
③ 꾸준한 – 흡수하다
④ 높은 – 감소하다
⑤ 낮은 – 완화하다

| 구조분석 |

9행 [Installing a carpet] might actually worsen the situation [because, {with its softer surface}, the footfalls can then transfer even more energy into the floor oscillations].

➡ 첫 번째 [ ]는 주어 역할을 하는 동명사구이며, 두 번째 [ ]는 이유를 나타내는 부사절이다. { }는 접속사와 주어 사이에 삽입된 어구이다.

| 어휘 및 어구 |

trying 괴로운, 힘든
thud 퍽, 쿵
frequency 진동수
drumhead 북 가죽
transfer 전환하다, 옮기다

irritating 짜증나는
thump 탁[쿵]하는 소리
generate 발생시키다
audible 들리는

| Word Search |

정답 1. frequency 2. generate 3. transfer

Exercise 9~11 정답 | 9. ② 10. ⑤ 11. ③

| 소재 | 아버지의 의족과 관련된 일화

| 해석 | (A) 우린 농지에 살았고 아버지는 제재소를 운영했다. 아버지는 내가 태어나기 직전에 농사 사고로 다리를 절단했다. 그 당시 의족은 니스칠을 한 종이로 만들어졌는데, 그것들은 금형 둘레에 얹혀졌으며, 다리와 발을 연결해 주는 케이블이 발목에 있었다. 그는 내가

걷는 법을 배우고 있던 비슷한 시기에 다시 걷는 법을 배우고 있었다. 그래서 난 아버지의 의족과 함께 자랐고, 사건이 일어나곤 했다.

(C) 한번은 채굴 자재를 배달하고 있었는데, 목재 검사원이 우리가 하역하는 모든 헤더[지지대]를 조사해야 했다. 그리고 이 헤더의 무게가 각각 대략 200에서 240파운드 사이였다. 아버지는 그 남자가 그것의 네 모서리를 모두 볼 수 있도록 트럭에 있는 그것들을 모두 하나하나 집어 들어 뒤집어야 했다. 아버지는 헤더 하나를 당기다가 의족이 걸렸고 몸을 돌리다 그는 (의족) 케이블 하나를 끊어뜨렸다.

(B) 그것은 꽤 큰 펑 소리를 냈고, 그는 "오, 젠장. 내 발이 부러진 것 같아!"라고 말했다. 아버지는 트럭을 가로질러 걸어왔고, 발은 있어야 할 곳에서 직각으로 돌려져 있었다. 그리고 그는 두 손으로 그 발을 붙잡았고, 그것을 똑바르게 했다. 그게 갈라지더니 뭔가 끔찍한 게 불쑥 나왔다. 그리고 그 목재 검사원은 솜처럼 하얗게 안색이 변했다. 우리는 그것에 대해 아무 생각도 하지 않았다.

(D) 몇 년 후, 아빠의 형인 Lon 삼촌이 그 남자와 마주쳤다. 그는 Lon 삼촌에게 물었다. "Lon, 자네는 채굴 자재를 배달하던 Tom Granger와 친척인가?" Lon 삼촌은 "물론, 그 사람은 내 남동생일세."라고 말했다. 목재 검사원은 "내가 한 가지만 말해 주지. 그 사람은 내가 본 사람 중에 가장 터프한 남자야. 그가 발이 부러졌을 때, 그는 그냥 그것을 맞추고 트럭에서 짐 내리는 것을 끝냈다네."라고 말했다. Lon 삼촌은 너무 웃어서 눈물이 뺨을 타고 흘러내렸다고 말했다. 그는 그 남자한테 아버지가 의족을 하고 작업하고 있었다고 절대 말하지 않았다.

| 문제해설 |

9 필자의 아버지는 필자가 태어나기 전 사고로 한쪽 다리를 잃고 의족을 했는데, 당시 의족은 금형 위에 종이를 씌우고 다리와 발을 케이블로 연결한 것이었다는 (A)에 이어서 아버지의 의족과 관련된 사건이 시작되는 (C)가 온 다음, 부러져 돌아간 의족을 손으로 바로잡는 내용의 (B)가 와야 한다. 뒤이어 그 사건 이후 Lon 삼촌이 당시 목재 검사원이었던 사람을 만나 대화를 나누는 (D)가 이어져야 자연스럽다. 따라서 글 (A)에 이어질 글의 순서로 가장 적절한 것은 ② '(C)−(B)−(D)'이다.

10 (a), (b), (c), (d)는 모두 필자의 아버지를 가리키고 (e)는 Lon 삼촌을 가리킨다.

11 필자의 아버지가 헤더를 일일이 뒤집어서 목재 검사원이 볼 수 있게 했다고 했으므로, 글의 내용으로 적절하지 않은 것은 ③이다.

| 구조분석 |

(A) 4행 He was learning to walk again about the same time [I was learning to walk].

➡ [ ]는 the same time을 수식하는 관계절이다.

(D) 6행 He never told the guy [that **it was** {an artificial leg} **that** my dad was working with.]

➡ [ ]는 told의 목적어 역할을 하는 명사절이며, 「it was ~

that ...」 강조구문을 사용하여 { }부분을 강조하고 있다.

| 어휘 및 어구 |

farmland 농지, 경지
mold 금형
connect 연결하다
right angle 직각
straighten 바로잡다, 똑바르게 하다
crack 갈라지다
cotton 솜
beam 들보, 기둥
apiece 각각, 하나에
kin 친척

artificial leg 의족
ankle 발목
pop 빵(하고 터지는 소리)

timber 목재
mining material 채굴 자재
unload 하역하다, 내리다
snap 똑 부러뜨리다

| Word Search |

정답 1. connect 2. unload 3. snap

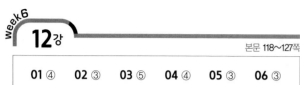

| 01 ④ | 02 ③ | 03 ⑤ | 04 ④ | 05 ③ | 06 ③ |
| 07 ④ | 08 ② | 09 ⑤ | 10 ④ | 11 ③ | |

Exercise 1
정답 | ④

| 소재 | 동물의 의사소통 기술 학습

| 해석 | 동물의 의사소통 기술 중의 일부는 본능적이고 배울 필요가 없다. 예를 들어, 꿀벌은 자기의 춤을 실행하거나 이해하기 위해 교습을 전혀 필요로 하지 않는다. 이 특별한 언어는 분명히 유전자 안에 담겨서 벌의 한 세대에서 다른 세대로 전해진다. 다른 경우에, 동물 언어는 유전적으로 전해진 정보와 환경 학습 둘 다에서 발생하는 것으로 보인다. 이 진술을 명금(鳴禽)으로 실험해 보는 한 가지 방법은 새들이 자기 종 특유의 노래를 듣지 못하는 환경에서 그 새들을 기르는 것이다. 딱새와 같은 몇몇 종들은 음향의 풍부함(→ 고립) 상태에서 길러질 때도 자기들의 노래를 만들 수 있다. 굴뚝새와 같은 다른 새들은 배울 수 있는 모델이 있어야 한다. 예를 들어, 찌르레기로 한 실험에서, North Carolina의 어린 새들은 Texas의 어른 새들 주위에서 길러졌다. 그 결과 어린 새들은 강한 Texas 억양으로 노래를 부르며 자랐다!

| 문제해설 |

새들이 자기들 종 특유의 노래를 듣지 못하는 환경에서 그 새들을 기르는 것이라고 한 앞 문장의 내용으로 보아, 다른 새들로부터 고립되어 길러질 때도 노래를 만들 수 있다고 해야 문맥이 자연스럽다. 따라서 ④의 abundance(풍부함)를 isolation(고립)과 같은 어휘로 바꾸어야 한다.

| 구조분석 |

8행 Others, such as wrens, must have a model [from which to learn].

➡ [ ]는 「전치사+관계대명사+to부정사」 구문으로 a model 을 수식하며, from which they can learn으로 바꾸어 표현할 수 있다.

| 어휘 및 어구 |

instinctive 본능적인	execute 실행하다, 수행하다
particular 특별한, 특정한	obviously 분명히, 명백히
arise 발생하다, 일어나다	genetically 유전적으로
transmit 전하다, 전송하다	statement 진술, 말
songbird 명금(鳴禽), 고운 소리로 노래하는 새	
characteristic 특유의	acoustic 음향의
chick 어린 새, 새 새끼	accent 억양, 강세

| Word Search |

정답 1. execute 2. transmit 3. acoustic

Exercise 2
정답 | ③

| 소재 | 구조의 정의와 특성

| 해석 | 사회 체계의 구성단위들이 그것들의 행동에서 모두 완전히 동일하지는 않은 만큼, 구조가 그 체계 내에 존재한다. 우리는 '구조'를 체계 내에서의 구성단위들의 패턴화된 정렬로 정의한다. 이 구조는 사회 체계 내에서 인간의 행동에 규칙성과 안정성을 주는데, 그것은 사람이 어느 정도의 정확성을 가지고 행동을 예측할 수 있게 한다. 그러므로 구조는 불확실성을 감소시킨다는 점에서 한 유형의 정보를 나타낸다. 아마도 우리는 정부 기관과 같은 관료 조직에서 구조에 의해 제공되는 이러한 예측 가능성을 보여 주는 실례를 볼 것이다. 그러한 체제 내의 잘 발전된 사회 구조는 계층적 지위들로 구성되어 있으며, 더 낮은 지위에 있는 개인들에게 명령을 낼 수 있는 권리를 더 높은 지위에 있는 사람들에게 준다. 그들의 명령은 수행될 것으로 기대된다.

| 문제해설 |

(A) 사람이 어느 정도 정확성을 가지고 인간의 행동을 예측할 수 있으려면, 구조가 그 행동에 규칙성과 안정성을 주어야 하므로, gives(준다)가 문맥상 적절하다. deny는 '주지 않다'의 의미이다.

(B) 관료 조직에서 구조가 예측 가능성을 제공하므로 구조는 불확실성을 감소시킨다고 해야 문맥상 적절하다. 따라서 decreases(감소시키다)가 적절하다. increase는 '증가시키다'의 의미이다.

(C) 계층적 지위로 구성되는 그런 체계에서는 더 높은 지위의 개인들이 더 낮은 지위의 개인들에게 명령을 낼 수 있으므로, lower(더 낮은)가 문맥상 적절하다. upper는 '위쪽의'라는 의미이다.

| 구조분석 |

7행 [The well-developed social structure in such a system] consists of hierarchical positions, [giving individuals in higher-ranked positions the right to issue orders to individuals of lower rank].

➡ 첫 번째 [ ]는 주어이고, 두 번째 [ ]는 주어에 대해 부연 설명하는 분사구문이다.

| 어휘 및 어구 |

to the extent that ~인 한, ~의 범위에서

identical 동일한	structure 구조
define 정의하다	pattern 패턴[양식]을 형성하다
arrangement 정렬, 배열	stability 안정성
predict 예측하다	accuracy 정확(성)
uncertainty 불확실성	illustration 실례, 삽화

bureaucratic 관료의　　　　　agency 기관
consist of ~로 구성되다
issue (선언·명령 따위를) 내다, 발행하다

| Word Search |
정답 1. identical 2. predict 3. issue

Exercise 3　　　　　　　　　　정답 | ⑤

| 소재 | 과도한 소비에 작용하는 요인

| 해석 | 경제 이론이 과도한 소비주의 이면의 원동력은 아니지만, 그것은 확실히 편리한 합리화를 제공했다. 과도한 소비주의는 경제적 요인뿐만 아니라 심리적 및 사회학적 요인 조합의 결과이다. 새로운 것을 구매하는 것은 다른 인간과 새로운 관계를 형성하는 것보다 더 간단하고 더 쉽게 통제할 수 있는 즐거움의 원천이다. 물질적 소유가 어떤 특정한 사회에서 지위의 원천인 한, 그것은 또한 더 쉽고 더 관리하기 쉬운 사회적 평판과 자존감의 원천이 될 수 있다. 그리고 새로운 것을 얻는 것과 관련된, 잠깐 동안 우울함에서 벗어나는 안도의 느낌인 일종의 가벼운 최면성의 격렬한 기쁨이 있을 수 있다. 우리 중의 많은 사람은 가끔 그런 감정을 경험해 본 적이 있으며, 우리 중 일부는 '자기 치료'의 수단으로 그것에 중독된다. 그들은 '상황이 고달파지면, 고달픈 자들은 쇼핑하러 간다.'라는 구호에 따라 사는 것 같다.

| 문제해설 |
주어진 문장 중에 나오는 '그런 감정'이라는 내용으로 보아, 주어진 문장 앞에는 감정과 관련된 내용이 있어야 하고, 우리 중에 일부는 '자기 치료'의 수단으로 그것에 중독된다는 내용으로 보아 뒤에는 이런 중독의 결과에 관한 내용이 이어져야 하는데, ⑤ 다음의 They는 주어진 문장의 some of us를 대신하고 있다. 따라서 주어진 문장이 들어가기에 가장 적절한 곳은 ⑤이다.

| 구조분석 |
6행 [Purchasing a new thing] is a **simpler, more** easily controllable source of pleasure **than** [building a new connection with another human being].
➡ 첫 번째 [ ]와 두 번째 [ ]는 둘 다 동명사구로, 「simpler, more ~ than ....」의 비교급 구문으로 연결되고 있다.

| 어휘 및 어구 |
on occasion 가끔　　　　　addicted 중독된
self-medication 자기 치료, 자기 투약
theory 이론
hyperconsumerism 과도한 소비주의
convenient 편리한　　　　　rationalization 합리화
factor 요인, 요소　　　　　purchase 구매하다
controllable 통제할 수 있는　　possession 소유

status 지위　　　　　　　standing 평판, 지위
self-esteem 자존감　　　　rush (격렬한) 기쁨, 흥분
relief 안도　　　　　　　slogan 구호, 표어
tough 고달픈, 힘든

| Word Search |
정답 1. addicted 2. theory 3. status

Exercise 4　　　　　　　　　　정답 | ④

| 소재 | 개인의 사회적 네트워크 규모의 축소

| 해석 | 1985년에 전형적인 미국인은 자신이 중요한 문제에 관해 비밀을 털어놓을 수 있는 세 명의 사람을 가지고 있다고 말했다. 2004년경 그의 네트워크는 두 명으로 줄어들었고, 그 이후로는 회복되지 않았다. 인구의 거의 절반이 자신들이 비밀을 털어놓을 수 있는 사람이 전혀 없거나 단 한 사람이 있다고 말한다. 여기에는 가까운 가족도 포함되었음을 고려하면 그것은 사회적 관계에서 깜짝 놀랄만한 감소를 반영한다. 다른 조사들은 사람들이 자신들의 이웃 및 자신들의 지역 사회와의 관계를 잃고 있다는 것을 보여 준다. 그들은 다른 사람과 단체를 신뢰한다고 말할 가능성이 더 적다. 그들은 수십 년 전에 했던 것처럼 친구들을 저녁 식사에 초대하거나 사회 또는 봉사 단체에 참가하지 않는다. 대부분의 미국인은 더는 자신들의 이웃을 결코 알지 못한다. 심지어 가족 간의 유대 관계도 한계에 이르고 있다. 2004년경 미국 가정 중에 30% 미만이 매일 밤 함께 식사했다.
→ 사람들은 자신의 사회적 네트워크가 줄어들어 왔기 때문에 외로워지고 있다.

| 문제해설 |
1985년에 전형적인 미국인은 비밀을 털어놓을 수 있는 사람이 세 명이 있었지만, 2004년경에는 두 명으로 줄어들었고 인구의 거의 절반은 그렇게 할 수 있는 사람이 전혀 없거나 한 명이 있었으며, 친구를 저녁 식사에 초대하지 않고 사회단체에 참가하지 않는 등 사회적 네트워크의 놀라운 감소를 보여 주었다는 내용의 글이다. 따라서 요약문의 빈칸 (A), (B)에 들어갈 말은 ④ 'solitary(외로운) – shrinking(줄어드는)'이 가장 적절하다.
① 활동적인 – 확장하는
② 이기적인 – 차단된
③ 사적인 – 복잡한
⑤ 주의 깊은 – 강화된

| 구조분석 |
3행 Almost half the population say [they have no one, or just one person, {in whom they can confide}].
➡ [ ]는 say의 목적어로 쓰인 명사절이고, 그 안의 { }는 no one, or just one person을 수식하는 관계절이다.

| 어휘 및 어구 |

typical 전형적인

confide in ~에게 비밀을 털어놓다

shrink 줄다, 오그라들다 (shrink–shrank–shrunk)

bounce back 회복되다

considering that ~임을 고려하면

reflect 반영하다, 반사하다   stunning 깜짝 놀랄만한

decline 감소, 하락   survey 조사, 측량

tie 관계, 묶음   bond 유대 (관계)

strain 한계에 이르게 하다, 꽉 죄다

| Word Search |

정답 1. reflect 2. decline 3. survey

Exercise 5 정답 | ③

| 소재 | 예술 작품 진본의 가치

| 해석 | 수집할 때의 출처는 진짜의 증거이다. 수집가들은 진짜 원본들이 더 가치 있기 때문에 출처가 있는 진짜 원본들을 찾는다. 하지만 왜 원본이 동일한 복제본보다 더 가치가 있는가? 위작이나 동일한 복제본이 수요와 공급 시장을 위태롭게 하기 때문에 원본의 가치를 줄인다고 주장할 수 있을 것이다. 시장에 작품을 과잉으로 공급하는 다작의 예술가가 각 작품에 귀속되는 가치를 높이는(→ 훼손하는) 것과 마찬가지로, 희귀성은 제한된 공급을 의미한다. 하지만 많은 수집가에게 원본의 물건을 소유하는 것은 이전 소유자나 그 품목을 만든 사람과 관련되고픈 더 깊은 욕구를 충족시킨다. 예술가의 어떤 것이 말 그대로 작품 속에 들어 있다는 심리적 본질주의적 관점을 만들어 내지 못하므로, 나는 예술 위작은 용납될 수 없다고 생각한다.

| 문제해설 |

다작의 예술가가 시장에 작품을 대량으로 공급하면 작품이 많아져서 각 작품의 가치를 훼손하거나 손상하게 되므로, ③의 enhances(높이다)를 undermines(훼손하다)와 같은 어휘로 바꾸어야 한다.

| 구조분석 |

4행 In the same way [**that** a prolific artist {who floods the market with work} undermines the value {attributed to each piece}], rarity means limited supply.

➡ [ ]는 the same way를 수식하는 관계절이다. 첫 번째 { }는 a prolific artist를 수식하는 관계절이고, 두 번째 { }는 the value를 수식하는 분사구이다.

| 어휘 및 어구 |

originality 진짜임, 독창성   authentic 진짜의, 진정한

original 원본; 원본의   identical 동일한

reduce 줄이다, 축소하다

compromise (특히 무분별한 행동으로) ~을 위태롭게 하다, 타협하다

flood 과잉으로 공급하다, 범람시키다

attribute 귀속[귀착]시키다, 덕분으로 하다

rarity 희귀성   essentialist 본질주의적인

literally 말 그대로, 정말로

| Word Search |

정답 1. authentic 2. compromise 3. flood

Exercise 6 정답 | ③

| 소재 | 소속감의 중요성과 다양성의 포용

| 해석 | 소속되려는 욕구는 너무나 선천적으로 인간이기에 갖게 되는 것이어서 누구도 그 중요성을 부인할 수 없다. 어떤 면에서 우리는 모두 다른 사람들에게 받아들여지기를 원하는데, 매우 그러하므로 사회적 배제는 육체적인 고통이 활성화시키는 뇌의 부위와 동일한 뇌의 부위를 활성화시킨다. 여러분이 소속되지 못했다고 느꼈을, 즉 여러분이 환영받지 못했거나, 사랑받지 못했거나, 의심스럽게 취급을 받았거나, 심지어 무시당했을 때를 생각해 보라. 그것이 어떻게 느껴졌는가? 비록 고통스럽지 않았더라도, 그것은 아마도 여러분이 다시는 처하고 싶지 않을 상황이었을 것이다. 이것이 우리가 우리의 조직에 '문화적으로 맞는 자들'인 사람들을 고용하려는 이유 중 일부이다. 우리는 어울리지 못해서 불행하거나 그만두는 사람들이 생기는 것을 피하고 싶어 한다. 그러나 어울리는 사람들만 고용하는 것은 혁신을 추진하는 데 요구되는 관점의 다양성을 제한한다. 대안은 사람들, 즉 모두 서로 다른 사람들이 함께 어울릴 수 있는 포괄적 공간을 만드는 것이다.

| 문제해설 |

(A) 소속되지 못했다고 느꼈다는 다음 문장의 내용으로 보아 사회적 배제가 된 것이므로, 'exclusion(배제)'이 문맥상 적절하다. inclusion은 '포함'의 의미이다.

(B) 어울리지 못해서 불행하거나 그만두는 사람들이 생기는 것을 피하기를 원한다는 말이 뒤에 나오므로, 'hire(고용하다)'가 문맥상 적절하다. fire는 '해고하다'의 의미이다.

(C) 대안은 서로 다른 사람들이 모두 함께 어울릴 수 있는 포괄적 공간을 만드는 것이라는 다음 문장의 내용으로 보아 어울리는 사람만을 고용하는 것은 관점의 다양성을 제한하는 것이므로, 'limits(제한하다)'가 문맥상 적절하다. maintain은 '유지하다'의 의미이다.

| 구조분석 |

1행 On some level we all want to be accepted by others — [so much so that social exclusion causes the same areas of your brain to light up that physical pain does].

➡ [ ]는 「so much so that ~」 구문으로 '매우 그러하므로 ~하다'의 의미이다.

| 어휘 및 어구 |

innately 선천적으로
accept 받아들이다, 인정하다
suspicion 의심
hire 고용하다
fit in 어울리다
perspective 관점
alternative 대안

deny 부인하다, 부정하다
light up 활성화되다, 환해지다
ignore 무시하다
avoid 피하다
diversity 다양성
innovation 혁신
inclusive 포괄적인

| Word Search |

정답 1. deny 2. suspicion 3. ignore

Exercise 7 정답 | ④

| 소재 | 혼란을 줄이기 위한 균일한 시간대 체계

| 해석 | 표준화된 시간을 만들기 전에, 미국의 지역들은 각각 고유의 시간대를 가진 고립된 작은 지역이었다. 많은 도시는 정오에 태양의 위치를 기반으로 하는 자기들만의 지역 시간을 갖고 있었다. 여행자는 미시간의 시간대가 27개, 인디애나의 시간대가 23개, 위스콘신의 시간대가 39개, 일리노이의 시간대가 27개라는 사실을 발견했을 것이다. 몇몇 기차역은 자기 역들의 벽에 다수의 시계를 걸어 놓았다. 더 많은 균일성을 위한 바람으로 그리고 혼란을 줄이기 위해, 철도는 영국의 그리니치 표준시를 기반으로 하는 표준화된 시간을 채택했다. 거의 600개의 독립된 철도 노선 및 그것들의 53개의 시간 운영 계획과 관련된 8,000개의 철도역은 4개의 시간대로 구성된 하나의 체계로 정리되었다. 그러나 스위스 베른의 것들과 같이, 기차 체계는 기차의 시간을 결정하고 그 시간을 기차역의 시계와 맞도록 유지해야 하는 새로운 난제를 안고 있었는데, 그것으로 인해 Einstein이 특허국에서 바빴다.

| 문제해설 |

더 많은 균일성을 위한 바람으로 그리고 혼란을 줄이기 위한다는 주어진 문장의 내용으로 보아, 주어진 문장 앞에는 다수의 시간대가 있어서 혼란을 초래했다는 내용이 있어야 하고, 표준화된 시간을 채택했다는 주어진 글의 내용으로 보아, 주어진 문장 뒤에는 다양한 시간대가 하나의 체계로 정리되었다는 내용이 이어져야 한다. 따라서 주어진 문장이 들어가기에 가장 적절한 곳은 ④이다.

| 구조분석 |

8행 [The eight thousand rail stations {associated with nearly six hundred independent railroad lines and their fifty-three time schemes}] were arranged into one system of four time zones.
➡ [　]는 문장의 주어이고, 그 안의 {　}는 The eight thousand rail stations를 수식하는 분사구이다.

| 어휘 및 어구 |

uniformity 균일성, 일관성
adopt 채택하다
based on ~을 기반으로 하는
Greenwich Mean Time 그리니치 표준시
region 지역
pocket (주변과는 이질적인 작은) 지역[집단], 주머니
local 지역의, 현지의
multiple 다수의
arrange 정리하다, 배열하다
in sync with ~에 맞추어, ~과 조화를 이루어
patent office 특허국

confusion 혼란
standardize 표준화하다

isolated 고립된

high noon 정오
associated 관련된

| Word Search |

정답 1. adopt 2. multiple 3. arrange

Exercise 8 정답 | ②

| 소재 | 암컷 코끼리 리더의 역할과 지위

| 해석 | 장기 코끼리 집단은 오로지 성체 암컷과 어린 수컷과 암컷으로 구성되어 있다. 코끼리 리더는 일반적으로 집단에서 가장 나이가 많은 암컷 중에서 선택되며, 이 암컷 우두머리는 집단의 움직임, 이동, 그리고 사자와 같은 위협에 대한 대응을 조정하는 데에 신뢰를 받는다. 이러한 상황에서 리더의 역할은 다른 코끼리들에게 행동하도록 하고, 위협이나 기회 쪽으로 그것들을 지휘하는 것이다. 암컷 리더는 보호하기 위해 앞으로 달려나가지 않으며(사자에게 위협을 받을 때, 모든 성체 코끼리들은 자기들의 새끼를 보호하기 위해 앞에 위치한다). 암컷 리더는 또한 자신의 그룹을 대신하여 어려움을 겪지도 않는다. 암컷 리더가 제공하는 지도력은 안내의 형태다. 지도력이 암컷 리더에게 먹이원이나 짝짓기 기회에 대한 우선적 접근을 주지 않으므로 코끼리 리더는 자신들의 지위에서 특별한 이익을 얻지 않는다.
→ 일반적으로 집단에서 가장 나이가 많은 암컷 중에서 선택되는 코끼리 리더는 집단을 위해 특별한 희생을 하지도 않고 집단에서 어떠한 우선권도 전혀 받지 않는다.

| 문제해설 |

장기 코끼리 집단 리더는 일반적으로 집단에서 가장 나이가 많은 암컷 중에서 선택되는데, 그 암컷은 코끼리들을 안내하는 형태로 지휘하며, 다른 개체들을 대신하여 어려움을 겪지 않으며 먹이원이나 짝짓기 기회에 대한 우선적 접근을 받지 않는다는 내용의 글이다. 따라서 요약문의 빈칸 (A), (B)에 들어갈 말은 ② 'sacrifices(희생) – priority(우선권)'가 가장 적절하다.
① 계획 – 존경
② 계획 – 자유 (③ 계획 – 자유)
④ 결정 – 관심
⑤ 희생 – 보호

| 구조분석 |

4행 [The leader's role in these situations] is [to {call

the other elephants to action} and {direct them toward threats or opportunities}].

➡ 첫 번째 [ ]는 문장의 주어이고 두 번째 [ ]는 보어로 쓰인 to부정사구로, 두 번째 [ ] 안의 두 개의 { }는 모두 to에 병렬로 연결되어 있다.

| 어휘 및 어구 |

compose 구성하다   exclusively 오로지, 배타적으로
juvenile 어린, 청소년의   typically 일반적으로, 보통
coordinate 조정하다, 조직화하다
migration 이동, 이주   threat 위협
call ~ to action ~에게 행동하도록 하다
threaten 위협하다   position 배치하다
suffer 겪다, 경험하다   on behalf of ~을 대신하여
preferential 우선의   access 접근
gain 얻다   benefit 이익, 혜택

| Word Search |
정답 1. compose 2. threat 3. access

Exercise 9~11   정답 | 9. ⑤ 10. ④ 11. ③

| 소재 | 할머니에게 베푼 친절로 재산의 수혜자가 된 Jenny

| 해석 | (A) 내 친구 Jenny는 이혼의 결과로 최근에 작은 아파트로 이사했다. 그녀는 그렇게 비좁은 거처에서 혈통 있는 개를 키울 수가 없었다. 하지만 그녀는 같은 품종의 다른 개를 키우는 친절한 할머니가 있는 그 개를 위한 좋은 집을 찾을 수 있었다. 어느 날, 그 할머니는 근무하고 있는 Jenny에게 전화를 걸어 예약 방문을 위해 자신의 교외의 집에서 시내의 의사가 있는 병원으로 자신을 차로 태워다 줄 수 있는지 물었다.

(D) 그 할머니는 절박했고 다른 운송 수단을 찾을 수가 없었다. 그 당시 Jenny는 그럭저럭 해 나가고 있는 작은 광고 사업체를 운영하고 있었다. 자신이 사장이었기 때문에 그녀는 시간을 내서 그 여자분을 예약 장소에 태워다 줄 수 있었다. 그렇게 해서 그 상냥한 할머니를 위한 지속적인 개인 전용의 택시 서비스가 시작되었다. Jenny는 그녀를 치과든 혹은 어디든 데려가는 것을 꺼리지 않았는데, 왜냐하면 그녀는 그녀를 돕는 것에서 즐거움을 얻었고, 그것은 자신의 힘든 일에서 벗어나는 반가운 휴식 시간이었기 때문이었다.

(C) 어느 날 아침, 그 할머니는 전화를 걸어서 Jenny가 자신을 자신의 변호사와의 중요한 약속에 데려갈 여유가 있는지 물었다. Jenny는 여느 때처럼 그 할머니의 부탁을 들어 주었고 시내에 있는 그녀의 변호사 사무실 밖에 내려 주었다. 그녀는 Jenny가 시간을 좀 더 할애하여 안으로 동행할 수 있는지 정중하게 물었고, Jenny는 그것을 즐겁게 했다.

(B) 거기에서, 그녀의 변호사 앞에서, Jenny에게 놀랍게도, 그녀는 그녀를 자신의 유일한 재산 수혜자로 만들었는데, 그 재산은 상당히 많았다. 그 할머니는 곧 돌아가실 운명이었다. Jenny는 자신의 행운에 놀랐다. 그녀는 그저 친절하게 했을 뿐이고, 어쨌든, 그녀는 그녀를

돌보는 것을 즐겼다. 그녀가 전혀 예상치 못한 것은 그런 부를 물려받는 것이었다.

| 문제해설 |

9 할머니가 Jenny에게 전화를 걸어 시내의 의사에게 차로 태워다 줄 수 있는지 물었다는 내용의 (A) 다음에, Jenny가 시간을 내서 할머니를 예약 장소에 태워다 주었고, 그것으로 할머니를 위한 개인 전용의 택시 서비스가 시작되었다는 (D)가 이어져야 한다. 어느 날 아침 할머니가 Jenny에게 중요한 약속이 있는 변호사 사무실에 데려다줄 수 있는지와, Jenny에게 사무실 안까지 동행할 수 있는지 물었을 때 Jenny가 기꺼이 그렇게 했다는 내용의 (C)가 이어진 다음, 놀랍게도 변호사 앞에서 할머니는 Jenny를 상당히 많은 재산의 수혜자로 만들었다는 내용의 (B)가 마지막에 이어져야 글의 흐름이 자연스럽다. 따라서 주어진 글 (A)에 이어질 내용을 순서에 맞게 배열한 것으로 가장 적절한 것은 ⑤ '(D)-(C)-(B)'이다.

10 (d)는 시간을 내서 할머니를 차를 태워 약속 장소에 데리고 갔던 Jenny를 가리키고, 나머지는 모두 상당히 많은 재산을 Jenny에게 물려준 할머니를 가리킨다. 따라서 가리키는 대상이 나머지 넷과 다른 것은 ④이다.

11 할머니는 Jenny가 변호사 사무실 안으로 동행할 수 있는지 정중하게 물었고, Jenny는 기꺼이 그렇게 했다고 했으므로, Jenny에 관한 내용으로 적절하지 않은 것은 ③이다.

| 구조분석 |

(B) 4행 The last thing [that she expected] was [to inherit such wealth].

➡ 첫 번째 [ ]는 The last thing을 수식하는 관계절이고, 두 번째 [ ]는 보어로 쓰인 to부정사구이다.

| 어휘 및 어구 |

divorce 이혼   cramped 비좁은
accommodation 거처, 숙소   breed 품종
suburban 교외의
estate (한 개인의, 특히 유산으로 남겨진) 재산
substantial 꽤 많은, 상당한   amaze 놀라게 하다
good fortune 행운   last 전혀 ~할 것 같지 않은
inherit 물려받다   free 여유로운, 한가한
oblige 부탁을 들어 주다, 은혜를 베풀다
spare 할애하다   transport 운송, 수송
advertising 광고의   get by 그럭저럭 해 나가다
regular 지속적인, 정규의
grind (시간이 오래 걸리는) 힘든[고된] 일

| Word Search |
정답 1. accommodation 2. substantial 3. inherit

01 ⑤	02 ③	03 ⑤	04 ③	05 ⑤	06 ①
07 ⑤	08 ③	09 ④	10 ③	11 ④	12 ③
13 ④	14 ④	15 ④	16 ②	17 ②	18 ④
19 ②	20 ③	21 ③	22 ③	23 ⑤	24 ⑤
25 ⑤	26 ⑤	27 ⑤	28 ②		

01

정답 | ⑤

| 소재 | 교차로의 위험한 교통 상황

| 해석 |

Reid 시 의원님께

저는 귀하께서 교통 개선 문제에 대한 귀하의 선거 공약을 실행하고 있는 것을 보니 기쁩니다. 주의를 기울여야 할 개별적인 교통 상황이 너무나 많아서 그것들을 모두 열거할 수는 없지만, 저는 한 특정 교차로에 귀하의 주의를 끌고 싶습니다. Springfield의 Main 가(街)와 Center 가(街)가 만나는 교차로는 매일 이 거리를 건너는 수십 명의 초등학교 학생들에게 위험으로 가득 차 있습니다. 그곳에 신호등도 횡단보도도 없어서 참사가 갑자기 발생하는 것은 시간문제일 뿐입니다. 새 학년이 시작되기 전에 이 상황에 특별한 주의를 기울여 주시기 바랍니다. 귀하의 선거구민들이 귀하께 감사할 것이고, 그들의 자녀들도 귀하께 감사할 것입니다.

Brandon Hardesty 드림

| 문제해설 |

Main 가(街)와 Center 가(街)가 만나는 교차로에 신호등도 횡단보도도 없어서 이 거리를 건너는 초등학생들에게 위험하니 그것들을 설치해 달라고 요청하는 글이다. 따라서 글의 목적으로 가장 적절한 것은 ⑤이다.

| 구조분석 |

3행 There are far **too** many individual traffic situations [needing attention] **to** enumerate them all, ~.

➡ [ ]는 far too many individual traffic situations를 수식하는 분사구이다. 「too ~ to ...」 표현은 '너무 ~해서 ···할 수 없다'라는 뜻을 나타낸다.

5행 The intersection of Main and Center Streets in Springfield is filled with danger for the dozens of elementary school children [who cross these streets every day].

➡ [ ]는 the dozens of elementary school children을 수식하는 관계절이다.

| 어휘 및 어구 |

councilmember 시 의원
live up to ~을 실행하다, ~에 부응하다
campaign promise 선거 공약   individual 개별적인, 별개의
draw (주의 등을) 끌다   particular 특정한
intersection 교차로   tragedy 참사, 비극(적인 사건)
strike (재난 등이 갑자기) 발생하다

02

정답 | ③

| 소재 | Dar 시내에서의 호텔 투숙

| 해석 |

공항 출입구 밖에서, 나는 도착하는 방문객들을 등쳐 먹기 위해 기다리고 있던 택시 운전사들의 통상적인 무리와 마주쳤다. 택시는 바퀴 달린 토스터와 같았고, 나는 가공 처리되어 영양가를 높인 빵, 흰 빵이었다! 내가 탄 낡은 택시는 더위에 시달린 승객을 태우고 Dar 시내로 천천히 이동했다. 내가 본 것은 예쁘지도 않고 마음을 끌지도 않았지만, 마침내 우리가 내가 선택한 호텔에 도착했을 때, 나는 신을 찬양했는데, 그것이 더는 그곳에 존재하지 않는다는 것을 알기 전까지만이었다. 몇 분 후에 우리는 내가 두 번째로 선택한 곳에 도착했다. 그때쯤 이미 나는 토스터 택시에서 완전히 익어서 버터가 발라질 준비가 되어 있었다. 호텔이라고 내가 알아볼 수 있었던 그 첫 번째 호텔에서 나는 나의 기사에게 정차해 달라고 하고 재빨리 택시에서 뛰어내렸다. Hotel Continental에 오신 것을 환영합니다. TV, 화장실과 샤워실, 기차역 건너편, 바다에서 두 블록, 시내에서 여섯 내지 일곱 블록, 아침 식사 포함. 완벽했다! 마침내 나는 (집처럼) 편안한 곳을 찾았다!

| 문제해설 |

공항 출입구를 나와서 'I'가 탄 낡은 택시는 토스터처럼 뜨거웠고, 그 열기에 시달린 상태로 첫 번째로 선택한 호텔에 가 보니 호텔이 그곳에 없어서 어쩔 수 없이 계속 택시를 타고 두 번째로 선택한 호텔로 이동할 수밖에 없었는데, 마침내 Hotel Continental에 도착해서 시설과 위치에 만족해하고 있다. 따라서 'I'의 심경 변화로 가장 적절한 것은 ③ '낙담한 → 만족해하는'이다.

① 지루한 → 속상한
② 불안한 → 부러워하는
④ 자신이 있는 → 의심하는
⑤ 신이 난 → 실망한

| 구조분석 |

1행 Outside the airport doors, I confronted the usual collection of cab drivers [waiting to prey on arriving visitors].

➡ [ ]는 the usual collection of cab drivers를 수식하는 분사구이다.

8행 At the first hotel [I was able to recognize

as being a hotel], I asked my driver to stop and quickly jumped out of the cab.

➡ [ ]는 the first hotel을 수식하는 관계절이다.

| 어휘 및 어구 |

confront 마주치다   collection 무리, 더미
prey on ~을 등쳐 먹다, ~을 잡아먹다
process 가공 처리하다   enrich (음식의) 영양가를 높이다
inviting 마음을 끄는   thoroughly 완전히
recognize 알아보다, 인지하다

03

정답 | ⑤

| 소재 | 꿈과 공상의 힘

| 해석 |

야심이 있고 성공한 사람들이 대개 하는 고무적인 일이 있다. 여러분이 야심이 있다면 이것을 해 오고 있게 될 것이다. 그들은 꿈꾸고 공상한다. Mark Victor Hansen의 처방에 맞춰, 그들은 자신의 일생 동안 이루고 싶어 하는 최소 100개의 우선하는 목표들로 이루어진 꿈 목록을 만든다. 그러고 나서 그들은 이런 목표를 달성하기 위해 필요한 돈, 시간, 친구, 여타의 자원들을 모두 가지고 있다고 상상한다. 놀랍게도, 이것을 하고 나서, 그들의 삶에서 놀라운 일들이 일어나기 시작하면서 그들은 곧 엄청난 진척을 경험한다. 여러분도 똑같은 것을 하기를 권한다. 이것은 여러분에게 성공에서 위대함으로 나아가는 모험을 시작할 지렛대[수단]를 줄 것이다. Thomas Edison은 "우리가 현재 가지고 있는 것들 모두에 만족한다면, 우리는 미래에 더 나을 것 없는 상황을 가지게 될 것이다."라고 말했다.

| 문제해설 |

이루고 싶은 목표를 세우고 그 목표를 달성하기 위해 필요한 모든 자원을 가지고 있다고 상상하면 목표를 이룰 수 있으니 그렇게 하라는 내용의 글이다. 따라서 필자가 주장하는 바로 가장 적절한 것은 ⑤이다.

| 구조분석 |

2행 In line with Mark Victor Hansen's prescription, they make up a dream list [comprising at least one hundred prioritised goals {that they want to accomplish in their lifetime}].

➡ [ ]는 a dream list를 수식하는 분사구이다. 그 안의 { }는 at least one hundred prioritised goals를 수식하는 관계절이다.

5행 Then they imagine [that they have all the money, time, friends, and other resources {needed to achieve these goals}].

➡ [ ]는 imagine의 목적어 역할을 하는 명사절이다. 그 안의 { }는 all the money, time, friends, and other

resources를 수식하는 분사구이다.

| 어휘 및 어구 |

inspiring 고무적인   fantasise 공상하다
in line with ~에 맞춰   prescription 처방(전)
make up ~을 만들다[구성하다] comprise (~으로) 이루어지다
prioritise 우선시키다, 우선순위를 매기다
resource 자원   tremendous 엄청난
progress 진척, 진보   extraordinary 놀라운
recommend 추천하다   set out on ~을 시작하다
at present 현재에

04

정답 | ③

| 소재 | 자녀를 위해 일을 해 주는 것의 위험성

| 해석 |

우리는 자녀를 사랑하고 그들이 고생하는 것을 보고 싶어 하지 않기 때문에, 그들을 위해 일을 해 준다. 숲속을 걷고 있다가 나비 한 마리가 자신의 고치에서 벗어나려고 몸부림치고 있는 것을 본 남자의 이야기가 이 점을 설명한다. 그 남자는 그 나비에게로 다가가 매우 조심스럽게 자신의 칼을 꺼내 그 나비가 더 쉽게 벗어날 수 있도록 고치 측면을 길게 베어 열었다. 그 아름다운 나비는 10야드 정도 날아가다가 땅에 떨어져서 탈진으로 죽었다. 알다시피, 그 나비는 고치에서 벗어나려고 몸부림침으로써 자신의 힘과 체력을 기를 필요가 있었다. 그 나비가 충분히 자라지 않고 날아가는 것을 그 남자가 더 쉽게 만들어 주었을 때, 그 나비는 혼자 힘으로 세상에서 살아갈 수 없었다. 자녀가 혼자 힘으로 일을 하는 법을 배우게 하는 대신에 자녀를 위해 일을 해 주면, 우리는 우리가 없을 때 그들이 현실 세계에서 생존하기 위해 필요한 힘을 그들에게서 빼앗게 된다. 부모로서 우리가 만들 수 있는 한 가지 변화는 자녀'에게' 해 주는 것과 자녀를 '위해' 해 주는 것에서 자녀'와 함께' 하는 것으로 변화하는 것이다.

| 문제해설 |

자녀가 고생하지 않도록 부모가 그들을 위해 대신 일을 해 주면 그들에게서 현실 세계에서 생존하기 위해 필요한 힘을 빼앗게 된다는 요지의 글이다. 따라서 부모가 자녀를 위해 만들어야 하는 변화에 해당하는 밑줄 친 부분이 의미하는 바로 가장 적절한 것은 ③ '자녀를 위해 있어 주긴 하지만 그들이 일을 해결하게 하는'이다.

① 자녀를 어떤 위급 상황에도 대비시키는
② 자녀에게 우리가 줄 수 있는 최고의 교육을 제공하는
④ 안내를 제공함으로써 자녀에게 삶을 더 편하게 만들어 주는
⑤ 자녀에게 그들의 또래들로부터 배울 기회를 제공하는

| 구조분석 |

2행 The story of the man [who was walking in the forest and saw a butterfly struggling to get out of its cocoon] illustrates this point.

➡ [   ]는 the man을 수식하는 관계절이다.

8행 When the man made **it** easier [**for the butterfly** {to fly away without developing fully}], the butterfly could not live in the world on his own.

➡ it은 When이 이끄는 부사절의 형식상의 목적어이고 [   ]는 내용상의 목적어이다. [   ] 안의 for the butterfly는 to부정사구 {   }의 의미상의 주어를 나타낸다.

| 어휘 및 어구 |

struggle 고생하다, 몸부림치다   illustrate 설명하다
exhaustion 탈진, 극도의 피로   stamina 체력, 원기
on one's own 혼자 힘으로, 혼자서
for oneself 혼자 힘으로, 혼자서
deprive ~ of ... ~에게서 …을 빼앗다

05
정답 | ⑤

| 소재 | 불안정한 환경에서의 번식 전략

| 해석 |

불안정한 환경에 서식하는 종들은 기회주의자들이다. 그들은 자원이 그곳에 있는 동안 그것들을 점유해야 하고, 이를 성취하기 위해 그들은 빠르게 번식할 수 있어야 한다. 많은 수의 자손을 생산하기 때문에, 그들은 각 자손에게 단지 최소한의 투자만 할 수 있다. 식물에서는, 영양분을 거의 담지 않은 작은 씨앗들이 엄청나게 많은 수로 방출된다. 동물에서는, 많은 수의 알을 낳아 그것들의 운명에 내맡기거나, 그것들이 포유동물이라면 1년에 여러 번, 한 배에 많은 수의 새끼를 낳는다. 자손의 생존율은 낮지만, 숫자의 엄청난 무게에 의해 자원이 압도되고 경쟁자들이 배제된다. 번식 전략으로서 그것은 매우 성공적이며, r-선택(그것이 유기체나 그들의 조상에 의해 고안된 어떤 의도적인 계획에서 나온 결과가 아니라, 그것을 선호하는 자연 선택에 의해 생긴 결과이기 때문에 '선택'이라고 알려져 있다. 그것은 새로 개척된 부지의 1차 이주종들에 의해 공유되는, 불안정한 환경에 대한 전형적인 적응이다.

| 문제해설 |

자원이 부족한 불안정한 환경에서 생물종들은 자손을 많이 번식해서 경쟁자들을 배제하는 전략을 사용한다는 내용의 글이다. 따라서 글의 요지로 가장 적절한 것은 ⑤이다.

| 구조분석 |

3행 [Producing large numbers of progeny], they can afford only the minimum investment in each.

➡ [   ]는 주절의 주어 they를 의미상의 주어로 하는 원인을 나타내는 분사구문이다.

4행 In plants, small seeds [containing few nutrients] are released in huge numbers.

➡ [   ]는 small seeds를 수식하는 분사구이다.

| 어휘 및 어구 |

inhabit 서식하다
opportunist 기회주의자
reproduce 번식하다
seed 씨앗
release 방출하다
fate 운명
sheer 엄청난
deliberate 계획적인, 의도적인
devise 고안하다
primary 1차의, 주요한

unstable 불안정한
seize 점유하다, 포착하다
minimum 최소한의
nutrient 영양분
abandon 내맡기다, 버리다
overwhelm 압도하다
strategy 전략
scheme 계획
adaptation 적응
colonizer 이주종

06
정답 | ①

| 소재 | 동물의 가축화

| 해석 |

가축화는 동물들 자신에게 장기적인 결과를 초래했고, 동물들의 바로 그 본성이 그 과정 동안 쭉 바뀌었는데, 일반적으로는 동물들에게 유리하지 않았다. 가축화를 통해 한때 야생이었던 동물들은 신체적으로나 정서적으로나 인간에게 점점 더 의존적이 된다. 한 종의 새끼들 중에서 발견되는 (호기심, 두려움 없음, 기꺼이 새로운 것을 시도하기, 먹이 구걸, 유순함 등과 같은) 소수의 특성들이 가축화에서 선택되는 것들이므로, 새끼들의 신체적 특징들(더 짧은 얼굴, 과도한 지방, 더 작은 두뇌, 더 작은 이빨 등)도 또한 선택될 것이다. 이것은 신체적으로나 행동적으로나 독립적으로 사는 것이 불가능하고 사실상 영원히 새끼들인 현대의 길든 동물들을 초래한다. 일단 인간들이 특정 신체적 혹은 행동적 특성을 강조하거나 억제하기 위해 자신들이 기르는 동물들을 선택적으로 사육하기 시작했을 때, 동물들이 더욱더 바뀌었다. 오늘날, 길든 동물들은 대개 더 작(지만 더 살이 찌)고, 더 밝은색이고, 더 짧은 얼굴과 더 둥근 두개골을 갖는다. 게다가, 가축화는 종 내의 유전적 다양성을 영구적으로 상실하는 결과를 가져왔다.

| 문제해설 |

인간이 야생 동물을 가축화하면서 동물은 신체적으로나 정서적으로나 인간에게 더 의존적이 되었고, 인간이 동물의 특정한 신체적 특성과 행동적 특성을 선호하여 선택하면서 동물 특성의 유전적 다양성이 상실되는 결과를 초래했다는 내용의 글이다. 따라서 글의 주제로 가장 적절한 것은 ① '가축화가 동물 특성에 미친 영향'이다.

② 동물을 가축화하는 사회적 원인
③ 동물의 신체적 특징의 다양성에 대한 이유
④ 어린 동물과 늙은 동물의 특징 간의 차이점
⑤ 인간이 일체감을 느끼는 동물 특성의 특징

| 구조분석 |

4행 Because a handful of traits (such as curiosity, lack of fear, willingness to try new things, food begging, submissiveness, etc.) [found among the juveniles of a species] are **those** [selected in domestication], ~.

➡ 첫 번째 [ ]는 a handful of traits (such as ~ etc.)를 수식하는 분사구이고, 두 번째 [ ]는 those를 수식하는 분사구이다. those는 the traits를 대신한다.

8행 This leads to modern domesticates [that are physically and behaviorally unable to live independently] and [that are, in fact, perpetual juveniles].

➡ 두 개의 [ ]는 modern domesticates를 수식하는 관계절이다.

| 어휘 및 어구 |

domestication 가축화
in one's favor ~이 유리하게
trait 특성
excess 과도한
perpetual 영원한, 영구의
charge 보살펴야[책임져야] 하는 것
fleshy 살이 찐
genetic 유전의

long-range 장기적인
a handful of 소수의
willingness 기꺼이 하기
domesticate 길든 동물
breed 사육하다, 재배하다

permanent 영구적인, 영원한
diversity 다양성

07

정답 | ⑤

| 소재 | 가정의 식품 안전 관리

| 해석 |

만약 우리가 식중독 사례의 수를 줄이려고 한다면, 농장에서 식탁에 이르기까지 어떤 식으로든 식품과 상호 작용하는 사람들은 모두 자신의 식품의 안전에 대해 책임을 져야 한다. 식품 과학자들은 농장에서 식탁까지 가장 통제가 덜 되는 단계들 중 하나는 가정 혹은 소비자들이 식품을 구매하고 나서 그것을 다루고 준비하는 곳은 어디든지 해당한다고 믿는다. 이런 믿음은 식품이 본래부터 자연 상태에서 안전하지 않으며, 무엇이 안전 문제를 일으키는지에 대한 과학적 이해가 더 안전한 식품을 제공하는 기술의 발전으로 이어진다는 생각으로 거슬러 올라간다. 우리가 구매하는 포장 식품을 생산하는 식품 회사와 우리가 먹는 식사를 준비하는 식당들은 이런 지식에 접근할 수 있지만, 많은 소비자들은 그러지 못한다. 식품 감독관들이 식당에서 사용하는 것과 같은 문서 양식을 사용하여 가정을 조사했을 때, 그들은 99%가 넘는 가정이 실패했다[안전 기준을 통과하지 못했다]는 것을 알게 되었다!

| 문제해설 |

식품에 대한 과학적 이해가 더 안전한 식품을 제공할 수 있게 해 주는데, 소비자들은 그런 지식에 접근하기가 힘들어서 가정 주방에서 식품이 가장 위험할 수 있다는 내용의 글이다.

따라서 글의 제목으로 가장 적절한 것은 ⑤ '가정에서 식중독이 일어날 가능성이 매우 높다'이다.

① 신선한 식품이 우리에게 더 해로울 수 있다
② 단순한 지식이 식품 안전을 위해 충분한가?
③ 식품 과학이 정말로 식품을 더 안전하게 만드는가?
④ 포장 식품: 식중독에 대한 해결책

| 구조분석 |

1행 If we are going to decrease the number of cases of food poisoning, then everyone [who interacts with the food in any way from the farm to the table] must take responsibility for the safety of his or her food.

➡ [ ]는 everyone을 수식하는 관계절이다.

5행 This belief goes back to the idea [that foods are inherently unsafe in their natural state] and [that a scientific understanding of what causes safety problems leads to development of technology {that provides safer foods}].

➡ 두 개의 [ ]는 the idea와 동격 관계의 명사절이다. 두 번째 [ ] 안의 { }는 technology를 수식하는 관계절이다.

| 어휘 및 어구 |

food poisoning 식중독
responsibility 책임, 책무
inherently 본래부터, 선천적으로
lead to ~으로 이어지다
access 접근(권)

interact 상호 작용하다
handle 다루다
state 상태
packaged food 포장 식품
inspector 감독관, 조사관

08

정답 | ③

| 소재 | 자율 주행차의 안전성

| 해석 |

위의 도표는 2017년부터 2020년까지, 자율 주행차의 안전성에 대해 불신한, 선정된 5개국의 소비자의 비율을 보여 준다. 5개국 모두에서 2020년의 자율 주행차에 대해 불신하는 소비자의 비율은 2017년의 비율보다 더 낮았다. 2017년에는 5개국 중 불신하는 소비자의 비율은 인도에서 가장 낮았던 반면에, 2020년에는 그 비율이 독일에서 가장 낮았다. 2017년부터 2020년까지 매년 대한민국, 일본, 인도는 불신하는 소비자의 비율이 꾸준히 감소했지만, 미국과 독일에서는 불신하는 소비자의 비율이 등락을 거듭했다. 인도를 제외한 모든 국가에서 2020년에 불신하는 소비자의 비율이 50%를 밑돌았다. 2017년과 2020년 사이의 불신하는 소비자 비율의 격차가 대한민국에서 가장 컸으며, 인도에서 가장 작았다.

| 문제해설 |

2017년부터 2020년까지 매년 인도의 자율 주행차에 대해 불

신하는 소비자의 비율은 꾸준히 감소하지 않고 2018년부터 다시 증가했으므로, 도표의 내용과 일치하지 않는 것은 ③이다.

| 구조분석 |

1행 The above graph shows the percentages of consumers from five selected countries [who distrusted the safety of self-driving cars], from 2017 to 2020.

➡ [ ]는 consumers from five selected countries를 수식하는 관계절이다.

2행 In all five countries, the percentages of consumers distrustful of self-driving cars in 2020 were lower than **those** in 2017.

➡ those는 the percentages of consumers distrustful of self-driving cars를 대신한다.

| 어휘 및 어구 |

distrustful 불신하는   self-driving 자율 주행의
distrust 불신하다   steady 꾸준한
except ~을 제외하고   gap 격차

09

정답 | ④

| 소재 | Louis Agassiz의 생애

| 해석 |

Louis Agassiz는 1807년 5월 28일에 스위스 Motier에서 태어났다. 그는 University of Munich에서 의학 학위를 취득했고, University of Erlangen에서 동물학 박사 학위를 취득했다. 1829년부터 1842년까지 그는 화석 어류에 대한 연구에 집중했고 브라질과 유럽 어류의 자연사에 대한 연구 논문을 발표했다. 1836년에 Agassiz는 자신의 소년 시절 고향이었던 스위스 알프스의 지질에 관심을 돌렸다. 그의 관심은 그 지역의 화석에 대한 그 자신의 조사와 (그 당시에) 존재하던 빙하가 한때 더 광대했다는 것을 보여 주는 최근 저서에 자극을 받았다. 그는 빙하의 움직임과 영향에 대해 연구하기 시작했다. 주요 지질학자들은 빙하가 움직이지 않는다고 생각했지만, Agassiz는 빙하가 움직이면서 암석에 찰흔, 즉 홈을 만들고 대량의 바위와 암석 부스러기를 퇴적시켰다는 것을 보여 주는 증거에 주목했다. 자신의 관찰 결과로부터 그는 과거에 북유럽의 많은 지역이 얼음으로 덮여 있었다고 결론지었고, 이 이론을 1840년에 발표했다.

| 문제해설 |

당대의 주요 지질학자들은 빙하가 움직이지 않는다고 생각했지만, **Agassiz**는 빙하가 움직이면서 암석에 찰흔, 즉 홈을 만들고 대량의 바위와 암석 부스러기를 퇴적시켰다는 것을 보여 주는 증거에 주목했다고 했으므로, 글의 내용과 일치하지 않는 것은 ④이다.

| 구조분석 |

4행 In 1836, Agassiz turned his attention to the geology of the Swiss Alps, [his boyhood home].

➡ [ ]는 the Swiss Alps와 동격 관계인 명사구이다.

9행 ~, but Agassiz noted evidence [suggesting {that glaciers moved, <causing striations, or grooves, in rock> and <depositing massive boulders and debris>}].

➡ [ ]는 evidence를 수식하는 분사구이고, 그 안의 { }는 suggesting의 목적어 역할을 하는 명사구이다. { } 안의 두 개의 < >는 glaciers moved의 부수적인 상황을 나타내는 분사구문인데 and로 연결되어 있다.

| 어휘 및 어구 |

earn 취득하다, 얻다   degree 학위
zoology 동물학   fossil 화석(의)
publish 발표하다, 출판하다   geology 지질(학)
stimulate 자극하다   investigation 조사, 연구
region 지역   existing 현존하는, 현재의
glacier 빙하   extensive 광대한, 광범위한
geologist 지질학자   static 움직이지 않는, 정적인
groove 홈   deposit 퇴적시키다
observation 관찰 (결과)

10

정답 | ③

| 소재 | 로고 디자인 공모전

| 해석 |

Woodland 로고 디자인 공모전

우리는 Woodland 고등학교를 잘 상징하는 로고를 찾고 있습니다.

규칙:

− 참가자는 Woodland 고등학교 학생이어야 합니다. 이 공모전에는 직원과 교사가 제외됩니다.

− 참가자당 한 점만 출품할 수 있습니다.

− 출품작은 디지털 방식의 것, 손으로 그린 것, 그림물감으로 그린 것, 혹은 사진 찍은 것일 수 있습니다.

상품:

− 1등은 20달러짜리 상품권을 받게 될 것입니다.

− 1등은 Lloyd 선생님과 함께 자신의 출품작을 컴퓨터 디자인으로 개발함으로써 자신의 디자인이 살아나는 것을 보게 될 것입니다.

− 2등은 10달러짜리 상품권을 받게 될 것입니다.

제출 기한: 2022년 5월 31일 화요일

| 문제해설 |

출품작은 디지털 방식의 것, 손으로 그린 것, 그림물감으로 그린 것, 혹은 사진 찍은 것일 수 있다고 했으므로, 안내문의 내용과 일치하지 않는 것은 ③이다.

| 구조분석 |

2행 We are looking for a logo [that well represents Woodland High School].

➡ [   ]는 a logo를 수식하는 관계절이다.

| 어휘 및 어구 |

represent 상징하다, 나타내다   exclude 제외하다
entry 출품작   submission 출품(작), 제출
gift certificate 상품권   runner-up 2등, 차석

11

정답 | ④

| 소재 | 여름 캠프 모집

| 해석 |

Camp Baker에서의 여름 캠프

Camp Baker에서 '재미있는' 여름을 보내기 위해 저희와 함께하세요! 매주 우리는 서로 다른 재미있는 주제를 탐구할 것입니다. 캠프에는 10세에서 12세까지의 어린이가 참가할 수 있습니다.
일정: 월요일~목요일, 오전 9:00~오전 11:50
제1주, 8월 1일~4일: 역사
제2주, 8월 8일~11일: 과학
제3주, 8월 15일~18일: 공예
제4주, 8월 22일~25일: 모험 놀이터
등록 방법: 선착순입니다. 그룹 인원이 제한될 것이니 반드시 일찍 등록해 주십시오!
비용: '무료'이지만 50달러의 보증금을 청구하는데, 보증금은 참가 마지막 주가 끝날 때 돌려받으실 것입니다.
모든 참가자는 자신의 물과 간식을 가지고 와야 합니다.
추가 정보를 얻으시려면, 저희 진행 담당자에게 christina@campbaker.com으로 연락하십시오.

| 문제해설 |

50달러의 보증금을 내야 하지만, 그 보증금은 참가 마지막 주가 끝날 때 돌려받을 것이라고 했으므로, 안내문의 내용과 일치하는 것은 ④이다.

| 구조분석 |

11행 COST: FREE but we ask for a $50 deposit, [which will be refunded at the end of your last week of participation].

➡ [   ]는 a $50 deposit에 대해 추가적으로 설명하는 관계절이다.

| 어휘 및 어구 |

explore 탐구하다   arts and crafts 공예
sign up 등록하다   be sure to do 반드시 ~하다
deposit 보증금   participant 참가자
coordinator 진행 담당자

12

정답 | ③

| 소재 | 성공하지 못하는 다이어트

| 해석 |

다이어트가 성공하지 못하는 여러 가지 이유가 있다. 다이어트 계획, 특히 큰 폭의 체중 감량을 초래하는 계획은 자발적인 굶주림을 수반한다. 저지방 식단은, 풍미를 전달하고, 식품 과학자들이 식감이라는 용어로 일컫는, 씹는 동안의 먹는 경험을 향상시키는 우리 음식 속의 성분을 배제한다. 지방이 다른 음식 성분보다 더 오래 위에 머무르기 때문에, 저지방 다이어트를 하는 사람들이 포만감을 느끼다가 다시 배고픔을 느끼기까지의 시간은 더 짧다. 이런 다이어트를 하는 사람들은 거의 항상 배가 고픈 경향이 있다. 고단백 저탄수화물 식단이 더 바람직하고 포만감을 주지만, 자연식품을 버리고 단백질 분말, 셰이크, 바를 섭취하지 않는다면 지방이 많은 경향이 있다. 수분과 섬유질이 많은 식단은 포만감을 주고 칼로리가 낮지만, 다양성의 부족이 매우 빨리 단조로워질 수 있다. 이 모든 식단은 좋아하는 음식을 배제하는 경향이 있다. 우리의 목표 체중에 도달할 때까지 우리는 이런 유혹을 포기할 수 있다고 우리 자신에게 말하는 것이 가능하지만, 다이어트에 충실한 것이 우리에게 즐거움을 주는 것을 영원히 삼가는 것을 의미한다면 그렇게 하기는 더 힘들다.

| 문제해설 |

③ 주어 the time between feeling full and feeling hungry again for low-fat dieters에서 주어의 핵은 단수 명사 time이므로 동사의 수를 이에 맞추어 are를 is로 바꾸어야 한다.
① 복수 형태의 명사구 the diet plans를 대신하는 대명사 those는 적절하다.
② termed가 이끄는 구는 the eating experience during chewing을 추가적으로 설명하는 분사구인데, the eating experience during chewing은 동사 term의 대상이므로 과거분사 termed는 적절하다.
④ Diets를 뒤에서 수식하는 형용사구 high in water and fiber를 이끄는 형용사 high는 적절하다.
⑤ 뒤에 이어지는 절의 주어 역할을 하면서 전치사 from의 목적어 역할을 하는 명사절을 이끄는 what은 적절하다.

| 구조분석 |

2행 Low-fat diets eliminate the component in our food [that carries flavor and enhances the eating experience during chewing, ~].

➡ [   ]는 the component in our food를 수식하는 관계절이다.

11행 It is possible [to tell ourselves {that we can forgo these temptations until we reach our target weight}], but it is harder [to be true to a diet] if it means forever abstaining from what gives us pleasure.

➡ It은 but 앞에 오는 절의 형식상의 주어이고 첫 번째 [ ]는 그에 대한 내용상의 주어이다. 첫 번째 [ ] 안의 { }는 tell의 직접 목적어 역할을 하는 명사절이다. it은 but이 이끄는 절의 형식상의 주어이고 두 번째 [ ]는 그에 대한 내용상의 주어이다.

| 어휘 및 어구 |

result in ~을 초래하다   involve 수반하다
voluntary 자발적인   starvation 굶주림, 기아
eliminate 배제하다, 제거하다   component 성분
term (용어로) 일컫다   mouthfeel 식감, 입안의 느낌
filling 포만감을 주는   whole food 자연식품
abandon 버리다   fiber 섬유질
lack 부족, 결핍   monotonous 단조로운
temptation 유혹   abstain from ~을 삼가다

13
정답 | ④

| 소재 | 풍요로운 시대의 정치

| 해석 |

우리는 언제 나누는가? 평등의 정치는 무엇인가? 수평적으로 무리 짓게 하는 방식은 우리가 민주주의 국가에서 발견하는 것과 같이 우리의 시대가 안전하고 우리의 자원이 풍부할 때 나타난다. 이런 상황에서의 지도력은 일시적이고, 미약하며, 때로는 거의 존재하지 않는다. 가정의 안전이 거리로 넘쳐흘러, 모든 이에게 필요한 물품을 제공해 주어야 하고 가장 약한 자들이 가장 많은 관심을 받게 되어야 한다는 이런 사고방식을 조장한다. 이런 사회적 견해는 공화국, 민주주의 국가, 공동 생활체에 도움이 되는 환경을 만들어 낸다. 이런 통치 형태는 우리가 사회적으로 안전과 풍요로움으로 둘러싸여 있는 부와 상업 교역의 시대에 나타난다. 그런 사회적 상황에서, 결단력은 사소할(→ 중대할) 것 같지 않다. 위협이 거의 없고, 부를 확대해서 그것을 나누는 것이 우리의 관심을 받는다. 우리는 관대하다. 위험과 변화는 괜찮다. 사회가 풍요로워지고 안전해질수록, 우리는 '가족 방식'의 도덕을 공공 광장으로 더 많이 불러들인다.

| 문제해설 |

안전하고 풍요로운 사회에서는 지도력이 일시적이고, 미약하며, 때로는 거의 존재하지 않게 되므로 위협이 존재하는 상황에서 필요한 결단력은 중요하지 않게 된다. 따라서 ④의 trivial(사소한)을 vital(중대한)과 같은 어휘로 바꾸어야 한다.

| 구조분석 |

1행 Horizontal herding patterns emerge when our times are safe and our resources plenty, such as **those** [we find in democracies].

➡ plenty 앞에는 are가 반복을 피하기 위해 생략되어 있다. those는 horizontal herding patterns를 대신하고, [ ]는

those를 수식하는 관계절이다.

7행 These forms of government emerge in times of wealth and commercial exchange [where socially we are surrounded by security and plenty].

➡ [ ]는 times of wealth and commercial exchange를 수식하는 관계절이다.

| 어휘 및 어구 |

equality 평등   horizontal 수평적인
emerge 나타나다, 출현하다   plenty 풍부한; 풍요로움, 풍부
temporary 일시적인, 임시의   existent 존재하는
spill over into ~으로 넘쳐흐르다   mindset 사고방식
provide (사람에게 필요한 물품을) 제공하다
outlook 견해, 관점   circumstances 환경
commercial 상업의, 상업적인   decisiveness 결단력
trivial 사소한   expand 확대하다, 확장하다
tolerant 관대한, 아량 있는   morality 도덕(성)
square 광장

14
정답 | ④

| 소재 | 협력과 나눔의 관계

| 해석 |

어린아이들은 불평등에 민감하고, 그것을 다른 사람에게서는 기대하지만 자신에게는 그러지 않고, 나누기를 꺼린다. 하지만 아이들에게 자발적인 나눔을 유발하는 것처럼 보이는 한 가지 상황이 있는데, 그것은 그들이 공동의 이익을 얻기 위해 협력해야 하는 그런 상황이다. Leipzig의 Michael Tomasello와 그의 동료들은 인간의 친사회성 진화에서 협력의 중요성에 대한 그의 생각을 시험하기를 시작했다. 짝을 이룬 세 살배기들은 네 개의 구슬을 빼내기 위해 협력해서 두 개의 밧줄을 잡아당겨야 했다. 그 장치는 한 아이에게 구슬 세 개를 주지만 다른 한 명의 아이에게는 구슬 한 개만을 주도록 설계되었다. 이 상황에서 '운이 좋은' 아이는 자신의 구슬 세 개 중 하나를 '운이 없는' 아이에게 주었다. 하지만 뜻밖의 횡재처럼 공동의 노력이 필요하지 않았을 때 그들은 나누지 않았다.

| 문제해설 |

아이들은 불평등에 민감하고 나누기를 꺼리지만, 공동의 이익을 얻기 위해 협력해야 하는 상황에서는 서로 나누게 된다는 내용의 글이다. Michael Tomasello가 그의 동료들과 한 실험의 결과가 그런 사실을 뒷받침했으므로, 실험의 목적에 해당하는 빈칸에 들어갈 말로 가장 적절한 것은 ④ '협력'이다.

① 창의력
② 관용
③ 지도력
⑤ 자립

| 구조분석 |

1행 Young children [are sensitive to inequality], [expect it from others but not of themselves] and [are reluctant to share].

➡ 세 개의 [ ]가 and로 연결되어 문장의 술어 역할을 한다.

2행 There is, however, one set of circumstances [which seems to trigger spontaneous sharing in children]: those situations [where they have to work together in order to gain a mutual benefit].

➡ 첫 번째 [ ]는 one set of circumstances를 수식하는 관계절이고, 두 번째 [ ]는 those situations를 수식하는 관계절이다.

| 어휘 및 어구 |

sensitive 민감한   inequality 불평등
reluctant 꺼리는   circumstances 상황, 환경
trigger 유발하다   spontaneous 자발적인
gain 얻다   colleague 동료
set about ~을 시작하다   pro-sociality 친사회성
simultaneously 동시에   dislodge 빼내다, 제거하다
collective 공동의, 집단적인 effort 노력

15

정답 | ④

| 소재 | 시간에 대한 가치 평가

| 해석 |

우리가 시간에 부여하는 많은 가치 평가와 시간이 우리의 가장 가치 있는 유용한 것이라는 사실 때문에, 우리가 어떻게 그것을 쓰는지에 대해 얼마나 적게 생각하는지를 언급하는 것은 놀랍다. 만약 약간 성가신 지인이 여러분에게 자신의 새로운 사업에 돈을 투자해 달라고 요청한다면, 여러분은 아마도 제안된 거래의 잠재적인 비용과 편익을 고려할 것이다. 만약 여러분이 그녀의 프로젝트를 형편없는 투자 대상이라고 판단한다면, 여러분은 그녀의 기분을 상하게 할 위험을 무릅쓰고라도 싫다고 말하는 데 문제가 없을 것이다. 어쨌든, 누가 이성적으로 돈을 창밖으로 내던지겠는가? 하지만 바로 그 지인이 여러분에게 저녁을 먹자는 요청을 한다고 가정해 보라. 아마도 여러분은 비슷한 비용 편익 분석을 하지 않을 것이다. 아무리 가고 싶지 않다고 해도, 여러분은 아마도 저녁 식사를 위해 만나려고 여러분의 꽉 찬 일정에서 한 시간을 낼 것인데, 하고 싶지 않은 일에 여러분이 희생한 시간 때문에 아마도 내내 분노를 느낄 것이다.

| 문제해설 |

우리가 시간을 가치 있게 생각하지만 시간을 쓰는 방식에 대해서는 별다른 생각을 하지 않는다는 내용의 글이다. 형편없는 프로젝트에 대한 투자에 대해서는 상대방의 기분을 상하게 할 위험을 무릅쓰고 싫다고 말하지만, 저녁을 먹자는 제안에는 싫더라도 바쁜 일정에서 한 시간을 내는 우리의 행동의

문제점이 빈칸에 들어가야 하므로, 빈칸에 들어갈 말로 가장 적절한 것은 ④ '우리가 어떻게 그것을 쓰는지에 대해 얼마나 적게 생각하는지'이다.

① 우리가 얼마나 기꺼이 훌륭한 대의를 위해 그것을 투자하는지
② 우리가 왜 그것을 다른 사람들과 함께 좀처럼 쓰고 싶어 하지 않는지
③ 무엇이 그것에 대한 우리의 비용 편익 분석을 초래하는지
⑤ 우리가 왜 때로 그것의 감정적인 가치를 지나치게 중시하는지

| 구조분석 |

1행 In view of the many valuations [we assign time], and in view of the fact [that time is our most valuable commodity], **it** is striking [to note {how little thought we give to <how we spend it>}].

➡ 첫 번째 [ ]는 the many valuations를 수식하는 관계절이고, 두 번째 [ ]는 the fact와 동격 관계인 명사절이다. it은 주절의 형식상의 주어이고, 세 번째 [ ]는 내용상의 주어이다. 그 안의 { }는 note의 목적어 역할을 하는 명사절이고, 그 안의 < >는 전치사 to의 목적어 역할을 하는 명사절이다.

8행 No matter how little you wanted to go, you would probably take an hour out of your packed schedule to meet for dinner — all the while perhaps feeling resentment because of the time [you sacrificed on something {you did not want to do}].

➡ [ ]는 the time을 수식하는 관계절이고, 그 안의 { }는 something을 수식하는 관계절이다.

| 어휘 및 어구 |

in view of ~ 때문에   assign 부여하다, 할당하다
commodity (유용한) 것, 상품   striking 놀라운, 두드러진
note 언급하다, 주목하다   potential 잠재적인
transaction 거래   offend 기분을 상하게 하다
rationally 이성적으로   engage in ~을 하다
packed 꽉 찬   resentment 분노
sacrifice 희생하다

16

정답 | ②

| 소재 | 소수의 변수만 사용하는 알고리즘

| 해석 |

이스라엘계 미국인 심리학자이자 경제학자인 Daniel Kahneman은 대부분의 상황에서 간단한 공식이 인간의 직관력을 능가한다고 믿는다. 신용 위험 평가, 유아 돌연사 가능성, 새로운 사업의 성공 전망,

혹은 양부모의 적합성과 같은 여러 분야에서 알고리즘이 '전문가' 종사자보다 더 정확한 예측을 한다. 인간은 평가를 할 때 끔찍하게도 일관성이 없지만, 알고리즘은 그렇지 않다. 전문가들은 복잡한 정보의 전체 영역을 고려하기를 원하지만, 대개 단지 두세 개의 매개 변수면 훌륭한 판단을 하기에 충분하다. 예를 들어, 세 개의 날씨 변수만을 사용해서 Bordeaux 와인의 미래 가치를 예측하는 용도의 알고리즘이 있는데, 그것은 전문적인 와인 맛 감식가의 평가보다 훨씬 더 정확하다. 직관이나 포괄적인 판단이 유용할 수는 있지만, 오로지 사실을 얻고 나서야 그렇고, 그것은 대체하는 것이 아니다. 전문가의 직관은 (가령 체스에서처럼) 환경이 안정적이고 규칙적인 경우에만 신뢰할 수 있으며, 제한이 없거나 복잡한 경우에는 그럴 수 없다.

| 문제해설 |

복잡한 정보를 모두 고려한 전문가의 직관보다 소수의 변수를 사용하는 간단한 알고리즘이 훨씬 더 정확하게 예측한다는 내용의 글이다. 글의 주제에 해당하는 내용이 빈칸에 들어가야 하므로, 빈칸에 들어갈 말로 가장 적절한 것은 ② '간단한 공식이 인간의 직관력을 능가한다'이다.
① 직관은 과거의 경험에 기초한다
③ 더 많은 데이터가 더 정확한 결과를 산출한다
④ 정보는 간접 증거에서 생겨날 수 있다
⑤ 전문가는 자기 분야의 알려진 사실에 중점을 둔다

| 구조분석 |

12행 Expert intuition can be trusted only when the environment is stable and regular (e.g., in chess), [not open-ended and complex].
➡ [ ]는 but can not be trusted when the environment is open-ended and complex를 줄여서 표현한 것으로 볼 수 있다.

| 어휘 및 어구 |

infant 유아	prospect 전망
suitability 적합성	foster parents 양부모
accurate 정확한	prediction 예측
expert 전문가(의)	
practitioner (기술이 필요한 일의) 종사자, 정기적으로 하는 사람	
inconsistent 일관성이 없는	valuation 평가
take account of ~을 고려하다	range 영역, 범위
variable 변수	intuition 직관
global 포괄적인, 전반적인	replacement 대체하는 것[사람]
stable 안정적인	regular 규칙적인
open-ended 제한이 없는	trump 능가하다, 이기다

17

정답 | ②

| 소재 | 대중음악 작곡가의 역할

| 해석 |

1940년대 후반에 음악 제작에 자기 테이프가 도입되면서, 그것이 음색(소리 자체의 음질)과 멜로디와 리듬의 변화처럼 악보로 표기하기 어려웠던 음악적 요소들이 녹음과 믹싱 과정에서 시행착오 방식으로 더 쉽게 조종될 수 있게 해 주었기 때문에, 대중음악 작곡가라는 직업의 상황에 중요한 변화가 수반되었다. 이와 함께 작곡가의 기능이 녹음 과정에 통합되었는데, 그것은 훨씬 더 팀워크의 모습으로 수행되었다. 법적인 이유로 작곡가로 명명된 누군가가 항상 있었지만, 실제로는 녹음 과정에서 누가 정확히 무엇을 기여했는지 구별하는 것이 점점 더 어려워졌다. 음악의 소리가 대개 처음 녹음 후에 멀티트랙 녹음의 '믹스 다운하기'와 사후 제작 과정에서 이 믹스 다운의 편집을 통해 마무리되었기 때문에 이것은 특히 사실이었다. 록 장르에서는 곡이 가령 Bryan Adams와 Robert John 'Mutt' Lange처럼 가수와 음반 제작자 공동의 업적으로 돌려지는 경우가 많았다.

| 문제해설 |

음악 제작에 자기 테이프가 도입되면서 음악의 소리가 처음 녹음 후의 믹스 다운하기와 믹스 다운의 편집을 통해 마무리되었기 때문에 작곡가의 기능이 녹음 과정에 통합되게 되었다는 내용의 글이다. 사후 제작 과정에서 음악의 소리가 최종적으로 결정된 것으로 인해 녹음 과정에서 하기 어려워진 것에 해당하는 것이 빈칸에 들어가야 한다. 따라서 빈칸에 들어갈 말로 가장 적절한 것은 ② '누가 정확히 무엇을 기여했는지 구별하는'이다.
① 여러 개의 녹음된 소리를 섞어 음악을 만드는
③ 원래의 노래에 약간의 수정을 하는
④ 작곡가를 팀원으로 포함하는
⑤ 연주자들간의 훌륭한 조화를 만들어 내는

| 구조분석 |

6행 With this, the function of the composer became integrated into the recording process, [which was carried out much more as teamwork].
➡ [ ]는 the recording process에 대해 추가적인 설명을 하는 관계절이다.

7행 Although for legal reasons there was always someone [named as composer], in practice **it** became more and more difficult [to distinguish who exactly contributed what during the recording process].
➡ 첫 번째 [ ]는 someone을 수식하는 분사구이다. it은 주절의 형식상의 주어이고, 두 번째 [ ]는 내용상의 주어이다.

| 어휘 및 어구 |

magnetic tape 자기 테이프(표면에 자성 물질을 칠하고 띠 모양으로 가공한 보조 기억 매체)
profession 직업   composer 작곡가

notate 악보로 표기하다   timbre 음색
handle 조종하다, 다루다
on a trial-and-error basis 시행착오 방식으로
integrate 통합하다   carry out ~을 수행하다
legal 법적인, 합법의   in practice 실제로
be the case 사실이다   finalize 마무리하다
initial 처음의, 초기의
multitrack recording 멀티트랙 녹음(다수의 음원을 분리해서 하는 녹음)
be co-credit to ~의 공동 업적으로 돌려지다

18

| 소재 | 공상 과학 소설의 목적

| 해석 |
공상 과학 소설은 미래를 예측하려고 의도하지 않고, 대신에 그것은 온갖 종류의 시나리오에 대해 '그러면 어쩌지?'라고 묻는 것에 관한 것이다. 그 가능성 있는 미래가 흥미롭기만 하다면 그것이 일어날 가능성이 있는지 없는지는 중요하지 않다. 그 목적은 새롭고 흥미로운 환경에 대한 인간의 반응을 묘사하는 것이다. 작가가 실제로 미래에 일어나는 것과 똑같은 것을 생각해 낼 만큼 우연히 운이 좋다면, 그것은 훌륭하긴 하지만, 그것이 이야기의 요점은 확실히 아니다. (분명히 공상 과학 소설은 새로운 기술을 위한 영감의 원천일 수 있다.) '공상 과학 소설'이라는 두 단어에서 '공상 소설' 부분이 우세해야 하는데, 책이 훌륭한 이야기가 아니라면 그것이 포함하고 있는 과학이 얼마나 흥미롭거나 놀라운지는 중요하지 않기 때문이다.

| 문제해설 |
공상 과학 소설의 목적은 미래를 예측하는 것이 아니라 훌륭한 이야기를 통해 새롭고 흥미로운 환경에 대한 인간의 반응을 묘사하는 것이라는 내용의 글이다. 따라서 공상 과학 소설이 새로운 기술을 위한 영감의 원천일 수 있다고 말하는 ④는 글의 전체 흐름과 관계가 없다.

| 구조분석 |
3행 The aim is [to portray the human reaction to new and interesting circumstances].
➡ [ ]는 is의 주격 보어 역할을 하는 to부정사구이다.
4행 If the writer happens to be lucky enough to hit on a match with [what really takes place in the future], that's great — but it certainly isn't the point of the stories.
➡ [ ]는 전치사 with의 목적어 역할을 하는 명사절이다.

| 어휘 및 어구 |
science fiction 공상 과학 소설   set out to do ~하려고 의도하다
matter 중요하다

---

be likely to do ~할 가능성이 있다
as long as ~하기만 하다면   aim 목적
portray 묘사하다   circumstances 환경
happen to do 우연히 ~하다   hit on ~을 생각해 내다
match 똑같은 것, 꼭 닮은 것   take place 일어나다, 발생하다
dominate 우세하다   contain 포함하다

19

| 소재 | 완벽주의자의 지나친 단순화

| 해석 |
외부에 집중하는 완벽주의자에 더 가까운 나의 한 환자는 다른 사람들이 실수를 하거나, 일을 잊거나, 자신에게 필요한 물건을 제자리에 두지 않거나, 너무 느리게 반응하거나, 자신에게 잘못된 정보를 줄 때 분노를 느낀다. (B) 이런 종류의 것들은 아마도 대부분의 사람에게 신경이 쓰이게 하겠지만, 어떤 완벽주의자들에게는 이런 실수가 개인에 대한 공격으로 느껴진다. 마치 다른 사람들이 오직 여러분을 화나게 하기 위해 일부러 이런 것들을 하고 있는 것처럼 보일 수 있다. (A) 대부분의 경우에 이런 상황은 그렇게 간단하지 않다. 그것들은 단순히 가해자(실수를 한 사람)가 피해자(완벽주의자)에게 해를 끼치려는 것만을 수반하는 것이 아니다. 대개 그 상황에 영향을 미치는 많은 다른 사정들이 있다. (C) 예를 들어, 잘못된 정보를 주는 사람이 그 일을 처음 하는 사람일 수도 있고, 자신의 상사에게 잘못된 정보를 받았을 수도 있고, 다른 상황에서는 옳을 수도 있고, 혹은 질문을 잘못 이해했을 수도 있다. 지나치게 단순화하면, 여러분이 잘못된 행동과 여러분의 상한 감정에만 집중하기 때문에 이들 '변명' 중 어떤 것도 중요하지 않게 된다.

| 문제해설 |
완벽주의자에게 분노를 느끼게 하는 여러 행동을 언급하는 주어진 글 뒤에는 그런 행동들을 These kinds of things로 가리키면서 그것들이 완벽주의자를 분노하게 하는 이유를 밝히는 내용의 (B)가 와야 한다. (B) 뒤에는 (B)에서 언급된 These kinds of things를 다시 these situations로 가리키면서 그것들이 가해자가 피해자에게 해를 끼치려는 것만을 수반하는 것이 아니고 그것들에 영향을 미치는 많은 다른 사정들이 있다고 말하는 (A)가 와야 된다. (A) 뒤에는 (A)에서 언급한 많은 다른 사정들의 사례를 드는 (C)가 와서 글을 마무리해야 한다.

| 구조분석 |
1행 A patient of mine [who is more of an outwardly focused perfectionist] feels angry when other people make errors, forget things, misplace objects [that he needs], respond too slowly, or give him incorrect information.
➡ 첫 번째 [ ]는 A patient of mine을 수식하는 관계절이

78 EBS 수능특강 Light 영어독해연습

고, 두 번째 [ ]는 objects를 수식하는 관계절이다.

11행 For example, the person giving misinformation [may be new on the job], [may have been misinformed by her boss], [may be correct under different circumstances], or [may have misunderstood the question].

➡ 네 개의 [ ]가 or로 연결되어 문장의 술어 역할을 한다.

| 어휘 및 어구 |

outwardly 외부에 대해, 외부로
misplace 제자리에 두지 않다
perpetrator 가해자
circumstances 사정, 상황
personal 인신공격의
intentionally 의도적으로
misinformation 잘못된 정보
oversimplify 지나치게 단순화하다
excuse 변명, 구실
wrong-doing 잘못된 행동

perfectionist 완벽주의자
involve 수반하다, 포함하다
victim 피해자
bother 신경이 쓰이게 하다
as if 마치 ~인 것처럼
irritate 화나게 하다
misinform 잘못된 정보를 주다
matter 중요하다

20

정답 | ③

| 소재 | 낮의 길이가 식물의 꽃에 미치는 영향

| 해석 |

1920년에 두 명의 과학자가 식물이, 그리고 특히 식물의 꽃이 낮의 길이에 특히 잘 반응한다는 것을 발견했다. (B) 이것은 적도(낮이 짧은 지역)에서의 약 12시간에서 짧은 여름 동안의 북극권(낮이 긴 지역)에서의 거의 24시간까지 다양하다. 물론 그런 천문학 자료는 수 세기 동안 알려져 왔지만, Garner 박사와 Allard 박사는 식물과 식물의 꽃에 대한 그것의 중요성을 언급한 최초의 사람들이었다. (C) 예를 들어, 낮이 긴 지역으로 가져온 단일성의 식물은 활력이 엄청나게 증가했다. 때로 그것은 꽃 색깔을 바꾸었고, 무엇보다도 그것은 꽃의 개화 시기를 바꾸었다. 그리고 낮 길이가 꽃에 미치는 이 놀라운 영향은 이미 상업적으로 인식되었다. (A) 화초 재배가들은 개화의 지연을 위해 온실을 어둡게 함으로써, 혹은 개화를 촉진하기 위해 전기 조명으로 이제 이전보다 (원하는 시기에) 훨씬 더 정확하게 꽃을 피울 수 있다. 이런 과정은 그 과정을 기술한 저자들에 의해 광주기성이라는 다소 거부감을 주는 명칭을 부여받았다. 그것은 식물계의 중대한 발견이었다.

| 문제해설 |

두 명의 과학자가 식물의 꽃이 낮의 길이에 잘 반응한다는 것을 발견했다는 주어진 글 뒤에는 주어진 글에서 언급된 낮의 길이를 This로 가리키면서 그 길이가 지역별로 12시간에서 24시간까지 다양하고 그것의 중요성을 언급한 두 명의 과학자의 업적에 대해 소개하는 (B)가 와야 한다. (B) 뒤에는 그 두 명의 과학자들이 발견한 내용을 언급하는 (C)가 와야 한

다. (C) 뒤에는 (C)의 마지막 문장에 언급된 낮 길이가 꽃에 미치는 영향이 상업적으로 인식되었다는 내용의 사례(광주기성을 이용한 꽃의 개화 시기 조절)를 언급한 (A)가 와서 글을 마무리해야 한다.

| 구조분석 |

9행 Such astronomical data has, of course, been known for centuries, but Doctors Garner and Allard were the first [to point out its significance to plants and their flowers].

➡ [ ]는 the first를 수식하는 to부정사구이다.

12행 For instance, a short-day plant [brought into a long-day region] increased tremendously in vigor.

➡ [ ]는 a short-day plant를 수식하는 분사구이다.

| 어휘 및 어구 |

peculiarly 특히
darken 어둡게 하다
bloom 개화; 개화하다
speed up ~을 촉진하다
vary 다양하다
region 지역
astronomical 천문(학)의
significance 중요성
short-day 단일성의(낮의 길이가 짧을 때 자라는)
tremendously 엄청나게
striking 놀라운, 인상적인
recognize 인식하다, 인정하다

responsive 잘 반응하는
retardation 지연
illumination 조명
precision 정확, 정밀
equator 적도
the Arctic Circle 북극권
point out ~을 언급하다

vigor 활력
commercially 상업적으로

21

정답 | ③

| 소재 | 방어책으로서의 밝은색의 진화

| 해석 |

분명히 밝은색은 먹이 동물의 (포식자로부터의) 방어에 유리하다. 그런데 그것들은 어떻게 진화하게 되었는가? 한 가지 가능성은 눈에 두드러지는 색깔이 먼저 진화했고, 맛의 혐오스러움이 뒤따랐다는 것이다. 예를 들어, 물총새와 같은 몇몇 밝은색의 새들은 맛이 혐오스럽다. 그것들의 색깔은 더 나은 짝짓기 짝으로서의 매력이나 영역 방어를 위해 선호되었을 수 있고, 그런 다음에 그것들이 또한 포식자의 눈에 더 잘 두드러지게 했기 때문에 이로 인해 맛의 혐오스러움의 진화가 선호되었다. 다른 한 가지 가능성은 맛의 혐오스러움이 먼저였다는 것이다. 이것은 제왕나비, 즉 'Danaus plexippus'의 애벌레와 같은 그런 곤충들에게 적용될 수 있는데, 그것들은 독소가 들어있는 식물을 먹이로 해서 포식에 대한 방어책으로 자기 몸에 그 독소를 집어넣는다. 이 경우에는 맛의 혐오스러움이 먼저 진화했고 눈에 두드러짐이 뒤따랐다는 것이 타당한 것 같다. 그렇다면 이 경우에 밝은 천연색은 특별히 경고 장치로서 진화하는 것이다.

| 문제해설 |

① 뒤 문장과 ② 뒤 문장에 나오는 물총새와 같은 새들의 경우는 밝은색이 더 나은 짝짓기 짝으로서의 매력이나 영역 방어를 위해 선호되어 진화한 것이 먼저였으므로 눈에 두드러지는 특성이 먼저 진화한 경우이다. 하지만 ③ 뒤 문장부터 나오는 제왕나비의 애벌레의 경우는 포식에 대한 방어책으로 몸에 독소를 지니게 된 것이 먼저였기 때문에 맛의 혐오스러움이 먼저 진화한 경우이다. 따라서 맛의 혐오스러움이 먼저 진화했을 가능성을 언급한 주어진 문장이 들어가기에 가장 적절한 곳은 ③이다.

| 구조분석 |

8행 This may apply to those insects, such as caterpillars of the monarch butterfly, *Danaus plexippus*, [which feed on plants {containing toxins} and incorporate the toxins in their bodies as a defence against predation].

➡ [ ]는 caterpillars of the monarch butterfly, *Danaus plexippus*에 대해 추가적으로 설명하는 관계절이고, 그 안의 { }는 plants를 수식하는 분사구이다.

10행 It is plausible [that here distastefulness evolved first {followed by conspicuousness}].

➡ It은 형식상의 주어이고, [ ]는 내용상의 주어이다. [ ] 안의 { }는 here distastefulness evolved first의 부가적인 상황을 나타내는 분사구문이다.

| 어휘 및 어구 |

distastefulness 맛의 혐오스러움

prey 먹이 (동물), 사냥감	kingfisher 물총새
mate 짝의 한쪽	attraction 매력
territory 영역, 영토	predator 포식자
apply to ~에 적용되다	monarch butterfly 제왕나비
feed on ~을 먹이로 하다	toxin 독소
incorporate ~ in ... ~을 (구성 부분으로서) …에 집어넣다[통합하다]	
predation 포식	colouration (생물의) 천연색
specifically 특(별)히	device 장치

22

정답 | ③

| 소재 | 상상력과 과학의 관계

| 해석 |

과학의 과제는 사실을 발견하는 것이라고 때로 말들을 한다. 하지만 이것에는 단서가 달려야 한다. 경험론자인 Francis Bacon(1561년~1626년)은 벌이 꿀을 모으는 것처럼 사실을 수집하는 것이 과학을 하는 올바른 방법이라고, 즉 연구하는 것은 체계적으로 관찰 결과를 수집하고 자료 목록을 엮는 것이고, 만약 과학자가 신중하게 그것을 한다면 과학 법칙은 자동적으로 발견되리라고 생각했다. 하지만, 과학이 그런 식으로 행해진 적이 있었다는 것은 매우 믿기 힘든데, 왜냐하면 그것은 전혀 자동적인 과정이 아니기 때문이다. 데이터를 수집할 때는 항상 사전에 형성된 생각에서 시작한다. 얼마간의 상상력이 없으면, 무엇을 찾을 것인가에 대한 얼마간의 생각이 없으면 과학을 할 수 없다. 하지만 Bacon에게 상상력과 공상은, 편견('우상')을 삼가야 하는 과학에 위험 요소가 되므로, 그는 '순수한' 경험적 사실을 굳게 믿었다.

| 문제해설 |

주어진 문장 속의 it is not an automatic process at all의 사례에 해당하는 것이 ③과 ④ 뒤에 이어지는 문장들이므로 주어진 문장이 들어갈 곳으로 가장 적절한 곳은 ③이다.

| 구조분석 |

1행 However, **it** is highly implausible [that science has ever been done in such a way] because it is not an automatic process at all.

➡ it은 주절의 형식상의 주어이고, [ ]는 내용상의 주어이다.

| 어휘 및 어구 |

qualify 단서를 달다, 자격을 주다	systematically 체계적으로
observation 관찰 (결과)	compile 엮다, 편집하다
preconceived 사전에 형성된	fantasy 공상, 환상
constitute ~이 되다, ~을 구성하다	
prejudice 편견	idol 우상
put one's money on ~을 믿다	empirical 경험적인, 실증적인

23

정답 | ⑤

| 소재 | 스포츠에서 반응 시간의 타이밍

| 해석 |

몇몇 스포츠가 굉장히 빠르지만 너무 빠르지는 않은 자기 타이밍에 도달했다는 것은 놀라운 진화 이야기이다. 테니스와 야구는 더 빠른 반응을 요구하도록 구성될 수도 있었는데, (그랬다면) 그것은 순전한 반사 능력을 시험했을 것이다. 혹은 그것들이 더 느린 반응을 고려할 수도 있었는데, (그랬다면) 그것은 의식적인 반응을 시험했을 것이다. 하지만 만약 서비스 라인이나 투구 마운드가 단지 30피트, 혹은 200피트 떨어져 있었더라면, 경기는 덜 흥미로웠을 것이다. 더 가까운 거리에서는, 선수들이 반응해서 공을 치기에 딱 맞는 시간을 가졌겠지만, 자신들의 전의식적 준비 능력을 뽐내기에는 충분하지 않은 시간을 가졌을 것이다. 그리고 더 먼 거리에서는, 선수들이 너무 많이 계획했을 수 있는데, 들어오는 서브와 투구는 높고 느린 공이었을 것이다. 프로 테니스의 서브와 메이저리그의 속구에 대한 우리의 매혹은 0.2초 혹은 꽉 찬 1초의 반응 시간이 아니라 그 중간 어디쯤에서 나온다. 0.4초~0.5초는 일종의 스포츠의 스위트스폿이다.

→ 테니스와 야구와 같은 몇몇 구기 스포츠는 그 스포츠가 채택한 이상적인 거리로 인해 운동선수들의 반사 능력과 전의식적 준비 능력을

균형 잡힌 방식으로 시험하기 때문에 우리를 매료시킨다.

| 문제해설 |

테니스와 야구와 같은 구기 스포츠는 운동선수들의 단순한 반사 능력과 전의식적 준비 능력을 균형 잡힌 방식으로 시험할 수 있는 이상적인 거리를 만들어 냄으로써 우리를 매료시킨다는 내용의 글이다. 따라서 빈칸 (A), (B)에 들어갈 말로 가장 적절한 것은 ⑤ '균형 잡힌 – 거리'이다.

① 공정한 – 규칙
② 경쟁적인 – 장비
③ 경쟁적인 – 거리
④ 균형 잡힌 – 장비

| 구조분석 |

1행 **It** is a marvelous evolutionary story [that some sports arrived at their superfast-but-not-too-fast timing].

➡ It은 형식상의 주어이고, [ ]는 내용상의 주어이다.

3행 Or they **could have allowed** for slower reactions, [which **would have tested** conscious responses].

➡ 「could[would]+have+과거분사」는 과거에 발생할 수도 있었던 가능성에 대한 추측을 나타낸다. [ ]는 앞의 내용에 대해 추가적으로 설명하는 관계절이다.

| 어휘 및 어구 |

marvelous 놀라운   evolutionary 진화의
pure 순전한   reflexes 반사 능력[작용]
allow for ~을 고려하다   conscious 의식적인, 의식의
compelling 흥미로운   show off ~을 자랑하다
preconscious 전의식의, 의식이 생기기 이전의
preparatory 준비의, 준비를 위한 incoming 들어오는
fascination 매혹   millisecond 1,000분의 1초
sweet spot 스위트스폿(공을 가장 효과적으로 칠 수 있는 시점)

24~25

정답 | 24. ⑤ 25. ⑤

| 소재 | 먹이와 안전 간의 균형

| 해석 |

매우 추운 겨울날에 대개 겁이 많은 새들은 정원의 새 모이판에서 매우 (사람을) 두려워하지 않는데, 아마도 이는 그것들의 먹이에 대해 커진 필요가 탁 트인 곳으로 나오는 위험보다 우선하기 때문일 것이다. Manfred Milinski와 Rolf Heller는 큰가시고기(*Gasterosteus aculeatus*)를 대상으로 유사한 문제를 연구했다. 그들은 굶주린 물고기를 작은 수조에 넣고, 매우 좋아하는 먹이인 물벼룩을 서로 다른 밀도로 그것들에게 주어 동시에 선택하게 했다. 물고기들은 매우 굶

주렸을 때 잠재적인 섭식률이 높은 가장 높은 밀도의 먹이를 선택했지만, 덜 굶주렸을 때는 더 낮은 밀도의 먹이를 선호했다. Milinski와 Heller는, 물고기가 밀도가 높은 구역에서 먹이를 먹을 때는 물벼룩 떼로부터 시야에서 이리저리 돌진하는 물벼룩을 골라내기 위해 열심히 집중해야 하기 때문에 포식자를 감시하는 그것들의 능력이 떨어진다는 가설을 세웠다. 매우 굶주린 물고기는 굶어 죽을 가능성이 비교적 높아서, 자신의 먹이 부족을 빨리 줄이기 위해 경계를 기꺼이 희생한다. 큰가시고기는 매우 굶주리지 않으면 빨리 먹이를 먹는 것보다 경계를 더 중요하게 여기기 때문에 낮은 밀도의 먹이를 피한다(→ 선호한다). 큰가시고기가 덜 굶주리게 됨에 따라 비용과 편익의 균형이 먹이를 먹는 것에서 경계로 이동한다.

| 문제해설 |

24 큰가시고기가 굶주림의 정도에 따라 먹이 밀도를 달리 선택했다는 실험을 통해서 동물은 굶주림이 심하면 포식자에 대한 경계를 희생하면서 빨리 먹이를 먹는 것에 집중하지만 굶주림이 덜하면 먹이를 먹는 것보다 경계를 더 중시하게 된다는 요지의 글이다. 따라서 글의 제목으로 가장 적절한 것은 ⑤ '굶주림이 동물의 초점을 결정한다: 먹이 혹은 안전'이다.

① 포식자가 다가오지 못하게 하는 영리한 방법
② 누구에게 높은 섭식률이 좋은가?
③ 먹이 밀도가 높을수록 먹이에게 더 안전하다
④ 탁 트인 지역은 항상 포식자에게 유리한가?

25 큰가시고기가 굶주림을 덜 느끼게 되면 빨리 먹이를 먹는 것보다 경계를 더 중요하게 여기게 되므로 문맥상 낮은 밀도의 먹이를 피하지 않고 선호할 것이다. 따라서 (e)의 avoids를 prefers와 같은 단어로 바꾸어야 한다.

| 구조분석 |

6행 When the fish were very hungry they went for the highest density of prey [where the potential feeding rate was high], ~.

➡ [ ]는 the highest density of prey를 수식하는 관계절이다.

8행 Milinski and Heller hypothesised [that when the fish feeds in a high density area, it has to concentrate hard to pick out water fleas from the swarm {darting around in its field of vision}, so it is less able to keep watch for predators].

➡ [ ]는 hypothesised의 목적어 역할을 하는 명사절이다. 그 안의 { }는 water fleas를 수식하는 분사구이다.

| 어휘 및 어구 |

shy 겁이 많은, 잘 놀라는   tame (사람을) 두려워하지 않는
bird table 새 모이판   presumably 아마도
override ~보다 우선하다[더 중요하다]

simultaneous 동시의
water flea 물벼룩
potential 잠재적인
hypothesise 가설을 세우다
field of vision 시야
predator 포식자
starvation 굶주림, 기아
sacrifice 희생하다
place a premium on ~을 중요하게 여기다
shift 이동하다, 옮기다

density 밀도
prey 먹이
feeding rate 섭식률
dart 돌진하다
keep watch for ~을 경계하다
relatively 비교적, 상대적으로
willing 기꺼이 하려는
deficit 부족

26~28

정답 | 26. ⑤ 27. ⑤ 28. ②

| 소재 | 부잣집과 가난한 집에 머문 두 수도승

| 해석 |

(A) 연장자와 연소자인 두 수도승이 함께 여행하고 있었다. 그들은 밤을 보내기 위해 어떤 부잣집 가정에 잠깐 들렀다. 그 가족은 무례했고 그들이 그 저택의 객실에 머무르게 해 주기를 거절했다. 그 대신에 그들에게는 차가운 지하실의 작은 공간이 제공되었다. 그들이 딱딱한 바닥에 잠자리를 준비할 때, 더 나이 든 수도승이 벽에 난 구멍을 보고 그것을 수리했다. 더 젊은 수도승이 그에게 그 이유를 묻자, 그는 "사물이 항상 보이는 모습인 것은 아니란다."라고 대답했다.

(D) 그다음 날 밤에 그 두 사람은 매우 가난하지만 매우 후히 대접하는 농부와 그의 아내의 집에서 자게 되었다. 자신들이 가진 모든 음식을 나누고 나서, 그 부부는 자신들의 침대에서 그 수도승들이 자게 해 주었는데, 거기에서 그 수도승들은 밤잠을 잘 잘 수 있었다. 그다음 날 아침에 해가 떴을 때 그 수도승들은 그 농부가 눈물을 흘리고 있는 것을 발견했다. 그의 유일한 수입이었던 우유를 제공하던, 그의 하나뿐인 젖소가 밭에 죽어 있었다. 그는 왜 이런 일이 자신에게 일어났는지 이해할 수 없는 것처럼 보였다.

(C) 더 젊은 수도승은 격분해서 더 나이 든 수도승에게 "어떻게 이런 일이 일어나도록 내버려 둘 수 있습니까?"라고 물었다. 그리고 그는 "첫 번째 남자는 모든 것을 가졌지만, 당신께서는 그를 도우셨습니다. 두 번째 가족은 가진 것이 거의 없었지만 모든 것을 기꺼이 나누려고 했는데, 당신께서는 그 젖소를 죽게 했습니다."라고 말을 이었다. "사물이 항상 보이는 모습인 것은 아니란다."라고 더 나이 든 수도승이 대답했다. "우리가 그 저택의 지하실에 머물렀을 때, 나는 벽의 구멍 속에 금이 보관되어 있는 것을 알게 되었지. 그 주인이 탐욕에 너무 사로잡혀 자신의 많은 부를 나누기를 꺼렸기 때문에, 나는 그가 그것을 찾지 못하도록 벽을 막았던 거야."

(B) "그러고 나서 어젯밤 우리가 그 농부의 침대에서 자고 있을 때, 죽음의 신이 그의 아내를 데리러 왔단다. 나는 그에게 그 소를 대신 주었지. 사물이 항상 보이는 모습인 것은 아니란다." "때로는 사물이 마땅히 그래야 하는 대로 되지 않는 때가 있단다. 믿음을 갖고 있다면, 모든 결과에는 이유가 있다는 것을 믿기만 하면 된단다. 그저 얼마간의 시간이 지나고 나서야 그것을 알게 되는 것일 수도 있단다."라고 그는 말을 이었다.

| 문제해설 |

26 여행하던 두 수도승이 부잣집의 지하실에서 머무를 때 더 나이 든 수도승이 벽에 난 구멍을 수리하는 내용의 (A) 뒤에는 그다음 날 밤에 두 수도승이 환대를 받으며 가난한 집에 머무르는 내용의 (D)가 와야 한다. (D) 뒤에는 (D)의 후반부에 나온 가난한 집의 젖소가 죽은 사실에 대해 더 젊은 수도승이 격분하면서 더 나이 든 수도승에게 항의하는 내용으로 시작하는 (C)가 와야 한다. (C)의 후반부부터 더 나이 든 수도승이 자신의 행동을 설명하기 시작하는데 그 설명이 (B)까지 이어져서 마무리되므로, (C) 뒤에는 (B)가 와서 글을 마무리해야 한다.

27 (a), (b), (c), (d)는 모두 더 나이 든 수도승을 가리키지만, (e)는 농부를 가리킨다.

28 죽음의 신이 데리러 온 것은 가난한 집의 아내였으므로, 글에 관한 내용으로 적절하지 않은 것은 ②이다.

| 구조분석 |

(B) 3행 Sometimes there is a time [when things don't turn out the way {they should}].
➡ [ ]는 a time을 수식하는 관계절이다. 그 안의 { }는 the way를 수식하는 관계절이다. should 뒤에는 turn out이 생략된 것으로 볼 수 있다.

(D) 2행 After sharing all the food [they had], the couple let the monks sleep in their bed, [where the monks could have a good night's rest].
➡ 첫 번째 [ ]는 all the food를 수식하는 관계절이고, 두 번째 [ ]는 their bed에 대해 추가적으로 설명하는 관계절이다.

| 어휘 및 어구 |

monk 수도승
refuse 거절하다
basement 지하실
turn out (일이 특정 방식으로) 되다
outcome 결과
obsessed 사로잡힌
unwilling 꺼리는
seal (틈새나 구멍을) 막다, 봉인하다
rest 자다; 잠
in tears 눈물을 흘리는
income 수입

rude 무례한
mansion 저택
repair 수리하다
willing 기꺼이 하려는
greed 탐욕
fortune 부, 재산
hospitable 후히 대접하는
sole 유일한

Mini Test 2

01 ③	02 ②	03 ①	04 ⑤	05 ②	06 ①
07 ②	08 ④	09 ③	10 ③	11 ④	12 ⑤
13 ⑤	14 ④	15 ③	16 ①	17 ①	18 ④
19 ⑤	20 ④	21 ⑤	22 ④	23 ③	24 ⑤
25 ③	26 ②	27 ⑤	28 ⑤		

01

정답 | ③

| 소재 | 사무실 이전

| 해석 |

Ron Smith 씨께

저희 업계에서는 (그리고 추측건대 귀하의 업계에서도) 어려운 계획이나 프로젝트가 성공적으로 완료되었을 때, 저희는 성취의 즐거움보다는 문제와 분쟁을 기억하는 경향이 자주 있습니다. 다행히, 이것이 저희의 사무실 이전 완료의 경우에는 확실히 사실이 아닌데, 이는 귀하와 귀하의 헌신적인 팀 덕택입니다. 저희 회사 시설 관리자인 Paul McGill 씨도 저와 함께 현장 평가자 Jack Vaknin 씨와 프로젝트 관리자 Yaron Golan 씨에게 특별한 감사를 드립니다. 두 분 모두 항상 어떠한 발생하는 문제에 대해서도 간단한 해결책을 생각해 낼 준비가 되어 있었습니다. 저희는 모든 것이 정확한 목적지에 최상의 상태로 도착했다고 말할 수 있어서 기쁩니다. 귀하의 모든 도움에 다시 한번 감사드립니다. 저희는 미래에 귀하와 다시 함께 일하기를 기대합니다.

사무실 관리자

Andrea Berg 올림

| 문제해설 |

the completion of our office move와 extending our particular appreciation 등의 어구를 통해 사무실 이전 작업을 성공적으로 완료한 것에 대해 감사의 뜻을 전하기 위한 글임을 알 수 있다. 따라서 글의 목적으로 가장 적절한 것은 ③이다.

| 구조분석 |

6행 Paul McGill, [our corporate facilities manager], joins me in extending our particular appreciation to [the on-site estimator, Jack Vaknin] and [the project manager, Yaron Golan].
➡ 첫 번째 [ ]는 Paul McGill을 설명하는 동격 어구이다. 두 번째와 세 번째 [ ]는 전치사 to의 목적어가 되는 두 대상이다.

9행 We are happy [to say {that everything arrived in superb condition at the correct destination}].
➡ 감정을 나타내는 형용사 happy 뒤에 온 [ ]는 감정의 원인을 나타내는 to부정사구이다. { }는 say의 목적어 역할을 하는 명사절이다.

| 어휘 및 어구 |

industry 업계, 산업	completion 완료
dispute 분쟁	accomplishment 성취
decidedly 확실히, 단호히	be the case 사실이다
dedicated 헌신적인	corporate 기업의, 회사의
facilities manager 시설 관리자	extend (감사를) 드리다
appreciation 감사	on-site estimator 현장 평가자
come up with ~을 생각해 내다	straightforward 간단한, 똑바른
superb 최상의, 훌륭한	destination 목적지

02

정답 | ②

| 소재 | Daniel이 트레킹하다 겪은 일

| 해석 |

두 시간 동안 계곡 곳곳을 트레킹한 후 Daniel은 출발점으로 돌아왔다. 이제 그는 어두운 숲을 통과하는 또 다른 길을 걷기 시작했다. 해가 지기 시작하고 있었고 훨씬 더 어두웠다. 곧 그는 자신이 길을 잃고 빙빙 돌며 헤매고 있음을 알았다. 그는 혼잣말로 "내가 길을 잘못 들었거나 그랬나 봐."라고 중얼거렸다. 그의 전화 배터리는 거의 다 되고 있었다. 이제 Daniel은 911에 전화를 걸어 긴급 구조를 요청하려고 했다. 그 순간, 그는 한 여행 가이드가 그녀의 일행과 함께 걸어서 지나가는 것을 보았고, 그들을 따라가기로 결심했다. 그녀는 결국 그를 곧장 숲 밖으로 이끌었다. Daniel은 여행 가이드와 그녀의 일행에게 말 한마디도 하지 않았다. 그들이 시야에서 사라지자, 그는 이제 위험에서 벗어났다고 생각하며 깊은 한숨을 내쉬었다.

| 문제해설 |

Daniel은 해가 질 무렵 어두워지고 있는 상황에서 숲에서 트레킹하다 길을 잃었고, 전화 배터리도 거의 다 되어 긴급 구조를 요청해야 할 상황에 처했는데, 바로 그때 한 여행 가이드와 그 일행이 지나가는 것을 보고, 뒤따라가서 숲을 빠져나오게 되었다. 따라서 Daniel의 심경 변화로 가장 적절한 것은 ② '초조한 → 안도한'이다.

① 지루한 → 신나는
③ 느긋한 → 짜증 난
④ 후회하는 → 혼란스러운
⑤ 만족한 → 실망한

| 구조분석 |

5행 Now Daniel was about to [call 911] and [ask for emergency help].
➡ 동사원형으로 시작되는 두 개의 [ ]가 was about to 다음에 이어지는 구조이다.

6행 At that moment, he [**saw** a tour guide with her group **walk** past him] and [decided to follow them].

➡ 주어는 he이고 두 개의 [ ]가 술어부를 이루고 있다. 첫 번째 [ ]에는 「지각동사＋목적어＋동사원형」의 구조가 사용되었다.

| 어휘 및 어구 |

trek 트레킹하다, 오지를 걸어서 여행하다
wander 헤매다, 방랑하다　　　emergency help 긴급 구조
sigh 한숨 쉬다

03
정답 | ①

| 소재 | 감사하는 마음의 발생

| 해석 |
우리가 감사함을 느껴'야 한다'는 말을 듣는 것보다 감사의 의미를 더 빨리 해치는 것은 없다. 몇몇 '해야 한다'라는 말이 아이들에게 예절을 가르치는 데 있어 필요하다. 하지만, 우리가 삶에서 살아있는 힘으로서 감사를 경험하려 할 때, 죄책감은, 그것이 다른 사람에 의해 지워지든 우리 자신에 의해 지워지든, 치명적이다. 우리는 모두 아마도 우리 삶에서 누군가가 우리에게 어떤 것에 대해 감사해야 한다고 말한 적이 있었거나, 혹은 아마도 우리가 그런 말을 우리 자신에게 할 것이다. 어느 쪽이든 이것은 감사의 태도를 장려하는 가장 가능성이 적은 방법이다. 내가 아는 한에서, 감사는 두 가지 방식으로 발생한다. 첫 번째는 삶의 경이로움을 향해 마음이 저절로 고조됨에 의해, 그리고 두 번째는 없는 것에 집중하기보다는 우리 삶에서 올바른 것을 바라보는 것을 실천하려는 의식적인 결정에 의해서이다. 어느 쪽이든 우리는 죄책감에 사로잡힌 상태로 감사에 도달하지 않는다. 죄책감은 아주 형편없는 동기 부여 수단이다. 그것은 우리로 하여금 우리를 기분 나쁘게 하는 모든 것들로부터 도망치고 싶게 하고, 그 기저에 있는 모든 것을 보는 것을 피하고 싶게 한다.

| 문제해설 |
우리가 감사하는 마음을 경험하려고 할 때 죄책감은 치명적인 것이 된다고 언급하고 있다. 따라서 필자가 주장하는 바로 가장 적절한 것은 ①이다.

| 구조분석 |

1행 **Nothing** destroys a sense of gratitude **faster than** being told [we "should" feel grateful].

➡ 「Nothing ~ 비교급＋than ...」은 형태상 비교급이 사용된 구조이지만, 내용상 최상급의 의미가 담긴 표현이다. [ ]는 being told 뒤에 이어지는 절로 앞에 접속사 that이 생략되었다.

10행 It makes us want [to run away from {whatever is making us feel bad}], and [to **avoid looking** at {whatever is underlying it}].

➡ [ ]로 표시된 두 개의 to부정사구는 want의 목적어 역할을 한다. whatever로 시작되는 두 개의 { }는 각각 from과 at의 목적어 역할을 하는 명사절을 이끌고 있다. avoid는 동명사를 목적어로 취하는 동사여서 뒤에 looking이 사용되었다.

| 어휘 및 어구 |

gratitude 감사　　　　　　　　guilt 죄책감
impose 부과하다, 지우다　　　　deadly 치명적인
spontaneous 저절로 일어나는, 자발적인
conscious 의식적인
motivator 동기 부여 수단, 동기 부여자
run away from ～로부터 도망치다
underlie ～의 기저에 있다

04
정답 | ⑤

| 소재 | 다른 동물과 구별되는 인간의 능력

| 해석 |
인간에게 사로잡혀 평생을 보낸 수백 마리의 침팬지가 있다. 그것들은 시설에 수용되어 왔다. 그것들은 죄수처럼 지내 왔고, 하루가 지나는 동안 아마도 대략 한 어린아이가 듣는 만큼의 많은 단어를 듣게 될 것이다. 그것들은 전혀 관심을 보이지 않는다. 그것들은 그러한 소리가 무엇을 위한 것인지에 대해 전혀 궁금해하지 않는 것처럼 보인다. 그들은 모든 발화를 들을 수 있지만, 그것은 나뭇잎의 바스락거리는 소리와 같다. 그들은 결코 우리가 하는 방식대로 발견한 것을 공유하지 못하고, 우리의 학습을 공유하지 못한다. 그것이 우리를 다른 모든 것들과 가장 명확하게 구별하는 인간에 대한 단 하나의 특징인데, 그것은 우리가 쓸데없는 일로 시간을 허비할 필요가 없다는 것이다. 우리 아이들은 단지 할아버지와 할머니가 알고 있었던 것의 혜택만 누리는 것은 아니다. 그들은 기본적으로 학교에 다니는 동안에 세계 모든 사람들이 알고 있었던 것의 혜택을 누린다. 그들은 미적분학이나 지도나 바퀴나 불을 발명할 필요가 없다. 그들은 그 모든 것을 무료로 얻는다. 그것은 그저 환경의 일부로 제공된다.

| 문제해설 |
침팬지에게 인간의 발화는 무의미한 소리에 불과하다는 사실을 제시한 후, 인간은 다른 동물과 구별되는 능력으로 발견한 것과 학습한 것을 공유하고 전수하는 능력을 기본적으로 갖추고 있다고 설명하고 있다. 이러한 흐름에서 '쓸데없는 일로 시간을 허비할 필요가 없다'라는 말에 담긴 의미로 가장 적절한 것은 ⑤ '지식을 공유하고 전수하는 능력이 있다'이다.
① 사용하기 쉬운 도구를 만드는 법을 배운다
② 재사용을 위해 오래된 도구와 기계를 수리할 수 있다
③ 우리 아이들이 우리의 유산을 보존하도록 격려한다
④ 남들이 발명한 것을 모방할 준비가 항상 되어 있다

4행 They apparently never get curious about [what those sounds are for].

➡ [ ]는 about의 목적어 역할을 하는 명사절이다.

6행 That is the single feature about human beings [that distinguishes us most clearly from all others]: we don't have to reinvent the wheel.

➡ [ ]는 관계절로 the single feature about human beings를 수식한다.

| 어휘 및 어구 |

captivity 사로잡힘, 속박　　　　institutionalize 시설에 수용하다
apparently ~인 것처럼 보이는, 겉보기에는, 외관상으로는
rustling 바스락거리는 소리　　　distinguish 구별하다
reinvent the wheel 쓸데없는 일로 시간을 허비하다
calculus 미적분학

05

정답 | ②

| 소재 | 지능을 갖춘 기계에 대한 우려

| 해석 |
자기 복제와 정신의 복사 외에도 사람들은 지능을 갖춘 기계에 대한 또 다른 우려를 갖고 있다. 핵폭탄이 다수의 인구를 위협하는 것처럼 지능을 갖춘 기계도 어떻게든 그렇게 할 수 있지 않을까? 그들의 존재가 소규모 집단이나 악의적인 개인들로의 초강력 권한 이양으로 이어질 수도 있지 않을까? 혹은 '터미네이터'나 '매트릭스' 영화에 나오는 무자비한 악당들처럼 기계가 사악해져서 우리에게 불리하게 작동할 수 있지 않을까? 이러한 질문에 대한 대답은 '아니요'이다. 정보 장치로서 뇌와 같은 기억 시스템은 우리가 지금까지 개발한 가장 유용한 기술 중 하나가 될 것이다. 하지만, 자동차나 컴퓨터처럼 그것들은 단지 도구가 될 것이다. 단지 그것들이 지능을 갖추게 될 것이라고 해서 그것이 재산을 파괴하거나 사람을 조종하는 특별한 능력을 갖게 된다는 것을 의미하지는 않는다. 그리고 우리가 세계의 핵무기 통제권을 한 사람이나 한 컴퓨터의 권한에 두지 않으려는 것처럼, 우리는 지능을 갖춘 기계에 너무 많이 의존하지 않도록 주의해야 할 것인데, 그 이유는 모든 기술과 마찬가지로 그것도 실패할 것이기 때문이다.

| 문제해설 |
지능을 갖춘 기계가 인류를 위협하게 될 가능성에 대해 '아니요'라고 응답하면서 자동차나 컴퓨터처럼 지능을 갖춘 기계도 단지 도구로 이용될 뿐이라고 말하고 있다. 따라서 글의 요지로 가장 적절한 것은 ②이다.

| 구조분석 |

9행 [Just because they are going to be intelligent] does not mean [they will have special abilities {to destroy property or manipulate people}].

➡ 첫 번째 [ ]는 접속사 because가 이끄는 절이지만, 구조상 문장의 주어부에 해당된다. 두 번째 [ ]는 mean의 목적어 역할을 하는 명사절이다. { }는 special abilities를 수식하는 기능을 한다.

10행 And [just as we wouldn't put the control of the world's nuclear arsenal under the authority of one person or one computer], we will have to be careful not to rely too much on intelligent machines, [for they will fail as all technology does].

➡ 첫 번째 [ ]는 just as가 이끄는 부사절로 '비유(마치 ~처럼)'의 의미가 담겨 있다. 접속사 for로 시작되는 두 번째 [ ]는 '이유(~ 때문에)'를 나타내는 절이다.

| 어휘 및 어구 |

self-replication 자기 복제　　　portion 부분
superempowerment 초강력 권한 이양[부여]
villain 악당　　　　　　　　　　property 재산
manipulate 조종하다　　　　　　authority 권한

06

정답 | ①

| 소재 | 공유 경제 시대의 도래

| 해석 |
우리는 광범위한 영역 전체에서 자원의 독점적 소유와 소비로부터 공유된 사용과 소비로 전환되는 것을 목격하고 있다. 이러한 전환은 자발적이면서 인터넷 기반 거래 시장 및 중개 플랫폼에 의해 가능해진 혁신적인 새로운 P2P 공유 방식을 이용하고 있다. 빈번하지 않은 수요를 충족시키기 위해 많은 자원이 획득되지만, 그 외에는 활용도가 낮다는 사실(예를 들어, 미국의 자동차는 평균적으로 전체 시간의 5% 미만 동안만 사용된다)로부터 가치가 도출된다. 자동차를 위한 Getaround, 자전거를 위한 Spinlister, 주차를 위한 JustPark와 같은 몇몇 성공한 사업체는 P2P 제품 공유 또는 공동 소비의 실행 가능성에 대한 개념 증명과 증거를 제공한다. 이러한 사업체는 소유자로 하여금 활용도가 낮은 자산을 단기적으로 임대할 수 있도록 하고, 비소유자로 하여금 필요에 따라 임대하는 방식을 통해 이러한 자산을 이용할 수 있게 한다. 총괄적으로, 이러한 사업체와 그 밖의 제품과 서비스의 공동 소비의 출현이 공유 경제라고 알려지고 있는 것을 생기게 하고 있다.

| 문제해설 |
자원이 독점적으로 소유되고 소비되던 시대에서 공유 방식으로 사용되고 소비되는 시대로 변화하게 된 배경을 설명하는 글이다. 따라서 글의 주제로 가장 적절한 것은 ① '공유 경제가 어떻게 현실이 되었는가'이다.
② 왜 소비자는 자신의 경험을 공유하고 싶어 하는가
③ 성공한 사업체의 공통적 특징

④ 상품 소비를 촉진하기 위한 창의적인 방법

⑤ 공공 재산의 독점 사용을 규제하려는 노력

| 구조분석 |

3행 This shift is taking advantage of innovative new ways of peer-to-peer sharing [that are voluntary and enabled by Internet-based exchange markets and mediation platforms].

➡ [ ]는 관계절로 innovative new ways of peer-to-peer sharing을 수식한다.

10행 These businesses **allow** [owners {to rent on a short-term basis poorly utilized assets}] and [non-owners {to access these assets through renting on an as-needed basis}].

➡ 「allow+목적어+목적격 보어」의 구조인데, 첫 번째 [ ]는 목적어가 owners이고, 첫 번째 { }가 목적격 보어이고, 두 번째 [ ]는 목적어가 non-owners이고, 두 번째 { }가 목적격 보어인 구조이다.

| 어휘 및 어구 |

witness 목격하다   domain 영역

exclusive 독점적인, 배타적인

take advantage of ~을 이용하다

innovative 혁신적인

peer-to-peer P2P 방식의, 동배간 방식의(네트워크상에 대등한 기능을 갖는 복수의 컴퓨터를 연계시키는)

voluntary 자발적인   mediation 중개, 중재

derive 도출하다, 끌어내다   acquire 획득하다, 얻다

infrequent 빈번하지 않은   otherwise 그 외에는

utilize 활용하다   collaborative 공동의, 협력적인

asset 자산   as-needed 필요에 따르는

collectively 총체적으로   manifestation 출현

give rise to ~이 생기게 하다   sharing economy 공유 경제

07   정답 | ②

| 소재 | 탄소 배출권 거래

| 해석 |

화석 연료 연소로 발생하는 온실가스를 배출할 허가증을 사고파는 탄소 배출권 거래는 지구의 기후 변화를 일으키는 오염을 줄이기 위한 최고의 전략이 되고 있다. 지지자들은 탄소 거래가 저탄소 에너지 대안에 대한 대규모 투자를 창출하고 배출량 감축 비용을 억제할 수 있는 최선의 방법이라고 말한다. 그러나 유럽과 개발 도상국의 탄소 거래 계획은 엇갈린 기록을 보인다. 일부 산업은 탄소 규제에 저항하고 있으며, 개발 도상국들을 청정에너지 경로로 나아가도록 돕기 위한 프로그램은 기후 변화의 영향에 가장 취약한 많은 가난한 나라들을 무시해 왔다. 일부 전문가들은 세금과 같이 탄소 배출량에 가격을 매기

는 더 간단하고 더 직접적인 방법들이 있다고 주장한다. 또 다른 전문가들은 기후 변화를 억제하려면 세금과 거래 둘 다, 그리고 저탄소 에너지 기술에 대한 정부의 대규모 투자가 필요할 것이라고 말한다.

| 문제해설 |

기후 변화를 일으키는 오염을 줄일 목적의 탄소 배출권 거래가 일부 산업으로부터 저항을 받고 개발 도상국들이 소외되고 있으며, 전문가들은 다른 방식의 접근을 제안하고 있는 상황임을 설명한 글이다. 따라서 글의 제목으로 가장 적절한 것은 ② '탄소 거래: 그것이 지구 온난화를 줄일까?'이다.

① 지구 온난화: 그것은 인간에 의해 야기되는가?

③ 탄소 세금이 탄소 거래보다 덜 효과적이다

④ 탄소 배출이 경제 성장에 미치는 영향

⑤ 대기 오염을 예방하기 위한 올바른 조치

| 구조분석 |

3행 Advocates say [carbon trading is the best way to {generate big investments in low-carbon energy alternatives} and {control the cost of cutting emissions}].

➡ [ ]는 say의 목적어 역할을 하는 명사절로 앞에 접속사 that이 생략된 구조이다. 동사원형으로 시작되는 두 개의 { }는 and로 연결되어 to에 이어진다.

6행 Some industries are resisting carbon regulations, and programs [intended to help developing countries onto a clean energy path] have bypassed many poor nations, [which are the most vulnerable to the impacts of climate change].

➡ 첫 번째 [ ]는 programs를 수식하는 분사구이다. 두 번째 [ ]는 many poor nations를 추가로 설명하는 관계절이다.

| 어휘 및 어구 |

emission 배출(물), 배기가스   permit 허가증

advocate 지지자, 주창자   investment 투자

alternative 대안   scheme 계획

regulation 규제   bypass 무시하다, 우회하다

impact 영향, 충격   expert 전문가

08   정답 | ④

| 소재 | 젖소 수 기준 미국의 상위 5개 주

| 해석 |

위의 도표는 2018년부터 2020년까지 각 주의 젖소 수를 기준으로 미국의 상위 5개 주를 보여 준다. 3년 동안 내내 캘리포니아 주가 단연코 가장 많은 수의 젖소를 보유했지만, 그 수는 매년 5,000마리씩 감소했다. 위스콘신 주는 이 기간 동안 매년 1,250,000마리가 넘는 젖소를 보유하며 확고한 2위를 유지했다. 아이다호 주의 젖소 수는

2018년부터 2020년까지 계속 증가했지만, 같은 기간 동안 그 주의 젖소 수는 위스콘신 주의 약 절반 수준에 머물렀다. <u>2018년에 뉴욕 주는 600,000마리 이상의 젖소를 보유했지만, 2019년과 2020년에 그 주의 젖소 수는 급격히 감소했다.</u> 텍사스 주의 젖소 수는 2018년과 2019년에 모두 600,000마리에 못 미쳤지만, 2020년에는 600,000마리를 넘어섰다.

| 문제해설 |

뉴욕 주의 경우 젖소 수가 2018년에 625,000마리였고, 2019년과 2020년에는 각각 626,000마리로 변동이 없었으므로, ④의 뒷부분(but its number of milk cows declined sharply in 2019 and 2020) 내용은 도표의 내용과 일치하지 않는다.

| 구조분석 |

5행 The number of milk cows in Idaho continued to increase from 2018 to 2020, but its number of milk cows remained about half **that** of Wisconsin during the same period.

➡ 대명사 that은 앞에 나온 the number of milk cows를 대신하는 기능으로 사용되었다.

| 어휘 및 어구 |

based on ~을 기준으로, ~을 근거로

drop 감소하다   maintain 유지하다
decline 감소하다   sharply 급격하게
exceed 넘어서다

09

정답 | ③

| 소재 | Thomas Paine의 생애

| 해석 |

1737년 영국 Thetford의 퀘이커 교도 집안에서 태어난 Thomas Paine은 나중에 그의 부모가 "교육에서 내게 해준 것 말고는 1실링도 내게 줄 수 없었다"고 회상했다. Thetford Grammar School을 마친 후, Paine은 코르셋 제작자로 일했는데, 이 직업으로 그리 많지 않은 생계비를 벌었다. 그는 *King of Prussia* 호에 승선하여 선원 생활을 해보았으나, 곧 그것을 포기했다. 1772년에는 더 많은 임금을 요구하는 에세이를 쓴 후 세관원 직무에서 해고되었다. 1774년에 그는 미국으로 이주했다. 식민지의 격동적인 정치 환경 속에서 Paine은 자신의 재능에 맞는 일자리를 발견했다. *The Pennsylvania Magazine*의 편집장으로서 그는 세습 특권 제도를 공격한 '직함에 대한 성찰,' 그리고 '노예 제도의 폐지'와 같은 에세이를 출판했다. 그는 미국의 독립이 계급 차별과 사회적 차별이 없는 새로운 시대를 가져올 것이라고 믿었다.

| 문제해설 |

더 높은 임금을 요구하는 글을 쓴 후에 세관원 일자리에서 해

고되었다고 언급되어 있으므로, 글의 내용과 일치하지 않는 것은 ③이다.

| 구조분석 |

3행 After he left Thetford Grammar School, Paine worked as a corset maker, [a profession {that earned him a modest living}].

➡ [ ]는 a corset maker에 대해 추가로 설명하는 동격 어구이다. { }는 a profession을 수식하는 관계절이다.

7행 In the turbulent political environment of the colonies, Paine found a situation [suited to his talents].

➡ [ ]는 a situation을 수식하는 분사구이다.

| 어휘 및 어구 |

Quaker 퀘이커 교도(개신교의 일파인 Society of Friends의 회원)
recall 회상하다, 기억하다
shilling 실링(영국의 1/20파운드 주화)
grammar school 그래머 스쿨(영국의 과거 중등학교)
modest 그리 많지 않은, 수수한   seaman 선원
aboard ~에 승선하여   abandon 포기하다
customs officer 세관원   immigrate 이주하다
turbulent 격동적인   situation 일자리, 직장, 근무처
institution 제도   privilege 특권
abolition 폐지   slavery 노예 제도
independence 독립   distinction 차별, 구별

10

정답 | ③

| 소재 | 댄스 경연 대회 안내문

| 해석 |

Sunny Coast 댄스 경연 대회
솔로 댄스 / 듀엣 댄스 / 그룹 댄스

장소: Sunny Coast 고등학교 강당
시간: 6월 24일 (금) 오후 3시
각 부문의 우승자(들)에게는 전국 댄스 경연 대회에 참가할 기회가 주어질 것입니다.
6월 17일까지 www.sunnycoasthighschool.org에서 온라인으로 등록하십시오. 현장 등록은 불가합니다.

등록비
솔로 댄스: 1인당 30달러
듀엣 댄스: 팀당 40달러
그룹 댄스(최대 5명): 팀당 80달러

공연 제한 시간
솔로 댄스 및 듀엣 댄스: 3분
그룹 댄스: 5분
더 많은 정보를 원하시면 (091) 978-2802로 전화 주십시오.

| 문제해설 |

댄스 경연 대회의 등록은 온라인으로만 가능하며, 현장 등록은 허용되지 않는다고 했으므로, 안내문의 내용과 일치하지 않는 것은 ③이다.

| 구조분석 |

5행 The first prize winner(s) in each category will be given a chance [to participate in a national dancing competition].

➡ [ ]는 앞의 a chance를 수식하는 to부정사구이다.

| 어휘 및 어구 |

competition 경연 대회, 시합   auditorium 강당, 큰 강의실
category 부문   participate in ~에 참가하다
on-site 현장의, 현지의   registration 등록

11

정답 | ④

| 소재 | 걷기 행사 안내

| 해석 |

Kinsale Lions 걷기 축제
9월 10일과 11일
연령 및 능력과 관계없는 걷기

9월 10일 토요일
Courtmascsherry 삼림 지대와 해안 산책, 14km
9월 11일 일요일
Kinsale James Fort와 Sandycove Loop, 16km
www.kinsalelionswalking.com에서 온라인으로 등록하거나 Kinsale의 Main St.에 있는 Boathouse Gallery에서 직접 등록할 수 있습니다. 사전에 등록하지 않은 경우, 9월 10일에는 오전 9시부터 Courtmascsherry 호텔에서, 9월 11일에는 오전 9시부터 Kinsale Community School에서 등록할 수 있습니다.
등록비: 이틀 모두 – 총 25유로 / 하루 – 20유로
모든 수익금은 자선 단체에 기부됩니다.
모든 걷기는 전적으로 안내에 따라 진행될 것입니다. 걷는 사람은 모두 안전 지시 및 정보를 읽고 따라야 합니다. 운영진은 발생할 수 있는 어떠한 사고 또는 부상에 대해서도 책임지지 않습니다.
더 자세한 정보를 원하시면 (087) 288-7715로 전화 주십시오.

| 문제해설 |

All profits go to charity.를 통해 모든 수익금이 자선 단체에 기부됨을 알 수 있다. 따라서 안내문의 내용과 일치하는 것은 ④이다.

| 구조분석 |

14행 All walkers must read and comply with [the safety instructions and information].

➡ [ ]는 read와 comply with의 공통 목적어로 사용되었다.

15행 The organization is not responsible for any accidents or injuries [that may occur].

➡ [ ]는 any accidents or injuries를 수식하는 관계절이다.

| 어휘 및 어구 |

woodland 삼림 지대   coastal 해안의
in advance 사전에, 미리   charity 자선 단체
comply with ~을 따르다[준수하다]
instruction 지시
responsible for ~에 대한 책임이 있는
injury 부상

12

정답 | ⑤

| 소재 | 온라인 교육 설계와 교실 기반 교육의 설계

| 해석 |

교육용 기술 도구가 발달하면서 기술 수준이 때로는 학습 경험을 이끌었다. 하지만, 활동의 초점이 되어야 하는 것은, 활동을 실행하기 위해 사용되는 기술적 도구가 아니라, 학습 결과이다. 그러므로, 온라인 활동을 설계하는 것은 교실 기반 활동을 설계하는 것과 매우 유사하다. 어떤 교실 기반 활동이 온라인 환경에 적용 가능한지 여부를 알아내려면, 그 활동은 먼저 그것이 온라인 과정의 학습 결과를 충족하는지를 확인하도록 점검되어야 한다. 흔히 교실 기반 과정은 온라인으로 옮겨지기 전에 재설계되고, 학습 결과나 목표가 수정된다. 모든 활동은 학습 목표와 일치하는지를 알아내기 위해 면밀히 검토되어야 한다. 학습 결과에 기여하지 않는 활동은 그 과정에 혼란만 더하고, 불필요한 활동을 해야 하는 것에 대한 학습자의 불만을 초래할 위험을 떠안을 뿐이다.

| 문제해설 |

⑤ 글 마지막 문장에서 주어부는 An activity that does not contribute to a learning outcome이고, 주어의 핵은 activity이므로, 단수 동사 adds와 risks가 사용되어야 한다. 따라서 risk를 risks로 고쳐야 한다.
① 과거분사 used로 시작되는 어구가 the technological tool을 수식하는 형용사구로 적절하게 사용되었다.
② 전치사 to의 목적어 역할을 하는 동명사구를 이끄는 동명사 designing이 적절하게 사용되었다.
③ see의 목적어 역할을 하는 명사절을 이끄는 접속사로 that이 적절하게 사용되었다.
④ determine의 목적어 역할을 하는 명사절을 이끄는 접속사로 whether가 적절하게 사용되었다.

| 구조분석 |

2행 However, **it is** the learning outcome **that** must be the focus of the activity, not the technological tool [used to implement the activity].

➡ 「it is ~ that ...」 강조구문을 사용하여, 문장의 주어인 the learning outcome을 강조한 구조이다. [ ]는 the technological tool을 수식하는 분사구이다.

| 어휘 및 어구 |

instructional 교육용의　　　implement 실행하다
classroom-based 교실 기반의
adaptable 적용 가능한, 개작할 수 있는
meet 충족시키다　　　redesign 재설계하다
objective 목표　　　modify 수정하다
contribute to ~에 기여하다　　confusion 혼란
unnecessary 불필요한

13
정답 | ⑤

| 소재 | 식물의 생존을 위한 적응

| 해석 |

식물들은 자신의 환경에서 살아남아야 한다. 그것들은 자신이 사는 지역의 여건에 적응해야 한다. 만약 그것들이 그 지역의 여건에 적응하지 못하면, 그것들은 성장과 번식이 부실하거나 성숙하기도 전에 죽는다. 식물의 유전자가 그 식물을 그 지역에 더 살기 적합하게 만드는 특성을 만들어 주는 다른 식물은 더 성공적으로 성장하고 번식하여 더 많은 후손을 낳는다. 또한, 식물들은 고립 상태로 존재하지 않는다. 식물 환경의 중요한 측면은 다른 생물들의 존재이다. 일부 이웃한 생물들은 그 식물에 도움이 될 수도 있고, 다른 생물들이 해로울 수도 있으며, 아마도 대부분은 그것에 거의 영향을 미치지 않을 것이다. 이 개념은 식물의 구조와 물질대사를 이해하려고 할 때 중요할 수 있다. 특정 식물이 항상 키가 더 큰 이웃의 그늘에서 자란다면 한 가지 종류의 광합성 물질대사와 잎 구조가 잘 기능할 수도 있는 반면에, 근처에 자라지만 그늘지지 않은 지역에서 자라는 식물에게는 비슷한(→ 다른) 종류의 광합성 물질대사와 잎 구조가 필요할 수도 있다.

| 문제해설 |

그늘에서 자라는 식물과 그늘지지 않은 지역에서 자라는 식물은 광합성 물질대사와 잎 구조의 종류가 다를 것이므로 ⑤의 similar(비슷한)를 different(다른)와 같은 어휘로 바꾸어야 한다.

| 구조분석 |

3행 Other plants [whose genes result in characters {that make those plants more suited to live in that area}] grow and reproduce more successfully and produce more offspring.

➡ [ ]는 Other plants를 수식하는 관계절이고, 그 안의 { }는 characters를 수식하는 관계절이다.

| 어휘 및 어구 |

be adapted to ~에 적응하다　　reproduce 번식하다
prematurely 성숙하기도 전에, 너무 이르게
gene 유전자　　　suited 적합한, 적절한
offspring 후손, 자손　　　isolation 고립
significant 중요한　　　organism 생물, 유기체
neighboring 이웃한　　metabolism 물질대사, 신진대사
unshaded 그늘지지 않은, 가리는 것이 없는

14
정답 | ④

| 소재 | 세상을 통제하는 물리적 힘

| 해석 |

세상을 통제하는 물리적 힘은 언제 어디에서나 똑같다. 물은 항상 수소와 산소로 이루어져 왔고 앞으로도 항상 그럴 것이며, 중력은 과거에 그랬던 것과 지금도 똑같다. 산이 침식되고, 강이 경로를 변경하고, 식물이 진화하는 것과 같이 세상 그 자체는 변하지만, 그 힘은 똑같은 상태를 유지한다. 한 때, 한 장소에서 행해진 실험은 다른 시간과 장소에서 주의 깊게 반복된다면 같은 결과가 나올 것이다. 불변성과 보편성은 우리가 미래의 실험을 계획하고 결과가 어떨 것인지 예측할 수 있게 한다. 우리가 실험을 하고 예측된 결과를 얻지 못한다면, 그것은 필시 우리의 이론이 틀렸기 때문이지, 세상의 근본 힘이 갑자기 변했기 때문인 것은 아니다. 이것은 사람들이 사물을 기적 또는 악령의 개입으로 설명하는 것을 막는다.

| 문제해설 |

세상 그 자체는 변하지만, 세상을 통제하는 물리적인 힘은 시간과 공간에 관계없이 항상 동일하다는 사실을 강조하는 글이다. 이러한 맥락을 통해 빈칸에 들어갈 말로 가장 적절한 것은 ④ '불변성과 보편성'임을 알 수 있다.

① 매력과 친밀감
② 창의성과 혁신
③ 신속성 및 가용성
⑤ 정교함과 복잡성

| 구조분석 |

5행 Experiments [done at one time and place] should give the same results if they are carefully repeated at a different time and place.

➡ [ ]는 Experiments를 수식하는 분사구이다.

7행 If we do the experiment and do not get the predicted outcome, it must be [that our theory was incorrect], not [that the fundamental forces of the world have suddenly changed].

➡ 두 개의 [ ]은 must be 다음에 이어지는 보어 역할의 명사절이다. 두 번째 [ ]는 앞에 not이 있어서 부정하고자 하는 내

용을 나타낸다.

| 어휘 및 어구 |

physical 물리적인, 물질적인, 자연의
be composed of ~으로 이루어져 있다[구성되다]
gravity 중력   erode 침식되다
evolve 진화하다   experiment 실험
predict 예측하다   theory 이론
fundamental 기본적인   miracle 기적
intervention 개입

15   정답 | ③

| 소재 | 의학적 목적으로 이용되는 다양한 동식물

| 해석 |

많은 동물이나 식물 종이 <u>의학적인 목적을 위해서 매우 유용하다는</u> 것이 증명되었다. 수백만 년의 진화를 통해, 그것들은 각자 자신들에게 적합한 환경에서 자신들의 특별한 욕구를 충족시키기 위해 많은 특별한 화학 물질을 발전시켰는데, 그 물질은 인간에 의해 이용될 수 있다. 중남미 흡혈박쥐의 침에는 심장 마비를 예방하는 물질이 함유되어 있다. 말레이 살무사는 비슷한 성질을 지닌 'ristrin'이라는 물질을 함유하고 있다. 카리브해 해면동물은 장기 이식에 대한 거부 반응을 다루는 데 사용될 수 있다. 'Rauvolfia serpentina' 즉, 뱀 나무 식물은 뱀 물림, 신경 질환, 콜레라, 열병을 치료하기 위해 인도에서 전통적으로 사용되어 왔다. 그 식물에서 나온 한 추출물인 'Reserpine'은 신경 안정제에 필요한 재료의 주요 원천이 되어 왔다. 가축들은 우리에게 호르몬과 효소를 제공했고, 반면에 곰팡이류와 미생물은 항생제와 같은 생명을 구하는 약을 제공한다.

| 문제해설 |

많은 동식물 종이 진화의 과정을 통해 발전시켜 온 화학 물질을 인간이 이용하고 있다고 언급한 후 그 사례를 열거하였는데, 그 사례가 모두 의학적 목적으로 이용된 사례임을 알 수 있다. 따라서, 빈칸에 들어갈 말로 가장 적절한 것은 ③ '의학적인 목적을 위해서 매우 유용하다는'이다.
① 관광 촉진에 대한 장애물이라는
② 굶주림에 직면한 사람들에게 도움이 된다는
④ 산림 생태계에 대한 큰 위협이라는
⑤ 재생 에너지의 귀중한 원천이라는

| 구조분석 |

2행 Through millions of years of evolution, they have evolved many special chemicals to meet their special needs in their respective niches, [which can be exploited by man].
➡ [ ]는 many special chemicals를 추가로 설명하는 관계절이다.

9행 *Reserpine*, [an extract from the plant], has become the principal source of materials for tranquilizers.
➡ [ ]는 *Reserpine*에 대해 추가로 설명하는 동격 관계의 명사구이다.

| 어휘 및 어구 |

evolution 진화   respective 각자의, 각각의
exploit 이용하다, 착취하다   saliva 침, 타액
vampire bat 흡혈박쥐   property 성질, 특성
tackle 다루다   rejection 거부 반응
organ transplant 장기 이식   nervous disorder 신경 질환
fever 열병   extract 추출물
tranquilizer 신경 안정제   domesticated animal 가축
enzyme 효소   fungus 곰팡이류, 균류 (*pl.* fungi)
microbe 미생물   antibiotic 항생제

16   정답 | ①

| 소재 | 음식이 갖는 의미

| 해석 |

음식 습관의 발달이 명확히 알려 주는 것은 인간에게 음식은 단순한 영양소 이상이라는 것이다. 빵이 좋은 예이다. 전통적으로 흰 빵은 상류층이, 짙은 색 빵은 가난한 사람들이 먹었지만, 오늘날 통밀빵은 지위보다는 건강에 더 신경을 쓰는 사람들이 먹는다. 돈이 있는 사람은 '많은 빵[돈]'을 가지고 있다. 많은 문화에서 빵은 결혼식의 일부로 부부에 의해 나눠지거나 죽은 사람들의 영혼을 위해 남겨진다. 빵에 대한 미신 또한 생명 유지에 필요한 것 외에도 빵의 중요성을 증명한다. 그리스 병사들은 안전하게 승리하여 돌아오는 것을 확실하게 하기 위해 집에서 빵 한 조각을 가져갔고, 영국의 조산사들은 여자와 아기를 악령에게 빼앗기는 것을 막기 위해 산모의 침대 밑치에 빵을 놓았으며, 선원들은 배가 난파되는 것을 막기 위해 항해할 때 전통적으로 둥근 빵을 가져갔다. 사람들이 가장 중요하게 여기는 것은 <u>음식의 상징적 용도</u>이며, 그것에 있는 영양 성분이 아니다.

| 문제해설 |

음식은 단순한 영양소 이상의 것이라고 말하면서, 빵을 예로 들어 음식의 상징적 용도의 중요성을 일관성 있게 강조하고 있다. 따라서, 빈칸에 들어갈 말로 가장 적절한 것은 ① '음식의 상징적 용도'이다.
② 음식 본연의 맛
③ 음식의 적절한 요리
④ 음식의 약효
⑤ 음식의 필요한 양

| 구조분석 |

2행 White bread was traditionally eaten by

the upper classes, dark bread by the poor, but whole wheat bread is consumed today by people [concerned more with health than status].

➡ [ ]는 people을 수식하는 분사구이다.

5행 In many cultures, bread is [shared by couples as part of the wedding ceremony] or [left for the soul of the dead].

➡ [ ]로 표시된 두 개의 분사구가 or로 연결되어 is에 이어진다.

| 어휘 및 어구 |

nutrient 영양소   superstition 미신
demonstrate 증명하다, 증거[실례]를 들어가며 보여 주다
sustenance 생명 유지에 필요한 것
ensure 확실하게 하다   victorious 승리의
midwife 조산사, 산파   bun 둥근 빵, 번
shipwreck 난파   composition 성분, 구성

17

정답 | ①

| 소재 | 기대의 중요성을 입증한 심리학 실험

| 해석 |

한 고전적인 심리학 연구에서, 초등학교 교사와 교수가 팀을 이루어 기대가 어느 정도로 결과를 이끌어 내는지를 연구했다. 그렇게 하기 위해 그들은 캘리포니아주의 1학년에서 6학년 사이의 학생들에게 IQ 테스트를 실시했다. 교사들은 약 20%의 특정 학생들이 대단한 가능성을 보였고, 특출한 발전이 기대된다는 말을 들었다. 그해 말에 그 예측은 사실임이 입증되어서, 지명된 학생들의 IQ가 월등한 향상을 보였다. 하지만, 모든 훌륭한 사회 심리학 실험처럼 이 실험도 함정이 있었다. '높은 잠재력을 갖춘 학생들'은 무작위로 선택되었다. 피그말리온 효과로 알려지게 된 것이 주장했던 바는, 결과에 영향을 미치는 것은 선천적인 능력이라기보다는 기대라는 것이다. 누가 천부적이고, 누가 재능이 있는지에 신경 쓰지 말라. 훌륭한 것을 기대하면 그것을 얻을 가능성이 높아진다. 어떤 조직의 재능, 에너지, 통찰력, 기회는 그 조직의 사람들에게 있다. 그들은 모든 아이디어가 나오는 출처이고, 그들은 그 조직의 가장 우수한 조기 경보 체제이다.

| 문제해설 |

심리학 실험에서 발전 잠재력이 있다고 알려진 20%의 학생이 실제로는 무작위로 선택된 학생이었는데, 결과적으로 이들이 월등한 향상을 보였다는 것은 기대감이 발전을 이끌어 내는 힘이 될 수 있음을 시사한다. 따라서, 빈칸에 들어갈 말로 가장 적절한 것은 ① '기대가 어느 정도로 결과를 이끌어 내는지'이다.

② 지능이 측정될 수 있는지
③ 학생들이 학교에서 배우는 것을 즐기는지

④ 왜 학생들이 대학 학위를 얻기 위해 노력하는지
⑤ 감성 지능이 어떻게 향상될 수 있는지

| 구조분석 |

8행 [What came to be known as the Pygmalion effect] argued [that **it is** expectations, more than innate ability, **that** influence outcomes].

➡ 첫 번째 [ ]는 주어 역할의 명사절이다. 두 번째 [ ]는 argued의 목적어 역할의 명사절이고, 그 안에는 「it is ~ that ...」 강조구문이 사용되었다.

10행 [Expect great things] **and** you are more likely to get them.

➡ 「명령문+and ~」의 구조이므로, '…해라, 그러면 ~'이라는 의미로 해석한다.

| 어휘 및 어구 |

classic 고전적인   psychology 심리학
administer 실시하다, 시행하다   promise 가능성, 가망
exceptional 특출한, 예외적인   forecast 예측, 예상
nominated 지명된   improvement 향상
catch 함정, 계략
high-potential 높은 잠재력을 갖춘
Pygmalion effect 피그말리온 효과(선입관에 의한 기대가 학습자에게 주는 효과)
innate 선천적인
early-warning system 조기 경보 체제

18

정답 | ④

| 소재 | 의사소통 방법을 학습하는 과정

| 해석 |

어떤 사회에서든 생각하는 방식과 의사소통하는 방식은 우리가 아주 어릴 때 배우는 것이기 때문에, 그것은 우리가 화장실을 사용하는 것처럼 자연스럽고 정상적으로 보인다. 아기를 돌보고, 아기에게 말하고, 아기와 놀아 주면서, 어른들은 동시에 생물학적 존재를 점차 사회적 존재로 변화시키는데, 그러한 존재는 성장하면서 자신이 받아들이는 언어를, 음성 언어이든 비음성 언어이든, 공유하는 것을 배울 것이다. 아기들은 자신들의 모든 감각을 통해 신호를 감지하며, 다양한 감각을 통해 소통하는 것에 대한 강조는 사회 집단에 따라 달라지는 또 다른 가변적인 특징이다. 예를 들어, 아기들이 처음에 무차별적으로 사용하는 것처럼 보일 수 있는 소리는 점차 주변 어른들과 공유되는 의미를 갖게 되고, 그들은 곧 그 소리를 최대한 효과적으로 적용하는 것이 적절하고 유용한 때와 장소를 알게 된다. (소리는 폐에서 나오는 호흡 흐름을 이용하여 인간의 발음 기관에 의해 생성된다.) 그들은 또한 미소짓거나, 웃거나, 우는 것과 같은 의사소통의 다른 형태가 그들의 매우 잘 받아들이는 마음에 있는 것을 더 잘 전달할 수 있는 때를 알게 된다.

| 문제해설 |

인간이 자연스럽게 의사소통하는 방법을 배워 가는 과정을 설명한 글이다. ④는 사람이 소리를 생성하는 과정을 설명하고 있으므로 글의 전체 흐름과 관계가 없다.

| 구조분석 |

1행 [Because {ways of thinking and communicating in any society} are learned when we are very young], they seem natural and normal, **like** our use of the bathroom.

➡ [ ]는 Because가 이끄는 부사절이고, { }는 그 절의 주어에 해당되는 부분이다. like는 '~처럼'이라는 의미의 전치사로 사용되었다.

3행 As adults care for, speak to, and play with [their babies], they are at the same time gradually turning a biological being into a social being, [who will learn {as it grows} to share the language he or she absorbs, **spoken and unspoken**].

➡ 첫 번째 [ ]는 열거된 care for, speak to, play with의 공통 목적어에 해당된다. 두 번째 [ ]는 a social being을 추가로 설명하는 관계절이고, 그 안의 { }는 삽입된 부사절이다. spoken and unspoken은 구조상 앞의 the language he or she absorbs를 수식한다.

| 어휘 및 어구 |

normal 정상적인
biological 생물학적인, 생물학의
emphasis 강조
surrounding 주변의
speech organ 발음 기관
transmit 전달하다
gradually 점차
absorb 받아들이다, 흡수하다
variable 가변적인, 변하기 쉬운
appropriate 적절한
lung 폐

19

정답 | ⑤

| 소재 | 먹는 것을 유인하는 요인

| 해석 |

음식에 대해 신체를 준비시키는 생리적 반응은 일반적으로 먹는 것과 관련된 신호에 반응하여 일어난다. 이러한 신호에는 음식을 보는 것이나 냄새를 맡는 것, 다른 사람들이 먹는 것, 그리고 접시의 달그락거리는 소리와 같은 것이 있다. (C) 이것은 배고픔이 단순히 몸 안에서 일어나는 특정한 변화에 대한 반응이라기보다는 음식이 오고 있다는 것을 나타내는 환경적인 신호에 대한 반응이기도 하다는 것을 의미한다. 먹는 것에 대한 또 하나의 통제 장치는 음식의 유인 가치이다. (B) 식사 초기 단계는 음식의 맛이 결정하지만, 같은 음식을 계속 먹으면서 그것의 긍정적인 유인 가치는 감소한다. 바비큐 갈비의 첫 맛은 훌륭할지 모르지만, 그것은 한입 먹을 때마다 매력을 잃는다. (A) 이 때문에 여러분은 단지 한 가지 종류의 음식이 있을 때보다 다양한 음식이 있을 때 더 많이 먹는 경향이 있다. 음식의 다양성은 여러분이 얼마나 많이 먹느냐에 있어서 중요하다.

| 문제해설 |

주어진 글에는 음식에 대한 생리적 반응과 그것을 일으키는 외적 요인이 언급되어 있다. 이것이 의미하는 바는 (C)에 설명되고 있고, (C)의 두 번째 문장에는 먹는 것에 대한 또 하나의 통제 장치로 음식의 유인 가치가 언급되었다. 이것의 개념과 사례는 (B)에 제시되어 있으며, 이로 인한 결과로 다양한 음식이 제시되는 경우 더 많이 먹게 되는 현상이 (A)에 설명되어 있다. 따라서, 주어진 글 다음에 이어질 글의 순서로 가장 적절한 것은 ⑤ '(C)-(B)-(A)'이다.

| 구조분석 |

1행 Physiological responses [that prepare the body for food] occur in response to cues [normally related to eating].

➡ 첫 번째 [ ]는 Physiological responses를 수식하는 관계절이다. 두 번째 [ ]는 cues를 수식하는 분사구이다.

9행 This means that hunger also is a response to environmental cues [that indicate {food is on the way}], rather than simply being a response to specific changes occurring within the body.

➡ [ ]는 environmental cues를 수식하는 관계절이고, 그 안의 { }는 indicate의 목적어 역할을 하는 명사절이다.

| 어휘 및 어구 |

physiological 생리적인, 생리학의
cue 신호
normally 일반적으로, 정상적으로
clattering 달그락거리는 소리   incentive 유인(誘因), 자극
decline 감소하다

20

정답 | ④

| 소재 | 소통의 특성

| 해석 |

우리가 경험하는 모든 인간 접촉은 유일무이하다. 그것은 전에 일어난 적이 없고, 똑같은 방식으로 결코 다시 일어나지 않을 것이다. (C) "똑같은 강에 결코 발을 두 번 들여놓을 수 없다"라는 격언에 대한 우리의 해석은 그 경험이 여러분과 강 모두를 영원히 바꾼다는 것이다. 소통의 만남은 비슷한 방식으로, 한 번의 만남이 결코 두 번째와 정확히 같은 방식으로 일어날 수 없도록, 사람들에게 영향을 주고 사람들을 변화시킨다. (A) 의사소통은 반복될 수 없을 뿐만 아니라 되돌릴 수도 없다. 우리가 한 일의 영향을 지울 수 없는 것처럼 우리가 말하거나 트위터에 올린 것을 되돌릴 수는 없다. (B) 치약이 튜브 속으로 다시

짜여서 되돌아 들어갈 수 없듯이, 우리가 보내는 이메일, 문자, 트윗은 영원히 그곳에 있을 것이다. 이 때문에 다양한 상황에서 그리고 다양한 사람들과 세심하게 소통하는 방법을 아는 것이 매우 중요해진다.

| 문제해설 |

주어진 글은 인간의 접촉은 똑같이 반복되어 일어나지 않는다는 내용을 담고 있고, 이를 격언을 제시하며 구체적으로 설명한 (C)가 가장 먼저 와야 한다. 주어진 문장과 (C)의 내용이 소통의 반복될 수 없는(unrepeatable) 특성에 관한 내용이라면, (A)에서는 소통의 되돌릴 수 없는(irreversible) 특성으로 방향이 바뀌고, 그 흐름은 (B)에서 치약 짜 넣기에 관한 비유적 표현을 제시하는 구체적 설명으로 마무리되고 있다. 따라서, 주어진 글 다음에 이어질 글의 순서로 가장 적절한 것은 ④ '(C)-(A)-(B)'이다.

| 구조분석 |

3행 We can**not** take back something [we have said or tweeted] **any more than** we can erase the effects of something [we have done].
➡ 두 개의 [ ]는 모두 관계절로 앞의 something을 수식한다. 「not ~ any more than ...」은 '…하지 않은 것처럼 ~하지 않다'라는 의미이다.

7행 Because of this, [knowing how to communicate carefully in a wide variety of contexts and with a variety of people] **becomes** very important.
➡ 동명사로 시작되는 [ ]가 문장의 주어부에 해당되며, 주어의 수에 맞춰 단수 동사 becomes가 사용되었다.

| 어휘 및 어구 |

unique 유일무이한, 독특한   unrepeatable 반복될 수 없는
irreversible 되돌릴 수 없는, 뒤집을 수 없는
tweet 트위터에 올리다; 트윗(트위터에 올린 글)
toothpaste 치약   context 상황
interpretation 해석

21

정답 | ⑤

| 소재 | 열평형

| 해석 |

온도가 다른 두 물체가 접촉하면 더 따뜻한 물체는 식고, 더 차가운 물체는 따뜻해진다. 열은 뜨거운 물체에서 차가운 물체로 흐르며, 물체가 같은 온도에 도달할 때까지 흐름은 계속되는데, 그 온도는 대략 처음 두 개의 온도 사이가 될 것이다. 이것이 '열평형'이다. 예를 들어, 65°F(18.3℃)의 유리구슬과 75°F(23.9℃)의 작은 쇠구슬이 함께 놓이면, 결국 둘 다 열평형 온도인 68°F(20℃)가 될 수 있다. 이 경우 열은 전도에 의해 옮겨지는데, 접촉은 한 고체 물체의 원자 및 분자 운동이 다른 고체 물체에 영향을 미치게 한다. 유리구슬과 쇠구슬이 주변(예를 들어, 물체를 보관하는 방) 온도를 서서히 받아들임에 따라 추가적인 변화가 일어날 수 있다. 그 이후에는, 실내 온도가 바뀌지 않으면, 어떠한 변화도 없다.

| 문제해설 |

주어진 문장은 내용상 유리구슬과 쇠구슬 사이에 일어날 수 있는 추가적인 온도 변화를 언급하고 있다. 따라서, 주어진 문장은 유리구슬과 쇠구슬 간의 전도에 의한 온도 변화 다음에 와야 하고, 더 이상의 변화가 없는 상태를 설명하는 마지막 문장 앞에 와야 한다. 따라서 주어진 문장이 들어가기에 가장 적절한 곳은 ⑤이다.

| 구조분석 |

7행 For example, a marble at 65°F (18.3℃) and a small steel ball at 75°F (23.9℃) [placed together] might both end up at a temperature of 68°F (20℃), [which is the thermal equilibrium temperature].
➡ 첫 번째 [ ]는 앞의 a marble at 65°F (18.3℃) and a small steel ball at 75°F (23.9℃)를 수식하는 분사구이다. 두 번째 [ ]는 a temperature of 68°F (20℃)에 대해 추가로 설명하는 관계절이다.

11행 After that, there is no change, **unless** the room temperature changes.
➡ unless는 「if ~ not」의 의미를 갖는 접속사이다.

| 어휘 및 어구 |

marble 유리구슬, 대리석   temperature 온도
surroundings 주변, 환경   somewhere 대략, ~쯤, ~경
thermal 열의   equilibrium 평형 (상태)
transfer 옮겨지다   conduction (전기나 열의) 전도
atomic 원자의   molecular 분자의

22

정답 | ④

| 소재 | 소셜 미디어의 힘

| 해석 |

텔레비전, 라디오, 인쇄물과 같은 전통적인 형태의 미디어는 엄청나게 많은 사람들에게 빠르게 다가갈 수 있는 훌륭한 수단을 제공하지만, 그것의 단점은 이러한 접촉이 짧고 드물다는 것이다. 이는 인식을 만드는 것이 목적인 경우에는 효과가 있지만, 조직이나 대의명분에 대한 충성심을 만들어 내는 데는 미치지 못한다. 충성심은 인식과는 달리 생기는 데 시간이 걸린다. 그것은 조직과의 빈번한 상호 작용에서 나오는 신뢰, 친숙함, 존중, 그리고 없는 경우에 이러한 상호 작용이 무의미한 가치 체제에 대한 반복적 검증에 뿌리를 둔다. 소셜 미디어의 사용을 통해, 조직은 그 구성원과 정기적으로 교류하고, 친구가 되며, 그들이 변화를 가져올 수 있게 함으로써 그들에게 충성심을 길러 줄 수 있다. 그 마법은 소셜 미디어가 비록 조직의 직원과 그들이 온라인

에서 상호 작용하는 구성원이 실제 세계에서 만난 적이 없더라도 그들 사이에 진정한 우정이 형성되기 시작할 수 있는 정도로 의사소통을 인간화하는 데 도움을 줄 수 있다는 사실에서 비롯된다. 이러한 상호 작용의 깊이는, 잠재적인 빈도와 결합되어, 새로운 구성원이 단지 몇 달이 아닌 단지 며칠 만에 조직에 대한 충성심을 느끼기 시작할 수 있을 정도로 이 과정을 촉진시킬 수 있다.

| 문제해설 |

주어진 문장은 소셜 미디어의 사용을 통해 조직이 구성원을 결속시키는 충성심을 길러 내는 방식을 설명한다. ④의 앞에는 조직에 대한 구성원의 충성심이 형성되는 근원이 언급되어 있고, ④의 뒤에 있는 The magic은 흐름상 주어진 문장에 언급된 조직의 충성심을 이끌어 내는 소셜 미디어의 힘을 지칭한다. 따라서 주어진 문장이 들어가기에 가장 적절한 곳은 ④이다.

| 구조분석 |

1행 Through the use of social media, organizations can breed loyalty in their members by [interacting regularly with them], [befriending them], and [empowering them to make a difference].

➡ [ ]로 표시된 세 개의 동명사구가 전치사 by의 목적어 역할을 한다.

8행 It finds its roots in [the trust, familiarity and respect {that stem from frequent interactions with an organization}], and [the repetitive validation of a value alignment {without which these interactions are meaningless}].

➡ [ ]로 표시된 두 개의 명사구가 and로 연결되어 전치사 in의 목적어 역할을 한다. 두 개의 { }는 각각 the trust, familiarity and respect와 the repetitive validation of a value alignment를 수식하는 관계절이다.

| 어휘 및 어구 |

breed 기르다, 낳다　　　　loyalty 충성심, 충실
befriend ~의 친구가 되다
empower 할 수 있게 하다, 권한을 주다
make a difference 변화를 가져오다
downside 단점　　　　scarce 드문, 부족한, 불충분한
objective 목적　　　　cause 대의명분
familiarity 친숙함
stem from ~에서 나오다[유래하다]
frequent 빈번한　　　　interaction 상호 작용
repetitive 반복적인　　　validation 검증
value alignment 가치 체제　genuine 진정한
potential 잠재적인　　　accelerate 촉진시키다, 가속하다
a matter of 단지[불과] ~인

23

| 소재 | 소유 욕구를 이용하는 마케팅

| 해석 |

회사들이 무료 샘플 상품, 시운전, 또는 1개월 또는 14일 동안 무료로 이용하는 시험적 구독을 제공하는 이유에 대해 궁금해한 적이 있는가? 많은 상표들이 환불 보증과 무료 하루 체험 전략을 이용하여 고객을 상품으로 끌어들인다. 그들은 이러한 전략이 소비자들로 하여금 그들이 판매하는 것에 대해 과대평가하고 더 많은 돈을 지불하게 만든다는 것을 알고 있다. 공짜 물건의 사용 가능함에 만기일을 부여하면, 그것은 또한 손실 혐오증을 유발하고 효력 추가에 대한 절박감을 조성한다. 같은 방식으로, 많은 오디오북과 팟캐스트 앱이 무료 체험판을 제공한다. 일단 그것을 계속 보관하면 구독권을 구매하고 싶은 욕구를 느낀다. 많은 전자 상거래 회사들도 이 전략을 이용하여, 고객이 마음에 들지 않는 물건을 무료로 반송할 수 있다고 약속하며 고객으로 하여금 여러 벌의 드레스나 어떤 상품이라도 주문하게 한다.

→ 일단 우리가 무언가를 <u>소유한</u>다고 느끼면, 그것에 대한 애착이 생길 가능성이 더 높고, 이러한 경향은 기업의 마케팅 전략에 활용된다.

| 문제해설 |

소비자가 물건을 구입하기도 전에 회사들이 여러 방식으로 무료 체험을 권하는 이유에 대해 사람들이 어떤 물건을 소유하게 되면 그 물건에 상대적으로 높은 가치 평가를 하는 경향이 있기 때문이라고 설명하고 있다. 따라서, 요약문의 빈칸 (A)에는 own(소유하다)이, (B)에는 attached(애착이 있는)가 들어가는 것이 적절하다.

① 신뢰한다 – 중독된
② 좋아한다 – 무관심한
④ 이해한다 – 관대한
⑤ ~을 받을 만하다 – 민감한

| 구조분석 |

4행 They know that these strategies **make** consumers **overvalue** and **pay** more for [what they're selling].

➡ 「사역동사(make) + 목적어 + 목적격 보어(동사원형)」의 구조이다. [ ]는 overvalue와 for의 공통 목적어 역할을 하는 명사절이다.

9행 Many e-commerce companies also use this strategy to let customers order multiple dresses or any products with a promise [that they can return the items {that they don't like} for free of cost].

➡ [ ]는 a promise의 구체적 내용을 설명하는 동격절이다. 그 안의 { }는 the items를 수식하는 관계절이다.

| 어휘 및 어구 |

test drive 시운전, 시승　　　subscription 구독(료), 가입

94 EBS 수능특강 Light 영어독해연습

guarantee 보장	strategy 전략
overvalue 과대평가하다	expiry date 만기일
availability 사용 가능함	trigger 유발하다
loss aversion 손실 혐오증	urgency 절박, 긴급
hang on to (팔거나 버리지 않고) 계속 보관하다	

24~25

정답 | 24. ⑤ 25. ③

| 소재 | 인간 사회의 변화를 바라보는 관점

| 해석 |

인간의 사회적 진화를 지속적인 발전의 이야기로 이해하는 많은 사람들은 환경 악화가 해 온 역할을 인식하지 못한다. 일반적으로, 사람들은 수렵 채집으로부터 농업으로의 변화가 사람들이 불안정한 삶의 방식을 더 안전하고 만족스러운 것으로 바꾸었기 때문에 일어난 것으로 믿는다. 이 견해를 뒷받침할 증거는 거의 없다. 오히려, 살 수 있는 환경을 '줄어들게 한' 기후 변화, 인구의 증가, 식용 식물과 많은 동물 개체군의 고갈, 그리고 농업에 대한 의존을 가능하게 만든 발견과 혁신이 '모두' 복합적으로 작용해 이러한 변화를 일으켰다. 게다가, 화석 기록과 고고학적 증거는 수렵 채집인이 그 문제들에 의해 생활 방식을 버릴 것을 강요받을 때까지 생활 방식을 버리지 않았으며, 다양한 시기에 그리고 전 세계에 널리 흩어져 있는 지역에서 그렇게 했음을 확인시킨다.

환경 문제, 식량 부족, 그리고 기술적 가능성의 비슷한 조합은 (마야인, 메소포타미아인, 로마인과 같은) 고대 제국의 쇠퇴를 야기했고, 산업 사회의 출현을 막았다(→ 자극했다). 혁신과 기술의 성장은 인간의 인구를 부양할 수 있는 끊임없이 더 커지는 생산 능력을 갖는 더 복잡한 인간 시스템을 만들었다. 엘리트 계층 사람들은 더 커진 시스템에 걸쳐 자신들의 통제력과 과세 능력을 확장할 수 있는 향상된 능력으로부터 이익을 얻었을 수도 있었다. 하지만, 비엘리트 계층 사람들은 흔히 적극적인 끌림에 의해서 자신들의 생활 방식을 변화시켰던 것이 아니라, 오히려 다른 선택이 없었을 때 살아남기 위해 그들의 생활 방식을 변화시켰다. 19세기와 20세기에, 자리를 잡고 있던 농부들은 흔히 도시 일자리를 찾아 '자발적으로' 도시로 이주한 것이 아니라, 농촌에서 도시로의 이주에 대한 이야기는 또한 점진적인 농촌의 빈곤, 파산, 그리고 담보권이 설정된 농장의 담보 대출의 이야기이다.

| 문제해설 |

24 인간의 사회적 진화를 지속적 발전의 결과물이 아닌 악화되는 환경에서 살아남기 위해 변화해 온 과정으로 바라보는 시각을 설명한 글이다. 이러한 글의 방향을 표현한 제목으로 가장 적절한 것은 ⑤ '환경 악화에 기반한 사회 변화'이다.
① 사회적 불평등이 어떻게 생겨났는가
② 지속 가능한 농업과 식량 안보
③ 기후가 인류 진화에 미치는 영향
④ 생물 다양성이 인간 생존에 왜 중요한가

25 글의 흐름상 환경 문제, 식량 부족, 기술적 가능성 등

의 조합이 고대 제국을 쇠퇴하게 하고, 산업 사회 출현을 자극했다는 흐름이어야 하므로 (c)의 prevented는 stimulated와 같은 어휘로 바꾸어야 한다.

| 구조분석 |

1행 Many people [who understand human social evolution as a story of continual progress] fail to appreciate the role [that environmental degradation has played].
➡ 첫 번째 [ ]는 Many people을 수식하는 관계절이고, 두 번째 [ ]는 the role을 수식하는 관계절이다.

3행 Commonly, people believe [that the change from food foraging to agriculture happened because people traded an insecure way of life for **one** {that was more secure and satisfying}].
➡ [ ]는 believe의 목적어 역할을 하는 명사절이다. { }는 앞의 one을 수식하는 관계절이며, one은 a way of life를 대신하는 대명사로 사용되었다.

5행 Rather, [climate changes {that "shrank" livable environments}], [human population growth], [the exhaustion of edible plant and large animal populations], and [the discoveries and innovations {that made dependence on agriculture possible}] *all* combined to cause this transformation.
➡ [ ]로 표시된 네 개의 명사구가 문장의 주어 역할을 한다. 첫 번째 { }는 climate changes를 수식하는 관계절이고, 두 번째 { }는 the discoveries and innovations를 수식하는 관계절이다.

| 어휘 및 어구 |

evolution 진화	degradation 악화, 타락, 강등
food foraging 수렵 채집, 먹을 것 찾아다니기	
agriculture 농업	insecure 불안정한
shrink 줄어들게 하다	exhaustion 고갈
edible 식용의, 먹을 수 있는	innovation 혁신
transformation 변화, 변형	archaeological 고고학의
abandon 포기하다	scattered 흩어져 있는
scarcity 식량 부족	decline 쇠퇴
emergence 출현	taxation 과세, 징세
attraction 끌림, 매력	urban 도시의
rural 시골의	migration 이주
bankruptcy 파산	

26~28

정답 | 26. ② 27. ⑤ 28. ⑤

| 소재 | 청각 장애 개구리의 생존

| 해석 |

(A) 한 무리의 개구리들이 만족스럽게 숲속을 깡충깡충 뛰면서, 개구리가 으레 하는 일을 하며 돌아다니다가, 그들 중 두 마리가 깊은 구덩이에 빠졌다. 다른 모든 개구리들이 자신들의 동료들을 돕기 위해 무엇을 할 수 있는지를 알아보기 위해 구덩이 주변에 모였다. 구덩이가 얼마나 깊은지 보게 되자, 당황한 나머지 무리는 가망이 없다는 것에 동의하고, 구덩이에 있는 두 개구리에게 그들이 죽은 것이나 다름없기 때문에 그들은 운명을 받아들일 준비를 해야 한다고 말했다.

(C) 이 끔찍한 운명을 받아들일 마음이 없었기에 두 개구리는 자신들의 모든 힘을 다해 뛰어 오르기 시작했다. 개구리들 중 일부는 구덩이 속을 향해 절망적이라고, 그리고 그 두 개구리가 더 조심하고, 개구리의 규칙에 더 순종적이고, 더 책임감 있게 행동했다면 그 상황에 처해 있지 않을 것이라고 소리쳤다. 다른 개구리들은 그들이 이미 죽은 것이나 다름없으므로 에너지를 아끼고 포기해야 한다고 슬프게 계속 외쳤다.

(B) 그 두 마리 개구리는 자신들이 할 수 있는 한 힘껏 계속 뛰어올랐고, 몇 시간 동안 필사적인 노력을 한 후 매우 지쳤다. 마침내 그 중 한 마리가 동료들의 외침에 주의를 기울였다. 지치고 낙담하여 그는 조용히 운명을 받아들이기로 결심하고, 구덩이 바닥에 드러누워, 다른 개구리들이 속수무책으로 슬퍼하며 지켜보는 가운데 숨을 거뒀다. 나머지 한 개구리는 비록 그의 몸이 고통으로 괴로웠지만, 그가 가진 모든 힘을 다해 계속 뛰어올랐다. 그의 동료들은 그에게 그의 운명을 받아들이고, 고통을 멈추고, 그냥 죽으라고 새롭게 소리지르기 시작했다.

(D) 그 지친 개구리는 점점 더 열심히 뛰어올랐는데, 놀라지 마시라! 마침내 매우 높이 뛰어올라 그는 구덩이로부터 튀어 나왔다. 깜짝 놀란 다른 개구리들은 그의 기적적인 자유를 축하했고, 그의 주위에 모여들며 물었다. "우리가 불가능하다고 말했는데 왜 계속 뛰어올랐던 거니?" 그들의 입술을 읽으며 그 놀란 개구리는 그들에게 자신이 귀가 들리지 않으며, 그들의 몸짓과 외침을 보았을 때 자신을 응원하고 있다고 생각했다고 설명했다. 그가 격려로 인식했던 것이 그가 열심히 노력하고 모든 역경에 맞서 성공하도록 분발시켰다.

| 문제해설 |

26 주어진 글 (A)에는 개구리 무리들이 놀고 있던 중 두 마리 개구리가 깊은 구덩이에 빠지게 된 사건과 다른 개구리들이 생존 가능성을 희박하게 보고 운명을 받아들여야 한다는 태도를 보인 것이 언급되었다. (C)의 this terrible fate는 주어진 글의 their fate를 지칭하고, (C)에는 생존을 위해 몸부림치는 두 마리 개구리와 이를 말리는 나머지 개구리의 모습이 나타나 있다. (B)에는 두 마리 개구리 중 결국 한 마리가 숨을 거두는 장면과 남은 개구리 한 마리의 계속적인 노력과 다른 개구리들이 계속 말리는 모습이 묘사되어 있다. (D)에는 결국 남은 개구리가 구덩이에서 나오는 장면과 다른 개구리들과의 대화를 통해 그것이 귀가 들리지 않아 다른 개구리들의 말리는 소리를 응원 소리로 알고 열심히 뛰어올랐다는 내용이 있다. 따라서 주어진 글 (A)에 이어질 내용을

순서에 맞게 배열한 것으로 가장 적절한 것은 ② '(C)-(B)-(D)'이다.

27 (e)의 them은 구덩이에 빠지지 않았던 개구리들을 지칭하고, (a), (b), (c), (d)는 모두 구덩이에 빠졌던 두 마리 개구리를 지칭한다.

28 소리를 들을 수 없었던 개구리는 친구들이 말리는 외침을 응원 소리로 알고 열심히 노력한 것이었으므로 친구들을 원망한 것이 아니라 친구들에게 고마워 했을 것이다. 따라서 글의 내용으로 적절하지 않은 것은 ⑤이다.

| 구조분석 |

(A) 2행 All of the other frogs gathered around the pit [to see {what could be done to help their companions}].

➡ [ ]는 '~하기 위하여'라는 '목적'의 의미로 사용된 to부정사구이다. { }는 see의 목적어 역할을 하는 명사절이다.

(A) 3행 When they saw how deep the pit was, the rest of the dismayed group [agreed that it was hopeless] and [told the two frogs in the pit {that they should prepare themselves for their fate, because they were as good as dead}].

➡ 두 개의 [ ]가 and로 연결되어 주절의 술어부 역할을 한다. 두 번째 [ ] 안의 { }는 told의 직접 목적어에 해당되는 명사절이다.

(D) 4행 [Reading their lips], the astonished frog explained to them [that he was deaf], and [that when he saw their gestures and shouting, he thought they were cheering him on].

➡ 첫 번째 [ ]는 주절의 주어인 the astonished frog의 부수적 행동을 나타내는 분사구문이다. 두 번째 [ ]와 세 번째 [ ]는 explained의 목적어 역할을 하는 명사절이다.

| 어휘 및 어구 |

hop 깡충깡충 뛰다   contentedly 만족스럽게
companion 동료   dismayed 당황한
as good as dead 죽은 것이나 다름없는, 거의 죽은
desperate 필사적인   weary 지친
disheartened 낙담한, 낙심한   resolve 결심하게 하다
fate 운명   grief 슬픔
obedient 순종적인   sorrowfully 슬프게
leap 뛰어오르다   amaze 깜짝 놀라게 하다
celebrate 축하하다   miraculous 기적적인
astonished 깜짝 놀란
deaf 귀가 들리지 않는, 청각 장애의
against all odds 모든 역경에 맞서

수능특강 풀기 전
부담 없는 분량으로 가볍고 상큼하게 ~

고1~2, 내신 중점

구분	고교 입문 >	기초 >	기본 >	특화	+ 단기
국어		윤혜정의 개념의 나비효과 입문 편 + 워크북 / 어휘가 독해다! 수능 국어 어휘	기본서 올림포스	국어 특화 — 국어 독해의 원리 / 국어 문법의 원리	
영어	고등예비과정 / 내 등급은?	정승익의 수능 개념 잡는 대박구문 / 주혜연의 해석공식 논리 구조편	올림포스 전국연합학력평가 기출문제집 / 유형서 올림포스 유형편	영어 특화 — Grammar POWER / Reading POWER / Listening POWER / Voca POWER / 영어 특화 — 고급영어독해	단기 특강
수학		기초 50일 수학 + 기출 워크북 / 매쓰 디렉터의 고1 수학 개념 끝장내기		고급 올림포스 고난도 / 수학 특화 — 수학의 왕도	
한국사 사회			기본서 개념완성	고등학생을 위한 多담은 한국사 연표	
과학		50일 과학	개념완성 문항편	인공지능 — 수학과 함께하는 고교 AI 입문 / 수학과 함께하는 AI 기초	

과목	시리즈명	특징	난이도	권장 학년
전 과목	고등예비과정	예비 고등학생을 위한 과목별 단기 완성		예비 고1
	내 등급은?	고1 첫 학력평가 + 반 배치고사 대비 모의고사		예비 고1
국/영/수	올림포스	내신과 수능 대비 EBS 대표 국어·수학·영어 기본서		고1~2
	올림포스 전국연합학력평가 기출문제집	전국연합학력평가 문제 + 개념 기본서		고1~2
	단기 특강	단기간에 끝내는 유형별 문항 연습		고1~2
한/사/과	개념완성&개념완성 문항편	개념 한 권 + 문항 한 권으로 끝내는 한국사·탐구 기본서		고1~2
국어	윤혜정의 개념의 나비효과 입문 편 + 워크북	윤혜정 선생님과 함께 시작하는 국어 공부의 첫걸음		예비 고1~고2
	어휘가 독해다! 수능 국어 어휘	학평·모평·수능 출제 필수 어휘 학습		예비 고1~고2
	국어 독해의 원리	내신과 수능 대비 문학·독서(비문학) 특화서		고1~2
	국어 문법의 원리	필수 개념과 필수 문항의 언어(문법) 특화서		고1~2
영어	정승익의 수능 개념 잡는 대박구문	정승익 선생님과 CODE로 이해하는 영어 구문		예비 고1~고2
	주혜연의 해석공식 논리 구조편	주혜연 선생님과 함께하는 유형별 지문 독해		예비 고1~고2
	Grammar POWER	구문 분석 트리로 이해하는 영어 문법 특화서		고1~2
	Reading POWER	수준과 학습 목적에 따라 선택하는 영어 독해 특화서		고1~2
	Listening POWER	유형 연습과 모의고사·수행평가 대비 올인원 듣기 특화서		고1~2
	Voca POWER	영어 교육과정 필수 어휘와 어원별 어휘 학습		고1~2
	고급영어독해	영어 독해력을 높이는 영미 문학/비문학 읽기		고2~3
수학	50일 수학 + 기출 워크북	50일 만에 완성하는 초·중·고 수학의 맥		예비 고1~고2
	매쓰 디렉터의 고1 수학 개념 끝장내기	스타강사 강의, 손글씨 풀이와 함께 고1 수학 개념 정복		예비 고1~고1
	올림포스 유형편	유형별 반복 학습을 통해 실력 잡는 수학 유형서		고1~2
	올림포스 고난도	1등급을 위한 고난도 유형 집중 연습		고1~2
	수학의 왕도	직관적 개념 설명과 세분화된 문항 수록 수학 특화서		고1~2
한국사	고등학생을 위한 多담은 한국사 연표	연표로 흐름을 잡는 한국사 학습		예비 고1~고2
과학	50일 과학	50일 만에 통합과학의 핵심 개념 완벽 이해		예비 고1~고1
기타	수학과 함께하는 고교 AI 입문/AI 기초	파이선 프로그래밍, AI 알고리즘에 필요한 수학 개념 학습		예비 고1~고2